U0899139

我的宇宙观系列丛书之五

宇宙的秩序即道德的秩序

张大军 著

中共中央党校出版社
The Central Party School Publishing House

图书在版编目（CIP）数据

宇宙的秩序即道德的秩序：我的宇宙观系列丛书之五/张大军著．—北京：中共中央党校出版社，2016.1

ISBN 978-7-5035-5606-7

Ⅰ.①宇… Ⅱ.①张… Ⅲ.①伦理学-研究 Ⅳ.①B82

中国版本图书馆 CIP 数据核字（2015）第 095786 号

宇宙的秩序即道德的秩序——我的宇宙观系列丛书之五

责任编辑 周 慧 任丽娜
版式设计 李 灵
责任校对 王 微
责任印制 宋二顺

出版发行 中共中央党校出版社
（北京市海淀区大有庄 100 号）
邮　　编 100091
网　　址 www. dxcbs. net
电　　话 （010）62805800（办公室）　（010）62805824（发行部）
经　　销 新华书店
印　　刷 张家口市下花园光华印刷有限责任公司
字　　数 394 千字
版　　次 2016 年 1 月第 1 版　2016 年 1 月第 1 次印刷
开　　本 700 毫米×1000 毫米　1/16
印　　张 21.75
定　　价 46.00 元

前　言

一

本卷的写作提纲是2007年2月9日夜11时5分在日记本上草草拟定的。当时只设定了9章，而且涂改得面目全非，不像一页书写的纸张。在这个字迹潦草得至今也难以辨认的提纲上方，随手记下了我的家庭乐趣。“小丽回到西郊。为买金猪首饰，她与小英还有口腔科的医生护士用电话交谈着，其热闹和生活气息扑面而来。……构思《漠漠星空与道德律令》的提纲。”

不要以为研究者的生活都是刻板的和枯燥的，特别是作为一个哲学问题的研究者给人的印象尤为如此。其实吴小丽在研究上的成绩并不比我逊色。她是医学教授、主任医师，科主任。北京市先进工作者，获得北京市人民政府科技成果三等奖，享受国务院颁发的政府特殊津贴。她所在科室被北京市总工会评为职工模范小家。可是在工作之余，在家里她又是这样的阳光、快乐。

我就是在这一天的夜间在这种气氛中构思了本卷的内容提纲。原先书名叫《漠漠星空与道德律令》，后来改成《宇宙的秩序即道德的秩序》。子夜0时3分，我在电脑上打印出了提纲的初稿。这本书的基本内容、理论框架和将要突破的难点问题，也大致就包含其中了。

以后我对提纲还进行了几次补充和修改。在零星的日记中也留下了思维的足迹：“2007年2月9日夜0时3分于北京西郊香山脚下满庭芳书斋”，“2008年3月7日20时35分部分调整”，“4月18日分章、节再调整于北京市东城区和平里小镇”。但是不管怎么调整，其基本内容是没有变化的。因为“在那种处在特定时刻调动了全部‘心—脑’智慧的思维，是最直观而又最富有创造活力的，灵感的火花在这个时刻最为闪亮，而在这以前和以后的许多思维，和这个特定时刻的思维相比都是黯然失色的。”①

二

《宇宙的秩序即道德的秩序》中心要告诉读者什么呢？就是围绕宇宙的秩序而谈人类的道德问题，阐明宇宙的秩序即道德的秩序。将道德问题提到这样的高度，并不是我的发现，而是我国著名哲学家、哲学史家牟宗三提出来的。② 显然牟宗三是受到康德《判断力批判》的启发而提出这个命题的，但这向前迈出的微小一步，却显示出牟先生非凡的理论功底和悟性，对于今天的人来说，这实在是太重要了。

因为在现代化、全球化的今天，不仅生态环境恶化，而且道德沦丧的问题比以往任何时候都显得突出。人类想要做到可持续发展，首先要将沦丧的伦理道德扭转过来，代之以高尚、纯洁的情操，善良、美好的心地，健康、活泼的身体，社会才能正常地运转，人类文明才能一代又一代地延续下去。

宇宙的秩序即道德的秩序，这个命题直白地告诉我们，整个宇宙是由阴性物质和阳性物质构成的，阴阳两个物质世界的运动是有规律、有秩序的。而人作为阴阳物质的复合体，宇宙中的四大之一——高等智慧生命，③ 宇宙的秩序就一定要反映在人的身体和心灵深处，特别是反映在人与人构成的社会关系中。人的所思所想和言行举止，都要受到宇宙规律和秩序的影响和制约。人在处理自利、他利和互利的关系时，宇宙的秩序就要渗入其中——于是就发生了道德的秩序问题。它要求人以理性来规范、约束自己的言行。心怀善意，不能为了一己私利而无端地伤害他人。爱因斯坦说：“追求道德行为是人类行为中最重要的努力。我们的内心平衡，甚

---

① 参见拙著《打开宇宙的另一扇门》，第287页，跋。

② 李泽厚说：“Kant说，‘善的意志是人的存在所能独有的绝对价值，只有与它联系，世界的存在才有一个最后目的’（康德：《判断力批判》第86页）；‘换句话说，服从道德律令的理性存在者的现实存在，才能看做是世界存在的最终目的。’（《康德：《判断力批判》第87页》）牟宗三的道德形而上学以‘宇宙秩序即道德秩序’，也是如此。”参见李泽厚：《实用理性与乐感文化》，生活·读书·新知三联书店2005年版，第67页。

③ 老子在《道德经》第二十五章中说：“域中有四大，而人居其一焉。”

至我们的生存本身全都有赖于此。唯有道德行为能够赋予生活以美和尊严。”① 让我们以宇宙的秩序为参照系，心存道德的秩序，做一个高尚的人、一个纯粹的人、一个有道德的人、一个脱离了低级趣味的人。

三

本卷共计20章，前10章是理论问题。令我兴奋的是在构思和写作中，时不时地都有新的发现。每当一个新的论点像一道灵光划破长空而出现在脑际的时候，常常使我激动得要静坐几秒钟。在理论部分，有三个问题是过去没有涉及的，现在概述如下：

1. 灵魂是一个人肉身同步缩小（或放大）的虚的形式

灵魂是阴性物质的正物质（阴+）和以衰变形式存在的阳性物质的负物质（阳-）即反物质构成的矛盾对立统一体。

在灵魂的结构中，表现为以衰变形式存在的阳性物质的负物质（阳-）即反物质围绕着阴性物质的正物质（阴+）做旋转式运动。在这种运动中，产生和向四周发射出灵魂波——-阴′+。灵魂从植入一个受精卵的时候起，产生和发射的灵魂波——-阴′+就具有固定的频率和波长，一生都不会改变。在灵魂波上，全息了一个人前世和今生的所有信息和密码。

阳性物质的负物质（阳-）围绕着阴性物质的正物质（阴+）做旋转式运动时，其速度在光速的下限，因而阳性物质的负物质（阳-）即反物质就成为似衰变而未衰变的东西，就像土星的光环一样美丽。也因为其旋转速度接近光速，就表现出轻微的重量来，所以灵魂是有质量的。灵魂平常栖息在人的心窝处，是你的心脏的看护神。但是也有少数人有短暂的灵魂出窍的体验。

灵魂是一个人肉身同步缩小（或放大）的虚的形式，是在直觉的基础上，用代数求和的方式推导出来的。请看以下的运算：

根据春秋时期《庄子·天下篇》“一尺之棰，日取其半，万世

① 《爱因斯坦语录》，——给纽约布鲁克林区的一位牧师的信，1950年11月20日；爱因斯坦档案，28—894，59—871；引自杜卡斯和霍夫曼，《阿尔伯特·爱因斯坦，人性面》，第95页。杭州出版社2001年版，第186页。

不竭”的思想，和南宋哲学家、教育家朱熹“阳中有阴阳，阴中有阴阳”的观点，可以将灵魂结构中的阴性物质的正物质（阴+）和以衰变形式存在的阳性物质的负物质（阳-）“一分为二”到若干个层次。

(1) 将灵魂结构中的两个要素——阴性物质的正物质（阴+）和以衰变形式存在的阳性物质的负物质（阳-）即反物质“一分为二”到第三个层次（以至第四、第五……层次），将会出现意想不到的情况。为了研究的方便，在此仅将其分裂到第三个层次，但这已经足够说明问题了。

Ⅰ. 将阴性物质“一分为二”到第二个层次，是阴性物质的正物质（阴+）和阴性物质的负物质（阴-），可用“阴^2+”和“阴^2-”表示；将阳性物质“一分为二”到第二个层次，是阳性物质的正物质（阳+）和阳性物质的负物质（阳-），可用“阳^2+”和“阳^2-”表示。

Ⅱ. 灵魂结构中的两个要素是阴性物质的正物质（阴+）——阴^2+和阳性物质的负物质（阳-）——阳^2-。按照“阳中有阴阳，阴中有阴阳”的观点，可将其进一步分裂下去，于是便有下式：

阴^2+…………阴^3-……阴^3+……

阳^2-…………阳^3+……阳^3-……

这里的“阴^2+”、“阴^3-”、“阴^3+”、“阳^2-”、“阳^3+”、“阳^3-”并非指数形式，只是表示分裂到第二个层次、第三个层次。当然还可以分裂到第四个层次、第五个层次……直到一个量子单位和虚量子单位，也就是分裂到夸克和虚夸克为止。所以，按照“一尺之棰，日取其半，万世不竭”的思想，将物质分裂到一个量子单位和虚量子单位也就打住了，再往后就进入阴性物质世界范畴。

Ⅲ. 灵魂结构中的两个要素是阴性物质的正物质（阴+）——阴^2+和阳性物质的负物质（阳-）——阳^2-。根据宇宙对称定理，这两个要素又有各自的镜像物，于是便有下式：

阴^2+…………阴^2-

阳^2-…………阳^2+

这里的“阴^2+”、“阴^2-”、“阳^2-”、“阳^2+”并非指数形式，只是表示阴性物质的正物质（阴+）和阳性物质的负物质（阳-）及它们的镜像物分裂到第二个层次。当然还可以继续分裂下去，但是作为相对称的镜像物，已经没有再继续分裂下去的必要了。

Ⅳ. 将以上Ⅱ和Ⅲ两个表达式相加。即

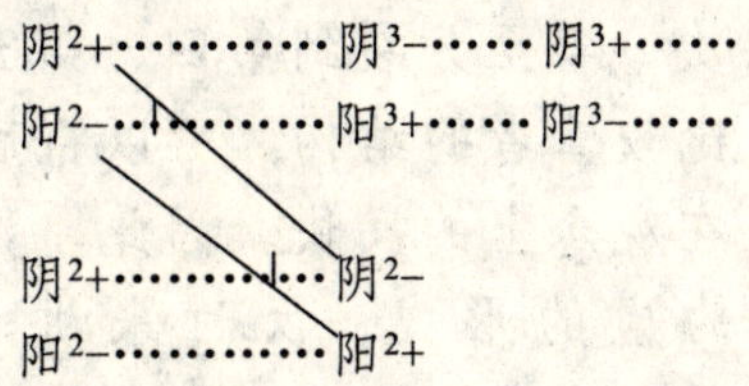

以上两个表达式相加的结果是，“阴^{2}+”和“阴^{2}-”抵消，“阳^{2}-”和“阳^{2}+”抵消。于是剩下如下的表达式：

$$\begin{matrix}阴^{2}+\cdots\cdots\cdots\cdots阴^{3}-\cdots\cdots阴^{3}+\cdots\cdots\\阳^{2}-\cdots\cdots\cdots\cdots阳^{3}+\cdots\cdots阳^{3}-\cdots\cdots\end{matrix}$$

这里似乎又回到了Ⅱ最初的表达式，但是其内容却发生了变化。主要有以下几点：

其一，在灵魂结构式 $\begin{matrix}阴^{2}+\\阳^{2}-\end{matrix}$ 中，① 蕴含了肉身的结构式 $\begin{matrix}阴-阴+\\阳+阳-\end{matrix}$ 四个要素各自分裂到第三个层次（甚至分裂到第四、第五、第六……直至若干个层次）的结构，这种分裂有着无限缩小的趋势。显然这种无限的缩小不是肉身的自身的样子，而是肉身在灵魂内含上的同步缩小。或者说是肉身在灵魂结构的框架内，变位了和变形了的存在方式。

其二，灵魂结构式 $\begin{matrix}阴^{2}+\\阳^{2}-\end{matrix}$ 和肉身结构式 $\begin{matrix}阴^{3}-\cdots\cdots阴^{3}+\cdots\cdots\\阳^{3}+\cdots\cdots阳^{3}-\cdots\cdots\end{matrix}$ 之间既是物质分裂后上一层次和下一层次（甚至若干个下一层次）的关系，同时后者又与前者呈另一种意义上的对立统一关系。从大相似定理及全息率可知，② $\begin{matrix}阴^{2}+\\阳^{2}-\end{matrix}$ 与 $\begin{matrix}阴^{3}-\cdots\cdots阴^{3}+\cdots\cdots\\阳^{3}+\cdots\cdots阳^{3}-\cdots\cdots\end{matrix}$ 之间，二者既有相

---

① 如上所述，$\begin{matrix}阴^{2}+\\阳^{2}-\end{matrix}$ 和 $\begin{matrix}阴+\\阳-\end{matrix}$ 均是将阴阳两种物质分裂到第二个层次的表达式，作为灵魂的结构式二者是等价的。

② 大相似定理，指宇宙间的万事万物依照共同规律的支配，在内部结构和外部表现形式上都有着相似的方面。全息率，指事物特性不完全相同的各部位分布的结果，是全息元在不同程度上成为整体的缩影，并且各全息元之间在不同程度上也是相似的。

似性的一面，同时前者又全息了后者的形态、信息和密码。

其三，$\begin{matrix}\text{阴}^{2}+\\ \text{阳}^{2}-\end{matrix}$是灵魂的结构，$\begin{matrix}\text{阴}^{3}-\cdots\cdots\text{阴}^{3}+\cdots\cdots\\ \text{阳}^{3}+\cdots\cdots\text{阳}^{3}-\cdots\cdots\end{matrix}$是肉身四个要素各自分裂到第三个层次（甚至分裂到第四、第五、第六……直至若干个层次）的结构，比较二者的结构，可以将后者看作是肉身在灵魂内的同步缩小并且在观念上的反映。因此，灵魂是一个人肉身同步缩小（或放大）的虚的形式。反过来讲，肉身则是灵魂中$\begin{matrix}\text{阴}^{3}-\cdots\cdots\text{阴}^{3}+\cdots\cdots\\ \text{阳}^{3}+\cdots\cdots\text{阳}^{3}-\cdots\cdots\end{matrix}$放大的外部实的表现形式。

(2) 同理，对于意识和人体肉身的关系也可以按照上述方法进行论证。只不过因为在意识中有阳性物质的正物质（阳+）即特指的脑存在，属于肉身的一部分，由实粒子构成，因而论证的结果就大不一样。——不可能显示出意识对于肉身来说是同步缩小（或放大）的虚的形式。

这一切都按照自动化程序自然而然地进行着。

(1) 灵魂内容的自动分裂形式。

Ⅰ. 灵魂是阴性物质的正物质（阴+）和以衰变形式存在的阳性物质的负物质（阳-）即反物质的矛盾对立统一体。这个统一体不是静态的，而是动态的。它表现为以衰变形式存在的阳性物质的负物质（阳-）即反物质围绕着阴性物质的正物质（阴+）做旋转式运动，速度接近光速的下限，变之为似衰变而未衰变的东西。此时阳性物质的负物质（阳-）也出现类似电子围绕原子核旋转的情况。在这种旋转中，产生和发射出灵魂波——-阴′+。

Ⅱ. 因为阴性物质的正物质（阴+）是以虚粒子构成的，以衰变形式存在的阳性物质的负物质（阳-）此时变之为似衰变而未衰变的东西，存在着不稳定性，所以它们各自很自然地都要向下一个层次分裂。这种向下一个层次分裂的趋势，是不以灵魂的意志为转移的。于是就有：

$$\begin{matrix}\text{阴}^{2}+\cdots\cdots\cdots\cdots\text{阴}^{3}-\cdots\cdots\text{阴}^{3}+\cdots\cdots\\ \text{阳}^{2}-\cdots\cdots\cdots\cdots\text{阳}^{3}+\cdots\cdots\text{阳}^{3}-\cdots\cdots\end{matrix}$$

Ⅲ. 在这个动态结构中，不仅阴性物质的正物质（阴+）出现它的镜像物——阴性物质的负物质（阴-），而且业已变之为似衰变而未衰变的阳性物质的负物质（阳−）也很自然地出现它的镜像物——阳性物质的正物质（阳+）。于是就有：

阴^2+…………阴^2−

阳^2−…………阳^2+

(2) 灵魂内容的自动组合形式。

Ⅰ. 在灵魂的统一体中，阴性物质的正物质（阴+）和似衰变而未衰变的阳性物质的负物质（阳−）各自不断地将自身分裂到第三个层次（甚至分裂到第四、第五、第六……直至若干个层次）。这两者是同时出现的；也可能是交替出现的，其速度在光速的上下波动。这种情况很可能是产生灵魂波——阴′+的机理之一。

不仅如此，在灵魂的统一体中，阴性物质的正物质（阴+）和似衰变而未衰变的阳性物质的负物质（阳−）也不断地出现各自的镜像物。

Ⅱ. 阴性物质的正物质（阴+）分裂到第三个层次（甚至分裂到第四、第五、第六……直至若干个层次），似衰变而未衰变的阳性物质的负物质（阳−）也分裂到第三个层次（甚至分裂到第四、第五、第六……直至若干个层次）。即以上的表达式：

阴^2+…………阴^3−……阴^3+……

阳^2−…………阳^3+……阳^3−……

阴性物质的正物质（阴+）的镜像物是阴性物质的负物质（阴−），似衰变而未衰变的阳性物质的负物质（阳−）的镜像物是阳性物质的正物质（阳+）。即以上的表达式：

阴^2+…………阴^2−

阳^2−…………阳^2+

Ⅲ. 当这两个表达式在灵魂的结构中同时出现的时候，“阴^2+”和“阴^2−”自动消除；“阳^2−”和“阳^2+”也自动消除。于是就留下如下表达式：

阴^2+…………阴^3−……阴^3+……

阳^2−…………阳^3+……阳^3−……

这一切都是自动完成的，而且是在光速和超光速的速度上进行的，因之我们说它是在观念上发生的。于是，灵魂是一个人肉身同步缩小（或放大）的虚的形式的结论及事实便和盘托出。

2. 创造一个阴性物质世界小环境的可行性

2004年9月26日晚7时，在新疆乌鲁木齐市银都大酒店，我和我的老朋友昔性达及当地的几位领导干部，与维族青年艾买尔·依民提几乎是零距离接触，亲眼目睹并认真考察了他空中搬运、碎布复原、意念断针、指尖燃物、快解死结、思维传感等特异功能演示，大家一致认为在演示中无任何道具和作假行为，全部是其真功夫。此前，新疆音像出版社还为艾买尔·依民提出版发行了VCD光盘《新疆奇人》(ISRC CN-H11-03-0002-0/V.Z)，是经过批准的正式出版物。在VCD光盘《新疆奇人》中还有其他项目，如空中置换密封在盒里的香烟、扑克牌等。我觉得首先应该承认特异功能这个事实，这是一个唯物主义者所应具有的基本态度。有了这个前提条件，才有进行研究的可能性。如果说一些人至今对它仍旧将信将疑，甚至一概认为是在作假，那就不好办了。这就等于自我封闭，甚至是作茧自缚，不可能在科学研究中有任何突破。因此，我认为在对待特异功能这个问题上，实事求是、解放思想，仍然是第一位的。

特异功能者在气（炁）功状态下，在意念指挥下发出第N个量子水平的阴性物质的正物质（阴+），或者发出第N个量子水平的阴性物质的正物质（阴+）和阴性物质的负物质（阴-）的统一体，人为地创造一个阴性物质世界的小环境，往往需要一两分钟时间。一旦这个阴性物质世界的小环境形成之后，旧物复原便在瞬间实现。原因是前者在阳性物质世界，有一个能量累加的过程，是在光速以下进行的；后者在阴性物质世界，是在超光速的情况下进行的。

让旧物复原，不仅在阴性物质世界时光倒流的情况下可以瞬间实现，而且在阳性物质世界的算术时间里也可以实现，例如在你的电脑里，程序设计中有撤销键入的一项，如果说要将删掉的文稿复原，只需点击撤销键入，即可以恢复原来的文稿。区别在于前者是在阴性物质世界时光倒流的情况下自动实现的；后者是在阳性物质世界的算术时间里手动操作实现的。

3. 对以太的实体——阴性物质的负物质（阴一）的确认

观察空中奇妙的“小水珠”现象，直觉感到它就是阴性物质的负物质（阴-）的表现形态。考察历史上的以太说，认为这个发现是否定之否定——因而重提以太说。并且确认以太的实体就是阴性物质的负物质（阴－）。这是根据“阴中有阴阳”的观点推导出来的。

阴性物质的负物质（阴－）在阴性物质的序列中处于如下地位：

$$-阴\begin{cases}-阴\ (+)\\-阴\ (-)\end{cases}$$

因为“－阴（－）”可以理解为负数乘以负数得正数〔－×（－）＝＋〕，所以对阴性物质的负物质（阴－）的准确表述应当是：它是处在阴性物质的负物质位置上的阴性物质的正物质（阴＋）。而“－阴（＋）”却反而成为它是处在阴性物质的负物质位置上的阴性物质的负物质（阴－）。①

另一种推导是：将$-阴\begin{cases}-阴\ (+)\\-阴\ (-)\end{cases}$

写成（－阴）×（－阴）×（＋）＝阴＋

（－阴）×（－阴）×（－）＝阴－

这就回到了原来的表达式，即阴性物质的正物质（阴＋）和阴性物质的负物质（阴－），它符合以往习惯的说法。

但是无论怎么说，从阴性物质的负物质（阴－）居于序列中的地位，我们则可以从一个新的角度解释阴性物质的负物质（阴－）的表现形态：它通常总是表现出阴性物质的正物质（阴＋）的某些特征。在这里，它作为“正物质”，就可能有看得见、摸得着的某些特点。

其一，因为它处在阴性物质的负物质的地位，所以它就具有阴性物质的负物质（阴－）的特征。例如，以虚粒子构成，又是以衰变形式存在的。看不见、摸不着。

其二，因为它是依照〔－×（－）＝＋〕的基本数学原理变换的，所以它又具有阴性物质的正物质（阴＋）的某些特征，即以虚粒子构成，没有衰变的特征，仍旧是看不见、摸不着。

将上述两个特征加总，于是就出现下述情况：

① 无论事实怎样，经过简单的数学推导，在观念上只能这样认识问题。

处在“阴−”的地位	虚粒子	以衰变形式存在	看不见、摸不着
处在“阴−”的地位	虚粒子	没有衰变的特征	看不见、摸不着
2（处在“阴−”的地位）	2（虚粒子）	以衰变形式存在 没有衰变的特征	2（看不见、摸不着）

分析以上阴性物质的负物质（阴−）存在两种特征的加总，对阴性物质的负物质（阴−）的性能可以作如下概括：

(1) 阴性物质的负物质（阴−）处于阴性物质的负物质的地位，是以虚粒子构成的看不见、摸不着的阴性物质。但是由于经过〔−×(−)=+〕的基本数学原理的变换，它总是处在衰变和未衰变的交替变换之中。因为这种变换是在超光速条件下进行的，所以肉眼是无法区别开来的。

(2) 又因为无论是阴性物质的正物质（阴+），还是阴性物质的负物质（阴−），所在的四维以上的多维时空是高度弯曲和压缩的，所以这两种阴性物质都是经由时空隧道而进入四维时空的。① 但是它们却不占有四维时空。

(3) 既然从量子水平考察，以衰变形式存在的阳性物质的负物质（阳−）即反物质，总是围绕着阳性物质的正物质（阳+）做旋转式运动，其速度在光速的下限若干刻度。那么，根据大相似定理和宇宙对称定理，从量子水平考察，以衰变形式存在的阴性物质的负物质（阴−）即阴性物质的反物质，也总是围绕着阴性物质的正物质（阴+）做旋转式运动，其速度在光速的上限若干刻度。

(4) 根据相对论原理和实验发现，以衰变形式存在的阳性物质元素接近光速运动时，其质量增加上千倍，衰变周期变得很慢。② 同样的道理，当阴性物质的负物质（阴−）围绕着阴性物质的正物质（阴+）做旋转式运动，其速度下降到光速的上限时，它就成为某种有“质量”的东西，其衰变周期也慢得多，进而变之为似衰变而未衰变的东西。因为阴性物质的负物质（阴−）处在阴性物质的负物质的位置，又具有阴性物质的正物质（阴+）的某些特

① 时空隧道，即阴阳两个物质世界的交汇处，或者说是连接阴阳两个物质世界的通道。在时空隧道，空间表现为零存在形式，时间为停滞状态。

② 参见拙著《我的宇宙观——进入阴性物质世界》1.3“突破相对论时空观与树立灵魂和意识的新概念”。

征。——于是在特殊情况下，人的肉眼就有可能看见阴性物质的负物质（阴-）在存在状态。上述空中无限多个不停变幻的“小水珠”现象，可能就属于此。

四

以上新提出的三个理论问题，它们在各自的系统内都是相对稳定地有秩序地运动着。宇宙间的任何一个子系统，无论将其规律性追溯到哪一个层次，展现出来的都是有序性与和谐性，因而都是美。

这种有序性与和谐性，这种美物化在人体内或者说渗透在人的心灵（灵魂）中，就要求人的行为举止的有序性——有道德的。按照中国传统文化的说法，就是一方面敬畏天、地、君（国）、亲、师，另一方面践行仁、义、礼、智、信。因此本卷从第 11 章起用 10 章篇幅探讨道德问题。比较深入研究的是人的禀性——善与恶；什么是道德的约束力量？慎独——道德的最高境界，等等。

本卷的写作从 2007 年 2 月 9 日子夜算起，至 2008 年 6 月 30 日午时写完最后一个字，历时 1 年 4 个月 21 天。我并不是每天都在刻意写作，但是不由自主地处于思考状态却是随时随地发生着。我的体会是，每当坐在电脑前全神贯注地写作时，似乎就做到了“一也者，夫五为一心也”。[①] 它既是和广袤的宇宙交换能量与信息的过程，也是对于美的一种追求和享受。

我愿把我的这种感受分享给所有从事研究和写作的朋友们。

是为本卷之前言。

张大军

2008 年 7 月 2 日 22 时 38 分

北京西郊香山脚下满庭芳书斋

---

① 参见马王堆帛书和郭店竹简《五行》。这里的五指仁义礼智圣，意思是内心专注于仁义礼智圣五种“德之行”的“一”。

CONTENTS 目录

第 11 章　宇宙的秩序何以成为道德的秩序

第 12 章　人是伦理道德的主体

第 13 章　人之所以为人的道德特征

第 14 章　什么是道德的约束力量

第 15 章　人的禀性——善与恶

第 16 章　科学、文学和艺术对人性的张扬

第 17 章　先验理性与实践理性

第 18 章　实践中的无神和有神——无神论和有神论之争

第 19 章　道德与法

第 20 章　慎独——道德的最高境界

第1章 导 论

1.1 阅读本卷之前应该具备的预备知识

1. 主体世界的六大定理

（1）围绕核心旋转定理。它是指无论宇宙天体还是微观物质，抑或是社会生活和自然现象，凡是有两个以上运动着的事物，必然有围绕一个核心旋转的问题。例如，月亮围绕着地球转动，地球围绕着太阳转动，太阳系的九大行星都围绕着太阳转动。而太阳率领着九大行星和其他天体一起又围绕着银河系转动。银河系还在围绕着河外星系转动……现代实验科学证实，在微观物质领域，电子围绕着原子核旋转，而原子核内的质子、中子等，也仍然围绕着核心旋转。如果是两个势均力敌的事物分别有各自的“群”，① 还会出现相互交替围绕核心旋转的情况，宇宙间的双子星就是这样旋转的。

在自然界，台风、龙卷风围绕着它的中心旋转。江河中的旋涡也是围绕着它的中心旋转的，而且旋转的速度愈快，愈向中心聚集，这个中心也就愈加突出。动物中有领头者，蜜蜂也有蜂王。在社会生活中远古的部落有头领，国家也有国王，等等。这一切都向我们昭示，在事物的相互联系中的确存在一个围绕核心旋转的问题。同理，在反物质领域和阴性物质世界，也依然存在着围绕核心旋转的问题，只不过在表现形式上有各自的特点罢了。②

（2）大相似定理。它是指宇宙间的万事万物依照共同规律的支配在内部结构和外部表现形式上都有着大致相似的方面。这是一种带有规律性的现象，因而称之为大相似定理。

在宏观和微观领域，科学家早就注意到，宏观天体的运动如行星围绕着恒星运动（地球等九大行星，绕着太阳转动，等等），和微观领域电子围绕着原子核的运动在形式上是十分相似的。在生物界，各种动物的肌体结构和习

---

① 这里说的“群”，同数学中的群论不是一个概念。它是指事物的群体，带有集合的含义。

② 参见拙著《广义与狭义生命论》，18.1“在事物的相互联系中存在着围绕核心旋转的问题”。

性大体相同，即有所谓麻雀虽小，五脏俱全的说法。人类是有智慧的高等生命，但在肌体的结构上，也和其他动物有类似的方面。大到宏观天体，小到微观世界，宇宙间的万事万物，在基本的构成和表现形式上，都有相似或者说相通的地方。古代经典《易经》，就是根据大相似定理而研制出的预测未知世界的计算工具。其中一个重要思想方法就是“象”。即对天下亿万象中种种“相同象”进行归类、归纳。这就是抓住某一类事物具有相似性的特点，从形式的相似推测其内容的相同性。《易经》中对万事万物的相同象的归纳，不仅有形象之象，具象之象，包括各种非形象之象，如生殖器是形象之象，刚强、柔弱是抽象之象。而抽象之象发展到极致，就把数也包括在内了，如为奇数一，为偶数二，等等。

天干、地支的数，是依照大相似定理抽象出来的。例如天干，甲乙丙丁戊己庚辛壬癸，是十，是从人有十个手指，十进位制等抽象出来的数。地支，子丑寅卯辰巳午未申酉戌亥，是十二，是从一年十二个月，太阳黑子活动周期是十二（十一点四年），一日十二个时辰，以及人有十二经脉等等抽象出来的数。五行，金、木、水、火、土，也是从自然界有五方、五季、五味、五色、五气、五化及人体有五脏、五腑（胆、小肠、胃、大肠、膀胱，为五腑。加上三焦为六腑）、五体、五官、五志等抽象出来的数。而中医治病的基本原理，就是依照人体与宇宙间天、地及万物有这种相似性，或者说是相通的，用针刺或服药，驱除病魔，从而做到天、人、地合一。

（3）时空运动定理。它是指时间和空间都是物质运动的特殊存在形式，时间和空间总是依照物质的运动速度不断地改变自身的存在形态。物质的运动速度以光速为临界点，低于光速或者超过光速，都使物质自身及时空的存在形式发生着量或者质的变化。

无论是恩格斯的《反杜林论》《自然辩证法》以及爱因斯坦的相对论原理，都将时空运动严格地限制在宏观物质世界；特别是爱因斯坦的相对论原理，将物质运动的速度限定在光速的极限，这就在向我们打开宏观物质世界大门的同时，又顺手关上了微观及超微观物质世界的大门。

实际上，爱因斯坦的相对论原理及后来的普朗克—海森堡的量子力学理论，涉及的范围只是全部是粒子性的宏观物质领域和主要是粒子性、次要是波动性的微观物质领域，这个领域我们统称之为阳性物质世界；而主要是波动性、次要是粒子性的微观物质领域和全部是波动性的超微观领域还没有涉及，这个领域我们统称之为阴性物质世界。因而迄今为止，可以说人类充其量只认识了物质世界的一半，而对于它的另一半则完全是陌生的。

运用时空运动定理，研究阴性物质世界的事物，就可以得出如下结论：

光速不是全部物质运动速度的极限，它仅是阳性物质（实粒子）运动速度的极限。对于阴性物质（虚粒子）来说，它是具有特殊频率和波长的电磁波，运动速度起步就是超光速。它充满三维空间而不占有这个空间。在阴性物质世界，时间和空间是分离的。空间业已被高度压缩和弯曲成负空间存在形式。时间是虚时间，它有多个时间前进的箭头，例如以超光速的速度前进、倒退和在瞬间停滞。不仅如此，它还可以脱离空间而分割成若干虚时间的片段。

(4) 宇宙对称定理。它是指宇宙间的万事万物依照其内部规律的作用，在外部表现形式上总是呈对称状态的。

宇宙间的事物呈对称状态的事例比比皆是。1929 年，英国物理学家狄拉克预见到有反物质存在，基本的出发点就是世界是对称的。他认为，不但地球上存在反物质组成的另一个世界，而且在夜空中所见的许多星辰中，有些天体就是由反物质构成的。后来物理学实验证明，当一个粒子和它的反粒子相遇时就会相互湮灭，释放出巨大的能量，这些能量接着又转化为其他粒子。同样的道理，物质与反物质相遇时，也会相互湮灭并释放出巨大的能量。据称，当 1 克物质与 1 克反物质相撞湮灭时，释放出的能量相当于世界上最大水电站 12 小时发电量的总和。因此，反物质本身就是待开发的新能源。

阴阳两个物世界是对称存在的。所谓“负阴抱阳”、“负阳抱阴”，“阴阳互根”就是这个意思。在阴性物质世界，以虚粒子为特征的阴性物质的运动和存在形式，也是呈对称状态的。例如，它的运动速度起步就是超光速，但是无论速度怎么快，其阴性物质的正物质（阴+）和阴性物质的负物质（阴-）在结构上的对称性是不能破坏的，若对称性发生了偏离，又能够迅速地调整过来。还有，虚粒子在运动中迅速地发散和收敛，也是呈对称状态的。

(5) 阴阳能效守恒定理。它是指阴性物质世界和阳性物质世界，在总的能效上是相等的和平衡的。这里说的能效，是能量和效率的总称。能量是指物质储存的能量，效率是指物质能量发挥作用时所做的功的等级，它和通常经济学意义上的效率含义不完全一样。

根据阴阳能效守恒定理可知，宇宙间的总能效，是阳性物质世界的能效和阴性物质世界的能效之总和；而且阳性物质世界的能效和阴性物质世界的能效是等价的。就是说，以实粒子为特征的阳性物质世界能效的总量是多少，以虚粒子为特征的阴性物质世界能效的总量也是多少，这二者的能效具有等量齐观的意义。阴阳能效守恒定理，是对能量守恒定律内容的扩展。

阴性物质能效的特点是：其一，能量可以在瞬间聚合，形成巨大的爆发力。其二，能量产生能效做功时具有一定的选择性。其三，能效做功时，并不一定散发出热量来。因为热是原子及分子运动的产物，以虚粒子为特征的阴性物质产生能效时，并没有原子、分子的运动，所以不会伴随着热量的产生。其四，能量产生能效做功时，没有对环境的污染问题。

(6) 物质不灭及转化定理。它是指宇宙间阴阳两种物质的总量不能减少，也不能增加，阴阳两种物质在能效上保持平衡；阴阳两种物质在一定条件下互相转化，但转化之后仍旧要求二者保持平衡。

物质不灭及转化定理，是对原有的物质不灭定理在内容上的补充和扩展。原有的物质不灭定理的应用范围，仅局限于阳性物质世界之内。说明由一种阳性物质转化为另一种阳性物质时，阳性物质是不灭的。现在提出的物质不灭及转化定理，则说明阴阳两种物质都是不灭的，在一定条件下二者各向其相反的方面转化，转化之后仍旧保持阴阳平衡。

从一定意义上说，物质不灭及转化定理和阴阳能效守恒定理有着相通的地方。因为将涵盖的内容扩大到了阴阳两个物质世界，阴阳两种物质在能效上要平衡、守恒，就必定是不灭的；阴阳两种物质在一定条件下互相转化，转化之后也要求相互平衡、守恒。可见，物质不灭及转化定理，又是对阴阳能效守恒定理内容的进一步阐释和说明，反之亦然。

2. 四个元素周期表

阳性物质的正物质（阳+）元素周期表即门捷列夫元素周期表、阳性物质的负物质（阳-）即反物质元素周期表、阴性物质的正物质（阴+）元素周期表即虚元素周期表和阴性物质的负物质（阴-）即反虚元素周期表。

根据宇宙对称定理，有阳性物质的正物质（阳+），就有与其相对应的阳性物质的负物质（阳-）即反物质。

(1) 阳性物质正物质（阳+），有 115 种元素。原来讲的是 111 种元素，1996 年德国发现 112 号元素，2004 年 2 月俄罗斯宣布发现 113 号和 115 号元素，同年 9 月日本也发现了 113 号元素，并得到国际学会批准的命名权。[①] 114 号元素暂时空缺。因此现在一般认为有 115 种元素。

阳性物质的正物质（阳+）有 115 种元素，每一种元素的原子量和外电子层构型及电子数各不相同，把它们按规律依次在表格上排列起来，这就是通常所见的门捷列夫元素周期表。如：氢（H）、氦（He）、锂（Li）、铍（Be）……115 种元素按规律依次在表格上的元素周期表。

---

① 参见《日本经济新闻》2004 年 9 月 29 日报道。新华社《参考消息》2004 年 9 月 30 日转载。

(2) 根据宇宙对称定理，阳性物质的负物质（阳－）即反物质也应该有115种元素。每一种元素的原子量和外电子层构型及电子数各不相同，把它们按规律依次在表格上排列起来，就应该在门捷列夫元素周期表对应的一面，有阳性物质的负物质（阳－）即反物质的元素周期表。——虽然这115种反物质元素都是以不同的衰变形式存在的。

关于阳性物质的负物质（阳－）即反物质，英国物理学家狄拉克早就有预言。到了1956年，反粒子的存在已被确认。后来在实验室证实正负电子、正负质子相碰撞，立即会发生爆炸而相互湮灭。但是反物质元素却一直未发现。1996年1月4日，英国《泰晤士报》首次报道，位于日内瓦的欧洲粒子物理实验室，科学家们使用低能反质子环型加速器生成了一束疾速消逝的反氢原子，其衰变周期是百万分之三十秒，即稍纵即逝。

目前已知门捷列夫元素周期表上共列有115种普通元素，反氢物质的发现，将在元素周期表普通元素的阴影对称部位，即所谓反元素周期表的系统中增加一种元素——反氢原子（－H）。由此推之，其他114种普通元素也都有相对称的反元素。这些反元素的存在是毫无疑问的，虽然它们都还未在实验室中找到。

值得注意的是，反物质是以衰变的形式存在的。现在已经知道，反氢物质的衰变周期是百万分之三十秒。可以预见，其他114种反物质都有不同的衰变周期。如果以反氢物质的衰变周期百万分之三十秒为一个计量单位，随着实验的相继成功，其他114种反物质不同的衰变周期都以此为参照进行计量，这就像马克思对价值在质上作了分析之后又用劳动时间对其进行计量（价值量）一样，意义十分重大。至少将衰变了的（看不见、摸不着）反物质，变之为可以在量上表示的东西，从而具有实用性。

那么反物质衰变了，是否就不存在了，或者就消灭了呢？根本不是。反物质是以衰变的形式存在的，它们的衰变在时空中留下了衰变的轨迹。还有，正像将零不能理解为无或者没有，而是将它理解为零存在形式一样，正因为有零存在形式，才能引出正数和负数。这里说的反物质以衰变的形式存在，意义还在于：如果说它们不是以衰变的形式存在，那倒糟糕了，它们和115种普通元素相碰撞，就会在一声巨大的爆炸声中湮灭，那么我们这个世界早就不存在了。而我们现实世界仍然存在着，就反证了这些反物质确实是以衰变的形式存的。

以衰变形式存在的阳性物质的负物质（阳－）即反物质，是阳性物质正物质（阳+）的镜像物，其元素周期表也是门捷列夫元素周期表的镜像物，只是符号相反而已。如：－氢（－H）、－氦（－He）、－锂（－Li）、－铍

(−Be)……115种反物质元素。如果将−氢(−H)、−氦(−He)、−锂(−Li)、−铍(−Be)……115种反物质元素不同的衰变周期作以定量分析,测量出准确的数据来,将这些反物质元素按规律依次排列在表格上,于是就构成了反物质元素周期表。

根据宇宙对称定理,有阳性物质,就有与其相对应的阴性物质。不仅如此,有阳性物质的正物质(阳+),就有与其相对应的阴性物质的正物质(阴+);有阴性物质的正物质(阴+),就有与其相对应的阴性物质的负物质(阴−)即阴性物质的反物质。

(1)根据宇宙对称定理,阳性物质的正物质(阳+)有115种元素,那么以虚粒子为特征的阴性物质的正物质(阴+)也应该有115种元素,每一种元素的虚原子量和外电子层构型及虚电子数各不相同,把它们按规律依次在表格上排列起来,也应该做出虚元素周期表。——虽然这115种以虚粒子为特征的阴性物质的正物质(阴+),都是以虚元素的形式存在的。

值得指出的是,阴性物质的正物质(阴+)作为"炁"①,它的虚粒子原本没有原子量和外电子层构型及电子数,只是具有特殊波长和频率的电磁波,无法直观地将它们按规律依次在表格上排列起来。但是不要忘记,这些虚元素却牢固地存在于观念之中,是无论如何抹不去的。② 于是,在观念上就有115种阴性物质的正物质(阴+)的虚元素会按规律依次排列在表格上。

还有,以虚粒子为特征的阴性物质的正物质(阴+)虽然没有原子量和外电子层构型及电子数,它们只是具有特殊波长和频率的电磁波,那么这种具有特殊波长和频率的电磁波的种类,就应该有115种。于是以光速为临界点,假若虚粒子氢′(H′)是序数为1的具有一定波长和频率的虚粒子,即标准的虚粒子。余次类推,氦′(He′)、锂′(Li′)、铍′(Be′)……就共有115种具

---

① 炁,系指宇宙间以虚粒子构成的极为细微的物质,我称之为阴性物质,实质上是阴性物质的正物质(阴+)。中国古代先哲对"炁"在著作中多有描述。如东汉王充在《论衡·自然》中说:"天地合炁,万物自生。"北宋张载在《正蒙·太和》中说:"太虚不能无炁,炁不能不聚而为万物。"后人误将"炁"改写为"气",实为对"炁"的本质缺乏认识。参见拙著《广义与狭义生命论》第12章"炁"的本质与中国风水机理探微。

② 关于如何理解这些虚元素牢固地存在于观念中,请读者阅读马克思《资本论》1872年第二版跋中的一段话加以体会。马克思说:"研究必须充分地占有材料,分析它的各种发展形式,探寻这些形式的内在联系。只有这项工作完成以后,现实的运动才能适当地叙述出来。这点一旦做到,材料的生命一旦观念地反映出来,呈现在我们面前的就好像是一个先验的结构了。……观念的东西不外是移入人的头脑并在人的头脑中改造过的物质的东西而已。"《马克思恩格斯选集》第2卷,人民出版社1995年版,第111—112页。

有不同波长和频率的虚粒子。据此，就可以将它们按规律依次在表格上排列起来，从而列出阴性物质的正物质（阴+）的虚元素周期表。

（2）根据宇宙对称定理，阴性物质的正物质（阴+）有115种虚元素，那么阴性物质的负物质（阴-）也应该有115种虚元素。不仅如此，阳性物质的负物质（阳-）即反物质是以衰变形式存在的，那么同样的道理，阴性物质的负物质（阴-）的115种虚元素，也是以衰变形式存在的。

既然阴性物质的正物质（阴+）有虚元素周期表，那么以衰变形式存在的阴性物质的负物质（阴-）也应该有反虚元素周期表。以衰变形式存在的阴性物质的负物质（阴-）即反虚物质，是阴性物质正物质（阴+）的镜像物，其元素周期表也是虚元素周期表的镜像物，只是符号相反而已。如：-氢′（-H′）、-氦′（-He′）、-锂′（-Li′）、-铍′（-Be）……115种反物质元素。如果将-氢′（-H′）、-氦′（-He′）、-锂′（-Li′）、-铍′（-Be′）……115种反虚元素不同的衰变周期作以定量分析，测量出准确的数据来，就可以将这些反虚元素按规律依次排列在表格上，于是构成了反虚元素周期表。

根据宇宙对称定理，阳性物质的正物质（阳+）、阳性物质的负物质（阳-）即反物质、阴性物质的正物质（阴+）、阴性物质的负物质（阴-）即阴性物质的反物质，这四者之间的对应关系，如下图示之：

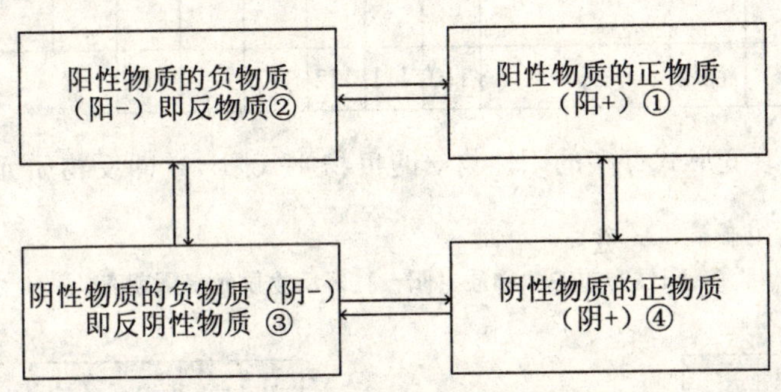

阴阳四种物质之间的对应关系

上图表明阴阳四种物质之间的对应关系。箭头①→②→③→④，是逆时针方向，表明以人类所在的四维时空为立足点，逻辑地推导出下述对应关系：

其一，阳性物质的正物质（阳+）和阳性物质的负物质（阳-）即反物质是相互对应的，而且后者是前者的镜像物（或者说二者互为镜像物）；

其二，阳性物质的负物质（阳-）即反物质和阴性物质的负物质（阴-）即反阴性物质是相互对应的，而且后者是前者的镜像物（或者说二者互为镜像物）；

其三，阴性物质的负物质（阴-）即反阴性物质和阴性物质的正物质

（阴+）是相互对应的，而且后者是前者的镜像物（或者说二者互为镜像物）；

其四，阴性物质的正物质（阴+）和阳性物质的正物质（阳+）是相互对应的，而且后者是前者的镜像物（或者说二者互为镜像物）。

上图表明阴阳四种物质之间的对应关系。箭头④→③→②→①，是顺时针方向，表明以生命在阴性物质世界的存在形式所在的四维以上的多维时空为立足点，逻辑地推导出阴阳四种物质之间的对应关系。其过程如上，此处不再赘述。

根据阴阳四种物质之间的对应关系绘制出的四张元素周期表：

（1）阳性物质的正物质（阳+）元素周期表，即门捷列夫元素周期表。如下图示之：

阳性物质的正物质（阳+）元素周期表

1	氢H											氦He
2	锂Li	铍Be					硼B	碳C	氮N	氧O	氟F	氖Ne
3	钠Na	镁Mg					铝Al	硅Si	磷P	硫S	氯Cl	氩Ar
4			⋮									
5			⋮									
6			⋮									
7	钫Fr	镭Ra	……	110	111	112	113		115			

（2）以衰变形式存在的阳性物质的负物质（阳−）即反物质元素周期表。如下图示之：

阳性物质的负物质（阳一）即反物质元素周期表

1	–H											–He
2	–Li	–Be					–B	–C	–N	–O	–F	–Ne
3	–Na	–Mg					–Al	–Si	–P	–S	–Cl	–Ar
4			⋮									
5			⋮									
6			⋮									
7	–Fr	–Ra	……	–110	–111	–112	–113		–115			

（3）以衰变形式存在的阴性物质的负物质（阴−）即反虚元素周期表。如下图示之：

阴性物质的负物质（阴一）即反虚元素周期表

1	–H′											–He′
2	–Li′	–Be′					–B′	–C′	–N′	–O′	–F′	–N′
3	–Na′	–Mg′					–Al′	–Si′	–P′	–S′	–Cl′	–Ar′
4			⋮									
5			⋮									
6			⋮									
7	–Fr′	–Ra′	……	–110′	–111′	–112′	–113′		–115′			

（4）阴性物质的正物质（阴+）虚元素周期表。如下图示之：

阴性物质的正物质（阴＋）虚元素周期表

1	H′											He′
2	Li′	Be′					B′	C′	N′	O′	F′	N′
3	Na′	Mg′					Al′	Si′	P′	S′	Cl′	Ar′
4			⋮									
5			⋮									
6			⋮									
7	Fr′	Ra′	……	110′	111′	112′	113′		115′			

注：

①以衰变形式存在的阳性物质的负物质（阳一）即反物质元素周期表、以衰变形式存在的阴性物质的负物质（阴一）即反虚元素周期表和阴性物质的正物质（阴＋）虚元素周期表，元素均以元素符号表示。

②以衰变形式存在的阳性物质的负物质（阳一）即反物质元素周期表和以衰变形式存在的阴性物质的负物质（阴一）即反虚元素周期表，元素符号加上字符底纹，表示这些元素都是以衰变形式存在的。

将阴阳四种物质的四张元素周期表按照对应关系进行整合，排列如下图示之：

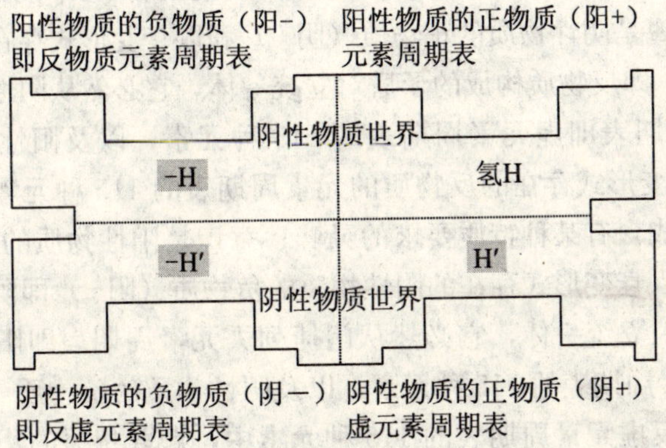

阴阳四种物质四张元素周期表按照对应关系整合图

3. 生命构成要从四个元素周期表中撷取相关的物质元素

（1）我们通常说的门捷列夫元素周期表，有 115 种元素。实际上是指阳性物质的正物质（阳+）元素周期表。现在看得见、摸得着的物质世界，就是由这 115 种元素排列组合而成的。还应该有与其相对应的阳性物质的负物质（阳-）即以衰变形式存在的反物质的元素周期表，也有 115 种元素。

不仅如此，还有阴性物质的正物质（阴+）元素周期表即虚元素周期表，有 115 种元素。还应该有与其相对应的阴性物质的负物质（阴-）即以衰变形式存在的反虚元素周期表，也有 115 种元素。

这样说来，整个物质世界就不只有一个门捷列夫元素周期表，即阳性物质的正物质（阳+）元素周期表，115 种元素。还有另外三个元素周期表：阳性物质的负物质（阳-）即以衰变形式存在的反物质的元素周期表，115 种反物质元素；阴性物质的正物质（阴+）元素周期表即虚元素周期表，115 种虚元素；阴性物质的负物质（阴-）即以衰变形式存在的反虚元素周期表，115 种反虚元素。四个元素周期表总计 460 种元素。过去我们总是企图用一个门捷列夫元素周期表，即阳性物质的正物质（阳+）元素周期表的 115 种元素的排列组合来说明大千世界的变化，特别是用来说明生命的构成要素以及生命的特异现象，多是失之偏颇的。

这个问题告诉我们，如果说我们固守在一个门捷列夫元素周期表，即阳性物质的正物质（阳+）元素周期表上，仅用 115 种阳性物质的正物质（阳+）元素的排列组合来解释物质世界，充其量只认识了四分之一的宇宙事物，还有四分之三的宇宙事物则是全然无知的。人类目前对宇宙事物的认识即是如此。显然，只有用四个元素周期表，即 460 种元素的排列组合来解释物质世界，才算对宇宙事物的概貌有一个大体全面的认识和了解。

（2）肉身是阴阳物质的复合体，它的构成就集合了四个元素周期表中的相关元素；灵魂是阴性物质的正物质（阴+）和以衰变形式存在的阳性物质的负物质（阳-）即反物质构成的矛盾对立统一体，它必然从阴性物质的正物质（阴+）元素周期表即虚元素周期表的 115 种元素，以及阳性物质的负物质（阳-）即以衰变形式存在的反物质的元素周期表的 115 种元素中，撷取相关的物质元素构成含有某种特质要求的灵魂；意识是阳性物质的正物质（阳+）即特指的脑和以衰变形式存在的阴性物质的负物质（阴-）即阴性物质的反物质构成的矛盾对立统一体，它必然从门捷列夫元素周期表即阳性物质的正物质（阳+）元素周期表的 115 种元素，以及阴性物质的负物质（阴-）即以衰变形式存在的反虚元素周期表的 115 种元素中，撷取相关的物质元素构成含有某种特质要求的意识。潜意识（狭义）是灵魂的镜像物，其构成和灵魂完全一样；潜意识（广义）在这里指的是个人的潜意识（广义），它是阴性物质的正物质（阴+）和阴性物质的负物质（阴-）构成的矛盾对立统一体，它必然从阴性物质的正物质（阴+）元素周期表即虚元素周期表的115种元素，以及阴性物质的负物质（阴-）即以衰变形式存在的反虚元素周期表的115种元素中，撷取相关的物质元素构成含有某种特质要求的潜意识（广义），以便和宇宙总体的潜意识（广义）相联结。

另外，生命在阴性物质世界的存在形式中的意识（不完全意识），是思维波——+阴′-和阴性物质的负物质（阴-）即阴性物质的反物质构成的不稳定的矛盾对立统一体。+阴′-是亚类的带有中性属性的阴性物质，因而还应该有一个亚类的带有中性属性的阴性物质的元素周期表，也有115种亚类的阴性物质元素。不仅如此，从理论上说还应该有一个亚类的带有中性属性的阳性物质的元素周期表，也有115种亚类的阳性物质元素。这样算起来就是六个元素周期表，而不是四个元素周期表。六个元素周期表总计690种元素。不过一般地说，主要的还是上述的四个元素周期表。亚类的带有中性属性的阴性物质的元素周期表和亚类的带有中性属性的阳性物质的元素周期表，虽然是两个辅助的元素周期表，但是在理论上却是成立的，这两个元素周期表也是不容忽视的。

意识（不完全意识）是思维波——+阴′-和阴性物质的负物质（阴-）即阴性物质的反物质构成的不稳定的矛盾对立统一体，它必然从这个亚类的带有中性属性的阴性物质的元素周期表115种亚类的阴性物质元素，以及阴性物质的负物质（阴-）即以衰变形式存在的反虚元素周期表的115种元素中，撷取相关的物质元素构成含有某种特质要求的意识（不完全意识）。

4. 根据对立统一规律及其演绎的宇宙对称定理和大相似定理可知，和生命在阳性物质世界的存在形式相对应的有一个生命在阴性物质世界的存在形式

（1）生命在阳性物质世界的存在形式由五大要素构成。

在宇宙生命坐标第Ⅳ象限，阴性物质和阳性物质在特定的时空条件下相碰撞，就产生一个物种（肉身）。这就确定了肉身是阴阳物质的复合体的基本定义。肉身的存在是生命在阳性物质世界存在形式的主要特征。

在阴阳两种物质相碰撞产生一个物种（肉身）的同时，也产生了灵魂和意识。灵魂是阴性物质的正物质（阴+）和以衰变形式存在的阳性物质的负物质（阳-）即反物质构成的矛盾对立统一体；意识是阳性物质的正物质（阳+）即特指的脑和以衰变形式存在的阴性物质的负物质（阴-）即阴性物质的反物质构成的矛盾对立统一体。于是肉身+灵魂+意识的连线，就可以看作是一条生命线。

将宇宙生命坐标第Ⅳ象限 X 轴上阳性物质的负物质（阳－）直线延长，再将 Y 轴上阴性物质的正物质（阴＋）直线延长，二者在生命线上的交点，称作潜意识（狭义），它在结构上和灵魂完全一样，是灵魂的镜像物。

和潜意识（狭义）相联结的是潜意识（广义），实际上这里指的是个人的潜意识（广义），然后再和宇宙总体的潜意识（广义）相联结。潜意识（广义）是阴性物质世界，属于四维以上的多维时空，在这里画不出来。

因此，肉身+灵魂+意识+潜意识（狭义）+潜意识（广义）就构成了生命在阳性物质世界的存在形式的五大要素。如下图示之：

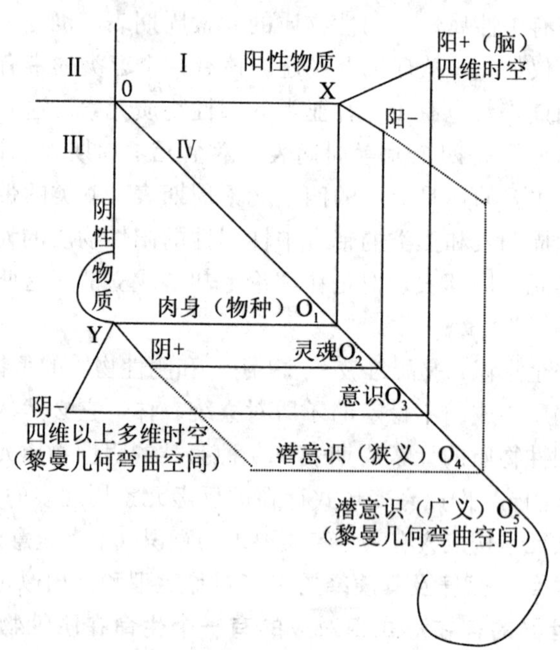

宇宙生命坐标第Ⅳ象限生命在阳性物质世界存在形式的五大要素

生命在阳性物质世界的存在形式，按照对立统一的正负配对原则，可以表示为：

肉身 +	灵魂 +	意识 +	潜意识（狭义）+	潜意识（广义）
阳+ 阴-	阴+	阴-	阴+	阴-
阳- 阴+	阳-	阳+（脑）	阳-	阴+

生命在阳性物质世界的存在形式，肉身存在于四维时空的阳性物质世界，灵魂栖息在心窝处，意识由脑部产生和发射出去，潜意识（狭义）存在于阴

阳两个物质世界的交界处，潜意识（广义）就是阴性物质世界。因此，一个人的生命在阳性物质世界的存在形式，在肉身之后拖着一条长长的“辫子”，直达整个阴性物质世界。所以，认为人活着只存在肉身，是一叶障目，只见树木，不见森林。

(2) 生命在阴性物质世界的存在形式由四大要素构成。

肉身不复存在之后，生命就由阳性物质世界的存在形式转变为阴性物质世界的存在形式。因为脑已不复存在，所以就由一个人生前脑意识产生和发射的具有固定频率和波长的思维波——+阴′-替代脑的功能，和阴性物质的负物质（阴-）构成意识（不完全意识）。这样，生命在阴性物质世界的存在形式是：灵魂+意识（不完全意识）+潜意识（狭义）+潜意识（广义）。

生命在阴性物质世界的存在形式，实质上就是原来肉身之后拖着的那一条长长的“辫子”。当肉身不复存在的时候，就将“辫子”留了下来。生命在阴性物质世界的存在形式，按照对立统一的正负配对原则，可以表示为：

灵魂+意识（不完全意识）+潜意识（狭义）+潜意识（广义）

生命在阴性物质世界的存在形式，因为肉身已不复存在，灵魂就游离出来，和意识（不完全意识）、潜意识（狭义）及潜意识（广义）构成如上图的结构式，存在于阴性物质世界。但是它穿越时空隧道，可以自由地来往于阴阳两个物质世界之间。因此，死亡是生命存在的另一种形式。一个人死亡之后成为生命在阴性物质世界的存在形式，还随时出现在我们的周围。只不过因为人们在生理上的先天局限性，看不见和感觉不到它们的存在罢了。

(3) 将生命在阴阳两个物质世界的存在形式之异同用列表方式进行转换，发现与每个人的意识同时并存的是意识（不完全意识），为什么是这种情况呢？道理很简单，因为每个人的脑意识产生和发射出的具有固定频率和波长的思维波——+阴′-，随时都可以和宇宙间的阴性物质的负物质（阴-）相组合，构成意识（不完全意识）——$\frac{+\text{阴}'-}{-\text{阴}}$。可见，当我们每个人活着具有意识的时候，就同时具有了意识（不完全意识）。于是就可以得到如下框图：

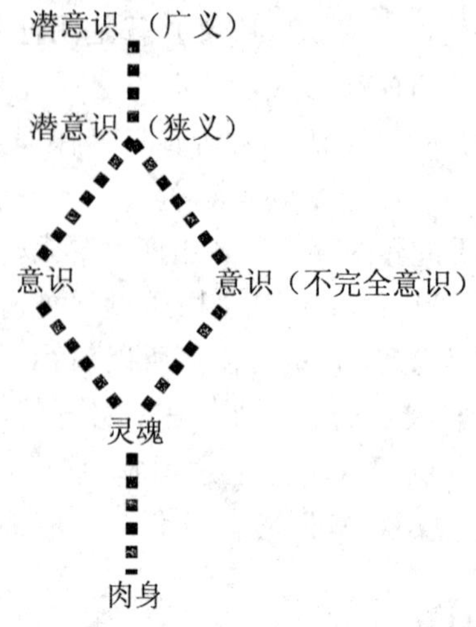

生命在阴阳两个物质世界的存在形式示意图

如果说肉身不复存在，脑亦不复存在，那么意识就随之转变为意识（不完全意识）。这时潜意识（狭义）■■■■■■意识■■■■■■灵魂■■■■■■肉身的链条就全部断裂。于是生命就由阳性物质世界的存在形式转变为阴性物质世界的存在形式。如下图示之：

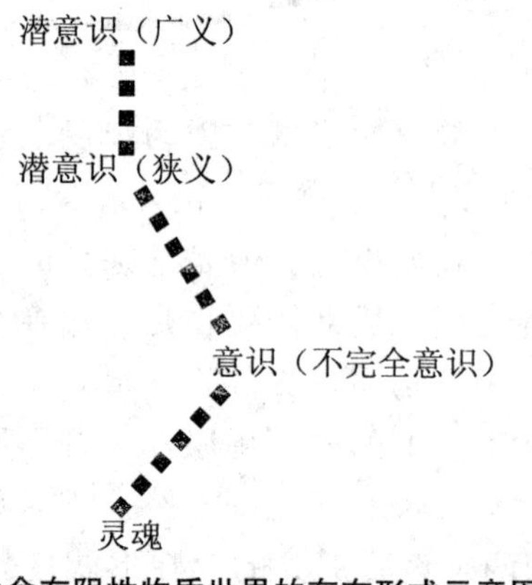

生命在阴性物质世界的存在形式示意图

从以上框图可以看出，生命在阴阳两个物质世界的存在形式的共同的东西是灵魂，存在于阴阳两个物质世界的交界处的潜意识（狭义），联结着个人的潜意识（广义），又由个人的潜意识（广义）联结着宇宙总体的潜意识（广义）即整个阴性物质世界。每个人在阴性物质世界都有一个囊括前世、今生和来生信息和密码的资料库。因为以虚粒子为特征的阴性物质运动速度起步就是超光速，本质上是具有特殊频率和波长的电磁波，具有录音、摄像和储存的功能，所以一个人的所作所为都会以信息和密码的形式，按照变位了和变形了的方式储存在你那个资料库中，这一点和佛教中说的业和惑是不可回收的是一个意思。

我们每个人的灵魂波——-阴′+和思维波——+阴′-相耦合进入阴性物质世界的资料库中，检索、破译和提取那里的信息和密码，便表现出对于知识的获取。那些具有特殊才能的人如特异功能者，不仅能够调出自己阴性物质世界资料库中的信息和密码，而且还可以检索、破译和提取别人阴性物质世界资料库中的信息和密码，这就是通常说的他心通。这样的人极少，是不可多见的国之瑰宝。

5. 阴阳两种生命存在形式的转换存在着多样性

(1) 生命在阳性物质世界的存在形式转变为生命在阴性物质世界的存在形式存在着多样性。

一个人因为疾病或者不测事故而使肉身代谢终止直至分解，生命便由阳性物质世界的存在形式转变为阴性物质世界的存在形式。这时肉身不存在，脑也不复存在了。这个人生前脑意识产生和发射的具有固定频率和波长的思维波——+阴′-，累积在宇宙空间就替代了脑的功能，和阴性物质的负物质(阴-) 构成意识 (不完全意识)。这时生命在阴性物质世界的存在形式是：

灵魂 + 意识（不完全意识）+ 潜意识（狭义）+ 潜意识（广义）

如果说一个高功夫气（炁）功师在特定的时空条件下，以超光速的速度运动，使肉身在瞬间变之为“无”，又在瞬间出现在异地，那么使肉身在瞬间变之为“无”——就是生命在此刻转变为阴性物质世界的存在形式。在瞬间出现在异地，即速度下降到光速以下，便又转变为生命在阳性物质世界的存在形式。古典文献中所讲的“隐身术”则属此例。

(2) 生命在阴性物质世界的存在形式转变为生命在阳性物质世界的存在形式存在着多样性。

灵魂从生命在阴性物质世界的存在形式的结构式游离出来，并且不失时机地植入一个受精卵中，是生命由阴性物质世界的存在形式转变为生命在阳性物质世界的存在形式的基本方式。——这便是佛教中说的生命的轮回。

从生命在阴性物质世界的存在形式的结构式可知，在灵魂和意识（不完全意识）之间的链条是不稳固的。原因是灵魂中的阳性物质的负物质（阳-）是以衰变形式存在的反物质，它和意识（不完全意识）中的思维波——+阴′-

构成的矛盾统一体是不稳固的；灵魂中的阴性物质的正物质（阴+）和意识（不完全意识）中以衰变形式存在的阴性物质的负物质（阴-）构成的矛盾统一体也是不稳固的。这样，这个链条就容易断裂，也容易使灵魂游离出来。至于这个链条在什么条件下何时断裂、灵魂以怎样的方式游离出来，则完全听命于生命程序和密码的总设计师——潜意识（广义）——阴性物质世界，抑或是它的人格化神灵、上帝。[①]

这是生命由阴性物质世界的存在形式转变为生命在阳性物质世界的存在形式的基本方式，它是一种间接的稳定的转化形式。

在特殊条件下，生命由阴性物质世界的存在形式转变为生命在阳性物质世界的存在形式，也有直接的转化方式。

这个特殊条件是：当人们一代又一代长久地思念故去的人时，就无形中屡屡加固了生命在阴性物质世界的存在形式中灵魂和意识（不完全意识）之间的链条。因为每思念一次，都给这个链条上增加一个量子水平的思维波——+阴′-，当增加到N个时，就使这个链条难以断裂，致使灵魂无法游离出来。如下图示之：

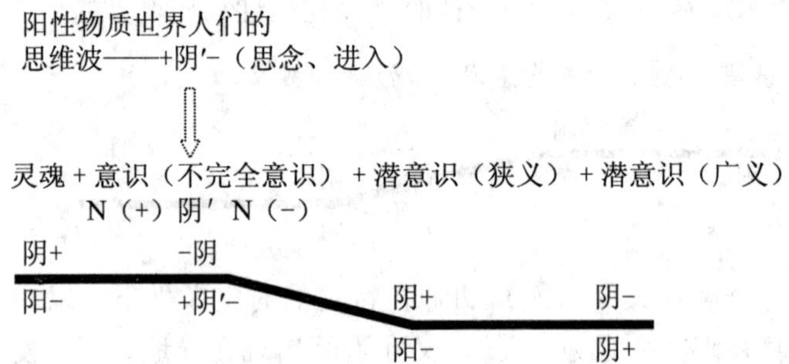

这时，生命在阴性物质世界的存在形式中灵魂和意识（不完全意识）之间的链条不容易断裂，灵魂游离不出来，但是生命的总设计师已经将编制的程序和密码的指令下达，即让它转变为生命在阳性物质世界的存在形式，于是在不得已的情况下就发生了直接的转化形式。表现为这个生命在阴性物质世界的存在形式——灵魂+意识（不完全意识）+潜意识（狭义）+潜意识（广义），直接附着在一个与其有“缘”的生命在阳性物质世界的存在形式——肉身+灵魂+意识+潜意识（狭义）+潜意识（广义）上，直观地表现

① 2002年，美英三位科学家罗伯特·霍维茨、悉尼·布雷内和约翰·苏尔斯顿获得了诺贝尔生理学或医学奖，他们的主要贡献是发现细胞的生死听命于程序控制。这在思想界掀起了一场轩然大波，因为按照人们正常的逻辑思维，这种事情无论如何是不会发生的，但是它却被三位科学家在实验中得到了证实。

为附着在肉身上。这样，就可以部分地实现生命由阴性物质世界的存在形式转变为生命在阳性物质世界的存在形式。这是一种附体现象，属于直接的转化形式，但却是不稳定的。①

（3）四个元素周期表在宇宙生命坐标第Ⅳ象限的位置。

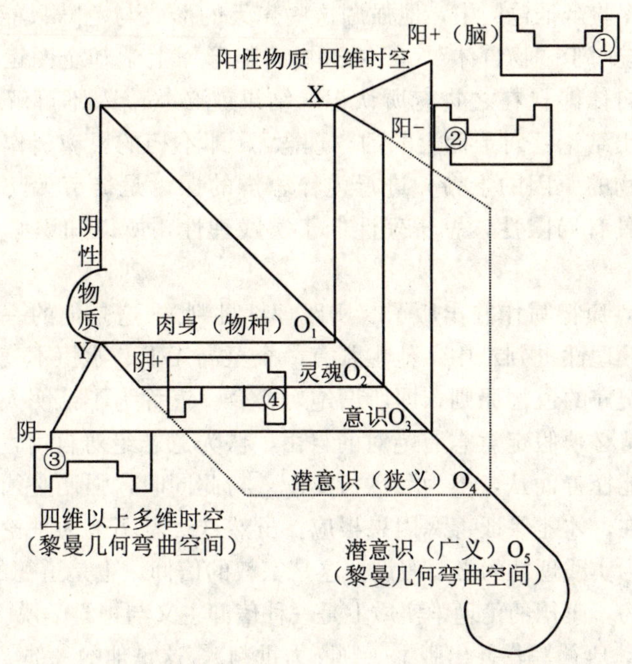

四个元素周期表在宇宙生命坐标第Ⅳ象限位置示意图

1.2 康德的三大批判特别是《实践理性批判》向我们提出了哪些问题

自1755年之后，康德（Immanuel Kant，1724—1804）分别写了三大批判著作：《纯粹理性批判》《实践理性批判》和《判断力批判》。依次阐述他的认识论、伦理学和美学等观点，成为人类思想宝库中不朽的瑰宝。

《纯粹理性批判》于1781年出版，1787年再版时作了修订。这是康德系

① 从协同学的观点看，生命系统的所有子系统及其参量——肉身、灵魂、意识及意识（不完全意识）、潜意识（狭义）、个人的潜意识（广义）的运行，都听从业已形成的序参量——宇宙总体的潜意识（广义）——阴性物质世界的支配。这其中最为重要的是，潜意识（广义）——阴性物质世界承担起了对于生命程序和密码编制的任务。

统地说明他的基本哲学观点特别是认识论的著作。在此书的“先验感性论”部分中，他主张几何学与数学的判断的可能，分别有赖于空间性和时间性这两个感性的先天形式；在“先验分析论”部分中，他主张自然科学的判断的可能，有赖于“实体性”、“因果性”、“交互性”等知性的十二个先天原则或范畴；在“先验辩证论”中，他强调这些先天的形式与范畴只能应用在“现象”而不能应用于“物自体”（自在之物），但形而上学却企图运用思辨理性对超验的物自体即自在之物有所认识，结果就必然陷入不可解决的矛盾当中。由此得出结论：对形而上学的“理念”，即不朽的灵魂、作为整体的宇宙、作为万物的原因的上帝，进行纯粹思辨的探讨是徒劳无功的。因为人的认识能力具有局限性，思辨理性低于实践理性，所以知识必须让位于宗教信仰。

1788年，康德写作并出版了《实践理性批判》，这是他的一部伦理学著作。在《实践理性批判》中，他主张有一个至高无上、永恒不变、任何人都应该无条件遵守的道德原则，即所谓绝对命令。宣称为了证明人人得以执行这一命令，就必须假定意志有绝对的自由。认为意志绝对自由，才有道德责任可言，才能择善而从，不为私欲所支配。与此同时，强调必须假定灵魂不朽与上帝存在，才能保证善恶因果报应。虽然这二者不能为理论或思辨理性所证明，但为实践理性的必要假设。这是宗教的信仰，也是道德的最终目的。因此人们认为，康德的伦理学实质上是一种信仰主义与神学学说。

1790年，康德写作并出版了《判断力批判》，这是他的一部美学著作。在《判断力批判》中，他试图通过美学来沟通“现象”与“本体”①，即现象与物自体（自在之物），或者说自然界和道德界。认为在自然界中，一切取决于因果的联系，因而是必然的；在道德界中，道德行为以自己为自己的目的，因而是自由的。为了沟通二者，他对自然界加以目的论的解释，认为人是自然的最高目的。在此书的第一部分“审美的判断力批判”中，他对美和崇高进行了分析，认为美与利害无关，与目的无关，主张“美只在于形式”，客观的形式符合主观的目的，这时就美。人有先验的“共通感”，美的东西必然引起共同的快感，因而具有普遍性和必然性。在“目的的判断力批判”这一部分中，他认为在“有机的自然产物”中，一切互为目的和手段；不能不把有生命的物体看作具有其内在的目的。最后，提出“道德的神学”学说，宣称必

---

① 本体（希腊文 noumenon）同“现象”相对。指只能用理性才能理解的本质，是理性直观的对象。最早由柏拉图提出，指真实的存在即理念。在中世纪与近代，“本体”一词成为西方哲学的常用术语。在康德哲学中，本体与现象构成一对范畴，本体即物自体或自在之物，是不能为知识所达到，但能为信仰所揭示的东西。

须假定有上帝存在，而上帝是为了一定的道德目的才把宇宙创造出来的。

我在《我的宇宙观》四卷本中，[①] 阐述的所有内容现在看来都是自觉或者不自觉地引申、发挥和扩展了康德《纯粹理性批判》的思想。其特点只不过是运用了现代科学知识而已。从某种意义上说，《我的宇宙观》四卷本即是现代版的《纯粹理性批判》。当然由于时代不同了，特别是自然科学的发展，有了相对论和量子力学，于是提出新的物质范畴——超微观物质世界抑或是阴性物质世界，就是顺理成章的事情了。不过读者不要忘记，它仍旧是"物自体"（自在之物）概念的引申，或者说是它的实体化、明朗化。

我的研究工作还没有涉及美学领域。尽管我读过康德的《判断力批判》、黑格尔的《美学讲演录》，浏览过朱光潜的《文艺心理学》《谈美》，认真研读过李泽厚的《美的历程》《华夏美学》《美学四讲》和新近出版的《实用理性与乐感文化》，但是我自叹在美学领域缺少悟性，因而诚惶诚恐，不敢涉猎这个范畴。所以至今在美学领域仍旧是一个空白。

现在写作的这本书，算是开始进入伦理学领域，也就是道德范畴。这就自然涉及康德的《实践理性批判》中的诸多概念和观点。那么，《实践理性批判》向我们提出了哪些问题呢？

（1）康德为什么主张有一个至高无上、永恒不变、任何人都应该无条件遵守的道德律令？

（2）为了证明人人都得执行这一道德律令，康德为什么必须假定意志有绝对的自由？

（3）康德主张只有意志绝对自由，才有道德责任可言，才能择善而从，不为私欲所支配。这其中的深刻含义是什么呢？

（4）康德强调必须假定灵魂不朽与上帝存在，才能保证善恶因果报应。它的直接根据是什么？

（5）为什么说康德当时不能用理论或思辨理性证明灵魂不朽与上帝存在？

（6）实践理性假设灵魂不朽与上帝存在的意义何在？

（7）强调必须假定灵魂不朽与上帝存在，为什么既是宗教的信仰，也是道德的最终目的？

（8）为什么说康德的伦理学实质上是一种信仰主义与神学学说？

这八个问题，就是康德的《实践理性批判》向我们提出的问题，也是本书在以下的篇章中要着力研究和探讨的问题。

---

① 参见拙著《打开宇宙的另一扇门》《广义与狭义生命论》《我从哪里来，又到哪里去》《进入阴性物质世界》。

1.3 康德的墓志铭告诉了我们什么

在《实践理性批判》最后的“结论”部分，康德写道：“有两种东西，我对它们的思考越是深沉和持久，它们在我心灵中唤起的惊奇和敬畏就会日新月异，不断增长，这就是我头上的星空和心中的道德律令。”这是康德的座右铭。1804年2月12日上午11时，康德在家乡哥尼斯堡逝世，死后他的学生和朋友就将这一段话刻在墓碑上，从而成为康德的墓志铭。

在这里我们不禁要问：漠漠星空与心中的道德律令有着怎样的关系？为什么这两种东西能在康德心中唤起那样的惊奇和长久不衰的敬畏感呢？

其实，200多年前的康德仰望星空观察到的天文现象和心中的感受，是异常简单和纯净的。他一定根据自己的星云假说，想象着“密度较大而分散的一类微粒凭借引力从它周围的一个天空区域里把密度较小的所有物质聚集起来；但它们自己又同所聚集的物质一起，聚集到密度更大的质点所在的地方，而所有这一些又以同样方式聚集到质点密度更为巨大的地方，并一直继续下去。”① 这样就逐步凝成大的团块。而同时，微粒之间又有相互排斥的力，“表现在排斥和吸引相互斗争中所引起的那种运动，这种运动好像是自然界的永恒生命。”② 于是分布在广阔宇宙空间的物质微粒，在万有引力的作用下，逐渐形成团块，较大的团块成为引力中心，中心体不断地吸引四周的微粒和小团块，最后聚积成太阳。有些微粒在向中心体降落中，因为相互碰撞，向旁偏转而围绕中心体作圆周运动，这些微粒又各自形成小的引力中心，最后聚集成行星；行星周围的微粒按照同样的过程聚集成卫星……

康德看到，宇宙因为受到一般运动规律的支配，秩序竟然如此井然、美好。一方面，他可以用最简单的自然规律来说明世界，尤其是无机界的完美和目的性。——这正是无神论的观点；另一方面，他运用莱布尼茨—沃尔夫完善论和前定和谐说，证明这种完善的规则必有其设计者——上帝。——这又是有神论的观点。但却说明上帝设计的规则人们是可以认识的，因此康德望着星空，大声地说道：“给我物质，我就用它造出一个宇宙来!”③

人是宇宙中的高等生命，是万物之灵，是自然的终极目的。康德说：在目的国度中，人就是目的本身，没有人（甚至于神），可以把他单单用作手段，他

---

① 康德：《宇宙发展史概论》，上海人民出版社1972年版，第66页。

② 康德：《宇宙发展史概论》，上海人民出版社1972年版，第66页。

③ 康德：《宇宙发展史概论》，上海人民出版社1972年版，第26页。

自己永远是个目的。人是阴阳物质的复合体，人的灵魂和意识总是和宇宙相通的。在人的心灵深处唤起的道德律令，既是宇宙秩序的要求，又和宇宙有序的结构和完美的运动遥相呼应。这一切能不使人感到惊奇和敬畏吗？

1.4 康德想到或者没有想到，更没有看到的东西是什么

在当时自然科学发展的既定水平下，加之时空维数的先天限制，康德的思维也不可避免地受到某种限制。这是没有办法的事情，因为人不能超出他的时代，就像不能跳出自己的皮肤一样。可以设想，未来的人们回过头来再议论我们今天所做的一切，也可能会耻笑说为什么是如此浅薄？我从来不敢说康德浅薄，原因是他已经发挥了他那个时代的人的最高智慧，从而为后来者开辟了一条研究通往“物自体”（自在之物）彼岸的道路。

康德仰望广阔无垠的夜空，看到满天星斗，想到了他的星云假说和宇宙物质如此完美地形成，一定沉浸于美的意境中。然而他更多地看到的只是那些看得见、摸得着的东西；由此他联想到心中的道德定律，也一定是那样的神秘莫测。它像一把高悬在人们头顶上的利剑，有如一道绝对命令规范着所有人的行动。——这道命令无疑是由灵魂执行并经由上帝颁布的。

事实上，康德看到的仅是阳性物质的正物质（阳+），它是有形中的有形。

那么康德想到或者没有想到，更没有看到的东西是什么呢？

1. 和阳性物质的正物质（阳＋）相对应的阳性物质的负物质（阳－）即反物质。康德没有想到，当然也没有看到

康德根据他的星云假说，描绘的太阳系的太阳、行星和卫星乃至宇宙中的尘埃或者其他天体，都是阳性物质的正物质（阳+）。它们的特点是：以实粒子构成，存在于长、宽、高的三维空间和一维前进的时间即四维时空，运动速度限制在光速以下。而阳性物质的负物质（阳-）即反物质和阳性物质的正物质（阳+）有着同样的结构和特点，但却是以衰变的形式存在的，它是有形中的无形。

史蒂芬·霍金在《时间简史——从大爆炸到黑洞》一书中说有一个反人、反你存在。并说不要和你的反人握手或者接吻，否则会在一声爆炸中两个人都会湮灭殆尽。我认为你尽可以和你的反人亲密地在一起，没有任何危险，因为他（她）是以衰变的形式存在的嘛。

2. “物自体”（自在之物）的引申、扩展和明朗化——超微观物质世界抑或是阴性物质世界。康德想到了但没有论证，当然也没有看到

根据现代物理学的定义，整个物质世界区分为宏观物质世界、微观物质

世界和超微观物质世界三大领域。借用中国传统文化的阴阳学说，将微观物质世界“一分为二”，把主要是粒子性、次要是波动性的一半划归到宏观物质世界；把主要是波动性、次要是粒子性的一半划归到超微观物质世界，从而提出阳性物质世界和阴性物质世界两大物质范畴。

北宋哲学家、教育家朱熹在他的《周易本义》《太极图通书》等著作中多次讲到，阳中有阴阳，阴中有阴阳。如果说用正号（+）代表阳，用负号（-）代表阴，将阴阳两种物质“一分为二”到第二个层次，那么阳性物质就是由阳性物质的正物质（阳+）和阳性物质的负物质（阳-）构成的；阴性物质就是由阴性物质的正物质（阴+）和阴性物质的负物质（阴-）构成的。

阳性物质的正物质（阳+）和阳性物质的负物质（阳-）即反物质在以上作了略述，此处不再赘述。下边简述一下阴性物质的正物质（阴+）和阴性物质的负物质（阴-）的结构和特点。

（1）阴性物质的正物质（阴+）。它是以虚粒子构成，存在于长、宽、高加上一个或者几个曲率构成的曲面等多维空间（它已高度弯曲和压缩为负空间）和倒退、停滞、加速度前进的多维时间（虚时间），即四维以上的多维时空。运动速度起步就是超光速，在超光速的基础上仍旧有快慢之分。阴性物质的正物质（阴+）本质上是具有特殊频率和波长的电磁波，携带或者说全息了宇宙和人类的所有信息和密码。在古典文献中将其称为“炁”，近代误写为“气”。据报道，在实验室中发现它能改变物质的分子结构。在实践中，认为气（炁）功师发出的外气即为阴性物质的正物质（阴+），它可以根据指令做功，敏感型的人明显地感觉到它的存在。它是无形中的有形。

（2）阴性物质的负物质（阴-），即阴性物质的反物质。它和阴性物质的正物质（阴+）有着同样的结构和特点，却是以衰变的形式存在的。阴性物质的负物质（阴-）仅是理论推导的产物，在实验室中还未发现，即使敏感型的人也没有感知到它的存在。它是无形中的无形。又因为无无得有（负数×负数=正数），所以实际上阴性物质的负物质（阴-）仍旧是有形的。

3. 十一组相互模拟的宇宙形式。不知道康德是否想到是“我梦蝴蝶还是蝴蝶梦我”

十一组相互模拟的宇宙形式是：

（1）四个物质元素相组合的物质世界，有1组。如下图所示：

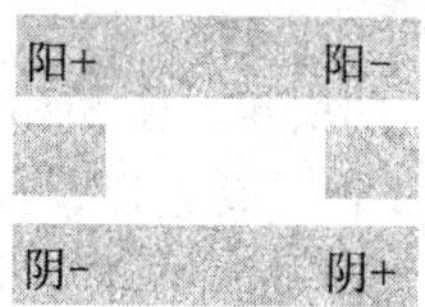

（2）三个物质元素相组合的物质世界，有 4 组。如下图所示：

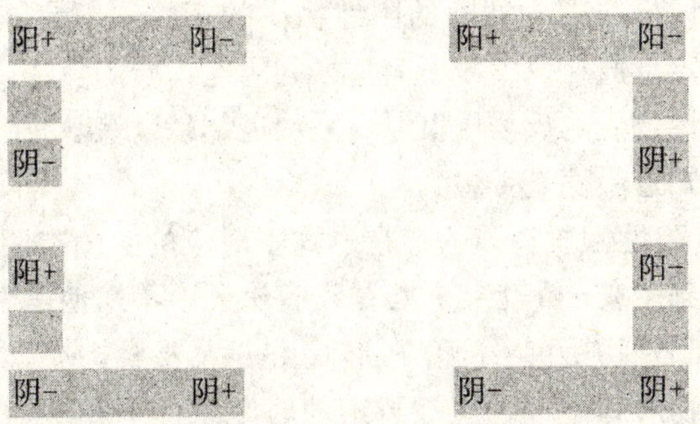

（3）二个物质元素相组合的物质世界，有 6 组。如下图所示：

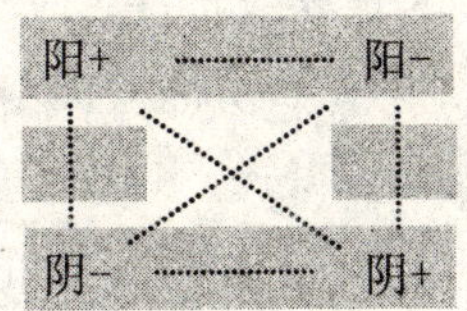

阳+——阳- 构成阳性物质世界事物。

阴+——阴- 构成阴性物质世界事物。

阳+——阴- 构成宇宙意识，其中“阳+”是宇宙间类似脑功能那样的东西。

阴+——阳- 构成宇宙灵魂。

阳+——阴+ 处于既相吸引又相排斥的状态，构成宇宙的另一类物质。这一类物质在宇宙间大量存在。

阳-——阴- 处于既相吸引又相排斥的状态，构成宇宙的另一类物质。这一类物质在宇宙间大量存在。

上述四个物质元素相组合的物质世界有 1 组，三个物质元素相组合的物质世界有 4 组，二个物质元素相组合的物质世界有 6 组，共计 11 组物质世界。

不要忘记，这十一组物质世界是在四个元素周期表中任意选取 1 个或者一类物质元素组合而成的。如果说是在四个元素周期表中任意选取几个或者几类物质元素组成多种复式结构，那么构成的物质世界就复杂多了。

从上述十一组物质世界相互模拟的宇宙形式看，可以说它们又都是互为镜像物的。庄子说：是“我梦蝴蝶还是蝴蝶梦我”？这就要看你将立足点放在哪里了。例如，如果说将立足点放在阳性物质的正物质（阳+）即以实粒子为特征的现实的物质世界，就是我梦蝴蝶；而如果说将立足点放在阳性物质的负物质即以衰变形式存在的反物质世界，则是蝴蝶梦我。同样的道理，如果说将立足点放在以虚粒子为特征的阴性物质的正物质（阴+）的阴性物质世界，或者说将立足点放在以虚粒子为特征的阴性物质的负物质（阴-）即以衰变形式存在的阴性物质的反物质世界，恐怕也都是蝴蝶梦我吧！

这一点，不知道康德是否想到了。

4. 和生命在阳性物质世界的存在形式相对应的生命在阴性物质世界的存在形式。康德想到了有一个上帝，但是没有论证，不知他是否看到

（1）生命在阳性物质世界的存在形式由五大要素构成。在宇宙生命坐标第Ⅳ象限，阴性物质和阳性物质在特定的时空条件下相碰撞，就产生一个物种（肉身）。这就确定了肉身是阴阳物质的复合体的基本定义。肉身的存在是生命在阳性物质世界存在形式的主要的特征。

在阴阳两种物质相碰撞产生一个物种（肉身）的同时，也产生了灵魂和意识。灵魂是阴性物质的正物质（阴+）和以衰变形式存在的阳性物质的负物质（阳-）即反物质构成的矛盾对立统一体；意识是阳性物质的正物质（阳+）即特指的脑和以衰变形式存在的阴性物质的负物质（阴-）即阴性物质的反物质构成的矛盾对立统一体。于是肉身+灵魂+意识的连线，就可以看作是一条生命线。

将宇宙生命坐标第Ⅳ象限X轴上阳性物质的负物质（阳-）直线延长，再将Y轴上阴性物质的正物质（阴+）直线延长，二者在生命线上的交点，称作潜意识（狭义），它在结构上和灵魂完全一样，是灵魂的镜像物。

和潜意识（狭义）相联结的是潜意识（广义），实际上这里指的是个人的潜意识（广义），然后再和宇宙总体的潜意识（广义）相联结。潜意识（广义）是阴性物质世界，属于四维以上的多维时空，在坐标图上画不出来。

因此，肉身+灵魂+意识+潜意识（狭义）+潜意识（广义）就构成了生命在阳性物质世界存在形式的五大要素。

生命在阳性物质世界的存在形式，肉身存在于四维时空的阳性物质世界，灵魂栖息在心窝处，意识由脑部产生和发射出去，潜意识（狭义）存在于阴阳两个物质世界的交界处，潜意识（广义）就是阴性物质世界。因此，一个人的生命在阳性物质世界的存在形式，在肉身之后拖着一条长长的“辫子”，直达整个阴性物质世界。所以，认为人活着只存在肉身，是极其片面的，是因为不了解生命的整体结构而发生的错觉。

（2）生命在阴性物质世界的存在形式由四大要素构成。肉身不复存在之后，生命就由阳性物质世界的存在形式转变为阴性物质世界的存在形式。因为脑已不复存在，所以就由一个人生前脑意识产生和发射的具有固定频率和波长的思维波——+阴′-替代脑的功能，和阴性物质的负物质（阴-）构成意识（不完全意识）。这样，生命在阴性物质世界的存在形式是：灵魂+意识（不完全意识）+潜意识（狭义）+潜意识（广义）。

生命在阴性物质世界的存在形式，实质上就是原来肉身之后拖着那一条长长的“辫子”。当肉身不复存在的时候，就将“辫子”留了下来。因此，死亡是生命存在的另一种形式。一个人死亡之后成为生命在阴性物质世界的存在形式，还随时出现在我们的周围。只不过因为人们在生理上的先天局限性，看不见和感觉不到他们的存在罢了。

（3）那么神灵、上帝是什么？根据以上所述，神灵、上帝是生命在阴性物质世界的存在形式之佼佼者，是那里的领军人物，是无所不知、无所不能的万有（ALL），或者说是一台巨大的、无形的超光速运算的高智能计算机的人格化。从协同学的核心概念——序参量的原理分析，为宇宙和人类社会有一个全能的神灵、上帝提供了理论上的支撑点，从而初步解决了一个亘古以来的理论难题。①

1.5 本卷的研究对象和立足点发生了转移

在《我的宇宙观》四卷本中，我分别阐述了下列思想和观点：

1. 第一卷《打开宇宙的另一扇门》，中心探讨的是宇宙观的问题

爱因斯坦的相对论在打开宏观物质世界大门的同时，又顺手关上了另一扇大门——超微观物质世界大门。通过严密的科学论证，突破“波粒二象性”阈值范围，重新打开了被爱因斯坦关上的这扇大门，为人们探索一个新的物质范畴——超微观物质世界的结构和秩序开辟了道路。认为物质世界在总体上分为宏观物质世界、微观物质世界和超微观物质世界三大部分，借用中国传统文化的阴阳学说，又可以划分为阳性物质世界和阴性物质世界。与此同时，提出了主体世界的五大定理（在第二卷中，又提出围绕核心旋转定理，故称之为主体世界的六大定理）。还进一步探讨了生命的奥秘，诸如生命的起

① 从协同学的观点看，在各种子系统及其参量的共同作用下，必然形成一个系统的序参量。序参量自动形成以后，就逐渐地独立出来，成为系统的宏观控制参量——系统的“上帝”。它是由系统本身在运行中自然而然地推崇出来的。序参量一旦形成，反过来就对系统的所有子系统及其参量起支配作用。于是系统的所有子系统及其参量的运行都听从序参量的支配。因而系统的宏观控制参量——序参量——系统的“上帝”，就自然地成为支配系统所有子系统及其参量运行的主导力量。——这是目前推导出宇宙和人类有一个全能的上帝的唯一的科学方法。参见拙著《我从哪里来，又到哪里去》第20章生命在阴阳两个物质世界的存在形式及其转化是自组织行为。

源、生命在四维时空和四维以上的多维时空的存在形式，以及与生命有关的其他问题。目的是使人们更好地认识自身并造福人类。对中国和西方传统的哲学观念、对人类认识史上的权威思想和观点提出挑战，进行深入剖析和深刻反思。

2. 第二卷《广义与狭义生命论》，中心探讨的是生命观的问题

生命（物种）是阴阳两种物质在宇宙特定的时空条件下相碰撞的产物。生命的五大要素是：肉身+灵魂+意识+潜意识（狭义）+潜意识（广义）。生命的核心是灵魂。广义生命论论述了生命（物种）在生命坐标四个象限的不同存在形式，狭义生命论论述了生命（物种）在生命坐标第Ⅳ象限独特的存在形式。与此同时，对思维的本质、超微观物质世界的结构和秩序、潜意识与宇宙的二进位制运算、引力与人体的全息性、梦的成因与释梦、“炁”的本质与风水机理、反人（反你）存在的意义，以及生命在阴阳两个物质世界穿梭听命于指令和程序控制等问题，进行了深入论证。这种论证更多地建立在自然科学的基础上，某些部分和2002年诺贝尔生理学或医学奖获得者，美英三位科学家罗伯特·霍维茨、悉尼·布雷内和约翰·苏尔斯顿的理论不谋而合。

3. 第三卷《我从哪里来，又到哪里去》，中心探讨的是人生观的问题

生命在阴阳两个物质世界的存在形式是互相转化的。生命程序和密码的总设计师是潜意识（广义）即阴性物质世界。它的人格化就是神灵、上帝。阴性物质世界类似一台巨大的无形的超光速运算的高智能计算机。按照编制的程序，生命在阴性物质世界的存在形式其思维波相邻的链条断裂，灵魂游离出来并不失时机地植入一个受精卵中，一个新的生命的胚芽就诞生了。与此同时，还论证了人类如何与自然和谐相处、关于阴性物质能量的释放、超微观物质世界的物理学公式应该具备的条件、人的心理能力的深层结构，以及生命在阴阳两个物质世界的存在形式及其转化是自组织行为等。这种论证不仅具有坚实的科学基础，而且吸收了儒家、道家和佛教的优秀思想，提倡树立融“儒释道”为一体的混合人生观。

4. 第四卷《进入阴性物质世界》，中心探讨的是科学观的问题

根据南宋哲学家、教育家朱熹“阳中有阴阳，阴中有阴阳”的观点，将阴阳两种物质“一分为二”到第二个层次，就可以做出阳性物质的正物质（阳+）元素周期表、阳性物质的负物质（阳-）即反物质元素周期表、阴性物质的正物质（阴+）即虚元素周期表、阴性物质的负物质（阴-）即反虚元素周期表。通常说的门捷列夫元素周期表，属于阳性物质的正物质（阳+）元素周期表，用其115种元素的排列组合，不足以解释宇宙间的一切事物。只有用四个元素周期表460种元素的排列组合，才能够比较全面地解释宇宙间的所有事物。肉身、灵魂和意识的构成因选择了四个元素周期表中不同量子水平的元素，才表现出不同的功能和特点。阴性物质世界在结构上具有层次性，其耗散结构效应沿着时空隧道变换。人所感觉到的昨天、今天和明天，是时间基因、空间基因在顺序上的片断。人体和宇宙是一个开放的反馈系统，阴性物质世界涵盖了人类巨大的信息资源库。人类社会犹如一枚硬币的正面和反面，人类既需要现实家园也需要理想家园，而科学和宗教则成为引领人类走向未来的两面旗帜。

从以上可以看出，在以往的研究中我总是将阴阳两个物质世界及其相互转化，作为研究的立足点，其覆盖面不仅囊括了阴阳两个物质世界，而且涉及生命在阴阳两个物质世界的存在形式。它的好处是使我们能够高屋建瓴、全方位地认识到和阳性物质世界相联系的，有一个新的物质范畴——阴性物质世界；和生命在阳性物质世界的存在形式相联系的，有一个生命在阴性物质世界的存在形式，而且这二者在一定条件下是相互转化的。因而对于解放思想、开阔视野和树立科学的人生观大有裨益。同任何事物都存在着两重性一样，它的缺点是对于现实社会和人生的意义研究不够，搞不好就有点逃避现实的消极影响。这是我经过认真的反思之后，下决心写作本卷的缘由之一。

在本卷中，我的研究对象和立足点发生了转移。主要有以下几点：

1. 将原来对于阴阳两个物质世界的综合研究，转移到重点对阳性物质世界和人类社会的研究

由于时空维数的先天限制，加之自然科学和社会科学发展的既定的高度，我感到我的智慧在这方面已经不够用了，或者说再也提不出什么新鲜的东西了。康德说人的认识能力有感性、知性、理性三个环节，理性是一种最高的认识能力。当理性试图认识“物自体”——感觉以外的物质世界时，就不可避免地陷入难以自解的二律背反的矛盾中。当我试图深入阴性物质世界对其结构和秩序进行探讨时，那种艰苦性、甚至于感到耗尽智慧的无奈性不时地朝我袭来，这些难耐在《我的宇宙观》四卷本中都留下了痕迹。

但是也不尽然。根据本书的立论，人的灵魂波——-阴′+和思维波——+阴′-相耦合，推动阴性物质的正物质（阴+）——意念，能够自如地穿越时空隧道而进入阴性物质世界，检索信息和破译密码。否则康德怎么能够提出“自在之物”（物自体）学说呢？黑格尔又怎么可能在他的绝对精神领域探索“存在论”、“本质论”、“理念论”呢？看来关键是自然科学乃至哲学社会科学发展的高度在束缚着人的能力，而时空维数对人的先天限制，也只有在科学技术高度发展中才能将其以曲折的方式打破。

社会是以共同的物质生产活动为基础而相互联系的人类生活共同体。马克思说："社会——不管其形式如何——究竟是什么呢？是人们交互作用的产物。人们能否自由选择某一社会形式呢？决不能。"[①] 但是在既定的社会形式中，一定的生产力水平下的物质资料生产活动，却成为人类社会存在的基本条件。人在生产活动中形成的与一定的生产力发展水平相适应的生产关系的总和，是社会的经济基础；由经济基础产生并与经济基础相适应的政治法律关系、道德、艺术、宗教等政治现象和社会意识形态，是社会的上层建筑。因而社会总是由经济基础和上层建筑构成的。社会又是一种历史现象，按照不以人的意志为转移的客观规律向前发展变化。在这里，阳性物质世界又总是以社会的形式呈现出来的。研究人类社会是社会科学的重要任务之一。

2. 将原来对于生命在阴阳两个物质世界的存在形式的综合研究，转移到重点对生命在阳性物质世界的存在形式——人的研究

人是阴阳物质的复合体。人的有生之年又现实地生活在四维时空的阳性物质世界，是在以共同的物质生产活动为基础而相互联系的人类社会中度过的。以我们居住和生活的地球为例，目前已经被弄得满目疮痍、很不安宁。人类社会无论实行怎样的社会形式，都有对人性的误读和对于人的尊严的践踏。把人不当人的事情在哪一个国家和地区都时有发生。全世界每年非正常死亡的人数多得惊人。如果说一个人不能够平安地度过他的生命岁月而寿终正寝，生命在阴阳两个物质世界的存在形式就会相互抵触和充满矛盾，进而引发新的灾难。

人是宇宙间的高等生命，是万物之灵。人的本性是什么？人为什么要活着而且还要活得幸福、快乐，活得要有尊严？为什么说康德每当仰望星空就想起心中的道德律令？而且对它们的思考越是深沉和持久，它们在心灵中唤起的惊奇和敬畏就会日新月异，不断增长？

正是对于以上的深入思考，使我的研究对象和立足点发生了转移。

---

① 《马克思恩格斯选集》第4卷，人民出版社1972年版，第320页。

第 2 章　阴性物质的正物质（阴十）元素周期表即虚元素周期表的编制

2.1　“阳中有阴阳、阴中有阴阳”的启示

1. 南宋哲学家、教育家朱熹在他的《周易本义》《太极图通书》等著作中多次讲到：“阳中有阴阳，阴中有阴阳”

如果说用正号（+）代表阳，用负号（-）代表阴，将阴阳两种物质“一分为二”到第二个层次，那么大千世界就是由阳性物质的正物质（阳+）、阳性物质的负物质（阳-）和阴性物质的正物质（阴+）、阴性物质的负物质（阴-）四种物质构成的。根据宇宙对称定理和大相似定理，就可以做出阳性物质的正物质（阳+）元素周期表、阳性物质的负物质（阳-）即反物质元素周期表、阴性物质的正物质（阴+）即虚元素周期表、阴性物质的负物质（阴-）即反虚元素周期表等四个元素周期表。

2. 阳性物质的正物质（阳十）原来有 111 种元素，现在确认有 115 种元素，大凡都是看得见、摸得着的物质，即使镭、铀等放射性元素，也是可以用仪器测量到的

以实粒子为特征的阳性物质的正物质（阳+）的 115 种元素，存在于四维时空，在光速以下运动。每一种元素的原子量和外电子层构型及电子数各不相同，把它们按规律依次在表格上排列起来，就成为阳性物质的正物质（阳+）元素周期表即门捷列夫元素周期表。如元素周期表中的氢元素为：H。现在人们的习惯看法是，用这 115 种元素的排列组合，来解释和说明宇宙间的一切事物。

3. 根据宇宙对称定理和大相似定理，阳性物质的负物质（阳一）即反物质，也有 115 种元素

它是以实粒子为特征但又是以衰变形式存在的阳性物质的负物质（阳-）即反物质，1996 年欧洲粒子物理实验室科学家已经发现了它，如反氢物质

(−H)，其衰变周期是百万分之三十秒，说明反物质是以衰变形式存在的。反物质存在于四维时空，在光速以下运动。从理论上说，每一种反物质元素都有它的负值的原子量和正电子数以及相反方向的外电子层构型；而且 115 种反物质元素的衰变周期也依次不同。在每一种反物质元素衰变之前，它们是现实地存在的，虽然只是短暂的时刻；在每一种反物质元素衰变之后，它们在时空中留下了衰变的轨迹，只存在于观念之中。综合研究上述这些表现进而找到它们共同的东西，按规律依次在表格上排列起来，就是阳性物质的负物质（阳−）即反物质元素周期表。如反物质元素周期表中的反氢元素为：−H。

2.2 编制虚元素周期表应该注意的几个问题

1. 根据宇宙对称定理和大相似定理，有阳性物质就有阴性物质；有阳性物质的正物质（阳＋）和阳性物质的负物质（阳－）即反物质，就有阴性物质的正物质（阴＋）和阴性物质的负物质（阴－）即阴性物质的反物质

同样的道理，做出了阳性物质的正物质（阳+）元素周期表和阳性物质的负物质（阳−）即反物质元素周期表，就能够做出阴性物质的正物质（阴+）即虚元素周期表和阴性物质的负物质（阴−）即反虚元素周期。但是情况又有很大的不同，主要是：

(1) 以虚粒子为特征的阴性物质的正物质（阴+），有 115 种元素，但却是以虚元素的形式存在于四维以上的多维时空、在光速以上运动的。从四维以上的多维时空的视角观察，因为每一种虚元素的虚原子量和外电子层构型及虚电子数各不相同，所以它们以不同的特殊频率和波长的电磁波表现出来；从四维时空的视角观察，这 115 种元素统统表现为高能量的信息团，只能以感觉到的气（炁）作以描述。①

以虚粒子为特征的阴性物质的正物质（阴+）原本没有原子量和外电子层构型及电子数，只是具有特殊波长和频率的电磁波，无法直观地将它们按规律依次在表格上排列起来。但是不要忘记，这些虚元素却牢固地存在于观念

---

① 炁，系指宇宙间以虚粒子构成的极为细微的物质，我称之为阴性物质，实质上是阴性物质的正物质（阴＋）。中国古代先哲对“炁”在著作中多有描述。如东汉王充在《论衡·自然》中说：“天地合炁，万物自生。”北宋张载在《正蒙·太和》中说：“太虚不能无炁，炁不能不聚而为万物。”后人误将“炁”改写为“气”，实为对“炁”的本质缺乏认识。参见《广义与狭义生命论》第 12 章“炁”的本质与中国风水机理探微。

之中，是无论如何抹不去的。[①] 于是，在观念上就有 115 种阴性物质的正物质（阴+）的虚元素会按规律依次排列在表格上。综合研究上述这些表现进而找到它们共同的东西，按规律依次在表格上排列起来，就是阴性物质的正物质（阴+）虚元素周期表。如虚元素周期表中的氢元素为：H′。

还有，以虚粒子为特征的阴性物质的正物质（阴+）虽然没有原子量和外电子层构型及电子数，它们只是具有特殊波长和频率的电磁波，那么这种具有特殊波长和频率的电磁波的种类，就应该有 115 种。于是以光速为临界点，假若虚粒子氢′（H′）是序数为 1 的具有一定波长和频率的虚粒子，即标准的虚粒子。依次类推，氦′（He′）、锂′（Li′）、铍′（Be′）……就共有 115 种具有不同波长和频率的虚粒子。据此，就可以将它们按规律依次在表格上排列起来，从而列出阴性物质的正物质（阴+）的虚元素周期表。

（2）以虚粒子为特征但是又以衰变形式存在的阴性物质的负物质（阴-）即阴性物质的反物质，也有 115 种元素，存在于四维以上的多维时空，在光速以上运动。从理论上说，每一种阴性物质的反物质元素都有它的负值的虚原子量和虚正电子数以及相反方向的虚外电子层构型；而且 115 种阴性物质的反物质元素的衰变周期也依次不同。在每一种阴性物质的反物质元素衰变之前，它们是现实地存在的，虽然只是短暂的时刻，当然现代科学仪器根本无法测量出来，但是在每一种阴性物质的反物质元素衰变之后，它们在四维以上的多维时空中留下了衰变的轨迹，只存在于观念之中。综合研究上述这些表现进而找到它们共同的东西，按规律依次在表格上排列起来，就是阴性物质的负物质（阴-）即阴性物质的反物质元素周期表。如反虚元素周期表中的反虚氢元素为：-H′。

以衰变形式存在的阴性物质的负物质（阴-）即阴性物质的反物质，是阴性物质正物质（阴+）的镜像物，其元素周期表也是虚元素周期表的镜像物，只是符号相反而已。如：-氢′（-H′）、-氦′（-He′）、-锂′（-Li′）、-铍′（-Be）……115 种阴性物质的反物质元素。如果将-氢′（-H′）、-氦′（-He′）、-锂′（-Li′）、-铍′（-Be′）……115 种反虚元素不同的衰变周期作以定量分析，测量出准确的数据来，综合研究上述这些表现进而找到它们

① 关于如何理解这些虚元素牢固地存在于观念中，请读者阅读马克思《资本论》1872 年第二版跋中的一段话加以体会。马克思说："研究必须充分地占有材料，分析它的各种发展形式，探寻这些形式的内在联系。只有这项工作完成以后，现实的运动才能适当地叙述出来。这点一旦做到，材料的生命一旦观念地反映出来，呈现在我们面前的就好像是一个先验的结构了。……观念的东西不外是移入人的头脑并在人的头脑中改造过的物质的东西而已。"《马克思恩格斯选集》第 2 卷，人民出版社 1995 年版，第 111—112 页。

共同的东西，将它们按规律依次在表格上排列起来，就可以列出阴性物质的负物质（阴−）的反虚元素周期表。

2. 编制阳性物质的负物质（阳一）即反物质元素周期表并不困难，因为它有阳性物质的正物质（阳十）元素周期表即门捷列夫元素周期表作为参照系，只需要将各个元素的符号、原子量、电子层数等变成负号即可

但是还要考虑115种反物质元素是以衰变的形式存在的，它们都有不同的衰变周期，将其衰变时在时空中留下的不同轨迹依次排列在表格上，就可以完整地做出反物质元素周期表。当然，还不知道将来在实验室里能否证明，反物质的衰变周期是按照门捷列夫元素周期表上所列的115种元素的顺序逐个衰变的。

编制以虚粒子为特征的阴性物质的正物质（阴+）元素周期表，也要以阳性物质的正物质（阳+）元素周期表即门捷列夫元素周期表作为参照系。不同的是：115种虚元素，存在于四维以上的多维时空，运动速度起步就是超光速，它们以不同的特殊频率和波长的电磁波表现出来。四维以上多维时空是高度弯曲和压缩的时空，属于负空间和虚时间，因此这些不同的特殊频率和波长的电磁波，也是一种负值。当然，还不知道这些不同的特殊频率和波长的电磁波，是否也是按照门捷列夫元素周期表上所列的115种元素的顺序逐个排的。

编制阴性物质的负物质（阴−）即反虚元素周期表也不困难，因为它有阴性物质的正物质（阴+）元素周期表作为参照系，只需要将各个元素的符号、虚原子量、虚电子层数等变成负号即可。同时还要考虑115种阴性物质的反物质元素存在于四维以上的多维时空，运动速度起步就是超光速，它们以不同的特殊频率和波长的电磁波表现出来。这些不同的特殊频率和波长的电磁波，是一种正值。因为从四维时空的角度观察，在现有的数学体系中负数乘负数得正数嘛。但是它们却是以衰变的形式存在的，它们都有不同的衰变周期，将其衰变时在虚时空中留下的不同轨迹依次排列在表格上，就可以做出反物质元素周期表。当然，还不知道将来在实验室里能否证明，阴性物质的反物质的衰变周期是否按照门捷列夫元素周期表上所列的115种元素的顺序逐个衰变的。

3. 以实粒子为特征的阳性物质的正物质（阳十）有115种元素，大凡都是看得见、摸得着的物质，即使镭、铀等放射性元素，也是可以用仪器测量到的

它们存在于四维时空，在光速以下运动。根据光谱分析原理，每一种元素都有各自发射光谱的特征谱线，因而阳性物质的正物质（阳+）115种元素，就有115种元素的谱线。① 阳性物质的负物质（阳－）即反物质的115种元素，属于实粒子但又是以衰变形式存在的阳性物质的负物质（阳－）即反物质，在短暂的未衰变时刻，每一种元素当然也有它的特征谱线，不过其谱线的发射方向同阳性物质的正物质（阳＋）的谱线方向相反而已。但是它衰变之后原有的谱线又是怎样的一种情形呢？只能说是在时空中留下了它先前的轨迹，或者说是以变位了和变形了的方式存在于人们的观念之中。

以虚粒子为特征的阴性物质的正物质（阴＋）有115种元素，但却存在于四维以上的多维时空、在光速以上运动的。每一种虚元素，本质上是具有特殊波长和频率的电磁波。从量子水平来看每一种虚元素，它也应该有自己的特征“谱线”。只不过在高度压缩和弯曲的负空间及虚时间里，这种虚元素的“谱线”被裹挟在负质量或者说被淹没在负质量蕴含的能量之中。从四维时空的角度观察，在现有的数学体系中，阳性物质的正物质（阳＋）乘以阳性物质的负物质（阳－）即反物质为负数，再乘以阴性物质的正物质（阴＋）仍为负数，然后再乘以阴性物质的正物质（阴＋）的负质量则得正数，所以阴性物质的正物质（阴＋）的“谱线”是以正数值被裹挟在负质量或者被淹没在负质量蕴含的能量之中的。但是不要忘记，当人的思维波收敛为意念调控阴性物质的正物质（阴＋）即炁的运动速度减少到光速的临界点时，随着能量的释放，其特征“谱线”也展示了出来。这就是一些高功夫气（炁）功师，或者高僧身上时常有一轮辉光的原因。

阴性物质的负物质（阴－）即阴性物质的反物质有115种元素，以虚元素的形式存在于四维以上的多维时空、在光速以上运动的。每一种虚元素，本质上是具有特殊波长和频率的电磁波，但是却又是以衰变形式存在的。在短暂的未衰变时刻，每一种虚元素当然也有它的特征“谱线”。在高度压缩和弯曲的负空间及虚时间里，这种虚元素的“谱线”被裹挟在负质量或者说被淹没在负质量蕴含的能量之中。不过其“谱线”的发射方向同阴性物质的正物质（阴＋）的“谱线”方向相反而已。但是它衰变之后原有的“谱线”又是怎样的一种情形呢？只能说是在虚时间和高度压缩和弯曲的负空间留下了它先前的轨迹，或者说是以变位了和变形了的方式存在于人们的观念之中。

---

① 原子光谱产生的原因，在于原子内部电子运动状态发生变化（即能级间发生跃迁）而产生的发射光谱或吸收光谱，由许多分立的谱线组成。每一种原子都有自己的特征光谱；它按一定规律形成若干组光谱线系。原子光谱线系的性质主要决定于原子核外电子系的结构，所以是研究原子结构的重要依据。原子光谱的研究成果是光谱化学分析和许多科学技术的基础。

2.3 建立新的数学体系和时空变换方程式的必要性

1. 在宇宙生命坐标第Ⅳ象限，阴性物质和阳性物质在特定的时空条件下相碰撞，就产生一个物种（肉身）

这就确定了肉身是阴阳物质的复合体的基本定义。肉身的存在是生命在阳性物质世界存在形式的主要的特征。在阴阳两种物质相碰撞产生一个物种（肉身）的同时，也产生了灵魂和意识。灵魂是阴性物质的正物质（阴+）和以衰变形式存在的阳性物质的负物质（阳-）即反物质构成的矛盾对立统一体；意识是阳性物质的正物质（阳+）即特指的脑和以衰变形式存在的阴性物质的负物质（阴-）即阴性物质的反物质构成的矛盾对立统一体。于是肉身+灵魂+意识的连线，就可以看作是一条生命线。

将宇宙生命坐标第Ⅳ象限X轴上阳性物质的负物质（阳-）直线延长，再将Y轴上阴性物质的正物质（阴+）直线延长，二者在生命线上的交点，称作潜意识（狭义），它在结构上和灵魂完全一样，是灵魂的镜像物。

和潜意识（狭义）相联结的是潜意识（广义），实际上这里指的是个人的潜意识（广义），然后再和宇宙总体的潜意识（广义）相联结。潜意识（广义）是阴性物质世界，属于四维以上的多维时空，在这里画不出来。

因此，肉身+灵魂+意识+潜意识（狭义）+潜意识（广义）就构成了生命在阳性物质世界的存在形式的五大要素。如下图示之：

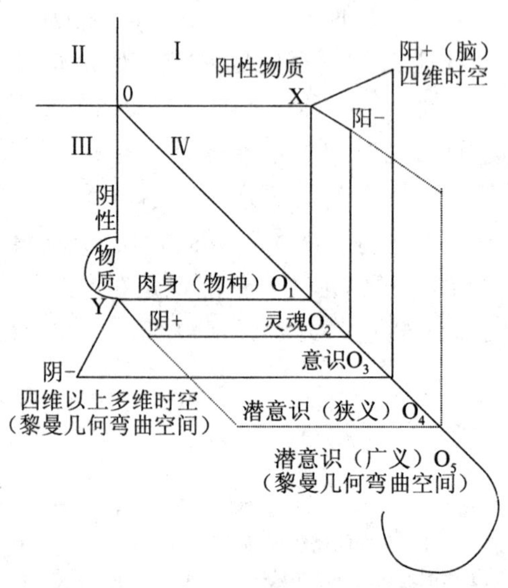

宇宙生命坐标第Ⅳ象限生命在阳性物质世界存在形式的五大要素

现在我们分别考察灵魂和意识是如何产生的，看看时空维数对人类的先天限制，以及建立新的数学体系和在物理学上做出时空变换的方程式的必要性。

2. 灵魂是阴性物质的正物质（阴+）和以衰变形式存在的阳性物质的负物质（阳－）即反物质构成的矛盾对立统一体

这一点在宇宙生命坐标第Ⅳ象限直观地看得很清楚。那么，到底在阴性物质的正物质（阴+）即虚元素周期表上撷取哪一种虚元素，或者说撷取哪一类虚元素的化合物？还有，到底在阳性物质的负物质（阳－）即反物质元素周期表上撷取哪一种反物质元素，或者说撷取哪一类反物质元素的化合物？就只有生命程序和密码的总设计师——阴性物质世界抑或说它的人格化——神灵、上帝知道。

(1) 如果说从阴性物质的正物质（阴+）即虚元素周期表上撷取了一种优质的虚元素或者一类优质的虚元素的化合物；从阳性物质的负物质（阳－）即反物质元素周期表上，撷取了一种优质的元素或者一类优质的元素的化合物。那么，这二者经过合理搭配或者说符合黄金分割法的搭配而构成的矛盾对立统一体——灵魂，就是优质的灵魂。反之情况则相反。

(2) 因此最初灵魂构成的优劣，就决定了一个人日后是怎样的一个人。其实后天的教育在这里所起的作用，也是有一定限度的。教育改变不了灵魂构成的优劣，却可以在道德上有感化作用。我们不可以忽视教育的重要作用，但是教育也不是万能的。所以人类自有文明史以来，总有监狱里关的罪犯。

(3) 灵魂是阴性物质的正物质（阴+）和以衰变形式存在的阳性物质的负物质（阳－）即反物质构成的矛盾对立统一体。那么，这二者是以怎样的方式构成矛盾对立统一体呢？阴性物质的正物质（阴+）元素以虚粒子的形式存在于四维以上的多维时空，运动速度起步就是超光速，并且以特殊频率和波长的电磁波表现出来；它和以实粒子的形式存在于四维时空，运动速度在光速以下的以衰变形式存在的阳性物质的负物质（阳－）即反物质元素，何以能构成矛盾对立统一体——灵魂呢？

唯一构成的条件是阴性物质的正物质（阴+）和阳性物质的负物质（阳－）符合对立统一的正负配对原则，这是根本的前提条件。

唯一看似不构成条件的是，阴性物质的正物质（阴+）元素以虚粒子的形式存在于四维以上的多维时空，运动速度起步就是超光速；而阳性物质的负物质（阳－）即反物质元素以实粒子的形式存在于四维时空，运动速度在光速以下，而且是以衰变形式存在的。

要让阴性物质的正物质（阴+）如 H' 和阳性物质的负物质（阳－）即反

物质如－H去结合，或者说让存在于四维以上的多维时空且运动速度起步就是超光速的H′和存在于四维时空且运动速度在光速以下的－H相组合，在数学上碰到了难题，在物理学上也碰到了时空如何转换的难题。所以我说为了解决这个难题，必需建立新的数学体系和时空转换的物理学方程式。

灵魂的形成还是没有逃脱对立统一的正负配对原则——这个根本的前提条件。于是我们看到：阴性物质的正物质（阴+）将它的运动速度减少到光速的上限，阳性物质的负物质（阳－）把它的运动速度提高到光速的下限。由于这一对矛盾的动态平衡一开始就被打破，于是阳性物质的负物质（阳－）即反物质就围绕着阴性物质的正物质（阴+）做旋转式运动。

根据拙著《我的宇宙观——进入阴性物质世界》第四卷第2章“虚元素周期表及其他”的论述，以衰变形式存在的阳性物质的负物质（阳－）即反物质，在其元素周期表上撷取哪一种反物质元素，或者说撷取哪一类反物质元素的化合物围绕着自身转动的阴性物质的正物质（阴+）做旋转式运动，如果以接近光速下限0.9999倍的速度运动，不仅它的衰变周期慢得多，而且其质量也增加上千倍。

因此，灵魂作为阴性物质的正物质（阴+）和以衰变形式存在的阳性物质的负物质（阳－）即反物质构成的矛盾对立统一体，是有重量的，虽然这种重量可以说微乎其微，但是它仍旧是能够度量的。

阳性物质的负物质（阳－）即反物质，在其元素周期表上撷取哪一种反物质元素，或者说撷取哪一类反物质元素的化合物围绕着自身转动的阴性物质的正物质（阴+）作旋转式运动，产生和发射出灵魂波——－阴′+。其机理到底是什么，值得进一步研究。

3. 意识是阳性物质的正物质（阳十）即特指的脑和以衰变形式存在的阴性物质的负物质（阴一）即阴性物质的反物质构成的矛盾对立统一体

这一点在宇宙生命坐标第Ⅳ象限直观地看得很清楚。那么，到底在阳性物质的正物质（阳+）即门捷列夫元素周期表上撷取哪一种元素，或者说撷取哪一类元素的化合物？还有，到底在阴性物质的负物质（阴－）即反虚元素周期表上撷取哪一种虚元素，或者说撷取哪一类虚元素的化合物？就只有生命程序和密码的总设计师——阴性物质世界抑或说它的人格化——神灵、上帝知道。

（1）如果说从阳性物质的正物质（阳+）即门捷列夫元素周期表上撷取了一种优质的元素或者一类优质的元素的化合物构成脑；从阴性物质的负物质（阴－）即反虚元素周期表上，撷取了一种优质的虚元素或者一类优质的虚元素的化合物。那么，这二者经过合理搭配或者说符合黄金分割法的搭配而构成的矛盾对立统一体——意识，就是优质的意识。反之情况则相反。

（2）因此最初意识构成的优劣，就决定了一个人日后是怎样的一个人。其实后天的教育在这里所起的作用，也是有一定限度的。教育改变不了意识构成的优劣，却可以在道德上有感化作用。我们不可以忽视教育的重要作用，但是教育也不是万能的。所以人类自有文明史以来，总有意识邪恶者存在。

（3）意识是阳性物质的正物质（阳+）即特指的脑和以衰变形式存在的阴性物质的负物质（阴-）即阴性物质的反物质构成的矛盾对立统一体。那么，这二者是以怎样的方式构成矛盾对立统一体呢？阳性物质的正物质（阳+）以实粒子的形式存在于四维时空，运动速度在光速以下。例如，人脑大约有140多亿个细胞，一般人常用的只是100万个细胞，绝大部分都在无声无息地贮存着。在人脑中大约包含10^{26}也就是100亿亿亿颗粒子，每1秒钟之内有10万种以上的不同化学反应在有条不紊地进行着，但是都是以光速以下的速度发生着。以衰变形式存在的阴性物质的负物质（阴-）即阴性物质的反物质，存在于四维以上的多维时空，运动速度起步就是超光速，并且以特殊频率和波长的电磁波表现出来。二者何以能构成矛盾对立统一体——意识呢？

唯一构成的条件是阳性物质的正物质（阳+）即特指的脑和阴性物质的负物质（阴-）符合对立统一的正负配对原则，这是根本的前提条件。

唯一看似不构成条件的是，阳性物质的正物质（阳+）即特指的脑，以实粒子的形式存在于四维时空，运动速度在光速以下；阴性物质的负物质（阴-）以虚粒子的形式存在于四维以上的多维时空，运动速度起步就是超光速，而且是以衰变形式存在的。

要让存在于四维时空且运动速度在光速以下的阳性物质的正物质（阳+）即特指的脑如H，和阴性物质的负物质（阴-）如$-H'$相组合，或者说让其和以衰变形式存在于四维以上的多维时空且运动速度起步就是超光速的$-H'$相组合，在数学上就碰到了难题，在物理学上也碰到了时空如何转换的难题。这是现行数学体系和物理学无法解决的问题。所以我说为了解决这个难题，必需建立新的数学体系和时空转换的物理学方程式。

意识的形成还是没有逃脱对立统一的正负配对原则——这个根本的前提条件。于是我们看到：阳性物质的正物质（阳+）即特指的脑，将颅腔内的化学反应速度提高到光速的下限，阴性物质的负物质（阴-）把它的运动速度下降到光速的上限。由于这一对矛盾的动态平衡一开始就被打破，于是阴性物质的负物质（阴-）即阴性物质的反物质就围绕着阳性物质的正物质（阳+）即特指的脑做旋转式运动。

根据以上论述可以推测，以衰变形式存在的阴性物质的负物质（阴-）即阴性物质的反物质，在其元素周期表上撷取哪一种反物质虚元素，或者说撷取哪一类反物质虚元素的化合物，围绕着阳性物质的正物质（阳+）即特指的脑做旋转式运动，如果以接近光速上限的速度运动，不仅它的衰变周期慢得多，而且其能量也接近释放出来。

因此，意识作为阳性物质的正物质（阳+）即特指的脑和以衰变形式存在的阴性物质的负物质（阴-）即阴性物质的反物质构成的矛盾对立统一体，其质量主要表现为脑容量的重量，其能量则表现为阴性物质的负物质（阴-）围绕着阳性物质的正物质（阳+）即特指的脑，做旋转式运动时而激发出来的阴性物质的功能即特异功能。

阴性物质的负物质（阴-）即阴性物质的反物质，在其元素周期表上撷取哪一种虚元素，或者说撷取哪一类虚元素的化合物围绕着阳性物质的正物质（阳+）即特指的脑做旋转式运动，产生和发射出思维波——+阴′-。其机理到底是什么，值得进一步研究。

以上关于灵魂和意识的研究，我们花费了相当大的气力，在我来说至少有 10 余年的时间，还不能说真的就达到了自圆其说。但是灵魂和意识早就按照它们固有的规律在运作、在发挥着各自的功能。这使我又一次想起了马克思的话。马克思说，我们今天花费了很大气力去研究剩余价值生产的秘密，孰知资本家早已按照他们的习惯去做了。天底下的事情就是这么蹊跷啊！

2.4 从虚元素周期表看健康与不健康的标志

在宇宙生命坐标第Ⅳ象限，阴阳两种物质相碰撞产生一个物种（肉身）的同时，也产生了灵魂和意识。如上所述，灵魂是阴性物质的正物质（阴+）和以衰变形式存在的阳性物质的负物质（阳-）即反物质构成的矛盾对立统一体；意识是阳性物质的正物质（阳+）即特指的脑和以衰变形式存在的阴性物质的负物质（阴-）即阴性物质的反物质构成的矛盾对立统一体。于是肉身+灵魂+意识的连线，就可以看作是一条生命线。

一个健康的人，必然是身心同时健康的人。即既有健康的体魄，又有优质的灵魂和优质的意识。即：

肉身（健康）+灵魂（优质）+意识（优质）。

所谓不健康者包括以下几点：

（1）肉身（健康）+灵魂（优质）+意识（劣质）。

（2）肉身（健康）+灵魂（劣质）+意识（优质）。

（3）肉身（健康）+灵魂（劣质）+意识（劣质）。

（4）肉身（病弱）+灵魂（优质）+意识（优质）。

（5）肉身（病弱）+灵魂（优质）+意识（劣质）。

（6）肉身（病弱）+灵魂（劣质）+意识（优质）。

（7）肉身（病弱）+灵魂（劣质）+意识（劣质）。

当然还有肉身（较弱）+灵魂（次质）+意识（次质）的大量人群，或者说肉身（较弱）+灵魂（优质）+意识（次质），以及肉身（较弱）+灵魂（次质）+意识（优质）等多种情况，此处不再讨论。

一个身心同时健康的人，加上受到良好的教育，而又勇于实践，就能成就一番事业，为人类的科学和进步事业做出贡献。

如果说按照生命在阳性物质世界的存在形式五大要素肉身+灵魂+意识+潜意识（狭义）+潜意识（广义）进行讨论，情况还要复杂一些，读者可以自行练习，此处不再赘述。

上述所谓不健康者 7 种类型的人，属于先天性的肉身、灵魂和意识结构性的缺损。后天患病不在此列。对于病弱的肉身的治疗，属于中医和西医范围的事；对于劣质的灵魂的治疗属于特异医学范围的事；对于劣质的意识的治疗，既有中医和西医范围的事，如医治脑病，又有特异医学范围的事。教育在后天的作用是传道、授业、解惑，以及陶冶道德情操。但是因人而异，不一定对每个人都生效。对于少数教育无效而又违法犯罪者，法律要履行强制性的改造职责，古今中外，概莫能外。非如此而不能维护社会正常的秩序。

附：1. 阴阳四种物质四个元素周期表按照对应关系整合示意图

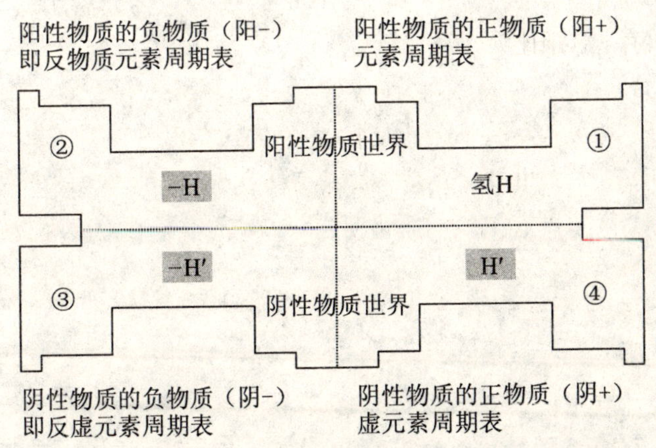

阴阳四种物质四个元素周期表按照对应关系整合示意图

附：2. 四个元素周期表在宇宙生命坐标第Ⅳ象限位置示意图

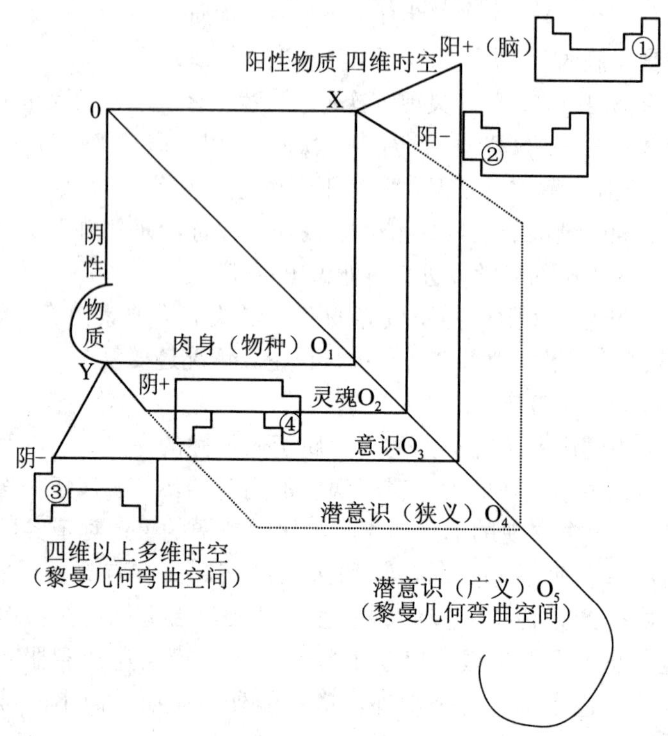

四个元素周期表在宇宙生命坐标第Ⅳ象限位置示意图

第3章 宇宙间“神—人—兽”大格局的奠定

3.1 神性、人性、兽性的区别

1. 神性、人性、兽性绝对不是一个层次的事物

（1）神性、人性、兽性以及各自不同的载体。

神是生命在阴性物质世界的存在形式之佼佼者，是阴性物质世界生命形式中的领军人物。神的功能，全部是阴性物质的功能，即特异功能。它不是一般的特异功能，而是量级很高的特异功能。中国古代先民认为神在天上主宰万物，是无所不知、无所不能的。道教称天上最高的神为玉皇大帝，也叫玉帝。佛教认为佛祖释迦牟尼圆寂后升天，就是普度众生的神。基督教所崇奉的神是宇宙万物的创造者和主宰者——上帝。在神之下属于次神的范畴，分为好几个层次或等级。中国古代神话对此有着绘声绘色的描述。当然神话并不完全等于真实的事实，但是将神分为不同的位阶却是没有错的。

生命在阴性物质世界的存在形式之芸芸众生，则称之为鬼（瑰）。① 它也全部是阴性物质的功能，即特异功能。不过它只是一般的特异功能，是量级比较低的特异功能。即便如此，也比我们知道的一些人的特异功能大多了。

神和鬼（瑰）存在于四维以上的多维时空。它们通过时空隧道自由地来往于我们所在的四维时空。② 一目了然地知道阳性物质世界和人类所发生的一切。神有神性，鬼（瑰）有鬼（瑰）性。由于鬼（瑰）是阴性物质世界的芸芸众生，也就是那里的普通大众，是善良而敦厚的，因而鬼（瑰）性和神性是一致的，我们权且把神性和鬼（瑰）性统称为神性。这不是有意抬高鬼（瑰）性，而是说神性就可以代表鬼（瑰）性；鬼（瑰）性的进一步升华就是神性。

---

① 参见拙著《进入阴性物质世界》11.1“神的世界与人的世界的本质”。

② 参见拙著《进入阴性物质世界》10.3“阴性物质世界的耗散结构效应拥推出一个宏观控制参量——万有（ALL）——神灵、上帝”。

神性代表“全知、全能、全在”，[①] 宣示无限神圣的思想、无限纯洁的品质；神性显示着圣洁、崇高。神性是永恒的至善、至美、至真，是人类向往和追求的理想境界。神性的光环对人类有着无穷的吸引力，但却又使我们对他的神秘和威严产生深深的敬畏。[②]

神性的载体是神本身，它是生命在阴性物质世界的存在形式。虽然神是这个生命群体中的佼佼者和领军人物，但是在生命的结构式上和作为芸芸众生的鬼（瑰）没有什么两样。这正像皇上或者领袖人物和普通老百姓的身体结构没有什么两样一样。

神性的载体——神，其生命在阴性物质世界的存在形式的结构式是：

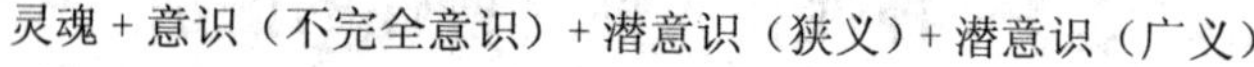

从这个结构式可知，神是没有肉身的，也没有如同人类一样的脑，但是却有意识（不完全意识），必定是更为优质的意识。神有灵魂，也必定是更为优质的灵魂。神的灵魂和意识（不完全意识）相耦合，又同阴性物质世界的资料库——宇宙大脑相耦合，形成“三位一体”的最佳结构，如同一台巨大的无形的超光速自动运算的高智能计算机。于是神的“全知、全能、全在”的智慧和功能——量级很高的特异功能，就显得更“神”了。

（2）人是生命在阳性物质世界的存在形式之智慧者，是阳性物质世界生命形式中的优秀分子。人的功能，既有常规功能，也有特异功能。但是对于绝对多数人来说，主要表现为常规功能，只有微弱的特异功能，因而经常被忽略掉。人群中极少数人有较高的特异功能，他们中个别人是先天性的，大多数人都是后天开发出来的。人为了生存——保持肉身较长时间的存在，以使灵魂有一个栖息之地，让意识借助脑更好地发挥作用，就要设法生活下去。单个人面对恶劣的外部环境和稀缺的资源是无法生存的。于是就要结成群体，组成社会，将生产、交换、分配、消费纳入有序的过程。人的体力和智慧一方面生产物质财富，另一方面生产精神财富。在这之中，科学技术具有决定性的作用。正因如此，人类才能世世代代地延续下来，人类才有自己的文明史。

在人类社会中，杰出的思想家和天才人物对社会的发展及科学技术的进

① 参见康德著，邓晓芒译，杨祖陶校：《判断力批判》，人民出版社 2002 年版，第 342 页。

② 参见康德著，邓晓芒译，杨祖陶校：《判断力批判》，人民出版社 2002 年版，第 343 页。

步，起着至关重要的作用。在法国的先贤祠，墙壁上镌刻着这样一段话：“献给伟人们，祖国感谢他们。”试想如果说没有苏格拉底、柏拉图、孔子、老子、康德、黑格尔、牛顿和爱因斯坦，人类的思想和科学不就仍旧在黑暗中摸索吗？这样讲并没有否定人民群众是历史发展的动力。但是必需指出，大部分人一生为社会创造的物质财富和极其有限的精神财富，在临终前都消费殆尽。只有少部分人还能为后世留下物质财富和精神财富的剩余。人类一代又一代的延续，正是得益于少数人的这些剩余的积累，特别是在科学、文学和艺术上更是如此。

人存在于四维时空。由于人的肉身中看得见、摸得着的部分由实粒子构成，因而人就受到时空维数的先天限制，不可能直接进入四维以上的多维时空。人只有在“心—脑”一致时，由灵魂波——-阴′+和思维波——+阴′-耦合，从而推动思维波——+阴′-携带阴性物质的正物质（阴+）——意念，进入四维以上的多维时空做功，或者说进入阴性物质世界的资料库——宇宙大脑检索信息和破译密码。

人和神的最大不同是，神可以通过时空隧道自由地来往于人所在的四维时空，清楚地知道阳性物质世界和人类所发生的一切，但是人由于时空维数的先天限制，对于神的世界——阴性物质世界的一切却不甚了了。虽然人的思维波——+阴′-携带阴性物质的正物质（阴+）——意念，能够进入阴性物质世界检索信息和破译密码，但是得到的东西仍旧十分有限，所以人永远没有神的无所不知、无所不能的本领。人在许多时候对自身的事情也看不清楚，常做蠢事。可见，人终归是人不是神。

神有神性，人有人性。在神的神性中包含着少量的人性，原因是在神的生命在阴性物质世界的存在形式的结构式中，有2个单元的阳性物质的负物质（阳-）即反物质，占到25%的比例。另外，神的灵魂和人的灵魂在结构上都是阴性物质的正物质（阴+）和阳性物质的负物质（阳-）即反物质构成的矛盾对立统一体。因而神的神性和人的人性彼此之间是相通的。

在人的人性中包含着多一半的神性，因为在人的生命在阳性物质世界的存在形式的结构式中，有7个单元的阴性物质（“阴+”和“阴-”），占到58.3%的比例。另外，人的灵魂和神的灵魂在结构上都是阴性物质的正物质（阴+）和阳性物质的负物质（阳-）即反物质构成的矛盾对立统一体。因此，人的人性和神的神性之间不仅是相通的，而且人的人性总是向往着神性。

人的人性更多地显示在男女之情当中，以及父爱、母爱和儿女之情当中；同时又表现在朋友的友情当中，以及对国家、民族乃至对人类关爱的责任心当中。人为了生存——保持肉身较长时间的存在，特别是为了传宗接代以延续种的存在，总是围绕“食”和“性”而发生着平和的或者激烈的行为。也许是歪打正着，由此却使“食”和“性”成为人类物质生产和精神生产的原始动力。[①] 在这中间，将不同人的人性的优劣表现得淋漓尽致。

那么人性是什么？笼统地讲人性比神性有着将近一半的差距，因而人对宇宙和世界诸事物的认识就是一知半解，或者说似懂非懂。人的思想没有那么神圣，品质没有那么纯洁，境界没有那么崇高，因而人永远要以神性为参照系，不断地学习和提高。——教育的必要性和重要性由此也就凸现出来了。人性表现出来的东西不可能都是善的，思想和行为也不可能都是美的，特别是在许多问题上真真假假、鱼龙混杂在一起，更难以辨别真伪，因而神性中的至善、至美、至真，就成为一代又一代人永远追求的目标。

人性如果偏离了真、善、美的坐标，就变成了假、丑、恶，这是人性中的劣根性。人不是对神性的神秘和威严产生深深的敬畏吗？那好，神对这些集假、丑、恶于一身的人的惩罚，就是无论在哪个社会、哪个国家，永远都需要制定法律条款，永远都需要设立警察和监狱。

人性的载体是人本身，它是生命在阳性物质世界的存在形式。

人性的载体——人，其生命在阳性物质世界的存在形式的结构式是：

肉　身 +	灵　魂 +	意　识 +	潜意识（狭义）+	潜意识（广义）
阳+ 阴-	阴+	阴-	阴+	阴-
阳- 阴+	阳-	阳+（脑）	阳-	阴+

从这个结构式可知，人是有肉身的。特别是在肉身中，阳性物质的正物质（阳+）构成脑，并和阴性的负物质（阴−）一起构成意识。人有灵魂，栖息在肉身的心窝处。人的灵魂和意识相耦合，又同阴性物质世界的资料库——宇宙大脑相耦合，形成“三位一体”的结构，推动思维波——+阴′−携带阴性物质的正物质（阴+）——意念，进入阴性物质世界检索信息和破译密码，从而获取维系肉身所必需的“食”和“性”方面的知识。——一切科学和文学艺术皆由此而产生。

(3) 兽是生命在阳性物质世界的存在形式之弱智者，是阳性物质世界生命形式中的低级生物。这里说的兽，带有广义上的含义，它包括各种动植物、微生物，乃至病毒等，此处则以丛莽中的野兽为例进行论述。

兽的功能，既有常规功能，也有特异功能。无论是常规功能，还是特异功能，都是自发地发生的。也很难说在兽中没有较强的特异功能者，譬如老

---

① 参见拙著《我从哪里来，又到哪里去》15.3“食和性的本原”。

鼠在地震发生之前就十分敏感地蹿来蹿去。兽为了生存——保持肉身较长时间的存在，以使其灵魂栖息在身上，让意识借助脑（或者以其他形式表现出脑的微弱功能）发挥作用，永远都是以活下去为目的。在兽的世界，就是达尔文进化论阐述的自然选择——弱肉强食的世界。为了争“食”和争“性”，便只有残酷的竞争，根本没有什么道德可言。所以兽就是兽，是与人不可同日而语的。

兽存在于四维时空。由于兽的肉身中看得见、摸得着的部分由实粒子构成，因而兽就受到时空维数的先天限制，不可能直接进入四维以上的多维时空。兽有时也可以做到“心—脑”一致，但是其灵魂波——-阴′+和思维波——+阴′-的耦合，却是极其低下的，因而推动思维波——+阴′-进入四维以上的多时空做功的量级就十分微弱。所以兽终归是兽，它不可能长时间地统治自然界。

神可以通过时空隧道自由地来往于兽所在的四维时空，清楚地知道阳性物质世界和兽的群体所发生的一切，但是兽由于时空维数的先天限制，对于神的世界——阴性物质世界的一切却不甚了了。虽然有的兽的思维波——+阴′-能够进入阴性物质世界，但是功能十分有限，所以兽永远不可能有神的无所不知、无所不能的本领。兽在自然界进行生存竞争，听凭生理本能摆布，毫无根据地常做蠢事。可见，兽终归是兽，它既不是人，更不可能是神。

人有人性，兽有兽性。在人的人性中包含着一定量的兽性，原因是人的生命在阳性物质世界的存在形式的结构式，同兽的生命在阳性物质世界的存在形式的结构式相同。不同的是人的灵魂的结构从阴性物质的正物质（阴+）元素周期表和阳性物质的负物质（阳-）即反物质元素周期表中，分别撷取了优质元素，构成了优质的灵魂，而兽的灵魂结构层次则低多了；人的意识的结构从阳性物质的正物质（阳+）元素周期表即门捷列夫元素周期表中撷取了优质元素，构成了比较健全的脑，从阴性物质的负物质（阴-）元素周期表中，也撷取了优质元素，构成了优质的意识，而兽的意识结构层次则低多了，特别是兽的脑结构简单，功能单一，一些低等生物的脑功能更低弱了。

那么兽性是什么？笼统地讲兽性就是任凭生理本能的驱使，去谋“食”，去谋“性”。在同类之间为了谋“食”又谋“性”，在异类之间主要是为了谋“食”，统统展开弱肉强食的残酷竞争。在兽和兽之间，一旦发生利害冲突，相互之间就只有血淋淋地撕咬。因而根本不可能有什么文明道德可言。

从以上分析可知，神、人、兽确实不是一个层次的事物。神是生命在阴性物质世界的存在形式之佼佼者，是阴性物质世界生命形式中的领军人物。神存在于四维以上的多维时空，但是神又穿越时空隧道到我们所处的四维时空自由往来。人是生命在阳性物质世界的存在形式之智慧者，是阳性物质世界生命形式中的优秀分子。但是人和兽都同处在四维时空，特别是生命在阳性物质世界的存在形式的结构式相同，这是人之所以有兽性一面的原因。虽然这一点令人异常不快，但是丝毫没有办法。——这也为教育和修身找到了根据。

因为人的一边又靠近着神，况且人是万物之灵，所以人不仅有人性，而且人还有神性。譬如，人的割不断的宗教情结就是神性的反映；人群中有不少人以做善事为乐，慈悲为怀。人有人性，人也有兽性的某些方面。譬如，人群中就有人面兽心的人，这样的例子不胜枚举。兽有兽性，但是兽也有人性的某些方面。譬如，经过训练的猫或狗，对人表现出某些亲昵，等等。

2. 进化论抹杀了神性、人性、兽性之间的区别

（1）人和兽是由神设计和创造出来的，并且从一开始就将人和兽作了不同层次的区分。

生命在阳性物质世界的存在形式的结构式是：

肉　身 +	灵　魂 +	意　识 +	潜意识（狭义）+	潜意识（广义）
阳+ 阴-	阴+	阴-	阴+	阴-
阳- 阴+	阳-	阳+（脑）	阳-	阴+

这个结构式是人和兽共有的生命体的结构式。但是人和兽的肉身又何以出现那么大的反差呢？其原因是肉身的产生遵循着灵魂和意识有怎样的结构，或者说肉身就是灵魂和意识结构的外化。[①] 人和兽在肉身上有如此大的差异，正是人和兽在灵魂和意识的结构上存在很大差异的反映。

人和兽的肉身在外形上也有某些相似的地方，如躯体都以脊柱为中线对称生长，有头、有类似的四肢等，其原因是人和兽的灵魂都是阴性物质的正物质（阴+）和阳性物质的负物质（阳-）即反物质构成的矛盾对立统一体；人和兽的意识都是阳性物质的正物质（阳+）即特指的脑和阴性物质的负物质（阴-）构成的矛盾对立统一体。区别是各自撷取的元素优劣有极大的不同。

无论是人还是兽，抑或是不同的人或者不同类别的兽，其灵魂和意识构成时各自从不同的元素周期表中撷取怎样的元素，从而构成怎样结构的灵魂和意识，并不取决于人或者兽自身，也不取决于各自的灵魂和意识本身，而是取决于生命程序和密码的总设计师——潜意识（广义）——阴性物质世界抑或是它的人格化——神灵、上帝。

① 灵魂是一个人同步缩小的虚的形式。用同样的方法也可以论证意识是一个人同步缩小的虚的形式，但是这种论证的困难在于脑是由阳性物质的正物质（阳+）构成，所以其论证实际上是不成功的。但是它的逆定理却是正确的。即：肉身是灵魂和意识结构的外化。

在四维以上的多维时空，神灵、上帝借助于一台巨大的无形的超光速运算的高智能计算机，设计了人和兽的生命程序和密码，其中包括灵魂和意识构成时各自从不同的元素周期表中撷取怎样的元素，等等。这些信息和密码传递到处于阴阳两个物质世界交界处的潜意识（狭义）那里并由其发布指令时，它们就自动完成了从四维以上的多维时空到四维时空的时空转换。于是按照设计的程序和密码，就自动完成了人和兽各自的灵魂和意识的构造，这也就等于而后人和兽各自具有不同的肉身，并且表现出许多不同的特征来，等等。

所以人和兽是由神设计和创造出来的，并且一开始就将人和兽作了不同层次的区分。那么达尔文进化论怎么可以将神、人、兽混为一谈呢？它不仅亵渎了神，而且侮辱了人。特别是将人降为兽的同类，也参与物竞天择的流血争斗，其后果便是 20 世纪人类接连不断出现的悲惨命运。

（2）进化论是一种短视的理论。它的理论的起点和终点都着眼于生物的肉身，而肉身之后的灵魂、意识、潜意识（狭义）和潜意识（广义）都统统看不见。就肉身而谈肉身，特别是从比较不同生物肉身遗骸的相似之处，认为在物竞天择中，通过变异、遗传，从低级到高级、从简单到复杂、由种类少到种类繁多，直到出现人类这样的高等生命，是不能令人信服的。这就像今天医院的医生给患者治病，总是只看见存在一个肉身，头痛医头、脚痛医脚，殊不知这种片面性充其量只能治好一个人的 1/5 的器官。因为肉身在生命的阳性物质世界的存在形式中，在五大构成部分中只占到 1/5 嘛！

3.2 神、人、兽在宇宙生命坐标第Ⅳ象限的位置

1. 神、人、兽在宇宙生命坐标第Ⅳ象限各自有着不同的位置

（1）不同的生物有着相似的肉身，是因为在宇宙生命坐标系第Ⅳ象限的横坐标轴 X（及其分叉）和纵坐标轴 Y（及其分叉）上的刻度邻近。

在宇宙生命坐标系第Ⅳ象限的横坐标轴 X（及其分叉）和纵坐标轴 Y（及其分叉）上，有着相互对应的无数的刻度。这些刻度在坐标系内形成无数条生命线——肉身+灵魂+意识+潜意识（狭义）+潜意识（广义）。每一条生命线都代表一个物种。坐标系的横坐标轴 X（及其分叉）和纵坐标轴 Y（及其分叉）可以无限地延长，那么它们上面相互对应的刻度就会无限地延长。相应地，这些刻度在坐标系内形成的生命线也会无限地增多。因而不必担心现在物种的减少。从总体上看，宇宙生命坐标系第Ⅳ象限的物种呈无限增多的趋势。

较相似的生物的肉身，在宇宙生命坐标系第Ⅳ象限的横坐标轴 X 和纵坐

标轴 Y 上，有着相互对应的邻近的刻度，例如 A、B、C、D……；a、b、c、d……相应地，较相似的生物的灵魂、意识和潜意识（狭义）在横坐标轴 X（及其分叉）和纵坐标轴 Y（及其分叉）上，也有着相互对应的邻近的刻度。例如 A'、A''、A'''；$B'B''B'''$；C'、C''、C'''；D'、D''、D'''……；a'、a''、a'''；b'、b''、b'''；c'、c''、c'''；$d'd''d'''$……那么，为什么会形成这些刻度呢？它是生命程序和密码的总设计师——潜意识（广义）——阴性物质世界抑或是它的人格化——神灵、上帝，借助于一台巨大的无形的超光速运算的高智能计算机，设计的生物生命程序和密码经过时空转换之后留存下来的。嗣后这些刻度表现在人体细胞上，就以变位了和变形了的方式存在于基因（DNA）的排列顺序上。

如上所述，较相似的生物之所以有相似的肉身，是由于它们在宇宙生命坐标系第Ⅳ象限的横坐标轴 X 和纵坐标轴 Y 上，有着相互对应的邻近的刻度。更重要的是，在横坐标轴 X 的分叉和纵坐标轴 Y 的分叉上，灵魂、意识和潜意识（狭义）的刻度也是处在邻近的位置。在这里，正是在横坐标轴 X 分叉和纵坐标轴 Y 分叉上的灵魂、意识和潜意识（狭义）的刻度邻近的位置，决定了横坐标轴 X 和纵坐标轴 Y 上的肉身的刻度邻近的位置，物种才有相似性。但是达尔文的进化论根本没有涉及这些背后的原因，只是就肉身而谈肉身的相似，其肤浅可见之一斑。

（2）用现代科学手段改变肉身细胞的基因（DNA）排列顺序，可以治疗某些疾病，抑或是创造出相近的新物种来。这个问题可以看作是通过变更基因（DNA）排列顺序，而对灵魂——意识——潜意识（狭义）——潜意识（广义）反作用的结果。从而使生命程序和密码的总设计师——潜意识（广义）——阴性物质世界抑或是它的人格化——神灵、上帝，在可容忍的区间内对设计好的生命程序和密码进行了新的调节。但是这种调节只限于在可容忍的区间内，超出了区间的阈值范围，基因（DNA）疗法抑或是创造相近的新物种都会失败。

2. 神、人、兽在宇宙生命坐标第Ⅳ象限的位置是相对固定不变的

（1）在宇宙生命坐标第Ⅳ象限，神、人、兽各自有着相对固定不变的位置。然而在神的相对固定不变的位置上，有一个属于神的不同层次和位阶的区间。同理，在人的相对固定不变的位置上，有一个属于人的不同层次和品质优劣的区间。当然在兽的相对固定不变的位置上，有一个属于兽的不同种类的区间。这三个区间自成体系，各自按照固有的规则运作。

在神的区间和人的区间有一个交界处，处在交界处的神或者人，就更多一些人性或者神性。同样地，在人的区间和兽的区间有一个交界处，处在交界处的人或者兽，就更多一些兽性或者人性。但是这些都要具体地分析具体情况，不可贸然地说某些人具有兽性，也不可轻易地说某类动物具有人性。在这里，如果教育和训练得当的话，可以减少某些人的兽性成分，也可以增加某类动物的人性成分。教育不是万能的，然而离开教育却是万万不可以的。这一点在人类社会尤其如此，否则相当一部分人就会滑到兽类的区间。

在宇宙生命坐标第Ⅳ象限，某一位神是横坐标轴X靠近坐标原点的一个点，和纵坐标轴Y上的任意一点，在特定的时空条件下相碰撞而形成的生命在阴性物质世界的存在形式。宇宙间诸神的位置，是在生命坐标第Ⅳ象限，横坐标轴X靠近坐标原点的无数个点的区间，和纵坐标轴Y上无数个点的区间在特定的时空条件下相交汇，从而在欧几里得几何坐标系或者黎曼几何坐标系上的表示。可见，神——生命在阴性物质世界的存在形式之佼佼者，是愈益靠近纵坐标轴Y的全部具有阴性物质功能（特异功能）的生命形式。它没有肉身，或者说只有观念上的肉身，因而是一种最高级的生命形式。

在宇宙生命坐标第Ⅳ象限，离开横坐标轴X原点一段距离，也就是毗邻着神在横坐标轴X靠近坐标原点的距离的一个点，和纵坐标轴Y上的任意一点，在特定的时空条件下相碰撞而形成的生命在阳性物质世界的存在形式，就是人的生命形式。人类的位置，是在生命坐标第Ⅳ象限，横坐标轴X离开坐标原点的无数个点的区间，和纵坐标轴Y上无数个点的区间在特定的时空条件下相交汇，从而在欧几里得几何坐标系或者黎曼几何坐标系上的表示。可见，人——生命在阳性物质世界的存在形式之智慧者，是离开纵坐标轴Y一段距离既有常规功能又有特异功能的生命形式。他是有肉身的高级的生命形式。

在宇宙生命坐标第Ⅳ象限，离开横坐标轴X原点更远距离，也就是毗邻着人在横坐标轴X离开坐标原点更远距离的一个点，和纵坐标轴Y坐标上的任意一点，在特定的时空条件下相碰撞而形成的生命在阳性物质世界的存在形式，就是兽的生命形式。兽的位置，是在生命坐标第Ⅳ象限，横坐标轴X离开坐标原点更远距离的无数个点的区间，和纵坐标轴Y坐标上无数个点的区间在特定的时空条件下相交汇，从而在欧几里得几何坐标系或者黎曼几何坐标系上的表示。可见，兽——生命在阳性物质世界的存在形式之弱智者，是离开坐标纵轴Y更远距离既有常规功能又有特异功能的生命形式。它是有肉身的低级的生命形式。

（2）神、人、兽在宇宙生命坐标第Ⅳ象限位置示意图。

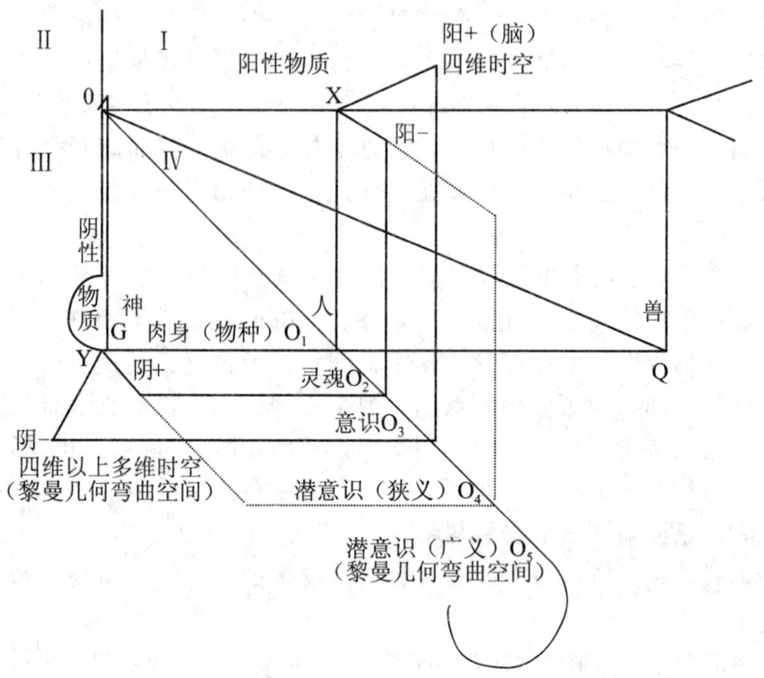

宇宙生命坐标第Ⅳ象限神、人、兽位置示意图

图中靠近坐标纵轴Y的G是神所在的位置；离开坐标纵轴Y一段距离的O_1是人所在的位置；离开坐标纵轴Y更远一段距离的Q是兽所在的位置。图中横坐标轴X（及其分叉）和纵坐标轴Y（及其分叉）的延长线没有画出来，因而神的灵魂、意识（不完全意识）、潜意识（狭义）、潜意识（广义）没有表示出来；兽的灵魂、意识、潜意识（狭义）、潜意识（广义）也没有表示出来。读者可以自行练习将它们准确地画出来。

3.3 人类是宇宙生命坐标第Ⅳ象限的高等生命

1. 人类是在近百万年前由神设计而出现在地球上的高等生命

（1）在此之前数百亿、数十亿年的时间只有神，而后是兽。

关于宇宙、银河系、太阳系和地球的年龄问题，还没有一个完全一致的定论，但这并不影响我们对于所论问题的讨论。按照一般的说法，宇宙的年龄是137亿年，银河系的年龄是122亿年，太阳系的年龄是50亿年，地球的年龄是40多亿年。在这么漫长的时间里，宇宙、银河系、太阳系和地球相继诞生之后，在还没有适宜的温度、水分、空气（主要是氧气）的情况下，生命的形式就只能是生命在阴性物质世界的存在形式。其结构式是：

灵魂 + 意识（不完全意识）+ 潜意识（狭义）+ 潜意识（广义）

那么生命在阴性物质世界的存在形式是由谁最初设计和制造出来的呢？答案是只能由神灵、上帝设计和制造出来。神灵、上帝的生命结构式与以上这个结构式完全相同，然而它却是生命在阴性物质世界的存在形式之佼佼者，是那里的领军人物。只有神灵、上帝能够操纵一台巨大的无形的超光速运算的高智能计算机设计生命的程序和密码，其他没有什么人有这个能力。

神灵、上帝是随同宇宙的诞生而来到宇宙的，也是随同银河系、太阳系和地球的相继诞生而来到银河系、太阳系和地球上的。以地球为例，大约 40 多亿年来绝大部分时间只有神灵、上帝和生命在阴性物质世界的存在形式之芸芸众生——鬼（瑰）孤单地存在着。只是到了几亿年前，当地球上出现了适宜的温度、水分、空气（主要是氧气）之后，才有可能出现生命在阳性物质世界的存在形式——兽。这里的兽是广义上的兽，它包括各种动植物、微生物，乃至病毒等，当然也包括丛莽中的野兽，如 6500 万年前的巨兽恐龙。

这期间是神和兽共居于地球上，也使神性和兽性发生了巨大的矛盾。

从神性来说，它代表“全知、全能、全在”，宣示无限神圣的思想、无限纯洁的品质；神性显示着圣洁、崇高。神性是永恒的至善、至美、至真。

从兽性来说，它是任凭生理本能的驱使，去谋“食”，去谋“性”。在同类之间为了谋“食”又谋“性”，在异类之间主要是为了谋“食”，统统展开弱肉强食的残酷竞争，相互之间就只有血淋淋地撕咬。

神性和兽性之间发生的如此巨大的反差，使具有如此神圣思想、高尚品质而又无所不知、无所不能的神灵、上帝感到难以容忍。因为这根本不是一个档次的生命形式，何以能够共居于一个地球呢？还不如先前自己孤单存在清静呢！似乎在神和兽之间缺少一个能够连接和沟通的中介，否则这个世界的生命形式就不完备。——于是构造一个新的生命的需求产生了。

（2）在神和兽之间只有诞生了人类，才把兽从神的身边剥离出来，也才从根本上确立了神的地位。

神性和兽性之间发生了不可克服的矛盾，于是构造一个新的生命的需求就应运而生。那么构造出来的这个新的生命体的要求是什么呢？

其一，他是生命在阳性物质世界的存在形式，其智慧低于神，但是又具有神性。当“心—脑”一致时，就能够和神沟通。

其二，他和兽具有类似的肉身，其智慧大大高于兽，但是又具有少部分兽性。他居于神和兽之间，成为一种沟通二者的中介。

那么在宇宙生命坐标第Ⅳ象限，有没有构造这种新的生命体的条件呢？当然有了，恰好在将近 100 万年前，地球上充分地具备了这些条件。

其一，出现了较以前更加适宜的温度、水分、空气（主要是氧气），这些兽类的生存环境，同样也适合即将诞生的生命体的生存。

其二，神灵、上帝，完全有能力和智慧在一台巨大的无形的超光速运算的高智能计算机上，设计这种新的生命体的程序和密码。

将这些信息转换到宇宙生命坐标第Ⅳ象限横坐标轴 X（及其分叉）和纵坐标轴 Y（及其分叉）上，属于新的生命体的刻度也就蕴涵其中。这样，在靠近纵坐标轴 Y 的神的位置和远离纵坐标轴 Y 的兽的位置之间，就隐含了一个有无数点的区间——新的生命体所在的区间。

于是，在宇宙生命坐标第Ⅳ象限，当阴阳两种物质在横坐标轴 X（及其分叉）和纵坐标轴 Y（及其分叉）涵盖的新的生命体区间发生碰撞时，——人（人类）就诞生了。人是生命在阳性物质世界的存在形式之智慧者，其结构式是：

肉身 +	灵魂 +	意识 +	潜意识（狭义）+	潜意识（广义）
阳+ 阴-	阴+	阴-	阴+	阴-
阳- 阴+	阳-	阳+（脑）	阳-	阴+

从宇宙、银河系、太阳系和地球的年龄来说，宇宙创生之日就是神灵、上帝诞生之时，至今 137 亿年了。神灵上帝来到地球上也有 40 多亿年。地球上的兽——广义的兽包括各种动植物、微生物，乃至病毒等，也包括丛莽中的野兽，在几亿年前才出现。而人类则是直到 100 万年前才首次出现原始人。可见，在神性与兽性之间经过好几亿年的摩擦和斗争，才使人（人类）这种高等生命最后脱颖而出。从而奠定了宇宙间“神—人—兽”的大格局。

2. 没有约束条件的进化论有害无益

（1）泛进化论思想既不符合事实又违反伦理道德。

进化论是 19 世纪英国博物学家达尔文在《物种起源》一书中提出来的。①

① 查理·罗伯特·达尔文（Charles Robert Darwin，1809—1882）。英国博物学家，进化论的奠基人。1859 年出版《物种起源》一书，提出以自然选择为基础的进化论进化学说，认为物种是可变的，对生物适应性作了解说。随后又出版《动物和植物在家养下的变异》、《人类起源及性的选择》等书，对人工选择作了系统的叙述，并提出性选择及人类起源理论，进一步充实了他的进化论内容。

它的中心思想是：地球上的生物为适应自然条件的变化，总在进行自然选择。在物竞天择中，通过变异、遗传，从低级到高级、从简单到复杂、由种类少到种类繁多，直到出现人类这样的高等生命。

达尔文进化论，我将其称为泛进化论思想，原因是这种进化理论没有约束条件。它将单细胞生物、动植物、微生物、病毒，或者说丛莽中的野兽等，和人类并列在一起，认为人类当初也曾与这些生物一起经过自然选择，变异、遗传，直到脱颖而出。仅从发掘的某些动植物化石有些相似，以及猴子与人有些相像，就得出进化论的理论，其推理是十分勉强的。因为形似并非质地相同，事物的类别很相近，但它们决非有继承或者扬弃的关系。

《易经》对天下万象中种种的“相同象”进行归类、归纳，所谓“方以类聚，物以群分”。例如，兑卦的卦名为兑，代表自然界中的沼泽，方位中的西，季节中的秋，动物中的羊，人中的少女，人体部分的口，等等。这些具有“相同象”的东西，就不可能是在自然选择中进化而来的。《易经》的“相同象”原理，既将相似的事物进行归类，又区分了它们不同的类别。它把神、人、兽的概念分得很清，但是进化论却根本做不到这一点。

如果说达尔文进化论还有道理的话，也只限于同类生物由低级向高级进化；而它的谬误正在于认为不同种类的生物可以出现跨类别的进化，如猴子进化成人。其实，每一种生物的进化只限制在它自身的类别中。猴子可以由低级向高级进化，即使进化成高级猴子，仍然在猴子的类别中。猴子经过训练可以按照训练的课目做一些它原来不会做的事，成为聪明的猴子，但它终归还是猴子。人类由几百万年前的原始人进化到今天的现代人，仍然在人类这个高等生命的类别中。而进化论说人是由猴子（类人猿）进化来的，不仅不符合生物进化的事实，而且违反了伦理道德关系。哲学家牟宗三说，宇宙秩序即道德秩序。① 违反伦理道德也就违反了宇宙的秩序，达尔文的进化论正是如此。

（2）泛进化论思想导致斗争哲学产生。

达尔文进化论将不同类别的生物的相似性，看作是它们由简单到复杂、从低级向高级进化的证据，而这种进化的动因则是自然选择即物竞天择的结果。简单地说，生物之所以能够进化，是因为不同类别的生物之间以及同类生物之间展开生存竞争的结果。为了保持物种的繁衍和进化，就要进行残酷的优胜劣汰的斗争。这种以强凌弱是无条件的，具有绝对的排他性。

到了 19 世纪中叶，达尔文进化论成为马克思主义诞生的自然科学基础之

---

① 参见李泽厚：《实用理性与乐感文化》，生活·读书·新知三联书店 2005 年版，第 57、67 页。

一（另外还有细胞学说、能量守恒和转化定律）。然而进入20世纪三四十年代，达尔文进化论却变成了希特勒纳粹党人推行种族主义的理论依据。① 他们用强权和暴力实施种族灭绝，虐杀了600万犹太人。达尔文的进化论如此容易地被法西斯作为杀戮的论据，说明它在理论上有不可或缺的漏洞。

达尔文进化论认为，生物由低级到高级的进化是为适应环境变化而进行生存竞争的结果，因而自然选择、优胜劣汰是自然界的规律。但是这个规律一旦被无条件地搬弄到人类社会生活中来，却成了斗争哲学、迫害无辜的借口。这已为20世纪中国和外国的无数事实所证实。人类就是人类，人类的社会生活同自然界的生物及动物之间的弱肉强食毕竟不是一回事。硬把物竞天择的进化论搬弄到人类社会生活中来，就是将兽性混同于人性，也是对神性的亵渎。其产生的恶果是不言自明的。

人类社会从最初产生发展到今天的文明时代，经历了漫长的时期。其间也充斥着个人与个人、集团与集团、种族与种族、国家与国家之间的争斗，战争与流血事件不时地发生。但是从总体上看，和平、和谐、协商解决争端还是占主导地位的。矛盾达到不可调和的地步而不得不诉诸武力解决问题的只占较短的时间。随着生产力的发展、科学技术的进步和制度的完善，世界上绝大多数人的温饱问题都可以解决。加之教育的普及，人们的知识和道德水准的提高，特别是民主与法制成为一种世界通则之后，人类社会将会永久和平。在这个大背景下，每个人的自由、全面地发展终将变为现实。

---

① 种族主义，是一种夸大种族差异、鼓吹种族歧视的反动理论。它把人类不同种族差异视为种族优劣的根源，把人类分成“优等民族”和“劣等民族”，认为前者应该统治后者。宣扬人种血统的“纯洁”和种族“优生学”，主张“改良人种”，繁殖“优种”，淘汰“劣种”，以确保“优等民族”的统治地位。

第 4 章　灵魂是一个人肉身同步缩小（或放大）的虚的形式

4.1　人的肉身和灵魂

1. 比较人体肉身的结构和灵魂的结构

（1）生命在阳性物质世界的存在形式：

肉　身 +	灵　魂 +	意　识 +	潜意识（狭义）+	潜意识（广义）
阳+ 阴-	阴+	阴-	阴+	阴-
阳- 阴+	阳-	阳+（脑）	阳-	阴+

具有肉身，是生命在阳性物质世界的存在形式之主要特征。从肉身的结构看，它是阴阳物质“一分为二”到第二个层次之后，阳性物质的正物质（阳+）、阳性物质的负物质（阳－）即以衰变形式存在的反物质、阴性物质的正物质（阴+）、阴性物质的负物质（阴－）即以衰变形式存在的阴性物质的反物质，按照对立统一的正负配对原则构成的复质混合体。即

阳＋阳－

阴－阴＋

一个人肉身的外形，是以脊柱为中心线、两边对称生长的。它包括头颅、眼、耳、鼻、舌、身、四肢等，还包括存在于人体内复杂的经络系统。但是一言以蔽之，都是由上述四种物质要素构成的。所有人的外形都大同小异，其原因在于每个人的灵魂的结构大同小异。人的肉身只不过是其灵魂的外部表现形式而已。这一点将在以下详细论述。

（2）灵魂是阴性物质的正物质（阴+）和以衰变形式存在的阳性物质的负物质（阳－）即反物质构成的矛盾对立统一体。在灵魂的结构中，以衰变形式存在的阳性物质的负物质（阳－）即反物质围绕着阴性物质的正物质（阴+）做旋转式运动，因其速度接近光速的下限，使其变为似衰变而未衰变的东西，就像土星美丽的光环一样，说明此时阳性物质的负物质（阳－）也出现类似电

子围绕原子核旋转的情况。在这种旋转中，产生和发射出灵魂波——-阴′+。它具有固定的频率和波长，一生都不会改变。在灵魂波上，全息了一个人前世和今生的所有信息和密码。如下图示之：

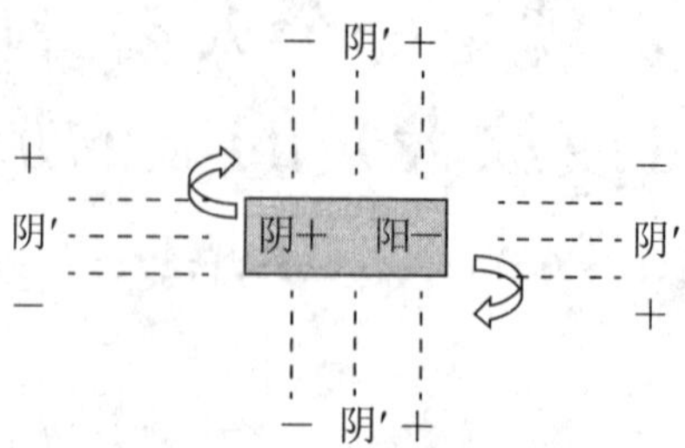

每个人灵魂的结构都是阴性物质的正物质（阴+）和以衰变形式存在的阳性物质的负物质（阳-）即反物质构成的矛盾对立统一体。甚至所有的动植物、微生物，乃至病毒的灵魂的结构都是如此。这是在灵魂构成上的“大同”。人类和动植物、微生物，乃至病毒的灵魂在构成上的“小异”是什么呢？

人类灵魂在构成上，从阴性物质的正物质（阴+）虚元素周期表的115种元素中，撷取了优质的元素；同样地，从阳性物质的负物质（阳-）反物质元素周期表的115种元素中，也撷取了优质的元素。并且将这些优质元素进行了优化组合，使其具有成为人类独有的灵魂结构。

就人类的灵魂构成来说，都是从阴性物质的正物质（阴+）虚元素周期表和阳性物质的负物质（阳-）即反物质元素周期表中撷取了优质的元素，这是所有人在灵魂构成上的“大同”，但是即使如此，每个人的灵魂在结构上，在撷取的优质元素上仍然有细微的差异。这便成为每个人在灵魂构成上的“小异”。请不要忽视这细微的差异，它往往是失之毫厘，谬以千里。

正因如此，每个人都有不同的形体、面貌、秉性、心理、能力，以及思维方式等。在人群中，有特别慈善、宽厚的长者，有能力超群、为人民谋利益的领袖人物，但也有专以谋害别人而满足私欲的不法之徒。产生这种极端反差的原因，不能仅从教育失误去寻找，而是背后还有灵魂结构存在差异的深刻原因。这个责任在谁呢？从根本上说，其责任在生命程序和密码的总设计师——阴性物质世界——抑或是它的人格化神灵、上帝。因为设计了灵魂结构上的微小差异就制造了那一批千古罪人，那么是否神灵、上帝犯了错误？不是的。因为在四维以上的多维时空，由那一台巨大的无形的超光速运算的高智能计算机设计每个人的生命程序和密码，除了留有一个可容忍的伸缩区间，此外是不会有任何差错的。神灵、上帝之所以一定要设计一批恶徒到人间作恶并最终遭到严惩，因为有的人的本性就是不安分，总企图把自己的幸福建立在别人的痛苦之上。种瓜得瓜，种豆得豆，此乃因果关系之谓也。连神灵、上帝也违背不了这条法则。佛祖讲的六道轮回把这个问题讲清楚了，[①]所以佛经是警世恒言。

灵魂栖息在人体肉身的心窝处，即肝脏和心脏连线的左上方，这是通过感知知道的，但是在解剖学上却得不到证明。原因是从灵魂的结构看，它是阴性物质的正物质（阴+）和以衰变形式存在的阳性物质的负物质（阳-）即反物质构成的矛盾对立统一体。阴性物质的正物质（阴+）即炁，是由虚粒子构成的；以衰变形式存在的阳性物质的负物质（阳-）即反物质围绕着阴性物质的正物质（阴+）做旋转式运动，因其速度接近光速的下限，使其变为似衰变而未衰变的东西。在这样的高速运动下，肉眼是无法看见的。

在这里有两个问题值得探讨，它们是：

其一，以衰变形式存在的阳性物质的负物质（阳-）即反物质围绕着阴性物质的正物质（阴+）做旋转式运动，其速度接近光速的下限，那么质量至少增加 1000 倍。[②] 这说明灵魂是有重量的，用精密仪器可以测定出来。

其二，阳性物质的负物质（阳-）即反物质围绕着阴性物质的正物质（阴+）做旋转式运动，它变为似衰变而未衰变的东西，又表现出一定的重量来，加之地心引力的作用，于是就将运动速度起步是超光速的阴性物质的正物质（阴+）相对稳定下来，从而使灵魂成为一个虚的实体。

因此，灵魂这个虚的实体医生用手术刀是无论如何解剖不到的，只有极少数有特异功能的人才能够直观地看到。这些在古代文献中也有不少描述。

2. 比较人体肉身的结构和灵魂的结构，可以看出二者具有相似点和不同点

如上所述，肉身是阴阳物质“一分为二”到第二个层次之后，阳性物质的正物质（阳+）、阳性物质的负物质（阳-）即以衰变形式存在的反物质、阴性物质的正物质（阴+）、阴性物质的负物质（阴-）即以衰变形式存在的阴性物质的反物质，按照对立统一的正负配对原则构成的复质混合体。灵魂是阴性物质的正物质（阴+）和以衰变形式存在的阳性物质的负物质（阳-）即反物质构成的矛盾对立统一体。至于将阴阳物质“一分为二”到第二个层

---

① 六道轮回是佛教用语。六道是指地狱道、饿鬼道、畜生道、阿修罗道、人类道和天道。一个人生前思想和行为产生的“业”和“惑”是不可回收的，死后根据留下的这些业力（又称业因），按照因果报应，对号入座进入六道中相应的通道轮回出世。在来世就相应地变之为饿鬼、畜生、阿修罗（介于鬼和神之间，易怒好斗，地位低于人类）、人类和天神（也有天人）。

② 参见拙著《进入阴性物质世界》1.3“突破相对论时空观与树立灵魂和意识的新概念”。

次之后再分裂若干层次，为了研究方便起见，此处暂时不涉及。比较二者的结构式，如下图示之：

阳+阳－	阳－
阴－阴+	阴+
肉身结构	灵魂结构

（1）在肉身的结构中包含着灵魂的结构（当然也包含着意识的结构）。说明灵魂是肉身的核心（当然也说明意识的重要性）。

（2）在肉身的结构中包含着灵魂的结构，其中阴性物质的正物质（阴+）是虚粒子，阳性物质的负物质（阳－）即反物质是以衰变形式存在的，是肉身中看不见、摸不着的东西，它们是构成人体经络系统的主要物质。

（3）一个人碰到好事时心里高兴，遇到倒霉事时心里难受、窝得慌。你仔细体会一下，它不是心脏的感觉，而是心口里的感觉——这正是灵魂的感受。说明灵魂是一个栖息在人的心窝处的虚的实体，是可以体验到的。

4.2 灵魂游离出人体的意义

1. 关于灵魂游离出来的几种情况

（1）在正常情况下，灵魂栖息在人的心窝处，比较安静、稳定，护卫着人的心脏和其他器官。也就是从灵魂开始，联结意识、潜意识（狭义）和潜意识（广义），将人体和整个阴性物质世界联结起来。如果说在一个人身后拖着一条长长的“辫子”直达阴性物质世界的话，那么这根“辫子”就是从灵魂开始的。

在特殊情况下，灵魂可以暂时游离出人的心窝，在离人体不远的地方驻足，或者在近距离徘徊。少数人时不时地有灵魂出窍的感觉。游离出来的灵魂还可以和别的灵魂交流信息。但是过不了多久，游离出来的灵魂又会回到它的栖息处。如果说灵魂较长时间不归宿，人就要患“心病”。只有当人体肉身不复存在时，灵魂才彻底从体内游离出来。

灵魂彻底从体内游离出来之后并不是独自在四野飘荡，而是它立刻和意识（不完全意识）、潜意识（狭义）和潜意识（广义）结合起来构成这个人的生命在阴性物质世界的存在形式，在宇宙的时空中往来。① 这里说的意识（不完全意识），是指阳性物质的正物质（阳+）即特指的脑随同肉身不复存在之后，就由原先脑意识发出的累积在宇宙间具有固定频率和波长的思维波——

① 参见拙著《进入阴性物质世界》19.4“生命本身的自由度有多大”。

+阴′-，和阴性物质的负物质（阴-）一起构成的矛盾对立统一体。意识（不完全意识）的结构式是：

-阴
+阴′-

（2）生命在阴性物质世界的存在形式的结构式是：

分析生命在阴性物质世界的存在形式的结构式，就可以看到如下事实：在灵魂和潜意识（狭义）中都有阳性物质的负物质（阳-）即反物质围绕着阴性物质的正物质（阴+）做旋转式运动，速度接近光速的下限，阳性物质的负物质（阳-）变为似衰变而未衰变的东西，质量至少增加1000倍。它的实粒子的本性开始显示出来，就必然受到地心引力的作用。因此，生命在阴性物质世界的存在形式，不可能脱离地球太远，它总是在离地面不远的空中作跳跃式运动，或者在低空游荡。一般的建筑物对它是没有什么阻挡作用的。

2. 灵魂如何从生命在阴性物质世界的存在形式的结构式中独立游离出来

（1）生命在阴阳两个物质世界的存在形式的运动，都受到生命程序和密码的总设计师——阴性物质世界——抑或是它的人格化神灵、上帝的调节和控制。制约神灵、上帝这方面行为的是宇宙间的阴阳平衡（与不平衡）规律。因此，在宇宙中连神灵、上帝也没有随心所欲的自由。

生命程序和密码的总设计师——阴性物质世界——抑或是它的人格化神灵、上帝，受阴阳平衡（与不平衡）规律的驱使，决定和设计某一类某些人的灵魂需要从生命在阴性物质世界的存在形式的结构式中脱离；如果说从一个人在阴性物质世界的资料库中储存的信息证明，他不可回收的“业”和“惑”罪孽过深，就要对其灵魂结构在相应的元素周期表中进行调整，以便使其脱离人类通道而进入更低一级的通道。这一切都是在一台巨大的无形的超光速运算的高智能计算机上自动进行的，其精密和准确的程度是常人无法想象的。

从生命在阴性物质世界的存在形式的结构式看，灵魂和意识（不完全意识）连接着。灵魂中的阴性物质的正物质（阴+）和意识（不完全意识）中的以衰变形式存在的阴性物质的负物质（阴-）相联结，属于不稳定状态；灵魂中的以衰变形式存在的阳性物质的负物质（阳-）即反物质和意识（不完全意识）中的亚类的阴性物质的正物质（+阴′）相联结，更属于不稳定状态。因此，在灵魂和意识（不完全意识）之间的链条是不稳固的。

当生命程序和密码的总设计师——阴性物质世界——抑或是它的人格化神灵、上帝编制好程序和密码之后，就交由潜意识（狭义）——CEO 传达和执行指令，这时灵魂和意识（不完全意识）之间的链条就及时断裂，于是这个灵魂就游离出来。与此同时，很可能还从别的生命在阴性物质世界的存在形式游离出来多个灵魂，成为散兵游勇式的样子。

就在一个受精卵形成的一刻，这些游离出来的灵魂在竞争中争相进入受精卵中，但最后只有一个灵魂是胜利者。于是一个具有灵魂的肉身的胚芽便形成了。在母体中经过 10 个月的孕育，分娩后胎儿呱呱坠地——生命在阳性物质世界的存在形式诞生了。

(2) 一个新生儿从本质上说，也是生命由阴性物质世界的存在形式转化为生命在阳性物质世界的存在形式。新生儿之所以像他的父母，是因为他是其父母的受精卵发育的；新生儿之所以又不像他的父母，特别是长大之后在思想和行为上有别于其父母，是因为他的灵魂来自另一个生命在阴性物质世界的存在形式。因此，我们每个人实际上有三位父母。其中两位父母是生命在阳性物质世界的存在形式；另一位父亲或者母亲是生命在阴性物质世界的存在形式，只不过我们不知道罢了，但这没有关系，只要记住他（她）的恩德就足够了。但是，你现在灵魂仍旧是你过去前世的灵魂。

4.3 灵魂是人体肉身同步缩小（或放大）的虚的形式的数学证明

1. 灵魂是人体肉身同步缩小（或放大）的虚的形式

(1) 将灵魂结构中的两个要素分别“一分为二”到若干层次的依据。

根据春秋时期《庄子·天下篇》“一尺之棰，日取其半，万世不竭”的思想，和南宋哲学家、教育家朱熹“阳中有阴阳，阴中有阴阳”的观点，可以将灵魂结构中的阴性物质的正物质（阴+）和以衰变形式存在的阳性物质的负物质（阳-）“一分为二”到若干个层次。

但是现代物理学研究和实验证明，阳性物质的正物质（阳+）的原子是由原子核和围绕原子核公转的电子构成；原子核是由带正电的质子和中性的粒子——中子构成；质子是由包含两个具有＋2/3 电荷的上夸克和一个具有－1/3电荷的下夸克构成；中子是由包含两个具有－1/3 电荷的下夸克和一个具有＋2/3 电荷的上夸克构成。就是说阳性物质的正物质（阳+）分裂到夸克之后就不能再分裂下去了。我的看法是，如果将一个夸克再继续分裂下去，就必然走向它的反面——出现虚粒子，这在实验室还没有得到证明。再说恐怕很难找到能够将一个夸克分裂的那样强大的力。

根据我的论证，以虚粒子为特征的阴性物质的产生，是在 137 亿年前发生宇宙大爆炸时。随着大爆炸的发生又出现粒子“小爆炸”，之后是阴阳开合，于是阴性物质和阳性物质就一并出现了。①

（2）将灵魂结构中的两个要素——阴性物质的正物质（阴+）和以衰变形式存在的阳性物质的负物质（阳-）即反物质“一分为二”到第三个层次（以至第四、第五……层次），将会出现意想不到的情况。为了研究的方便，在此仅将其分裂到第三个层次，但这已经足够说明问题了。

Ⅰ. 将阴性物质“一分为二”到第二个层次，是阴性物质的正物质（阴+）和阴性物质的负物质（阴-），可用“阴^2+”和“阴^2-”表示；将阳性物质“一分为二”到第二个层次，是阳性物质的正物质（阳+）和阳性物质的负物质（阳-），可用“阳^2+”和“阳^2-”表示。

Ⅱ. 灵魂结构中的两个要素是阴性物质的正物质（阴+）——阴^2+和阳性物质的负物质（阳-）——阳^2-。按照“阳中有阴阳，阴中有阴阳”的观点，可将其进一步分裂下去，于是便有下式：

阴^2+…………阴^3-……阴^3+……

阳^2-…………阳^3+……阳^3-……

这里的“阴^2+”、“阴^3-”、“阴^3+”、“阳^2-”、“阳^3+”、“阳^3-”并非指数形式，只是表示分裂到第二个层次、第三个层次。当然还可以分裂到第四个层次、第五个层次……直到一个量子单位和虚量子单位。也就是分裂到夸克和虚夸克为止，而不是“一尺之棰，日取其半，万世不竭。”

Ⅲ. 灵魂结构中的两个要素是阴性物质的正物质（阴+）——阴^2+和阳性物质的负物质（阳-）——阳^2-。根据宇宙对称定理，这两个要素又有各自的镜像物，于是便有下式：

阴^2+…………阴^2-

阳^2-…………阳^2+

这里的“阴^2+”、“阴^2-”、“阳^2-”、“阳^2+”并非指数形式，只是表示阴性物质的正物质（阴+）和阳性物质的负物质（阳-）及它们的镜像物分裂到第二个层次。当然还可以继续分裂下去，但是作为相对称的镜像物，已经没有再继续分裂下去的必要了。

---

① 参见拙著《打开宇宙的另一扇门》4.5“宇宙大爆炸与其中的粒子‘小爆炸’”。

Ⅳ. 将以上两个表达式相加。即

$$\begin{array}{l} 阴^2+\cdots\cdots\cdots\cdots 阴^3-\cdots\cdots 阴^3+\cdots\cdots \\ 阳^2-\cdots\cdots\cdots\cdots 阳^3+\cdots\cdots 阳^3-\cdots\cdots \\ 阴^2+\cdots\cdots\cdots\cdots 阴^2- \\ 阳^2-\cdots\cdots\cdots\cdots 阳^2+ \end{array}$$

以上两个表达式相加的结果是，“阴^2＋”和“阴^2－”抵消，“阳^2－”和“阳^2＋”抵消。于是剩下如下的表达式：

$$\begin{array}{l} 阴^2+\cdots\cdots\cdots\cdots 阴^3-\cdots\cdots 阴^3+\cdots\cdots \\ 阳^2-\cdots\cdots\cdots\cdots 阳^3+\cdots\cdots 阳^3-\cdots\cdots \end{array}$$

2. 对变换后的模型的解释

（1）这里似乎又回到了Ⅱ最初的表达式，但是其内容却发生了变化。主要有以下几点：

其一，在灵魂结构式$\begin{array}{l}阴^2+\\阳^2-\end{array}$中，[①] 蕴含了肉身的结构式$\begin{array}{l}阴-阴+\\阳+阳-\end{array}$四个要素各自分裂到第三个层次（甚至分裂到第四、第五、第六……直至若干个层次）的结构，这种分裂有着无限缩小的趋势。显然这种无限的缩小不是肉身的自身的样子，而是肉身在灵魂内含上的同步缩小。或者说是肉身在灵魂结构的框架内，变位了和变形了的存在方式。

其二，灵魂结构式$\begin{array}{l}阴^2+\\阳^2-\end{array}$和肉身结构式$\begin{array}{l}阴^3-\cdots\cdots 阴^3+\cdots\cdots\\阳^3+\cdots\cdots 阳^3-\cdots\cdots\end{array}$之间既是物质分裂后上一层次和下一层次（甚至若干个下一层次）的关系，同时后者又与前者呈另一种意义上的对立统一关系。从大相似定理及全息率可知，[②] $\begin{array}{l}阴^2+\\阳^2-\end{array}$与$\begin{array}{l}阴^3-\cdots\cdots 阴^3+\cdots\cdots\\阳^3+\cdots\cdots 阳^3-\cdots\cdots\end{array}$之间，二者既有相似性的一面，同时前者又全息了后者的形态、信息和密码。

其三，$\begin{array}{l}阴^2+\\阳^2-\end{array}$是灵魂的结构，$\begin{array}{l}阴^3-\cdots\cdots 阴^3+\cdots\cdots\\阳^3+\cdots\cdots 阳^3-\cdots\cdots\end{array}$是肉身四个要素各自分裂

---

① 如上所述，$\begin{array}{l}阴^2+\\阳^2-\end{array}$和$\begin{array}{l}阴+\\阳-\end{array}$均是将阴阳两种物质分裂到第二个层次的表达式，作为灵魂的结构式二者是等价的。

② 大相似定理，指宇宙间的万事万物依照共同规律的支配，在内部结构和外部表现形式上都有着相似的方面。全息率，指事物特性不完全相同的各部位分布的结果，是全息元在不同程度上成为整体的缩影，并且各全息元之间在不同程度上也是相似的。

到第三个层次（甚至分裂到第四、第五、第六……直至若干个层次）的结构，比较二者的结构，可以将后者看作是肉身在灵魂内的同步缩小并且在观念上的反映。因此，灵魂是一个人肉身同步缩小（或放大）的虚的形式。反过来讲，肉身则是灵魂中

阴^{3}－……阴^{3}＋……
阳^{3}＋……阳^{3}－……

放大的外部实的表现形式。

（2）同理，对于意识和人体肉身的关系也可以按照上述方法进行论证。只不过因为在意识中有阳性物质的正物质（阳+）即特指的脑存在，属于肉身的一部分，由实粒子构成，因而论证的结果就大不一样。——不可能显示出意识对于肉身来说是同步缩小（或放大）的虚的形式。

4.4　谁为灵魂的运动提供能量

1. 一切都按照自动化程序自然而然地进行着

（1）灵魂内容的自动分裂形式。

Ⅰ. 灵魂是阴性物质的正物质（阴+）和以衰变形式存在的阳性物质的负物质（阳-）即反物质构成的矛盾对立统一体。这个统一体不是静态的，而是动态的。它表现为以衰变形式存在的阳性物质的负物质（阳-）即反物质围绕着阴性物质的正物质（阴+）做旋转式运动，速度接近光速的下限，变为似衰变而未衰变的东西。此时阳性物质的负物质（阳-）也出现类似电子围绕原子核旋转的情况。在这种旋转中，产生和发射出灵魂波——-阴′+。

Ⅱ. 因为阴性物质的正物质（阴+）是以虚粒子构成的，以衰变形式存在的阳性物质的负物质（阳-）此时变为似衰变而未衰变的东西，存在着不稳定性，所以它们各自很自然地都要向下一个层次分裂。这种向下一个层次分裂的趋势，是不以灵魂的意志为转移的。于是就有：

阴^{2}＋…………阴^{3}－……阴^{3}＋……
阳^{2}－…………阳^{3}＋……阳^{3}－……

Ⅲ. 在这个动态结构中，不仅阴性物质的正物质（阴+）出现它的镜像物——阴性物质的负物质（阴-），而且业已变之为似衰变而未衰变的阳性物质的负物质（阳-）也很自然地出现它的镜像物——阳性物质的正物质（阳+）。于是就有：

阴^{2}＋…………阴^{2}－
阳^{2}－…………阳^{2}＋

（2）灵魂内容的自动组合形式。

Ⅰ. 在灵魂的统一体中，阴性物质的正物质（阴+）和似衰变而未衰变的

阳性物质的负物质（阳－）各自不断地将自身分裂到第三个层次（甚至分裂到第四、第五、第六……直至若干个层次）。这两者是同时出现的；也可能是交替出现的，其速度在光速的上下波动。这种情况很可能是产生灵魂波——－阴′+的机理之一。

不仅如此，在灵魂的统一体中，阴性物质的正物质（阴+）和似衰变而未衰变的阳性物质的负物质（阳－）也不断地出现各自的镜像物。

Ⅱ．阴性物质的正物质（阴+）分裂到第三个层次（甚至分裂到第四、第五、第六……直至若干个层次），似衰变而未衰变的阳性物质的负物质（阳－）也分裂到第三个层次（甚至分裂到第四、第五、第六……直至若干个层次）。即以上的表达式：

阴^2+…………阴^3－……阴^3+……

阳^2－…………阳^3+……阳^3－……

阴性物质的正物质（阴+）的镜像物是阴性物质的负物质（阴－），似衰变而未衰变的阳性物质的负物质（阳－）的镜像物是阳性物质的正物质（阳+）。即以上的表达式：

阴^2+…………阴^2－

阳^2－…………阳^2+

Ⅲ．当这两个表达式在灵魂的结构中同时出现的时候，“阴^2+”和“阴^2－”自动消除；“阳^2－”和“阳^2+”也自动消除。于是就留下如下表达式：

阴^2+…………阴^3－……阴^3+……

阳^2－…………阳^3+……阳^3－……

这一切都是自动完成的，而且是在光速和超光速的速度上进行的。因此，我们说它是在观念上发生的。

2. 灵魂从未发生爆炸的原因

按照高能物理学的理论一个粒子和它的反粒子相碰撞，就会在一声爆炸声中湮灭，释放出能量之后转化为其他物质。在实验室，如果说让一个高能质子和一个反质子碰撞，会产生一对几乎自由的夸克，同时出现“喷射”的轨迹。① 那么在灵魂的结构中，“阴^2+”和“阴^2－”相碰撞、“阳^2－”和“阳^2+”相碰撞，是否也会出现一声爆炸声而后湮灭呢？

灵魂不会发生爆炸，但是内部要素相互湮灭却是一定的。

---

① 史蒂芬·霍金，许明贤、吴忠超译：《时间简史—从大爆炸到黑洞》，湖南科学技术出版社1995年版，第76页。

根据人择原理，①“阴^2+”和“阴^2−”相碰撞、“阳^2−”和“阳^2+”相碰撞，如果说会在一声爆炸声中湮灭，那么灵魂早就被炸得四分五裂了。可是每个人的灵魂至今仍旧是完整的，而我们研究的就是一个未被炸毁的灵魂，说明以上的假定不能成立，所谓的“爆炸”并没有发生。

但是“阴^2+”无疑是“阴^2−”的反物质，反之亦然；“阳^2−”也无疑是“阳^2+”的反物质，反之亦然。难道说它们相互碰撞就不遵循高能物理学定律吗？当然遵循这个定律，但是情况又有特殊。主要是：

其一，“阴^2+”和“阴^2−”都是以虚粒子构成的阴性物质，运动速度起步就是超光速。但是“阴^2−”是以衰变形式存在的，一方面它围绕着“阴^2+”做旋转式运动，另一方面又和“阴^2+”快速地收敛和发散。这些特性决定了“阴^2+”和“阴^2−”在灵魂的统一体中，相互碰撞之后不会发生爆炸，而是发生抵消后迅速地湮灭——并把能量释放出来。

其二，“阳^2−”和“阳^2+”都是以实粒子构成的阳性物质，从理论上讲，运动速度低于光速。“阳^2−”虽然是以衰变形式存在的，但是此时却变为似衰变而未衰变的东西，运动速度在光速的下限，抑或说快要接近光速了。而“阳^2+”的运动速度低于光速，属于算术时间。“阳^2−”和“阳^2+”在运动速度上有如此大的差距，就使二者在灵魂的统一体中，当接近相遇的距离时便相互抵消，迅速地湮灭——并把能量释放出来。②

其三，从以上可知，在灵魂的统一体中，“阴^2+”和“阴^2−”相互碰撞不会爆炸，而是发生抵消后迅速地湮灭，并且释放出能量；“阳^2−”和“阳^2+”相互碰撞也不会爆炸，而是发生抵消后迅速地湮灭，并且释放出能量。这就解释了灵魂在活动中所需能量的来源，而且这种能量的供给是源源不断的。

---

①　人择原理。我们之所以看到宇宙是这个样子，只是因为如果它不是这样，我们就不会在这里去观察它。

②　在正常情况下，“阳^2−”和“阳^2+”相遇也不会发生爆炸和湮灭，原因是“阳^2−”是以衰变形式存在的。如反氢物质（−H）衰变周期是百万分之三十秒。

第 5 章　一个人和他的副本

5.1　一个人的正本和副本

1. 一个人和他的副本的含义

(1) 每个人都是由他自身和他的副本构成的。他自身就是他生命在阳性物质世界的存在形式；他的副本就是他生命在阴性物质世界的存在形式。这两种生命存在形式的结构式，如下图示之：

生命在阳性物质世界的存在形式：

肉　身 + 灵　魂 + 意　识 + 潜意识（狭义）+ 潜意识（广义）

阳+ 阴-　阴+　阴-　阴+　阴-

阳- 阴+　阳-　阳+（脑）　阳-　阴+

生命在阴性物质世界的存在形式：

灵魂 + 意识（不完全意识）+ 潜意识（狭义）+ 潜意识（广义）

生命在阳性物质世界的存在形式何以能够转化为生命在阴性物质世界的存在形式？这是再简单不过的事情了。一个人因为不可治愈的疾病或者意外的伤害事故，肉身不复存在了，他的生命就自然而然地转化为生命在阴性物质世界的存在形式了。一个人肉身不复存在，当然作为阳性物质的正物质（阳+）特指的脑也不复存在了。那么又由什么东西替代脑和阴性物质的负物质（阴-）一起构成意识一类的东西呢？

原来一个人从降生时起，他的脑意识就产生和发射思维波——+阴′-，并且有着固定频率和波长，一生都不会改变。这些思维波——+阴′-发射到宇宙空间，一方面检索和破译信息和密码，另一方面就累积到那里。当一个人的脑不复存在之后，思维波——+阴′-就立刻替代脑的位置，和阴性物质的负物质（阴-）结合起来，成为意识（不完全意识）——$\begin{matrix}-阴\\+阴'-\end{matrix}$。它一边连接着灵魂，另一边连接着潜意识（狭义）和潜意识（广义），于是构成了生命在阴性物质世界的存在形式。

但是是否只有当人体肉身不复存在以后，意识（不完全意识）才形成呢？否。因为当一个人活着的时候，脑意识产生和发射的思维波——+阴′-就累积在宇宙空间，它只要与阴性物质的负物质（阴-）相结合，就会形成意识（不完全意识）。所以意识（不完全意识）——$\begin{matrix}-阴\\+阴'-\end{matrix}$和意识——$\begin{matrix}阴-\\阳+（脑）\end{matrix}$是一并存在的。并且它们各自都和灵魂及潜意识（狭义）联结着。如下图示之：

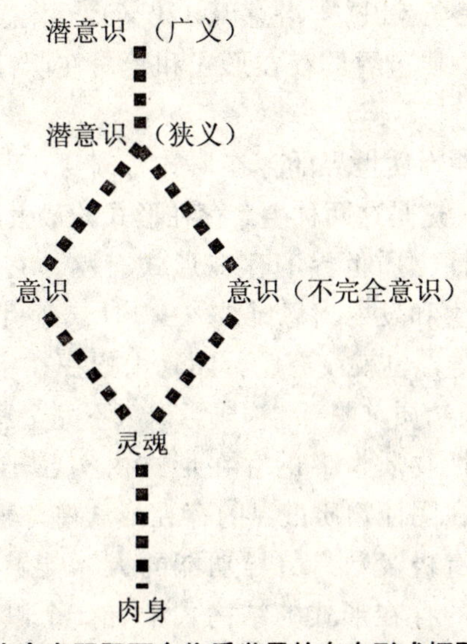

生命在阴阳两个物质世界的存在形式框图

（2）生命在阴阳两个物质世界的两种存在形式犹如一根蔓上长着两个苦瓜。[①] 这里之所以要用苦瓜形容这两种生命形式，因为人生本来不易，一生都是在克服困难中度过的。所以《心经》上讲要“度一切苦厄。”

至于生命在阴性物质世界的存在形式，即神、鬼（瑰）在那里的生存，我想也是不易的。一是这种生命形式被挤压在如此高度弯曲的零存在空间和负存在空间，一定显得异常寂寞；二是当按照生命程序和密码的总设计师——阴性物质世界——抑或是它的人格化神灵、上帝的指令，需要将灵魂从意识（不完全意识）相邻的链条上断裂的时候，也一定经历如同母亲分娩

① 参见拙著《进入阴性物质世界》18.1“阴阳两个物质世界的生命存在形式是相通的”。

时一样的痛苦。特别是当几个灵魂竞相进入受精卵时，也一定经历了激烈的竞争。当然这是猜想了，但从现代物理学和电子学上应用晶体形成与生长过程中，看到其求生的挣扎，和一切动物的生存竞争一样激烈无异，也就可以想象它的一斑了。

2. 对生命在阴阳两个物质世界的存在形式框图的解释

(1) 这是一个人和他的副本的示意图。框图左侧虚线连接的部分，为生命在阳性物质世界的存在形式。其构成要素是：

肉身+灵魂+意识+潜意识（狭义）+潜意识（广义）

框图右侧虚线连接的部分，为生命在阴性物质世界的存在形式。其构成要素是：

灵魂+意识（不完全意识）+潜意识（狭义）+潜意识（广义）

比较生命在阳性物质世界的存在形式和生命在阴性物质世界的存在形式之不同点，主要是：

其一，生命在阳性物质世界的存在形式有肉身，而生命在阴性物质世界的存在形式没有肉身。这是这两种生命存在形式的最大区别。

其二，生命在阳性物质世界的存在形式有脑，它和阴性物质的负物质（阴-）构成意识，产生和发射出思维波——+阴′-。生命在阴性物质世界的存在形式因为没有肉身，也就没有脑，而是由累积在宇宙空间的思维波——+阴′-和阴性物质的负物质（阴-）构成意识（不完全意识）。

其三，生命在阳性物质世界的存在形式由实粒子构成，是看得见、摸得着的实体。而生命在阴性物质世界的存在形式基本上是由虚粒子构成的，看不见、摸不着，只有极少数有特异功能的人才能够看见它的存在。因为生命在阴性物质世界的存在形式的结构式中有 2 个以衰变形式存在的阳性物质的负物质（阳-）要素，所以我们在这里讲它基本上是由虚粒子构成的。

(2) 比较生命在阳性物质世界的存在形式和生命在阴性物质世界的存在形式之相同点，主要是：

其一，这两种生命形式都拥有同一个灵魂。当一个人活着的时候，灵魂栖息在心窝处；当他死亡之后，灵魂就游离出来，和意识（不完全意识）、潜意识（狭义）、潜意识（广义）一起成为生命在阴性物质世界的存在形式。它存在于四维时空，抑或是四维以上的多维时空。不过因为受地心引力的影响，经常不会离开地面太远，总是呈跳跃式的在四处游荡。

其二，这两种生命形式都拥有同一个潜意识（狭义）。潜意识（狭义）是灵魂的镜像物，在结构上和灵魂完全相同，但是它存在于四维时空和四维以上的多维时空的交界处，联结着潜意识（广义）——整个阴性物质世界。潜意识（狭义）具体执行来自潜意识（广义）对生命下达的指令。

其三，这两种生命形式都拥有同一个潜意识（广义）。它分为个人的潜意识（广义）和宇宙总体的潜意识（广义）。前者直接和个体生命形式相联系，是生命存在形式的有机构成部分；后者是整个阴性物质世界。这两种生命形式正是通过个人的潜意识（广义）和宇宙总体的潜意识（广义）相联结，从而将自身和整个阴性物质世界联结起来。

(3) 生命在阴阳两个物质世界的存在形式框图，不仅指一个人和他的副本，而且适合于一切生命形式，具有普遍的意义。

凡是生物或者说有生命的东西，例如各种动植物、微生物，乃至病毒等，都有生命在阳性物质世界的存在形式和生命在阴性物质世界的存在形式。前者是它们的活的形式，典型特征是有肉身和意识；后者是它们的死的形式，没有肉身，意识变之为意识（不完全意识）。它们共同拥有同一个灵魂、潜意识（狭义）和潜意识（广义）。这两种生命存在形式，仍然犹如一根蔓上长着的两个苦瓜，是相辅相成、互为存在的前提的。

各种动植物、微生物，乃至病毒等活的形式，可以看作生命的正本，而它们的死的形式则是生命的副本。人类生命在阳性物质世界的存在形式和生命在阴性物质世界的存在形式，即生命的正本和副本，同这些动植物、微生物，乃至病毒等生命的正本和副本，没有根本上的区别。

那么又如何解释人类同各种动植物、微生物，乃至病毒等有着截然不同的形体和智慧呢？对此问题的解答并不困难。主要是：

其一，生物物种的类别是由生命坐标系的横坐标轴和纵坐标轴分叉上的刻度决定的。或者说，生物的物种属于哪一个种群或者哪一个类别，是在形成它们的那一刻由生命坐标系上横坐标轴（阳性物质）和纵坐标轴（阴性物质）上的刻度的多少决定的。在宇宙生命坐标第Ⅳ象限，靠近纵坐标轴（阴性物质），或者说直至和纵坐标轴（阴性物质）重合的区间，其生命形式是神灵、上帝；离开纵坐标轴（阴性物质）神灵、上帝的区间，紧接着的是人类生命形式的区间；在人类生命区间之外，是各种动植物、微生物，乃至病毒等生命形式的区间。因此可以说，在宇宙生命坐标第Ⅳ象限，神、人、兽三个生命区间是并列在一起的。从神来说，往后退一步，就进入人的领域。从人来说，往前进一步，就进入神的境界，而往后退一步，就落入兽的群落。从兽来说，往前进一步，就进入人的领域。当然在神、人、兽三个生命区间，各自还分为若干层次。这里我们感兴趣的是，在此为社会要特别重视对人的教育和道德品质修养，找到了理论依据。这个问题在以下还要专门论述，此处不再赘述。

其二，人类同各种动植物、微生物，乃至病毒等之所以有着截然不同的形体和智慧，其根本原因是人类的灵魂和脑意识在构成上，从四个元素周期表中撷取了更为优质的元素，并且做了优化组合。[①] 而各种动植物、微生物，乃至病毒等的灵魂和意识在构成上，从四个元素周期表中撷取了劣质的元素，而且不可能是优化组合。根据灵魂是生命体同步缩小的虚的形式的理论，这些动植物、微生物，乃至病毒等，就必然具有它们各种不同的外部形体。

其三，人类有着自身的正本和副本，动植物、微生物，乃至病毒等也有它们各自差别甚大的正本和副本。由此便构成了千差万别、绚丽多彩的阴阳两个物质世界的两种生命存在形式。

其四，毋庸置疑，上述这一切眼花缭乱的变化，都是在宇宙间一台巨大的无形的超光速运算的高智能计算机上自动进行的。换一句话说，也就是生命程序和密码的总设计师——阴性物质世界——抑或是它的人格化神灵、上帝的杰作。在这里，神灵、上帝不仅创造着我们和这个世界的一切，而且也在无意中创造着它们自身。这就是神之所以为神的原因。

5.2 一个人的正本和副本是辩证的统一

1. 一个人和他的副本之间的关系

一个人和他的副本终生相伴，同时又是一种若即若离的关系。

只要一个人还活着，他的副本就存在，并且终日跟随着他。就像一个人的影子一样，想甩也甩不掉。以上讲过，这种关系如同一根蔓上长着的两个苦瓜。具体地说，有以下几点：

一根蔓是：潜意识（狭义）+潜意识（广义）。

两个苦瓜是：

第一个苦瓜（肉身+灵魂+意识）+一根蔓〔潜意识（狭义）+潜意识（广义)〕。这是一人生命在阳性物质世界的存在形式。

第二个苦瓜〔灵魂+意识（不完全意识)〕+一根蔓〔潜意识（狭义）+潜意识（广义)〕。这是一人生命在阴性物质世界的存在形式。

---

① 四个元素周期表，指阳性物质的正物质（阳＋）元素周期表，即门捷列夫元素周期表；阳性物质的负物质（阳－）元素周期表，即反物质元素周期表；阴性物质的正物质（阴＋）元素周期表；阴性物质的负物质（阴－）元素周期表，即阴性物质的反物质元素周期表。参见拙著《进入阴性物质世界》2.2“以实粒子为特征的元素周期表与以虚粒子为特征的虚元素周期表之比较”。

一个人生命的正本和副本，实质上是同一根蔓〔潜意识（狭义）+潜意识（广义）〕上，结着两个苦瓜（肉身+灵魂+意识）和〔灵魂+意识（不完全意识）〕。它们一起构成了这个人在阳性物质世界和阴性物质世界完整的两种生命形式。这两种生命形式也是互相转化的，此处不再赘述。

2. 一个人的副本和他的反人的关系，以及与灵魂出窍的区别

根据宇宙对称定理，① 不仅有一个反宇宙、反世界，我们每个人还有自己的反人。② 它包括以下内容：

我们每个人生活在阳性物质世界，具体地说，是生活在阳性物质的正物质（阳+）世界。这种看得见、摸得着的生命形式主要是由阳性物质的正物质（阳+）构成的。那么，与其相对应的在以衰变形式存在的阳性物质的负物质（阳-）世界，就有一个我们自己的反人存在。虽然他（她）是以衰变形式存在的，但是不能否认他（她）的存在。

和阳性物质世界相对应的是阴性物质世界。阴性物质世界又分为阴性物质的正物质（阴+）世界和以衰变形式存在的阴性物质的负物质（阴-）世界。根据宇宙对称定理，在这两个阴性物质世界，同样存在我们自己的反人。区别是他（她）们都是以虚粒子构成的，特别是在阴性物质的负物质（阴-）世界，我们的反人还是由虚粒子的衰变形式存在的。虽然如此，我们照样不能否认他（她）的存在，因为这也是一种存在形式嘛。

以上说过，在一个人的身后拖着一根长长的“辫子”。它是指一个人生命在阳性物质世界的存在形式，其肉身之后还有灵魂+意识+潜意识（狭义）+潜意识（广义）。这根长长的“辫子”正是指的后者。因此，它和一个人的反人是两个不同的概念，二者不可混为一谈。

还有，极少数人有灵魂出窍的情况，即他在短时间内可以看见另一个自己坐在沙发上，或者在屋子里走动。③ 这是他的灵魂暂时从心窝游离出来，被自己看见时的景象。以上论述过，灵魂是一个人肉身同步缩小（放大）的虚的形式。这个虚的形式有记忆性，④ 既可以同步缩小，也能够同步放大。因此，它和一个人的反人也是两个不同的概念，二者不可混为一谈。

---

① 宇宙对称定理，指宇宙间的万事万物依照共同规律的作用，在外部表现形式上总是呈对称状态的。

② 参见拙著《广义与狭义生命论》13.3“反人（反你）存在的进一步论证”。

③ 参见贾平凹：《贾平凹谈人生》，“贾平凹手迹”，上海社会科学院出版社2004年版。

④ 这里说的记忆性，是医学和物理学上的称谓。指一个物体无论怎样改变它的形状，都能够在瞬间恢复到初始的状态。

5.3 孰为先知先觉者

1. 一个人（正本）和他的副本，哪一个是先知先觉者呢

（1）一个人的正本就是他自身，即生命在阳性物质世界的存在形式，副本则是生命在阴性物质世界的存在形式。毫无疑问，他的副本是最为敏感的生命形式，因而是当之无愧的先知先觉者。

一个人的副本的结构式是：

其中：阴性物质的正物质（阴+）和阴性物质的负物质（阴-），再加上亚类的阴性物质（阴′），占到75%；阳性物质的负物质（阳-）占到25%。可见在一个人的副本中，绝大部分都是由阴性物质构成的。阴性物质富有灵性，极其敏感，其功能表现为超自然的功能，即特异功能。因此，一个人的副本通常表现出的功能是特异功能，而一个人的正本即他自身通常表现出的功能则多是常规功能。我们曾经说过，特异功能人皆有之，主要指一个人的副本的特异功能通过人体肉身表现出来。当然经过这种曲折的表现，就有了强弱之分了。

在灵魂和它的镜像物潜意识（狭义）的结构中，阳性物质的负物质（阳-）围绕阴性物质的正物质（阴+）做旋转式运动，速度在光速的下限，成为似衰变而未衰变的状态。这种情况就使阳性物质的负物质（阳-）的质量和能量可以自如地相互转化。例如，当阳性物质的负物质（阳-）围绕阴性物质的正物质（阴+）做旋转式运动时，其速度快接近光速的临界点，能量就接近全部释放；当速度下降到偏离光速临界点下限一定幅度时，能量便蕴含在未衰变的质量当中。而对这种速度快慢的调节与控制，则全部由阴性物质的正物质（阴+）掌握着，即由其表现出的特异功能自动调控着。

（2）阴性物质的正物质（阴+）也就是以上说的炁，异常敏感，运动速度起步就是超光速，因而潜意识（狭义）总是在第一时间从生命程序和密码的总设计师——阴性物质世界——抑或是它的人格化神灵、上帝那里得知下达的生命信息和密码。然后又以超光速的速度将这些信息和密码传递给意识（不完全意识）和灵魂。其实，潜意识（狭义）作为灵魂的镜像物，它首先得知这些生命的信息和密码，也就等于灵魂同步地知道了。于是我们看到：一个人的副本——生命在阴性物质世界的存在形式，总是最先知道它的正本——生命在阳性物质世界的存在形式，在生命过程中将会遇到的种种事件。

2. “不识庐山真面目，只缘身在此山中”

（1）一个人的正本——生命在阳性物质世界的存在形式，何以不清楚自身生命程序和密码的编制情况呢？

一个人的正本——生命在阳性物质世界的存在形式的结构式是：

肉　身 +	灵　魂 +	意　识 +	潜意识（狭义）+	潜意识（广义）
阳+阴-	阴+	阴-	阴+	阴-
阳-阴+	阳-	阳+（脑）	阳-	阴+

其中：阳性物质的正物质（阳+）和阳性物质的负物质（阳-），占到41.7%。比在副本中仅有的阳性物质的负物质（阳-）占到25%，提高了16.7个百分点。而阴性物质的正物质（阴+）和阴性物质的负物质（阴-），占到58.3%。比在副本中占到75%，下降了16.7个百分点。在这里，我们看到在正本中阳性物质提高的比例和阴性物质下降的比例相当，说明常规功能增加和特异功能减少是呈同比例的。但是不要忘记，在副本中包含的是似衰变而未衰变的阳性物质的负物质（阳-），而在正本中则存在着肉身（包括脑），由看得见、摸得着的实粒子构成，就立刻将传递过来的信息下降到光速以下。

（2）当潜意识（狭义）在第一时间从生命程序和密码的总设计师——阴性物质世界——抑或是它的人格化神灵、上帝那里得知生命信息和密码，以超光速的速度传递到意识时，它首先碰到的是脑的实粒子结构。在人脑中有复杂的部件，大约有140多亿个细胞，包含10^{26}颗粒子，每1秒钟之内有10万种以上的不同化学反应进行着。这个复杂的过程，无疑将传递信息的超光速的速度迅速降低到算术时间。特别是当灵魂将这些生命信息和密码传递给肉身的经络系统、神经系统时，又一次将信息密码的传递速度大大地降低了。加之时空维数的天然限制和生理上的缺陷，不仅会使这些信息和密码变得滞后，而且很可能出现残缺不全的情况。于是人体的常规功能增强了，特异功能变得微乎其微。如此而已，怎么可能清楚地知道自身生命程序和密码编制的情况呢？

5.4　一个人背后生命的定数

1. 一个人和他的副本昭示生命的定数及意义

（1）一个人的副本将生命信息和密码曲折地反映在“四柱”和肉身细胞的基因（DNA）上。

在一个人出生的年、月、日、时即四柱上，蕴含了生命程序和密码的总设计师——阴性物质世界——抑或是它的人格化神灵、上帝编制的生命信息和密码。我们的祖先发明了天干和地支，① 以此代表阴阳五行在四柱上标示出这些信息和密码的符号。掌握了四柱预测的方法，就可以提前知道一个人生命进程中可能遇到的事件，从而做到趋吉避凶。

在一个人肉身细胞的基因（DNA）上，留存着生命程序和密码的总设计师——阴性物质世界——抑或是它的人格化神灵、上帝编制的生命信息和密码。它表现为细胞中遗传物质脱氧核糖核酸分子结构以双螺旋状态存在，两链通过碱基对之间的氢键相互结合。双螺旋结构的腺嘌呤（A）和胸腺嘧啶（T）、鸟嘌呤（G）和胞嘧啶（C）成对，它们遵循时间的演进顺序排列着。一个人生命进程中可能遇到的事件，都反映在基因（DNA）的排列次序及变化上。目前，世界首份“个人版”基因（DNA）图谱已经绘制出来。②

潜意识（狭义）从生命程序和密码的总设计师——阴性物质世界——抑或是它的人格化神灵、上帝那里得知编制的生命信息和密码，通过一个人的副本将这些信息和密码传递给他的肉身。这期间经过的时空转换是：由处在四维以上的多维时空——潜意识（广义），到处在四维以上的多维时空与四维时空的交界处——潜意识（狭义），最后到达处在四维时空的一个人的肉身。这些编制的生命信息和密码，由于经历了从四维以上的多维时空到四维时空的时空维数变换，就以变位了和变形了的方式，将其凝结在一个人出生的年、月、日、时即四柱上，以及肉身细胞的基因（DNA）上。也许还凝结在人体肉身的其他部位上，只是现在还没有发现而已。对同一个人进行四柱预测和基因（DNA）破译，得出的结果应该是一样的。无论进行四柱预测还是基因（DNA）破译，实际上都是运用逆向思维和倒推的方法，穿越时空维数的先天限制，从而艰难地获取生命程序和密码的总设计师——阴性物质世界——抑或是它的人格化神灵、上帝编制的生命信息和密码，因而具有开拓创新的意义。

（2）一个人生命的定数是由生命程序和密码的总设计师——阴性物质世界——抑或是它的人格化神灵、上帝设定的。这样讲并不是危言耸听，而是有深刻的根据的。

---

① 天干地支，指十天干，十二地支。《史记》称十干为母，十二支为子，故简称干支。十天干是：甲、乙、丙、丁、戊、己、庚、辛、壬、癸。十二地支是：子、丑、寅、卯、辰、巳、午、未、申、酉、戌、亥。

② 参见《深圳华大基因研究院传出信息：999.9万可做个人基因图谱；基因图谱将改变你的生活》，《北京晚报》2007年10月15日。

生命的定数是指一个人的寿命在正常情况下活多少岁，在生命的历程中按照时间序列可能经历哪些重大的事件，包括疾病、事故、康复状况、对婚姻和事业发展的影响，以及对财富创造的影响，等等。在每一个事件发生的时刻，都留有可容忍的区间，这是发挥个人能动性的阈值范围。说明通过努力可以在某些方面改变个人命运，但是仍旧受到一组约束条件的限制。

生命程序和密码的总设计师——阴性物质世界——抑或是它的人格化神灵、上帝，是生命在阴性物质世界的存在形式之佼佼者，是那里的领军人物。全部具有阴性物质功能，即特异功能。真正是无所不知、无所不能，或者说就是万有（ALL）。把它设想为一台巨大的无形的超光速运算的高智能计算机也未尝不可，但是它却是充满生机、活力和具有灵性的。

现在全世界有 60 亿人口，加上其他各种动植物、微生物，乃至病毒等，总数就算 10^{100} 亿种吧，但是在这样一台运算速度是超光速的高智能计算机上，设计其生命的程序和密码，又是多么的简单、便利和快速！例如，自如地从每个人在阴性物质世界的资料库中提取信息和密码，[①] 编制程序，有条不紊。即使对一个人灵魂构成的元素进行增删，也是在瞬间可以实现。

生命程序和密码的总设计师——阴性物质世界——抑或是它的人格化神灵、上帝，编制一个人的生命程序和密码所依照的法则是：阴阳平衡（不平衡）规律、因果关系等。佛教看重的是因果关系，因而有六道轮回说。它足以警醒世人生前莫做损人利己的事，更不待说去做损人不利己的事了。因果关系讲究的是因果报应，所谓“天网恢恢，疏而不漏”就是这个意思。

2. 一个人何以通过他的副本提前知道自己的生命程序和密码

（1）困难的问题要在对困难的克服中得到解决。

这是一件十分困难的事情，原因是其约束条件非常苛刻，并且不具有重复性，它是未来科学发展的终端目标之一。例如，一个人只有当肉身不复存在时即死亡之后，他转化为生命在阴性物质世界的存在形式，才能够全部知道生前生命的程序和密码。但是这对他已经没有意义了，因为他不可能马上再返回为生命在阳性物质世界的存在形式。

既然阴阳两种生命形式是一根蔓上的两个苦瓜，特别是二者具有共同的蔓——潜意识（狭义）和潜意识（广义），又共同具有一个灵魂，那么我们就能够设法找到解决这个问题的一点门径。即使不能解决所有的难题，略知其一二也是一种慰藉。我曾经说过，只要静下心来做到“心—脑”一致，特别

① 参见拙著《进入阴性物质世界》14.2“阴性物质世界涵盖了一个无所不包的信息资源库”。

是让意识（显意识）下降到自身的2倍，潜意识（神灵）就突现出来了。[①] 从以上生命在阴阳两个物质世界的存在形式框图可知，让意识（显意识）下降到自身的2倍，就是在“心—脑”一致的状态下，使脑意识处于忘我的“无”的境界，这时意识（不完全意识）、灵魂和潜意识（狭义）、潜意识（广义）一起就突现出来了，于是生命在阴性物质世界的存在形式——一个人的副本便站立起来了。这时在瞬间你就感悟到了自己生命程序和密码之一斑。

使脑意识处于忘我的“无”的境界，只有高功夫气（炁）功师才能真正做到。高山仰止，虽不能至，心向往之。实际上，一般人经过一段时间的气（炁）功修炼之后，也可以接近这个境界。虽然不能窥探到自己的生命程序和密码，但是对于健康长寿却是大有裨益的。其缘由在以下的章节中将会阐述，此处不再赘述。

（2）从以上论述中可知，生命在阴阳两个物质世界的两种存在形式犹如一根蔓上长着两个苦瓜。因而第一次使我们对于自己的生命形式有了全方位的了解，也使人们对于生与死的问题有了一个科学的认识，达到了一个新的境界。孔子曰：“死生有命，富贵在天。”指的是一个人的生命和财富的先天因素，或者说先验理由。并不是说让人一味地去信天由命，无所作为。孔子精通《易经》，并且作了解释篇《十翼》，当然知道占卜命运，可以让人做到趋吉避凶。儒家一贯主张积极入世，取财有道，还是看重劳动致富的。每个人对于自己的生命形式和生活态度，要有一个清醒的认识。一个人无论生和死，都是生命的正本和副本的存在形式及其转化形态。无论哪一种生命形式都是生命的过程，因而生的归宿是死，死的归宿是生。明白了这些道理，对庄子死了夫人还“鼓盆而歌”就不感到好奇了。古人尚且有这个认识，何况今人。只有树立科学的生死观，乐观地看待人生，充实地度过每一天，生命才有真正的意义。

---

① 参见拙著《打开宇宙的另一扇门》7.2.6“‘心诚则灵’的深层意涵”。

第6章　创造一个阴性物质世界小环境的可行性

6.1　人体中蕴含着巨大的潜在能量

1. 特异功能者仅开发了人体极少一部分能量

（1）2004年9月26日晚7时，在新疆乌鲁木齐市银都大酒店，我和我的老朋友昔性达及当地的几位领导干部，与维吾尔族青年艾买尔·依民提几乎是零距离接触，亲眼目睹并认真考察了他空中搬运、碎布复原、意念断针、指尖燃物、快解死结、思维传感等特异功能演示，大家一致认为在演示中无任何道具和做假行为，全部是其真功夫。此前，新疆音像出版社还为艾买尔·依民提出版发行了VCD光盘《新疆奇人》（ISRC CN－H11－03－0002－0/V. Z)，是经过批准的正式出版物。在VCD光盘《新疆奇人》中还有其他项目，如空中置换密封在盒里的香烟、扑克牌等。我觉得首先应该承认特异功能这个事实，这是一个唯物主义者所应具有的基本态度。有了这个前提条件，才有进行研究的可能性。如果说一些人至今对它仍旧将信将疑，甚至一概认为是在做假，那就不好办了。这就等于自我封闭，甚至是作茧自缚，不可能在科学研究中有任何突破。因此，我认为在对待特异功能这个问题上，实事求是、解放思想，仍然是第一位的。

（2）人体到底蕴含着多少能量？

生命在阳性物质世界的存在形式是：

肉　身＋灵　魂＋意　识＋潜意识（狭义）＋潜意识（广义）

阳+阴-　阴+　阴-　阴+　阴-

阳-阴+　阳-　阳+（脑）　阳-　阴+

共计有阴阳物质12种要素。其中阳性物质的正物质（阳+）2个要素，阳性物质的负物质（阳－）即反物质3个要素；阴性物质的正物质（阴+）4个要素，阴性物质的负物质（阴－）即阴性物质的反物质3个要素。其中每一个要素都对应着一个元素周期表的 115 种元素。

计算阴阳物质 12 种要素对应多少种元素。

阳性物质的正物质（阳+）2 个。115 种元素×2＝230 种元素。

阳性物质的负物质（阳－）即反物质 3 个。115 种元素×3＝345 种元素。

阴性物质的正物质（阴+）4 个。115 种元素×4＝460 种元素。

阴性物质的负物质（阴－）即阴性物质的反物质 3 个。115 种元素×3＝345 种元素。

上述计算表明，生命在阳性物质世界的存在形式的 12 种要素，对应着 2 个阳性物质的正物质（阳+）元素周期表上的元素，即 2 个门捷列夫元素周期表上的 230 种元素、对应着 3 个阳性物质的负物质（阳－）元素周期表，即 3 个反物质元素周期表上的 345 种元素、对应着 4 个阴性物质的正物质（阴+）虚元素周期表上的 460 种元素、对应着 3 个阴性物质的负物质（阴－）元素周期表，即 3 个阴性物质的反虚元素周期表上的 345 种元素，共计 1380 种元素。

当然这 1380 种元素在人体上的含量并不是均匀分布的，可能有的元素含量多一些，有的元素含量少一些，有的元素的含量也可能微乎其微。但是如果从每一个元素的量子水平来看，人体上至少平均有每一个元素的量子存在。于是人体上就应该有 1380 种元素的量子存在。

在这 1380 种元素的量子中，其中阳性物质的正物质（阳+）有 230 种元素的量子、阳性物质的负物质（阳－）即反物质有 345 种元素的量子，共计 575 种元素的量子。若按相对论质能转化公式 $E=mc^2$（其中：E 代表能量，m 代表质量，c 代表光速）计算，这些量子质量的物质将转化的能量是：$E=mc^2=575\times C^2=575C^2=5175\times10^{10}$（当量）。这个能量应该说是相当大的。

在这 1380 种元素的量子中，其中阴性物质的正物质（阴+）有 460 种元素的量子、阴性物质的负物质（阴－）即阴性物质的反物质有 345 种元素的量子，共计 805 种元素的量子。若借用相对论质能转化公式 $E=mc^2$（其中：E 代表能量，m 代表质量，c 代表光速）计算，这些量子物质的能量是：$E=mc^2=805\times C^2=805C^2=7245\times10^{10}$（当量）。这个能量也应该说是相当大的。

将这二者加总，人体蕴含的潜在能量至少是：$575C^2+805C^2=1380C^2=12420\times10^{10}$ 当量的能量。这只是一个粗略的估算，也有不严密的地方。但是为了说明问题，权且只有这种算法了。中心是想说明一个问题，人体的确蕴含着巨大的潜在能量，对此我们要有足够的认识。

2. 人体中蕴含着巨大的潜在能量，特异功能者仅开发出极少一部分

即使是高功夫气（炁）功师，也只释放了极少部分的阴性物质的正物质（阴+）——气（炁）做功。

人体的五大要素中阳性物质的正物质（阳+）、阳性物质的负物质（阳-）即反物质和阴性物质的负物质（阴-）即阴性物质的反物质的能量，仍然蕴含在人体中；还有未开发出的阴性物质的正物质（阴+）——气（炁），依旧存在于人体中。因此，人体的巨大潜在能量远未开发和利用。

但是人体的 $1380C^2$ 当量的潜在能量也不可以全部释放出来，否则生命在阴阳两个物质世界的存在形式的信息就会全部丢失，生命也就不复存在了。因此，人体潜在能量的开发和利用也有一个底线。例如，如果对人体潜在能量的开发和利用过度，甚至超过这个底线，就成了竭泽而渔。

6.2　阴性物质的正物质（阴＋）运动速度降到光速临界点的意义

1. 在气（炁）功能状态下人体能量的释放

（1）人体存在的阴阳物质要素能量释放的不同条件。

人体存在的阳性物质的正物质（阳+）2 个要素，共计＝230 种元素。根据以上计算，可以至少转化 $230C^2=2070\times10^{10}$ 当量的能量。这些能量通常是蕴含在人体的质量当中的，只有将人体的运动速度推进到光速那样的速度，这些能量才可以全部释放出来。众所周知，目前我们还找不到这样大的推动力，这是爱因斯坦的相对论公式告诉我们的。又因为人体存在的阳性物质的正物质（阳+）本身是实粒子，它的运动速度被限制在光速以下，所以人体蕴含的这部分能量就只有永久地被裹挟在它的质量当中。但是生命活动仍然需要阳性物质的正物质（阳+）提供能量，如肌肉、骨骼、细胞等的生长和代谢，特别是脑的生长、发育和工作需要阳性物质的正物质（阳+）提供能量，解决这个矛盾的唯一办法是人体另外从外部摄取阳性物质的正物质（阳+）的能量。于是我们的身体就生长出胃肠等消化系统，通过吞咽谷物、肉类等食物提取阳性物质的正物质（阳+）的能量，以供生命活动正常之所需。可见饮食的质量怎样对生命的质量影响很大，当然过度的营养也是有害的。所以我们应当养成科学的饮食习惯，学会科学地生活。

人体存在的阳性物质的负物质（阳-）即反物质 3 个要素，共计 345 种元素。根据以上计算，可以至少转化 $345C^2=3105\times10^{10}$ 当量的能量。这些能量通常是以衰变的形式存在的。其中 3105×10^{10} 当量中的 2070×10^{10} 当量的能量，是和阳性物质的正物质（阳+）2 个要素转化的能量呈对立统一的方式存在着，也就是说被抵消着。

$3105\times10^{10}-2070\times10^{10}=1035\times10^{10}$ 当量。这些余下的当量的能量，归灵魂和它的镜像物——潜意识（狭义）所用。如果说它们各占一半的话，那就是 1035×10^{10} 当量 $\times1/2=5175\times10^{9}$ 当量。

灵魂栖息在人体的心窝处。它是阴性物质的正物质（阴+）和阳性物质的负物质（阳-）即反物质的矛盾对立统一体。阳性物质的负物质（阳-）即反物质围绕着阴性物质的正物质（阴+）做旋转式运动，速度在光速的下限。这就使阳性物质的负物质（阳-）即反物质呈现出似衰变而未衰变的景况。而它蕴含的能量至少不低于 5175×10^{9} 当量。

质量是能量的背面。灵魂蕴含着阳性物质的负物质（阳-）即反物质 5175×10^{9} 当量的能量，就可以换算出它的质量来，即使这里说的是实量子水平上的质量，也是如此。所以灵魂是有质量的。

（2）开发阴性物质的正物质（阴+）即炁造福人类

人体存在的阴性物质的正物质（阴+）4 个要素，共计 460 种元素。根据以上计算，可以至少转化 $460C^{2}=4140\times10^{10}$ 当量的能量。这些能量通常存在于人体当中，但是却被裹挟在高度压缩和弯曲的四维以上多维时空的负质量中。只有采取特殊方法将它的运动速度降低到光速的临界点，这些能量才可以全部释放出来。这是我们下面要进一步论述的问题。

对于人体中存在的阴性物质的正物质（阴+）4140×10^{10} 当量的能量的分配，首先要满足灵魂中和阳性物质的负物质（阳-）即反物质相对应的 5175×10^{9} 当量能量的需要。这就是说，要从 4140×10^{10} 当量中减去 5175×10^{9} 当量；然后再减去灵魂的镜像物——潜意识（狭义）中阳性物质的负物质（阳-）即反物质相对应的 5175×10^{9} 当量能量的需要。4140×10^{10} 当量-（$5175\times10^{9}+5175\times10^{9}$）$=3105\times10^{10}$ 当量。余下的这些能量再进行分配。

根据以上的论述，人体存在的阳性物质的正物质（阳+）2 个要素，共计=230 种元素。它们至少转化 $230C^{2}=2070\times10^{10}$ 当量的能量。这 2 个阳性物质的正物质（阳+）要素的能量，要和 2 个阳性物质的负物质（阳-）即反物质要素的能量相抵消，于是我们知道 1 个阳性物质的正物质（阳+）要素的能量是 2070×10^{10} 当量 $/1/2=1035\times10^{10}$ 当量。据此，我们也知道了 1 个阳性物质的负物质（阳-）即反物质要素的能量也是 1035×10^{10} 当量。

意识是阳性物质的正物质（阳+）即特指的脑和以衰变形式存在的阴性物质的负物质（阴-）即阴性物质的反物质的矛盾对立统一体。阴性物质的负物质（阴-）即阴性物质的反物质围绕着阳性物质的正物质（阳+）即特指的脑做旋转式运动，速度在光速的上限。这就使阴性物质的负物质（阴−）即阴性物质的反物质呈现出似衰变而未衰变的景况。因为阳性物质的正物质（阳+）即特指的脑要素的能量是 1035×10^{10} 当量，所以衰变形式存在的阴性物质的负物质（阴−）蕴含的能量至少不低于 1035×10^{10} 当量。据此，我们也知道了潜意识（广义）中，和阴性物质的负物质（阴−）相对应的阴性物质的正物质（阴+）蕴含的能量至少不低于 1035×10^{10} 当量。

由上次分配余下的阴性物质的正物质（阴+）3105×10^{10} 当量的能量中，减去潜意识（广义）中阴性物质的正物质（阴+）蕴含的能量 1035×10^{10} 当量，即 3105×10^{10} 当量 -1035×10^{10} 当量 $=2070\times10^{10}$ 当量。余下的这部分阴性物质的正物质（阴+）的能量再进行分配。

在人体的肉身中，还需要分配一个和阴性物质的负物质（阴−）相对应的阴性物质的正物质（阴+）蕴含的能量 1035×10^{10} 当量。即 2070×10^{10} 当量 -1035×10^{10} 当量 $=1035\times10^{10}$ 当量。

这余下的阴性物质的正物质（阴+）1035×10^{10} 当量的能量，就是人体可开发和利用的炁的能量。它们是高能量的信息团，运动速度起步就是超光速。但是通常却是被裹挟在高度压缩和弯曲的四维以上多维时空的负质量中。

余下的阴性物质的正物质（阴+）1035×10^{10} 当量的能量，是否将其中的一部分再分别分配给灵魂和意识，以便在灵魂的统一体中——阳性物质的负物质（阳−）即反物质围绕着阴性物质的正物质（阴+）做旋转式运动时，产生和发射出灵魂波——−阴′+；在意识的统一体中——阴性物质的负物质（阴−）即阴性物质的反物质围绕着阳性物质的正物质（阳+）即特指的脑做旋转式运动时，产生和发射出思维波——+阴′−。从理论上说应该是这样的。因为根据物质不灭及转化定理，在灵魂的统一体中不可能凭空产生和发射出灵魂波——−阴′+；在意识的统一体中也不可能凭空产生和发射出思维波——+阴′−。

在这里，灵魂统一体产生和发射的灵魂波——−阴′+及意识统一体产生和发射的思维波——+阴′−，显然是它们各自的统一体分别在做旋转式运动时，由所分配的阴性物质的正物质（阴+）即炁转化而来的。这种转化的特征是由阴性物质的正物质（阴+）转变为亚类的阴性物质，即由阴+→−阴′+或者+阴′−。这种转变的机制和具体的过程怎样，现在一点儿也不知道。

其实，灵魂产生和发射的灵魂波——−阴′+与意识产生和发射的思维波——+阴′−，在本质上是一样的，都是亚类的阴性物质、中性。只是“阴′”两边的正负号相反而已。“阴′”两边的正负号相反，则说明灵魂统一体和意识的统一体各自旋转的方向不同。

如果说余下的阴性物质的正物质（阴+）1035×10^{10}当量的能量，再减去分配给灵魂和意识一部分当量的能量，那么最后剩下的阴性物质的正物质（阴+）当量的能量，就是人体可开发和利用的炁的能量。

人体存在的阴性物质的负物质（阴-）即阴性物质的反物质3个要素，共计345种元素。根据以上计算，可以至少转化$345C^2=3105\times10^{10}$当量的能量。根据以上的论述，这些能量都已经分别抵消或者转化，此处不再赘述。

2. 剩余的阴性物质的正物质（阴+）能量1035×10^{10}当量，能否再分配

潜意识（广义）中阴性物质的负物质（阴-）相对应的阴性物质的正物质（阴+）能否再分配到剩余的阴性物质的正物质（阴+）的能量，也是一个值得讨论的问题。因为潜意识（广义）存在于四维以上多维时空的阴性物质世界，既然以上潜意识（广义）中阴性物质的正物质（阴+）和意识中的阴性物质的负物质（阴-）包含的能量已经抵消，那么作为潜意识（广义）矛盾的另一个侧面阴性物质的负物质（阴-）也已经不复存在，或者说它以衰变的形式消失到阴性物质世界。于是余下的阴性物质的正物质（阴+）就不是1035×10^{10}当量的能量，而是2倍的1035×10^{10}当量的能量，即1035×10^{10}当量$\times2=2070\times10^{10}$当量的能量。这样人体真正可开发和利用的炁的能量就更多了。

需要指出的是，这些可开发和利用的炁的能量绝大多数都处在休眠状态，或者说这些能量在负空间和负质量中被裹挟着。只有掌握了一定的技术，这些能量才能够有控制、有目标地释放出来。

6.3 在创造的阴性物质世界的小环境中使旧物复原

1. 特异功能者创造一个阴性物质世界的小环境可以使旧物复原

(1) 特异功能者在意念指挥下发出第N个量子水平的阴性物质的正物质（阴+），能够创造一个阴性物质世界的小环境。

在灵魂的统一体中，阳性物质的负物质（阳-）即反物质围绕着阴性物质的正物质（阴+）做旋转式运动时，产生和发射出灵魂波——-阴′+；在意识的统一体中，阴性物质的负物质（阴-）即阴性物质的反物质围绕着阳性物质的正物质（阳+）即特指的脑做旋转式运动时，产生和发射出思维波——+阴′-。它们是方向相反本质上相同的具有固定频率和波长的特殊的电磁波。

阳性物质的正物质（阳+）作为做功的对象，它不可能单独存在，而是要吸引阳性物质的负物质（阳−）即以衰变形式存在的反物质；同时又有阴性物质的正物质（阴+）和阴性物质的负物质（阴−）即以衰变形式存在的阴性物质的反物质一起组成一个统一体。即

阳+　阳−

阴−　阴+

这种情况的产生，是根据对立统一的正负配对原则自然而然地发生的。就是说，以上四种物质要素的排列组合，是宇宙中常见的物质存在形式。只不过因为物质的性质不同而表现出不同的存在方式而已。例如，阳性物质世界的肉身、石头等所有物象，从本质上讲皆是这种结构。

（2）意念的产生及意义。

灵魂波——−阴′+和思维波——+阴′−按照对立统一的正负配对原则相耦合，并且使脑意识产生和发射出的思维波——+阴′−收敛到一个点，即产生意念。意念携带着第一个量子水平的阴性物质的正物质（阴+），开始作用于阳+做功。于是，它和相邻的阳性物质的负物质（阳−）构成灵魂。按照自身的机理，同样会产生和发射出灵魂波。

意念携带着第二、第三、第四、第五、第 N 个量子水平的阴性物质的正物质（阴+）作用于阳+做功。于是，我们看到阳+作为做功的对象，就被灵魂和无数个阴性物质的正物质（阴+）所包围，从而人为地创造了一个阴性物质世界的小环境。意念携带并发射出的阴性物质的正物质（阴+）愈多，就对阳+包裹得愈严密，因而创造的这个阴性物质世界的小环境质量愈高。

在这个人为地创造的阴性物质世界的小环境里，灵魂相当于潜意识（狭义），存在于创造的这个阴性物质世界和阳性物质阳+的连界处，它接受并下达特异功能者脑意识发出的指令——例如对旧物进行复原。在这里，灵魂——潜意识（狭义）就是首席执行官 CEO。

在这个人为地创造的阴性物质世界的小环境里，因为时光是倒流的，所以当阳+接受了灵魂——潜意识（狭义）——首席执行官 CEO 下达的旧物复原的指令后，在瞬间就将旧物复原了，如图 1 示之。

2. 特异功能者在意念指挥下发出第 N 个量子水平的阴性物质的正物质（阴＋）和阴性物质的负物质（阴－）的统一体，创造一个阴性物质世界的小环境

（1）特异功能者在意念指挥下发出量子水平的阴性物质的正物质（阴+）和阴性物质的负物质（阴−），作为一个量子水平的阴性物质的统一体作用于

阳+，对于创造更高质量的阴性物质世界的小环境，具有重要的意义。

一个量子水平的阴性物质的统一体，表现为阴性物质的负物质（阴－）即以衰变形式存在的阴性物质的反物质，围绕着阴性物质的正物质（阴+）旋转的形式。意念携带着量子水平的这种旋转形式的阴性物质的正物质（阴+）和阴性物质的负物质（阴－）作用于阳+。其原理和上述意念携带量子水平的阴性物质的正物质（阴+）作用于阳+相同，此处不再赘述，如图 2 示之。

（2）特异功能者在意念指挥下发出第 N 个量子水平的阴性物质的正物质（阴+），或者发出第 N 个量子水平的阴性物质的正物质（阴+）和阴性物质的负物质（阴－）的统一体，人为地创造一个阴性物质世界的小环境，往往需要一两分钟时间。一旦这个阴性物质世界的小环境形成之后，旧物复原便在瞬间实现。原因是前者在阳性物质世界，有一个能量累加的过程，是在光速以下进行的；后者在阴性物质世界，是在超光速的情况下进行的。

让旧物复原，不仅在阴性物质世界时光倒流的情况下瞬间实现，而且在阳性物质世界的算术时间里也可以实现，例如在你的电脑里，程序设计中有撤销键入的一项，如果说要将删掉的文稿复原，只需点击撤销键入，即可以恢复原来的文稿。区别在于前者是在阴性物质世界时光倒流的情况下自动实现的；后者是在阳性物质世界的算术时间里手动操作实现的。

3. 对两个框图的说明

（1）在意念指挥下发出第 N 个量子水平的“阴+”创造一个阴性物质世界的小环境。

这里的关键问题，仍旧是由 N 个量子水平的“阴+”形成一个阴性物质世界的小环境。但是只有当这个阴性物质世界的小环境达到一定的量级水平时，才会发生时光倒流的情况。这时，灵魂——潜意识（狭义）下达指令，旧物在瞬间复原。

（2）意念发出第 N 个量子水平的“阴+阴－”创造一个阴性物质世界的小环境。

“阴+阴－”就是阴性物质世界。这是量级较高的气（炁）功师在功态下发出的外气——阴性物质的正物质（阴+）——炁才能达到的状态。这样比较容易形成一个较高量级的阴性物质世界的小环境。时光发生倒流，灵魂——潜意识（狭义）下达指令，旧物在瞬间复原。

阴+（第N个量子水平的阴+）
（第四个量子水平的阴+）阴+
阴+（第五个量子水平的阴+）
（第三个量子水平的阴+）阴+ 阳+
阳-阴+灵魂（第一个量子水平的阴+）
（第二个量子水平的阴+）阴+阴-
阴+
形成一个阴性物质世界的小环境，
时光倒流，灵魂——潜意识（狭义）
下达指令，旧物在瞬间复原
进入阴性物质世界
意念
阴+
阴性物质的正物质（炁）
+阴′-
思维波
阴- 阴+（脑）
意识
+阴′-
思维波
-阴′+
灵魂波
阴+ 阳-
灵魂
灵魂波
-阴′+

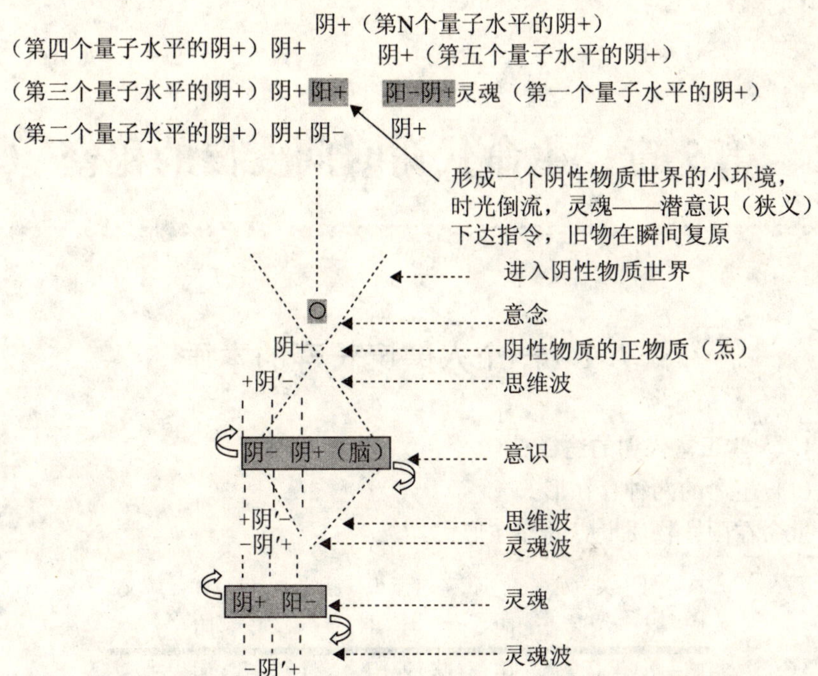

图 1　意念发出第 N 个量子水平的“阴+”创造一个阴性物质世界的小环境

阴+阴-（第N个量子水平的阴+阴-）
（第四个量子水平的阴+阴-）阴+阴-
阴+阴-（第五个量子水平的阴+阴-）
（第三个量子水平的阴+阴-）阴+阴- 阳+
阳-阴+灵魂（第一个量子水平的阴+阴-）
（第二个量子水平的阴+阴-）阴-阴+ 阴-
阴+阴-
形成一个阴性物质世界的小环境，
时光倒流，灵魂——潜意识（狭义）
下达指令，旧物在瞬间复原
进入阴性物质世界
意念
阴+
阴性物质的正物质（炁）
+阴′-
思维波
阴-阴+（脑）
意识
+阴′-
思维波
-阴′+
灵魂波
阴+ 阳-
灵魂
灵魂波
-阴′+

图 2　意念发出第 N 个量子水平的“阴+阴-”创造一个阴性物质世界的小环境

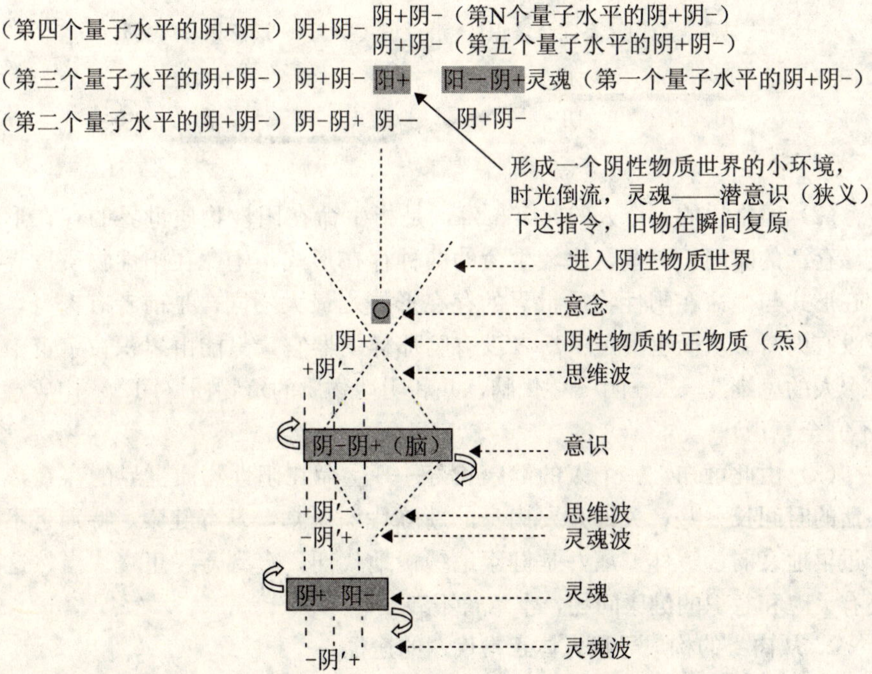

第 7 章　生命代谢时间变慢的秘密

7.1　一个人健康长寿的本质

1. 人体正常代谢的途径

(1) 生命的两种存在形式。

生命在阳性物质世界的存在形式：

肉　身 +	灵　魂 +	意　识 +	潜意识（狭义）+	潜意识（广义）
阳+ 阴-	阴+	阴-	阴+	阴-
阳- 阴+	阳-	阳+（脑）	阳-	阴+

生命在阴性物质世界的存在形式：

灵魂 + 意识（不完全意识）+ 潜意识（狭义）+ 潜意识（广义）

(2) 通常说的一个人的健康长寿，是指生命在阳性物质世界的存在形式能够存活的时间长一些。比较生命的两种存在形式，生命在阳性物质世界的存在形式与生命在阴性物质世界的存在形式之最大不同，是前者有肉身，后者没有肉身。从而也决定了后者没有脑那样的器官，只能由累积在宇宙中的这个人的思维波——+阴′-替代脑，并和阴性物质的负物质（阴-）构成意识（不完全意识）。

(3) 由此可知，一个人的健康长寿——生命在阳性物质世界的存在形式存活的时间长一些，关键是要肉身的新陈代谢正常，发育健康，特别是不至于过早地衰弱、解体。最好是健康地缓慢地代谢，直到寿终正寝。当然这里还有灵魂和意识的健康问题，本章暂不涉及。

2. 从肉身的构成寻找人体正常代谢的途径

(1) 人体肉身的构成是阴阳物质的复合体。具体地说，它是由阳性物质的正物质（阳+）、阳性物质的负物质（阳-）即以衰变形式存在的反物质、阴性物质的正物质（阴+）、阴性物质的负物质（阴-）即以衰变形式存在的阴性物质的反物质构成的复质复合体。从量子水平看人体肉身的结构，它是由上述四种阴阳物质按照对立统一规律的正负配对原则构成的混成体。即

阳+阳-

阴-阴+

（2）构成人体肉身的阴阳物质要素的特征和功能。

阳性物质的正物质（阳+），以实粒子为特征，有 115 种元素，存在于四维时空，在光速以下运动。每一种元素的原子量和外电子层构型及电子数各不相同，把它们按规律依次在表格上排列起来，就是阳性物质的正物质（阳+）元素周期表，即通常所说的门捷列夫元素周期表。我们借助哈勃天文望远镜观察到的宇宙天体，以及我们平常看得见、摸得着的东西，都是由阳性物质的正物质（阳+）构成的，即所谓眼见为实的诸事物。

阳性物质的负物质（阳-），即反物质，以实粒子为特征，但是又是以衰变形式存在的，有 115 种元素，存在于四维时空，在光速以下运动。从理论上说，每一种反物质元素都有它的负值的原子量和正电子数以及相反方向的外电子层构型；而且 115 种反物质元素的衰变周期也依次不同。在每一种反物质元素衰变之前，它们是现实地存在的，虽然只是短暂的时刻；在每一种反物质元素衰变之后，它们在时空中留下了衰变的轨迹，只存在于观念之中。把上述这些表现按规律依次在表格上排列起来，就是阳性物质的负物质（阳-）即反物质元素周期表。反物质中的反氢物质（-H），1996 年 1 月由位于日内瓦的欧洲粒子物理实验室发现。科学家们使用低能反质子环型加速器，生成一束疾速消逝的反氢原子（-H），其衰变周期是百万分之三十秒。

阴性物质的正物质（阴+），以虚粒子为特征，有 115 种元素，以虚元素的虚形式存在于四维以上的多维时空，在光速以上运动。从四维以上的多维时空的视角观察，每一种虚元素的虚原子量和外电子层构型及虚电子数各不相同，并以不同的特殊频率和波长的电磁波表现出来；从四维时空的视角观察，这 115 种虚元素统统表现为高能量的信息团，只能以感觉到的气（炁）作以描述。把上述这些表现按规律依次在表格上排列起来，就是阴性物质的正物质（阴+）虚元素周期表。气（炁）功师练功时发出的外气就是阴性物质的正物质（阴+）①。

---

① 参见拙著《我从哪里来，又到哪里去》17.1“对气（炁）的感知与对阴性物质的正物质（阴+）的直觉判断”。

阴性物质的负物质（阴－），即反阴性物质，以虚粒子为特征，但是又是以衰变形式存在的，有 115 种元素，存在于四维以上的多维时空，在光速以上运动。从理论上说，每一种反阴性物质元素都有它的负值的虚原子量和虚正电子数以及相反方向的虚外电子层构型；而且 115 种反阴性物质元素的衰变周期也依次不同。在每一种反阴性物质元素衰变之前，它们是现实地存在的，虽然只是短暂的时刻，而且现代科学仪器根本无法测量出来；在每一种反阴性物质元素衰变之后，它们在四维以上的多维时空中留下了衰变的轨迹，只存在于观念之中。把上述这些表现按规律依次在表格上排列起来，就是阴性物质的负物质（阴－）即反阴性物质元素周期表。[①] 阴性物质的负物质（阴－）目前只有理论上的推导，在实验室中没有发现，也没有听说有人感知到。原因是它既是由虚粒子构成的，又是以衰变的形式存在的。这双重的“虚”就使人难以捉摸了。但是我想，它是以虚粒子构成的，相对于实粒子来说是负数；它又是以衰变的形式存在的，相对于不衰变的物质也是负数。我们不要忘记一个普通常识：负数乘以负数得正数。弄不好阴性物质的负物质（阴－）就实实在在地存于我们跟前，只是由于我们自身生理上的缺陷或者时空维数的限制，[②] 至今无缘与它相识罢了。

（3）在人体肉身中，阳性物质的正物质（阳＋）和阳性物质的负物质（阳－）即反物质，构成人体看得见、摸得着的肌肉、骨骼、神经、血液、筋、腱等。阴性物质的正物质（阴＋）和阴性物质的负物质（阴－）即反阴性物质，或者还有阳性物质的负物质（阳－）即反物质参与，构成人体看不见、摸不着的复杂的经络系统。例如，十二经，奇经八脉，十五络，十二经别，十二经筋，十二皮部等。因此，人体肉身是由可见和不可见两类物质构成的。

（4）在自然界中，有一种现象值得关注，即早发生的事物必先早衰落；生长发育代谢快的动植物，也必先消耗完能量而过早地死亡。癌细胞就是无序地加速代谢，过早地消耗掉生命的。而松柏能活千年，海龟能活千年，就在于它们生长缓慢。这种情况提示我们，如果说人体有序而均匀地代谢，就能保证肉身在较长的时间里存活，从而达到健康长寿的目的。

---

① 参见拙著《进入阴性物质世界》2.2“以实粒子为特征的元素周期表与以虚粒子为特征的虚元素周期表之比较”。

② 参见拙著《我从哪里来，又到哪里去》6.3“人类何以对阴性世界发出的警告听而不闻、视而不见”。

7.2　降低人体代谢速度的意义

1. 一个值得注意的问题——生命的大限与如何降低代谢速度

(1) 现代科学测定，人的寿命极限是175岁。这是生命程序和密码的总设计师——阴性物质世界——抑或是它的人格化神灵、上帝，为所有人设计的生命在阳性物质世界存在形式的大限，或者说是一个定数。但是绝大多数人都活不到这个年龄，甚至活不到这个年龄的一半。但是古往今来的高僧、高功夫气（炁）功师，印度瑜伽功的修炼者，却可以轻而易举地活到百岁以上。据说有的瑜伽功的修炼者把自己放进一个地洞内封闭起来，三年之后打开还有微弱的心跳和呼吸，之后就渐渐地复活了。在世界各地的一些人群中，百岁老人也不少见。它说明人类的长寿并不是不可企及的，其中必有深刻的原因。

(2) 从肉身的结构分析影响人体代谢的因素。

人体肉身是阴阳物质的复合体。在人体肉身的结构中，阳性物质的正物质（阳+）和阳性物质的负物质（阳-）与阴性物质的负物质（阴-）和阴性物质的正物质（阴+）呈对立统一方式存在着，它们各以对方的存在为前提。如上所述，阳性物质的正物质（阳+）是门捷列夫元素周期表中若干元素的集合。这些元素的存在形态，是不同层数的电子以接近光速的速度围绕不同原子量的原子核旋转，它决定了人体代谢的速度是光速以下某个值。阳性物质的负物质（阳-）即反物质，是以衰变形式存在的。但是在人体肉身中，正常情况下它一方面围绕阳性物质的正物质（阳+）旋转，另一方面又围绕阴性物质的正物质（阴+）旋转，形成灵魂一类的东西，其速度在光速的下限。这种情况也决定了人体肉身的代谢在光速以下的某个值。

在人体肉身的结构中，阴性物质的正物质（阴+）和阴性物质的负物质（阴-）的运动对于阳性物质的正物质（阳+）和阳性物质的负物质（阳-）在光速以下的运动产生一定的影响。正常情况下一方面阴性物质的负物质（阴-）围绕阴性物质的正物质（阴+）旋转，另一方面它又围绕阳性物质的正物质（阳+）旋转，形成意识一类的东西，其速度在光速的上限。这种情况也决定了它总是将人体肉身的代谢往光速以上的某个值推进。

阴性物质的正物质（阴+）和阴性物质的负物质（阴-）运动速度起步就是超光速，而阴性物质的负物质（阴-）又是以衰变形式存在的。它表现在经络系统及任脉、督脉系统对信息传播的指向是超光速的。于是我们看到，在人体肉身中因为有阴性物质的负物质（阴-）的存在，形成意识一类的东西，其速度在光速的上限；因为有阴性物质的正物质（阴+）的存在，在经络系统及任脉、督脉系统传递信息总是超光速的。

于是在人体肉身中，一方面是阳性物质的正物质（阳+）和阳性物质的负物质（阳−）即反物质，构成人体看得见、摸得着的肌肉、骨骼、神经、血液、筋、腱等，总是在光速以下的算术时间运动，分子聚合和分裂的时间加快。另一方面，阳性物质的负物质（阳−）即反物质围绕阴性物质的正物质（阴+）旋转，形成灵魂一类的东西，灵魂波——−阴′+传递信息是超光速的；阴性物质的负物质（阴−）即阴性物质的反物质围绕阳性物质的正物质（阳+）旋转，形成意识一类的东西，思维波——+阴′−传递信息也是超光速的，因为时光的倒流，使分子聚合和分裂的时间变慢。但是在形成的灵魂一类的东西和意识一类的东西中，因为有阳性物质的负物质（阳−）即反物质和阳性物质的正物质（阳+）存在，又表现出为运动速度在光速以下的算术时间运动，促使分子聚合和分裂的时间加快。因此，将以上几种情况加总，就使人体肉身代谢处于不快不慢的均衡状态。

但是如果其中有一个要素发生变化，这种均衡状态就会被打破。由于宇宙中熵总是增加的，[①] 人体肉身的各个器官也会衰退，所以对大多数人来说这种均衡状态在一个不太长的时间内都会被打破。那么人体的某个部位因长久地处在算术时间的奔跑里，代谢速度就会加快，从而过早地将能量消耗殆尽。

在这一切当中，唯有主要由阴性物质的正物质（阴+）构成的经络系统及任脉、督脉系统传递信息总是超光速的。当然包括十二经，奇经八脉，十五络，十二经别，十二经筋，十二皮部等传播信息也是超光速的。也就使时间变慢，直到出现负值——虚时间。于是虚时间影响到算术时间的运动速度，也就是虚粒子影响到实粒子的运动速度——影响到阳性物质的正物质（阳+）在算术时间里加快运动的速度，从而使肉身的代谢变得缓慢下来。

2. 值得指出的是，在人体肉身中由阴阳两种物质构成的器官总是联结在一起的

阳性物质的正物质（阳+）和阳性物质的负物质（阳−）即反物质，构成的肌肉、骨骼、神经、血液、筋、腱等，与由阴性物质的正物质（阴+）和阴性物质的负物质（阴−）即反阴性物质，或者还有阳性物质的负物质（阳−）即反物质参与构成的经络系统及任脉、督脉系统，包括十二经，奇经八脉，十五络，十二经别，十二经筋，十二皮部等，天然地联结在一起。它们如同

---

① 熵，指一个系统的无序度的量度。按照热力学第二定律它必须永远增加。

网络状交织在一起，相互渗透、相互影响。在这里，联结肌肉、骨骼、神经、血液、筋、腱等和经络系统及任脉、督脉系统，包括十二经，奇经八脉，十五络，十二经别，十二经筋，十二皮部等的物质，很可能就是运动速度提高到光速下限的阳性物质的负物质（阳−）即反物质和运动速度下降到光速上限的阴性物质的负物质（阴−）即阴性物质反物质构成的。

因此，阴性物质的正物质（阴+）超光速运动带来的时间变慢，直到出现负值——虚时间，必然使经络系统及任脉、督脉系统，包括十二经，奇经八脉，十五络，十二经别，十二经筋，十二皮部等的代谢变慢；其间经过运动速度提高到光速下限的阳性物质的负物质（阳−）即反物质和运动速度下降到光速上限的阴性物质的负物质（阴−）即阴性物质反物质——中介的传导，再影响到肌肉、骨骼、神经、血液、筋、腱等代谢变慢。可见，它在本质上是阴性物质的正物质（阴+）通过中介——阳性物质的负物质（阳−）和阴性物质的负物质（阴−），去影响阳性物质的正物质（阳+）的存在状态。也就是说，阴性物质的正物质（阴+）超光速的运动使时光出现倒流，再通过中介的传导进而影响阳性物质的正物质（阳+）在算术时间里向前奔跑。其结果是使阳性物质的正物质（阳+）电子围绕原子核的速度降下来，以达到人体肉身代谢变慢。

7.3　从爱因斯坦相对论中寻找答案

1. 相对论告诉了我们什么

(1) 中国古代的相对论思想。

苏轼的词《水调歌头》蕴含了相对论的思想。现抄录于下：

明月几时有，把酒问青天。不知天上宫阙，今夕是何年。我欲乘风归去，又恐琼楼玉宇，高处不胜寒。起舞弄清影，何似在人间。转朱阁，低绮户，照无眠。不应有恨，何事长向别时圆？人有悲欢离合，月有阴晴圆缺，此事古难全。但愿人长久，千里共婵娟。

在这首词中，苏轼将月宫里的景象和地球上的人、物按时空的微小差异，作了生动的描绘。特别是“起舞弄清影，何似在人间。转朱阁，低绮户，照无眠。”更是使人联想到月光下的人、物形态的变化，栩栩如生。

在此前后，也有两位僧人师徒作了如下的对话：

徒弟问：“天上的云在飞，是云动，还是风动？”

师傅答：“不，既不是云动，也不是风动，而是我的心动。”

同苏轼一样，这里也显示出相对论的宇宙观。

（2）1905 年，爱因斯坦提出了相对论原理。指出在任何惯性参考系统中，自然规律都相同，光速是不变的。时间和空间各量从一个惯性系变换到另一个惯性系时，应该满足洛伦兹变换，而不是伽利略变换。① 当物体在高速运动时，将会出现钟变慢、尺缩短和质量趋向不断增加的情况。并认为光速是物体运动的极限。物体质量 m 和能量 E 之间满足的质能关系式是：$E=mc^2$。

电子以接近光速的速度围绕原子核运动，但是它的速度总还没有真正达到光速。而决定时间刻度的是电子围绕原子核运动的速度，可见算术时间的长短与电子运动的速度密切相关。

在四维时空，原子核的常规运动速度相对于电子的运动可以忽略不计，因为这对电子围绕原子核的运动没有任何影响。但是如果说当原子核的运动速度接近光速时，对电子的运动速度就会产生重大的影响。

为什么呢？因为当原子核的运动速度接近光速时，电子的运动速度会逐渐大到它的速度极限——光速，其质量也会无限增大。正是物极必反的原因，它的速度反而越转越慢，这就意味着电子的震荡变慢。

生命是由电子控制的。因为电子的运动速度变慢，时间自然变慢，所以生命过程就会被延缓。这就意味着人类可以通过提高构成肉身的阳性物质的正物质（阳+）原子核的运动速度，而使围绕原子核旋转的电子速度变慢，就会使生命的进程变慢。如果说我们能把 1 年当 9 个月过的话，那么人的寿命就可以延长 1/4。人类长寿的秘诀正在于此。

2. 如何能够使构成人体肉身的阳性物质的正物质（阳+）原子核的运动速度接近光速呢

如果说人类能够乘坐接近光速飞行的宇宙飞船在太空旅行，那就真正是天上才几日，地上已数年。以地球上的四维时空为参照系，人就显得很长寿了。但是以当前的科学技术水平来说，还不可能做到这点。因此，想以这种方法延长人的寿命无可操作性，也是不现实的。

于是我们还得回头研究人体肉身的结构，从这里找到解决健康人类长寿问题的锁钥。这也是一种最简捷、成本最小的健身方法。翻阅古代经典，从帝王将相到儒释道人士，特别是一些高功夫气（炁）功师，他们健身的秘诀都是从改变人体肉身的机理出发，达到健康长寿的目的。

（1）在人体肉身的结构中，可以将阴性物质的正物质（阴+）和阳性物

---

① 洛伦兹变换，是指在狭义相对论中，时间和空间坐标从一个惯性参考系到另一个惯性参考系的变换关系。伽利略变换，是指在经典力学中时间和空间坐标从一个惯性参考系到另一个惯性参考系的变换关系。

质的负物质（阳－）看作灵魂的结构式，并且是阳性物质的负物质（阳－）围绕着阴性物质的正物质（阴＋）做旋转式运动，在观念上产生和发射出灵魂波——－阴′＋；可以将阳性物质的正物质（阳＋）和阴性物质的负物质（阴－）看作意识的结构式，并且是阴性物质的负物质（阴－）围绕着阳性物质的正物质（阳＋）做旋转式运动，在观念上产生和发射出思维波——＋阴′－。灵魂波和思维波在观念上的耦合，成为人体肉身产生自觉能动性的原动力。

在灵魂的结构式中，以衰变形式存在的阳性物质的负物质（阳－）围绕着阴性物质的正物质（阴＋）做旋转式运动，因其速度接近光速的下限，就变为似衰变而未衰变的东西，就像土星美丽的光环一样，说明此时阳性物质的负物质（阳－）也出现类似电子围绕原子核旋转的情况；在意识的结构式中，以衰变形式存在的阴性物质的负物质（阴－）围绕着阳性物质的正物质（阳＋）做旋转式运动，因其速度下降到光速的上限，也变为似衰变而未衰变的东西，就像土星美丽的光环一样，说明此时阴性物质的负物质（阴－）也出现类似阴性物质的正物质（阴＋）虚粒子的情况。① 这就为我们找到了用一个或者几个外加的量子水平的阴性物质的正物质（阴＋），撞击阳性物质的正物质（阳＋）和阳性物质的负物质（阳－），从而在相对意义上使其运动速度提高到光速的途径。

在灵魂的结构式中，阳性物质的负物质（阳－）围绕着阴性物质的正物质（阴＋）做旋转式运动，其速度提高到接近光速的下限，成为似衰变而未衰变的东西，此时阳性物质的负物质（阳－）出现类似电子围绕原子核旋转的情况。用一个或者几个外加的量子水平的阴性物质的正物质（阴＋）撞击灵魂的结构式，就会出现如下的结果。主要是：

其一，用一个或者几个外加的量子水平的阴性物质的正物质（阴＋）撞击似衰变而未衰变的阳性物质的负物质（阳－），因为阴性物质的正物质（阴＋）运动速度起步是超光速，所以就推动此种状态的阳性物质的负物质（阳－），其电子围绕原子核旋转的速度最大限度地接近光速的临界点。

其二，用一个或者几个外加的量子水平的阴性物质的正物质（阴＋）撞击阴性物质的正物质（阴＋），使其成为倍加的量。通过提高阴性物质的正物质（阴＋）的功能，又可以加速阳性物质的负物质（阳－）之电子围绕原子核旋转的速度最大限度地接近光速的临界点。

其三，上述两方面作用是互相配合、相辅相成的。其结果是，使阳性物

① 参见拙著《进入阴性物质世界》1.3“突破相对论时空观与树立灵魂和意识的新概念”。

质的负物质（阳－）变成似衰变而未衰变的东西之后，电子的速度越转越慢，则意味着电子的震荡变慢，时间自然变慢，生命过程就会被延缓。

（2）在意识的结构式中，阴性物质的负物质（阴－）围绕着阳性物质的正物质（阳＋）做旋转式运动，其速度下降到接近光速的上限，成为似衰变而未衰变的东西，此时阴性物质的负物质（阴－）出现类似阴性物质的正物质（阴＋）虚粒子功能的情况。用一个或者几个外加的量子水平的阴性物质的正物质（阴＋）撞击意识的结构式，就会出现如下的结果。主要是：

其一，用一个或者几个外加的量子水平的阴性物质的正物质（阴＋）撞击似衰变而未衰变的阴性物质的负物质（阴－），其结果是它就和此种状态的阴性物质的负物质（阴－）一起，推动阳性物质的正物质（阳＋）之电子围绕原子核旋转的速度最大限度地接近光速的临界点。

其二，用一个或者几个外加的量子水平的阴性物质的正物质（阴＋）撞击阳性物质的正物质（阳＋），因为阴性物质的正物质（阴＋）运动速度起步是超光速，就可以推动并加速阳性物质的正物质（阳＋）之电子围绕原子核旋转的速度，使其最大限度地接近光速的临界点。

其三，上述两方面作用是互相配合、相辅相成的。其结果是，使阳性物质的正物质（阳＋）之电子的速度越转越慢，则意味着电子的震荡变慢，时间自然变慢，生命过程就会被延缓。

通过以上可以看出，由于对人体肉身用一个或者几个外加的量子水平的阴性物质的正物质（阴＋）进行撞击，就能够使其中似衰变而未衰变的阳性物质的负物质（阳－）和阳性物质的正物质（阳＋）之电子围绕原子核旋转的速度最大限度地接近光速的临界点，从而使生命代谢时间变慢。

不仅如此，人体肉身中的阴性物质的正物质（阴＋）和以衰变形式存在的阴性物质的负物质（阴－），由虚粒子构成，运动速度起步就是超光速。其时间是倒流的虚时间，因而天然地具有延缓生命过程的功能。

（3）如上所述，在人体肉身的结构中，还有一个复杂的经络系统。例如，十二经，奇经八脉，十五络，十二经别，十二经筋，十二皮部等。整个经络系统都是随着时间的变化周期性地气血流注，盛衰开阖。现代医学的解剖证明，对于人体经络系统是解剖不出来的。这就说明人体经络系统是由看不见、摸不着的阴性物质的正物质（阴＋）、阴性物质的负物质（阴－）和以衰变形式存在的阳性物质的负物质（阳－）即反物质构成的；构成的经络系统又和人体的阳性物质的正物质（阳＋）紧密相连。于是，我们就可以用一个或者几个外加的量子水平的阴性物质的正物质（阴＋）作用人体经络系统，推动与其联结的阳性物质的正物质（阳＋）原子核中的电子的运动速度最大限度地接近光速的临界点。在这里如何从外部输入阴性物质的正物质（阴+），就成为这一切的关键。

7.4　气（炁）功与长寿

1. 如何采集阴性物质的正物质（阴+）——气（炁）

（1）困难和解决困难的条件是一并存在的。我们花费了很大的气力研究上述问题，殊不知自古以来那些儒释道人士和气（炁）功师早就按照习惯这样做了。阴性物质的正物质（阴+）就是气（炁）功师练功时发出的外气（炁）。人体中蕴藏着巨大的能量，其中包括大量的阴性物质的正物质（阴+）可转换的能量。据初步估算，人体中蕴含着可供开发和利用的阴性物质的正物质（阴+）计有 1035×10^{10} 当量的能量。[①] 这大概比一颗核弹引爆时释放的能量还要多。[②]

（2）阴性物质的正物质（阴+）也就是气（炁）在每个人身上天然地存在着，要采用有效的方法将其开发出来。

有极少数人先天条件好，他从诞生之日起气（炁）感就很强，而绝大多数人都要经过后天训练，如跟气（炁）功师练功，抑或是打太极拳，都可以将阴性物质的正物质（阴+）——气（炁）诱发出来。

如果说经过一段时间训练有了气（炁）感，就要有意识地用手心扫描全身主要部位，例如，头脑、五脏六腑、关节等。这是自我保健的一种最为便捷的方法。坚持下去，必有收益。

2. 掌握获得气（炁）感的方法，最重要的是要做到心地平和，波平如镜

按照我的说法，只有当意识（显意识）下降到自身的2倍以下，潜意识（神灵）才能够突现出来。[③] 这里说的潜意识（神灵）就是阴性物质世界，它是由阴性物质的正物质（阴+）和阴性物质的负物质（阴-）构成的。阴性物质的负物质（阴-）是以衰变形式存在的，因而主要还是指的阴性物质的正物质（阴+），也就是以上说的气（炁）。

以上从理论阐述到实践运用，旨在认识和开发阴性物质的正物质（阴+）——气（炁）对于人体健康之重要性。也就是请出来生命程序和密码

---

① 参见拙著《进入阴性物质世界》13.1“在气（炁）功状态下人体潜在能量的释放”。

② 据计算，1千克TNT炸药爆炸释放的能量是4.19×106焦耳，1千克铀—235全部裂变释放的能量是 8×10^{13} 焦耳，相当于2万吨TNT释放的能量。而1千克氘和氚的混合物完全聚变时放出的能量大约是1千克铀—235全部裂变所释放出能量3～4倍。

③ 参见拙著《打开宇宙的另一扇门》7.2.6“‘心诚则灵’的深层意涵”。

的总设计师——阴性物质世界——抑或是它的人格化神灵、上帝，为人类的健康服务，这不能不说是一件十分荣耀的事情。

当一个人做到“心—脑”一致，处于清静无为的状态时，用气（炁）功发出的外气（炁）扫描全身，就可以做到自我保健。这或许还做不到老子说的“复归于婴儿”①，但却可以使你感到身心健康。毋庸置疑，得道者和有德者，坚持不渝地练习，就一定能够达到健康长寿的目的。

① 参见老子《道德经》第二十八章“为天下溪，常德不离，复归于婴儿”。

第 8 章　以太的实体——阴性物质的负物质（阴－）与人的感知之间的关系

8.1　奇妙的小水珠现象

1. 关于阴性物质的负物质（阴－）是天空中类似小水珠那样的东西的判断

将阴阳两种物质分裂到第二个层次出现意想不到的奇迹。

南宋哲学家、教育家朱熹在他的《周易本义》、《太极图通书》等著作中多次讲到，阳中有阴阳，阴中有阴阳。如果说用正号（+）代表阳，用负号（－）代表阴，将阴阳两种物质“一分为二”到第二个层次，那么大千世界就是由阳性物质的正物质（阳+）、阳性物质的负物质（阳－）和阴性物质的正物质（阴+）、阴性物质的负物质（阴－）四种物质构成的。即

$$+阳\begin{cases}+阳\ (+)\\+阳\ (-)\end{cases}$$

$$-阴\begin{cases}-阴\ (+)\\-阴\ (-)\end{cases}$$

（1）在$+阳\begin{cases}+阳\ (+)\\+阳\ (-)\end{cases}$系列中，有以下几个问题需要进行探讨：

Ⅰ. +阳（+），即阳性物质的正物质（阳+），也就是阳性物质的正物质（阳+）元素周期表，或曰门捷列夫元素周期表中 115 种元素。这 115 种元素皆是以实粒子构成，运动速度在光速以下。也就说是能够看得见、摸得着的物质。我们所在的四维时空的物质世界，基本上都是由阳性物质的正物质（阳+）115 种实粒子元素排列组合而成的。

Ⅱ. +阳（－），即阳性物质的负物质（阳－），也就是反物质元素周期表中 115 种元素。它们都是以衰变形式存在的。1996 年，欧洲粒子物理实验室科学家用低能环型加速器，首次发现反氢物质（－H），其衰变周期是百万分之

三十秒。这115种反物质元素虽然是以衰变形式存在的，但是从理论上讲都是以实粒子构成的，并且运动速度在光速以下。当然反物质在衰变的情况下是看不见、摸不着的，但是科学仪器却可以检测到它们的存在。我们所在的四维时空的物质世界，是由阳性物质的正物质（阳+）115种看得见、摸得着的元素排列组合而成；再加上由看不见、摸不着的以衰变形式而存在的阳性物质的负物质（阳－）即反物质115种元素排列组合而成。这样，我们就全面地理解了四维时空的阳性物质世界的存在状态。可见，看得见、摸得着的物质只占这个物质世界物质的一半。还有另一半看不见、摸不着的物质却常常被人们所忽视。

Ⅲ. 因为阳性物质的负物质（阳－）即反物质是以衰变形式存在的，所以它和阳性物质的正物质（阳+）构成矛盾对立统一体时，就不会在一声巨大的爆炸声中相互湮灭。但是霍金却说："也可能存在由反粒子构成的整个反世界和反人。然而，如果你遇到了反你，注意不要握手！否则你们两人都会在一个巨大的闪光中消失殆尽。"① 霍金认为存在一个由反粒子构成的整个反世界和反人的观点是正确的。但是如果说你遇到了反你，握手或者接吻都没有什么关系，因为由反粒子构成的反世界和反人都是以衰变形式存在的嘛！

Ⅳ. 从量子水平考察，以衰变形式存在的阳性物质的负物质（阳－）即反物质，总是围绕着阳性物质的正物质（阳+）做旋转式运动，其速度在光速的下限若干刻度，从而构成阳性物质的矛盾对立统一体。

（2）在－阴$\begin{cases}-\text{阴}（+）\\-\text{阴}（-）\end{cases}$系列中，有以下几个问题需要进行探讨：

Ⅰ. －阴（+）即阴性物质的正物质（阴+），也就是阴性物质的正物质（阴+）元素周期表，或曰虚元素周期表中115种元素。这115种元素皆是以虚粒子构成的，运动速度起步就是超光速。也就是说是看不见、摸不着的物质。但是敏感型的人却可以感知到它的存在。气（炁）功师在做气（炁）功时，发出的外气（炁）就是阴性物质的正物质（阴+）。特别是从掌心和指尖发出的外气（炁）——阴性物质的正物质（阴+），感觉十分明显和强烈。这一点，气（炁）功师和敏感型的人都有这种体验。对于迟钝型的人来说，就没有什么感觉。但是一部分人感觉不到的东西，就不能断言它不存在。正像我们的眼睛只能看见2%的可见光，98%的不可见光都看不见，但是你就不能说不可见光不存在。在这里，该埋怨的是我们的感觉器官，而不是物质本身

① 史蒂芬·霍金著，许明贤、吴忠超译：《时间简史——从大爆炸到黑洞》，湖南科学技术出版社1995年版，第72页。

的存在形式。

Ⅱ.－阴（－），即阴性物质的负物质（阴－），也就是阴性物质的反物质元素周期表中115种元素。它们都是以衰变形式存在的。迄今为止，科学家在实验室里还没有发现这种物质。按理说这种物质是难以发现的，因为阴性物质的正物质（阴＋）是以虚粒子构成的，它是看不见、摸不着的。而阴性物质的负物质（阴－）本身又是以衰变形式存在的，因而它更是看不见、摸不着的。所以我们推测它是一种根本无法看见和捕捉到的虚粒子。

Ⅲ.但是只要我们认真地仔细地想一想，阴性物质的负物质（阴－）在阴性物质的正物质（阴＋）、阳性物质的正物质（阳＋）和阳性物质的负物质（阳－）三种物质的序列中居于的地位就会明白，阴性物质的负物质（阴－）在阴性物质的序列中处于如下地位：

$$-\text{阴}\begin{cases}-\text{阴（+）}\\-\text{阴（−）}\end{cases}$$

因为"－阴（－）"可以理解为负数乘以负数得正数〔－×（－）＝＋〕，所以对阴性物质的负物质（阴－）的准确表述应当是：它是处在阴性物质的负物质位置上的阴性物质的正物质（阴＋）。而"－阴（＋）"却反而成为它是处在阴性物质的负物质位置上的阴性物质的负物质（阴－）。[①]

另一种推导是：将$-\text{阴}\begin{cases}-\text{阴（+）}\\-\text{阴（−）}\end{cases}$

写成(－阴）×（－阴）×（＋）＝阴＋

(－阴）×（－阴）×（－）＝阴－

这就回到了原来的表达式，即阴性物质的正物质（阴＋）和阴性物质的负物质（阴－），它符合以往习惯的说法。

Ⅳ.但是无论怎么说，从阴性物质的负物质（阴－）居于的序列中地位，我们则可以从一个新的角度解释阴性物质的负物质（阴－）的表现形态：它通常总是表现出阴性物质的正物质（阴＋）的某些特征。在这里，它作为"正物质"，就可能有看得见、摸得着的某些特点。

其一，因为它处在阴性物质的负物质的地位，所以它就具有阴性物质的负物质（阴－）的特征。例如，以虚粒子构成，又是以衰变形式存在的。看不见、摸不着。

其二，因为它是依照〔－×（－）＝＋〕的基本数学原理变换的，所以它又具有阴性物质的正物质（阴＋）的某些特征，即以虚粒子构成，没有衰变的

---

① 无论事实怎样，经过简单的数学推导，在观念上只能这样认识问题。

特征，仍旧是看不见、摸不着。

将上述两个特征加总，于是就出现下述情况：

处在“阴-”的地位	虚粒子	以衰变形式存在	看不见、摸不着
处在“阴-”的地位	虚粒子	没有衰变的特征	看不见、摸不着
2（处在“阴-”的地位）	2（虚粒子）	以衰变形式存在 没有衰变的特征	2（看不见、摸不着）

V. 分析以上阴性物质的负物质（阴-）存在两种特征的加总，对阴性物质的负物质（阴-）的性能可以作如下概括：

其一，阴性物质的负物质（阴-）处于阴性物质的负物质的地位，是以虚粒子构成的看不见、摸不着的阴性物质。但是由于经过〔-×（-）=+〕的基本数学原理的变换，它总是处在衰变和未衰变的交替变换之中。因为这种变换是在超光速条件下进行的，所以肉眼是无法区别开来的。

其二，因为无论是阴性物质的正物质（阴+），还是阴性物质的负物质（阴-），所在的四维以上的多维时空是高度弯曲和压缩的，所以这两种阴性物质都是经由时空隧道而进入四维时空。① 但是它们却不占有四维时空。

其三，既然从量子水平考察，以衰变形式存在的阳性物质的负物质（阳-）即反物质，总是围绕着阳性物质的正物质（阳+）做旋转式运动，其速度在光速的下限若干刻度。那么，根据大相似定理和宇宙对称定理，从量子水平考察，以衰变形式存在的阴性物质的负物质（阴-）即阴性物质的反物质，也总是围绕着阴性物质的正物质（阴+）做旋转式运动，其速度在光速的上限若干刻度。

其四，根据相对论原理和实验发现，以衰变形式存在的阳性物质元素接近光速运动时，其质量增加上千倍，衰变周期变得很慢。② 同样的道理，当阴性物质的负物质（阴-）围绕着阴性物质的正物质（阴+）做旋转式运动，其速度下降到光速的上限时，它就成为某种有“质量”的东西，其衰变周期也慢得多，进而变为似衰变而未衰变的东西。因为阴性物质的负物质（阴-）处在阴性物质的负物质的位置，又具有阴性物质的正物质（阴+）的某些特征。——于是在特殊情况下，人的肉眼就有可能看见阴性物质的负物质（阴-）在存在状态。

2. 阴性物质的负物质（阴一）在四维时空的特殊表现形式

（1）在七八年前的一次飞行中，透过机舱的玻璃舷窗，我看见在广阔碧

---

① 时空隧道，即阴阳两个物质世界的交汇处，或者说是连接阴阳两个物质世界的通道。在时空隧道，空间表现为零存在形式，时间为停滞状态。

② 参见拙著《进入阴性物质世界》1.3“突破相对论时空观与树立灵魂和意识的新概念”。

蓝的天空中，在太阳光的照射下，有一圈一圈成群飘动的小水珠一样的东西。定睛看去，它们一个个在不时地飞蹿着，速度不快不慢，时分时合，晶莹透晰，捉摸不定。我原以为是水蒸气所为，但是在云层上面的 12000 米高空，何以有水蒸气凝结的小水珠呢？以后在每一次的飞行中，都看到了这种令人费解而又难以忘怀的景象。——从那时至今，我就时不时地在琢磨这种像一圈一圈成群飞舞着的小水珠一样的东西，它们到底是什么呢？

去年秋季的一天，当我躺在床上眺望窗外蔚蓝色的天空时，隔着玻璃窗又看见了那一圈一圈蹿动着的像小水珠一样的东西，同在飞机上 12000 米高空看见的情景完全一样。这是什么？直觉判断是：它就是阴性物质的负物质（阴-）在四维时空的表现形式。

(2) 似乎是先有直觉判断，然后才有逻辑演绎。

这些蹿动着的像小水珠一样的东西，在阳光的折射下，有蔚蓝色的天空作背景，就可以用肉眼看见。那么它在其他地方也一定存在，只不过你看不见罢了。虽然我们捕捉不到它，但是它却是客观存在的。它充满空间而又不占有空间。这些都符合阴性物质虚粒子的特征。

因为它处于阴性物质的负物质（阴-）位置，又表现为既衰变又不衰变的超光速变换状态，所以在四维时空条件下，就只留下目前这种类似小水珠一样的东西。它不具有阴性物质的正物质（阴+）的性能，如气（炁）功师做气（炁）功时发出的外气（炁）可以感觉到，并且气（炁）是肉眼看不见的。现在这种类似小水珠一样的东西，在阳光的折射下，以蔚蓝色的天空作背景可以观察到，但却感觉不到它的存在。

我们用排除法确认它究竟是什么。

第一，它不是阳性物质的正物质（阳+）。因为阳性物质的正物质（阳+）一般地说是看得见、摸得着。但是这种类似小水珠一样的东西能看得见，却摸不着。

第二，它不是阳性物质的负物质（阳-）即反物质。因为阳性物质的负物质（阳-）即反物质是以衰变形式存在的，如反氢（-H）物质的衰变周期是百万分之三十秒，肉眼根本看不到它的存在。

第三，它不是阴性物质的正物质（阴+）。如上所述，阴性物质的正物质（阴+）就是气（炁）功师发出的外气（炁），敏感型的人可以感觉到它的存在，但却看不见它的存在。

在这里，将阴阳物质分裂到第二个层次之后的四种物质，前三种都排除了，剩下的只能是阴性物质的负物质（阴-）。而且这种像小水珠一样蹿动的看得见却感觉不到的东西，正符合阴性物质的负物质（阴-）经过〔-×（-）=+〕

的基本数学原理变换之后表现出的特征。因此，它只能是阴性物质的负物质（阴−）即阴性物质的反物质。

一个有待于证明的科学实验。根据本书的立论，意识是阴性物质的负物质（阴−）和阳性物质的正物质（阳+）即特指的脑的矛盾对立统一体。它的动态表述为：以衰变形式存的阴性物质的负物质（阴−）围绕着阳性物质的正物质（阳+）即特指的脑做旋转式运动，其速度在光速的上限若干刻度。当阴性物质的负物质（阴−）运动速度在光速的上限并下降到接近光速时，它就变为似衰变而未衰变的东西。在这种运动中脑意识产生和发射出思维波——+阴′−。

如果说让一个人坐在窗外，他的头颅的背景是蔚蓝色的天空，这时在明亮的阳光折射下，我们坐在屋子里的人仔细观察他的头颅四周，就会看见那些类似小水珠一样的东西在围绕着头颅旋转。

实验结果可能分为以下三种情况：

其一，看见这些类似小水珠一样的东西围绕着头颅旋转。有时旋转着的小水珠并不规范，甚至有些凌乱。但这是视觉的时间差所致，因为肉眼习惯的算术时间和接近光速的时间极不适应，所以容易造成错觉。

其二，看见这些类似小水珠一样的东西像飘雪花一样缓慢地在头颅四周飘零。但是如果仔细观察，它们仍旧有围绕头颅旋转的意向。出现这种情况恐怕更有研究价值。以衰变形式存在的阴性物质的负物质（阴−）围绕着阳性物质的正物质（阳+）即特指的脑做旋转式运动时，虽然速度在光速的上限，但是因为它处于在四维时空条件下的阴性物质的负物质（阴−）——类似小水珠一样的东西的包围中，就必然对其旋转式运动有所扰动。

其三，看不见这些类似小水珠一样的东西围绕着头颅旋转。这样的可能性很大，因为每一个人的视觉差异较大。还有一个原因是，这些类似小水珠一样的东西旋转速度接近光速，肉眼很难看见旋转的过程。

8.2 否定之否定——重提以太说

1. 阴性物质的负物质（阴一）为人的感知带来信息

（1）否定之否定——重提以太说的意义。

以太为古希腊哲学家设想的一种媒质。17 世纪时为解释光的传播，以及电磁和引力现象重新提了出来。当时认为，光是一种机械弹性波，其传播媒介是某种弹性介质，即以太。它无所不在，包括存在于真空和任何物体内；没有质量，绝对静止。但是 20 世纪以来所有寻找以太的实验都归于失败。特别是爱因斯坦狭义相对论的一个前提是，真空中光速在任何惯性系中都相等，并得出光速是一切物质运动和相互作用传播的最大极限。相对论的产生进一步否定了以太的存在，从此以后以太说便销声匿迹。

我相信古希腊哲学家对以太的设想是真实的，因为在科学不发达的时候，感知比科学更科学。① 我们先看看对光速的测定。光作为一种电磁波，在真空中传播的速率称作光速，一般用 C 表示。各种波长的电磁波在真空中传播的速率都相同，约为 30 万公里/秒。近代测定的准确值是 C=299792.458 公里/秒。这里说是光速约为 30 万公里/秒，准确值是 C=299792.458 公里/秒，都是一个近似值。因而光速作为基本物理常数之一，还仅是一个近似值。那么，在光速的真实、准确值和这个近似值之间为什么会有一个差额呢？答案只能是：光在通过真空传播时，借助了传播的介质——以太；而以太又消耗了光传播时的能量，致使光的传播速度降低下来，以致出现了这个差额。

光速的真实、准确值和近似值之间有一个差额，而且这个差额也是一个固定值，说明传播光的介质——以太有着均匀、同质的结构和形态。它无所不在，包括存在于真空和任何物体内。那么这种称作以太的东西是什么呢？直觉使我感到，它就是那一圈一圈蹿动着的像小水珠一样的东西——阴性物质的负物质（阴-）在四维时空的表现形态。

从古希腊哲学家提出以太说的设想，到 17 世纪时为解释光的传播，以及电磁和引力现象将以太说重新提出来；再到 20 世纪以来物理学界对以太说的否定；现在到了 21 世纪，我在这里又重新提出以太说，并且指出以太的实体是阴性物质的负物质（阴-）。这是一个否定之否定的过程，走了一个“肯定——否定——肯定”的“之”字形道路。那么，在以后无限久远的探索历程中，是否还会出现这种否定之否定的过程呢？我想一定会的。这是人类认识真理的必然规律。每一次后人对前人看似绝对真理的观点的批判或否定，都是人类整体进步的表现，因为非如此而不能走向螺旋式上升的光辉顶点。

(2) 泛以太说与阴性物质的负物质（阴-）的资质证明。

媒质，亦称介质。它是指物体系统在其间存在或物理过程（如力和能量的传递）在其间进行的物质。例如，空气、水、声音能在这类媒质中传播。各种信息的发布，也要靠媒质才能传播开来。

需要指出的是，这里说的媒质均系阳性物质的正物质（阳+）。是由某些

---

① 参见拙著《打开宇宙的另一扇门》7.1“老子与‘道’”。

具有特殊性能的阳性物质的正物质（阳+）担当媒质，如固体的铜线、液体的水、气体的空气等，都可以作为传递电磁波或声音等的媒质。

既然阳性物质的正物质（阳+）能够成为媒质，那么阳性物质的负物质（阳−）即反物质、阴性物质的正物质（阴+）和阴性物质的负物质（阴−）是否也能够成为媒质呢？从理论上说，它们都能够成为媒质。因为担当媒质的必须是物质，它们既然是物质，就能够成为媒质。

以太是古希腊哲学家设想的一种媒质。阳性物质的正物质（阳+）、阳性物质的负物质（阳−）即反物质、阴性物质的正物质（阴+）和阴性物质的负物质（阴−）都能够成为媒质，因而我将其称为泛以太说。

这里说的媒质，仅仅指在四维时空的阳性世界承担传播功能的物质，但是某一种物质要能够成为媒质，还要有一定的条件。

阳性物质的正物质（阳+）以实粒子构成，运动速度在光速以下。它的固态、液态和气态均可成为具有不同性能和传播效果的媒质。在这里，不同形态和性能的媒质具有不同的功能。它的质量转化为能量之后，便成为信息的载体，同时也是传播信息的媒质。

阳性物质的负物质（阳−）即反物质，虽然以实粒子构成，运动速度在光速以下，但是通常却是以衰变形式存在的。只有当它的运动速度接近光速的下限变为似衰变而未衰变的东西时，才能成为媒质。例如在灵魂的统一体中，阳性物质的负物质（阳−）即反物质围绕着阴性物质的正物质（阴+）做旋转式运动，产生和发射出灵魂波——−阴′+。因其旋转速度在光速的下限，变为似衰变而未衰变的东西，就成为传播人体信息的媒质。

阴性物质的正物质（阴+），即气（炁）功师做气（炁）功时发出的外气（炁）。以虚粒子构成，运动速度起步就是超光速，通常是以能量的方式存在的。它直接成为信息的载体，当然是传播信息的媒质。例如在灵魂的统一体中，阴性物质的正物质（阴+）直接成为传播人体信息的媒质。

2. 阴性物质的负物质（阴−）即阴性物质的反物质，以虚粒子构成，运动速度起步就是超光速，理论上讲通常是以衰变形式存在的

由于经过〔−×（−）＝+〕的基本数学原理的变换，它总是处在衰变和未衰变的交替变换之中。而且这种交替变换是以超光速的速度进行的。如上所述，在四维时空就是看见的类似小水珠一样的东西。它无处不在、无时不有，充满四维时空而不占有这个时空。它就是一切物理过程在其间进行的物质——媒质——以太。在意识的统一体中，阴性物质的负物质（阴−）围绕着阳性物质的正物质（阳+）即特指的脑做旋转式运动，产生和发射出思维波——+阴′−。因其旋转速度在光速的上限，变之为似衰变而未衰变的东西，就成为传播人体信息的媒质。在本书中曾经论述过灵魂波——-阴′+和思维波——+阴′-的耦合，如果说从另一个角度看，它就成为似衰变而未衰变的阳性物质的负物质（阳-）即反物质和似衰变而未衰变的阴性物质的负物质（阴-）即阴性物质的反物质，二者作为媒质的耦合，它们一起承担着传播人体信息的职责。

8.3　以太的实体给人传递感知

1. 阴性物质的负物质（阴一）与人的感知之间的关系

（1）作为媒质的阴性物质的负物质（阴-）在四维时空的特性。

阴性物质的负物质（阴-）由于经过〔-×（-）＝+〕的基本数学原理的变换，在四维时空就直观地表现为像无数小水珠一样的东西，时分时合、四处飞舞，无处不在、无时不有，充满四维时空而不占有这个时空。

阴性物质的负物质（阴-）直观地表现为像无数小水珠一样的东西，说明经过基本数学原理变换之后，它已经有了阳性物质的正物质（阳+）的某些特征，但又不失去虚粒子的本色。于是实粒子和虚粒子在微观物质领域表现的“波粒二象性”特征，在它身上就兼而有之。我们可以设想，阴性物质的负物质（阴-）具有无限的穿透性、记忆性、抗干扰性和超宽频带的特性，它携带了巨大的信息量，蕴涵着极高的能量，因而它是天然的媒质。

（2）作为媒质的阴性物质的负物质（阴-）为灵魂和意识传递信息。

阴性物质的负物质（阴-）无处不在、无时不有，充满四维时空而不占有这个时空。它像无数小水珠一样的形态，弥漫、飘荡和穿行在宇宙的各个角落，当然也包括存在于人类社会和人体本身。它最青睐和呵护的是灵魂和意识，因为它们是生命的基本构件，特别是灵魂是生命的核心。

灵魂是阴性物质的正物质（阴+）和以衰变形式存在的阳性物质的负物质（阳-）即反物质构成的矛盾对立统一体。在灵魂的结构中，以衰变形式存在的阳性物质的负物质（阳-）即反物质围绕着阴性物质的正物质（阴+）做旋转式运动，因其速度接近光速的下限，使其变为似衰变而未衰变的东西，就像土星美丽的光环一样，说明此时阳性物质的负物质（阳-）也出现类似电子围绕原子核旋转的情况。在这种旋转中，产生和发射出灵魂波——-阴′+。它具有固定的频率和波长，一生都不会改变。在灵魂波上，全息了一个人前世和今生的所有信息和密码。如下图示之：

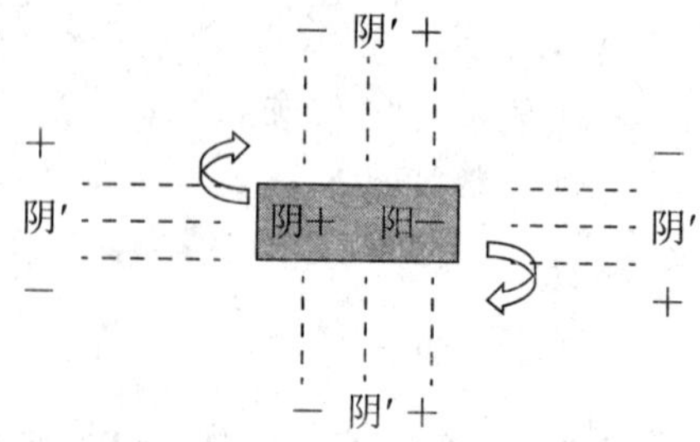

作为媒质的阴性物质的负物质（阴−），按照对立统一的正负配对原则和具有中性特征的灵魂波——−阴′+相结合，便成为以下表达式：

−阴′+

阴−

于是原有的灵魂波都变为这个表达式，从而为灵魂波带来了能量和信息。

作为媒质的阴性物质的负物质（阴−），按照对立统一的正负配对原则和灵魂——阴+阳−相结合，便成为以下表达式：

阴+阳−

阴−

于是原有的灵魂变为这个表达式，从而为灵魂带来了能量和信息。

将作为媒质的阴性物质的负物质（阴−）引入到灵魂和灵魂波中，就为灵魂和灵魂波带来了能量和信息。如下图示之：

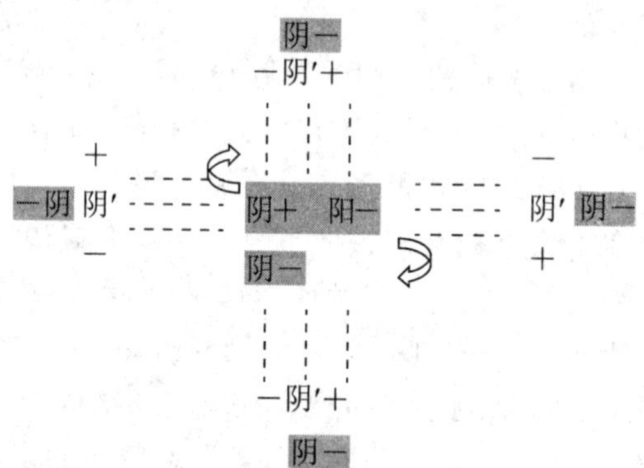

意识是阳性物质的正物质（阳+）即特指的脑和阴性物质的负物质（阴−）的矛盾对立统一体。其动态表示是：以衰变形式存在的阴性物质的负物质（阴−）围绕着阳性物质的正物质（阳+）即特指的脑做旋转式运动，因其速度下降到光速的上限，变为似衰变而未衰变的东西，就像土星美丽的光环一样。此时阴性物质的负物质（阴−）也出现类似阴性物质的正物质

（阴+）虚粒子的情况。①在这种旋转中，产生和发射出思维波——+阴′−。思维波呈定向形的，它具有固定的频率和波长，一生都不会改变。在思维波上，全息了一个人前世和今生的所有信息和密码。如下图示之：

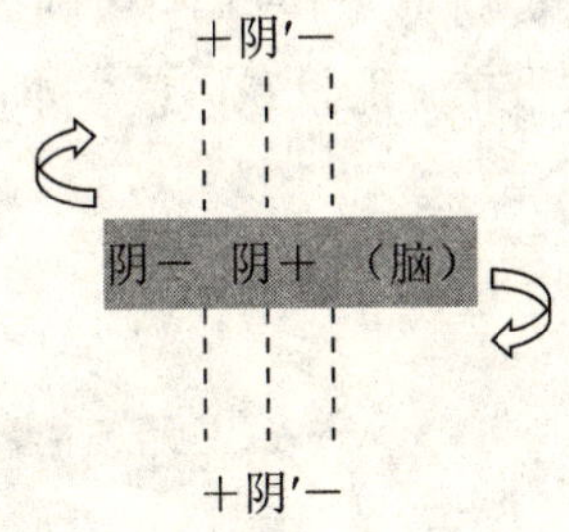

作为媒质的阴性物质的负物质（阴−），按照对立统一的正负配对原则和具有中性特征的思维波——+阴′−相结合，便成为以下表达式：

+阴′−

−阴

于是原有的思维波都变之为这个表达式，从而为思维波带来了能量和信息。

作为媒质的阴性物质的负物质（阴−），按照对立统一的正负配对原则和意识——阴−阳+（脑）相结合，便成为以下表达式：

阴−阳+（脑）

阴−

于是原有的意识变之为这个表达式，从而为意识带来了能量和信息。

将作为媒质的阴性物质的负物质（阴−）引入到意识和思维波中，就为意识和思维波带来了能量和信息。如下图示之：

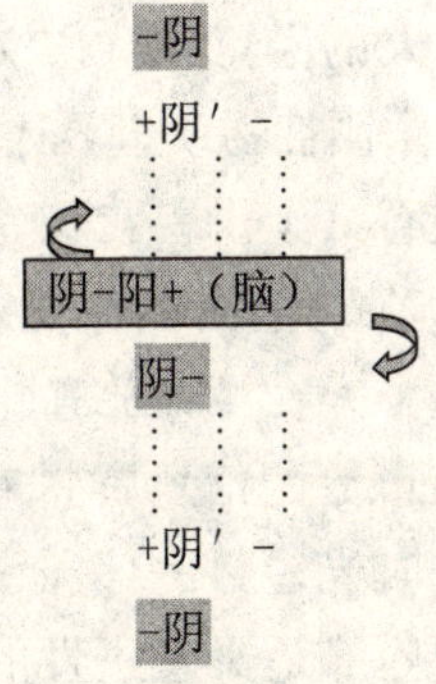

① 参见拙著《进入阴性物质世界》1.3“突破相对论时空观与树立灵魂和意识的新概念”。

灵魂波——－阴′＋和思维波——＋阴′－的耦合，从另一个角度看，它就成为似衰变而未衰变的阳性物质的负物质（阳－）即反物质和似衰变而未衰变的阴性物质的负物质（阴－）即阴性物质的反物质，二者作为媒质的耦合。特别是将作为媒质的阴性物质的负物质（阴－）引入到灵魂和灵魂波以及意识和思维波中，就为意识和思维波带来了能量和信息。如下图示之：

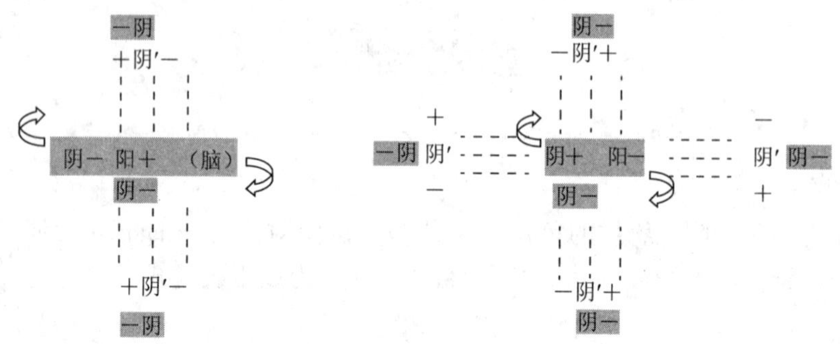

在这里，与灵魂波结合的作为媒质的阴性物质的负物质（阴－）和与思维波结合的作为媒质的阴性物质的负物质（阴－），同为类似小水珠一样的东西，二者自然地融合在一起，沟通了灵魂波——－阴′＋和思维波——＋阴′－。

2. 灵魂和意识耦合进入阴性物质世界资料库检索信息和破译密码

（1）生命在阳性物质世界的存在形式，由五大要素构成：

肉　身	+ 灵　魂	+ 意　识	+ 潜意识（狭义）	+ 潜意识（广义）
阳+ 阴-	阴+	阴-	阴+	阴-
阳- 阴+	阳-	阳+（脑）	阳-	阴+

其中潜意识（广义），分为个人的潜意识（广义）和宇宙总体的潜意识（广义）。前者直接和个体生命形式相联系，是生命存在形式的有机构成部分；后者是整个阴性物质世界。个人的潜意识（广义）和宇宙总体的潜意识（广义）相连接，从而将自身和整个阴性物质世界连接起来。

潜意识（广义）从另一层意义上讲，它又是一个人抑或是整个人类的信息资料库，称之为宇宙大脑。在它里面储存了或者说全息了所有人的前世、今生和来世的信息和密码。每个人在生命旅途中可能遇到的事件，在这里都会有预知。原因是在阴性物质世界的信息资料库——宇宙大脑中，时光的运动分为三种情况：时光倒流；时光短暂的停滞；时光加速度前进。时光倒流是对往事的追溯；时光短暂的停滞是灵感迸发的时刻，对当即事物在瞬间会有透彻的审视；时光加速度前进可对未知事件的发生和结果做到预知。

作为媒质的阴性物质的负物质（阴－），像小水珠一样的形态，无处不在、无时不有。它存在于阴阳两个物质世界，穿梭于生命在阴阳两个物质世界的存在形式之间。以生命在阳性物质世界的存在形式为例，阴性物质的负物质（阴-）像小水珠一样的形态，弥漫和穿梭在肉身、灵魂、意识、潜意识（狭义）和潜意识（广义）当中，又通过灵魂和意识的耦合，进入阴性物质世界资料库——宇宙大脑检索信息和破译密码。

假如一个人要碰到威胁自身安全的大祸来临，那么他在阴性物质世界的信息资料库——宇宙大脑就会预先知道。这时为了保证肉身的存活，即维护生命在阳性物质世界的存在形式，就由阴性物质世界的信息资料库——宇宙大脑——宇宙总体的潜意识（广义），通过作为媒质的阴性物质的负物质（阴-），将此信息以超光的速度，逐个传递给个人的潜意识（广义）、潜意识（狭义）、意识、灵魂、肉身。如下图示之：

肉身……灵魂……意识……潜意识（狭义）……个人的潜意识（广义）……宇宙总体的潜意识（广义）

这些信息在传播中，经过潜意识（狭义）时因为有阳性物质的负物质（阳-）、经过意识时因为有阳性物质的正物质（阳+）即特指的脑、经过灵魂时因为有阳性物质的负物质（阳-）、到达肉身时因为有阳性物质的正物质（阳+）和阳性物质的负物质（阳-），使其传播速度逐次骤然下降到光速以下，就使不少信息丢失或者失真。因此不少人特别是反应比较迟钝的人，就很难知道阴性物质世界的信息资料库——宇宙大脑预先发出的警示。只有那些或者先天的原因或者后天的原因反应特别灵敏的人，能够悟出这些警示，进而做到逢凶化吉。

（2）由阴性物质世界的信息资料库——宇宙大脑，逐个传递给个人的潜意识（广义）、潜意识（狭义）、意识、灵魂到达肉身之后，就以不同的方式给人以暗示。①

睡梦中遇到某些事件，且梦境十分逼真，昭示可能会发生什么事情。因而自古以来就有释梦一说。

---

① 陈立夫自述中说："民国二十六年底总司令部退守汉口，不久又将退守重庆，陈布雷兄决定乘船经洞庭湖再由陆路经贵州去重庆，朱家骅兄拟乘飞机直飞重庆，二人均约我同行，各赠我一票，余难作决定。是晚忽得一梦（余不常有梦）有老虎从天上下来，欲吃我。醒来余认为'虎'与'祸'同音，祸从天上来，则余应向天上去，遂决定与朱家骅兄同飞，而归还陈布雷兄之船票。不料日机见洞庭湖中有大船，遂以机枪扫射。原来预备余所睡之床，得有三颗机枪子弹。陈布雷兄在湘上岸后，即来电告以此事，谓幸余未接受其邀请，否则危矣。""上海北车站，是我去上海下车之站。有一次我在快到上海之一个小车站'真如'，突然感到心地不宁而下车，搭一计程车至上海。不料此一预知之感觉，竟避去上海北车站的一次狙击。"参见陈立夫、陈秀惠：《复兴中国文化：陈立夫访谈录》。新华出版社 2007 年版。

心里突然有不快的感觉，预示可能有什么事情发生。

无意中感到眉头、眼睑在微微跳动，这种情况预示将有什么事情发生，可能是好事，也可能是不好的事。

身体的某个部位突然有不适的感觉，预示可能有什么事情发生。

还有，偶然间有鸟鸣、狗叫，或者其他动物的异常行为，也预示可能有什么事情发生。可能是好事，也可能是不好的事。

上述情况比较复杂，有时很难辨别真假，因此不可生搬硬套。重要的是要凭经验和悟性，才能收到事半功倍的效果。又因为每个人的身体情况不同，特别是感觉的灵敏度差异较大，客观上就很难有一个固定的答案。

第 9 章　阴阳两种生命形式相互转化的多样性

9.1　时空的相对性与对称性

1. 一个令人不可思议而又真实发生的事情

据报纸和网站转载，云南宜良一个仅有初中文化水平的 32 岁农妇谷丫，在 2004 年农历正月初九，突然提笔作画，从此一发而不可收。谷丫说，自己从来不画画，那一天却一下笔就停不下手，画的东西跟自己想的不一样，都是自己没有见过的东西。从互联网上展示的几幅画看，其绘画的功夫极深，有些线条好似用机器画出来的，比抽象派的画还要抽象，没有谁能明白其中的含义。谷丫向记者解释这些画的内容时，打着手势，说着谁也听不懂的奇语，连她自己也不明白说的是什么意思。但是停止解说之后，她又说起汉语来。有一次，谷丫连续画了三天三夜画。记者问她："你这也算是创作，有没有思维枯竭的时候?"谷丫说："没有，我画这些脑子根本不用想。"并说，她作画时脑子空空的，她的大脑并不像储存了海量信息的电脑，也不像有很多东西填在脑中。"我画画时很平和，那些东西自然而然就来了，顺着笔尖就落到了纸上。"她说，画画时，只有感到累的时候，没有感到画不下去的时候。但是谷丫还是非常担心有一天她真的画不下去。倏忽而来，又倏忽而去。她害怕这种神奇非凡的能力有一天消逝得如同来时那样快。所以，她抓紧一切时间不停地画，想把所有的画画完。至今已经画了 2000 多幅画。她说，她所绘出的这些画是一个完整的整体，那些符号密码，就像是每页书的页码一样，哪一幅画位于这部"大书"中的哪个章节，哪个位置，她都可以通过这些密码轻松地辨认。①

---

① 参见 news. sina. com. cn/0/2006 － 11 － 14/01301 2006 － 11 － 14 － 50k Shxb. net/showarticle. aspx. id=424302006－10－29－45k www. jinbw. com. cn《东方今报》2006 年 11 月 23 日 PDF 版，以及人民网、新华网和中国新闻网等网站。

这种情况的出现，又像20年前四川唐雨用耳朵认字一样，掀起了一阵不小的波澜。我们首先应该承认谷丫的画与谷丫现象这种事实，因为有多名记者采访，有人证和物证俱在，还有谷丫本人的照片和录音。然后进一步分析和研究其中蕴含的深层含义，这对于认识未知世界的事物将会大有裨益。

我想运用已有的知识，对谷丫的画与谷丫现象作以解释，以便抛砖引玉，引起百家争鸣。

2. 根据对立统一规律及其演绎的宇宙对称定理和大相似定理可知，和我们所处的阳性物质世界相对应的有一个阴性物质世界

（1）我们处在长、宽、高的三维空间和一维前进的时间当中，简称四维时空。四维时空是阳性物质世界的时空特征。我们大家就是生活在这种阳性物质世界的四维时空中。通常所见的物质存在形式是实粒子，运动速度在光速以下。在光速以下有快慢之分。眼、耳、鼻、舌、身所感受的光线是可见光，听到的声音局限在20到20000赫兹频率的振动。就是说，大量的不可见光我们用肉眼看不到，在20赫兹频率以下和20000赫兹频率以上的声音，我们的耳朵也听不见。

新华社报道，英国研究人员最近发现，与鸟类、鱼类和两栖类动物相比，人体内少一个能够促进眼睛中生成感光细胞的基因。例如，蜂鸟以及其他一些鸟类可以看见人类无法看见的光线。在紫外线下，一些我们看起来颜色单调的图案，鸟类看却是彩色的。“哈勃”望远镜可以拍摄出紫外线图像，但只有等到技术人员将单调的图像彩色化，我们才可以欣赏到这一多彩的颜色。[①]说明人类的视觉、听觉等器官，有着先天性的缺陷。在这方面，我们远不如有些动物。

（2）和我们所处的阳性物质世界相对应的有一个阴性物质世界。阴性物质世界存在于四维以上的多维时空。物质的存在形式是虚粒子，本质上是有着特殊频率和波长的电磁波，运动速度起步就是超光速。在超光速的基础上也有快慢之分。根据史蒂芬·霍金在《时间简史》一书中的论述，空间的维数越高，其压缩程度越厉害。因此，四维以上的多维时空是高度压缩和卷曲的。但这只是我们在四维时空的观察和用现代数学体系计算的结果。

如果说从四维以上的多维时空例如五维时空看我们所处的四维时空又是一个什么样子呢？数学家也做了一个测算，认为它是一个两头有“口”的圆柱体。如果说从六维以上的多维时空看四维时空，它几乎是一个四处开“口”

---

① 参见《北京晚报》2006年10月13日、《北京日报》2006年10月18日。

的平面。这种情况告诉我们，当四维以上的多维时空高度压缩和卷曲时，以虚粒子为特征的阴性物质就从四维时空这些开着的“口”全部进入四维时空，它们充满四维时空而不占有四维时空。从四维时空的角度考察，它们完全被四维时空包裹着。甚至可以说在四维时空延伸的宇宙边界内，四维以上的多维时空和四维时空相互依存，既对立又统一地存在着。即所谓负阴抱阳、负阳抱阴。

(3) 阳性物质世界和阴性物质世界既对立又统一地存在着。连接二者的那个“口”，或者说连接的通道，称作时空隧道。时空隧道的空间是零存在形式，时间处于停滞状态。和时空隧道相连接的四维时空的阳性物质世界，是实空间即正空间形式，物质的基本存在形态是实粒子，运动速度在光速以下，时间是实时间，即算术时间，是一维的流动方式，即从过去到现在，从现在到将来；和时空隧道相连接的四维以上多维时空的阴性物质世界，是虚空间即负空间形式，物质的基本存在形态是虚粒子，运动速度起步就是超光速，时间是虚时间，是多维的流动方式，即时光的倒流、时光的停滞和时光在虚空间的加速度前进。

9.2　生命的对应性与多样性

1. 根据对立统一规律及其演绎的宇宙对称定理和大相似定理可知，和生命在阳性物质世界的存在形式相对应的是：生命在阴性物质世界的存在形式

(1) 一个完整的生命（物种）形式在宇宙生命坐标第Ⅳ象限的表现。

生命在阳性物质世界的存在形式由五大要素构成。

在宇宙生命坐标第Ⅳ象限，阴性物质和阳性物质在特定的时空条件下相碰撞，就产生一个物种（肉身）。这就确定了肉身是阴阳物质的复合体的基本定义。肉身的存在是生命在阳性物质世界存在形式的主要的特征。

在阴阳两种物质相碰撞产生一个物种（肉身）的同时，也产生了灵魂和意识。灵魂是阴性物质的正物质（阴+）和以衰变形式存在的阳性物质的负物质（阳−）即反物质构成的矛盾对立统一体；意识是阳性物质的正物质（阳+）即特指的脑和以衰变形式存在的阴性物质的负物质（阴−）即阴性物质的反物质构成的矛盾对立统一体。于是肉身+灵魂+意识的连线，就可以看作是一条生命线。

将宇宙生命坐标第Ⅳ象限 X 轴上阳性物质的负物质（阳−）直线延长，再将 Y 轴上阴性物质的正物质（阴+）直线延长，二者在生命线上的交点，称作潜意识（狭义），它在结构上和灵魂完全一样，是灵魂的镜像物。

和潜意识（狭义）相连接的是潜意识（广义），实际上这里指的是个人的潜意识（广义），然后再和宇宙总体的潜意识（广义）相连接。潜意识（广义）是阴性物质世界，属于四维以上的多维时空，在这里画不出来。

因此，肉身+灵魂+意识+潜意识（狭义）+潜意识（广义）就构成了生命在阳性物质世界的存在形式的五大要素。如下图示之：

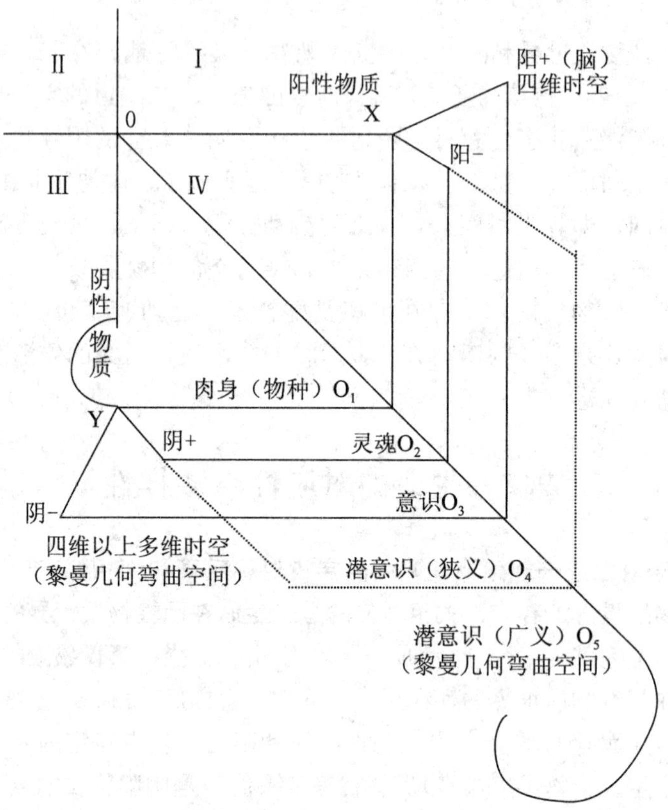

宇宙生命坐标第Ⅳ象限生命在阳性物质世界存在形式的五大要素

生命在阳性物质世界的存在形式，按照对立统一的正负配对原则，可以表示为：

肉身		灵魂	意识		潜意识（狭义）	潜意识（广义）
阳+	阴-	阴+	阴-		阴+	阴-
阳-	阴+	阳-	阳+	（脑）	阳-	阴+

生命在阳性物质世界的存在形式，肉身存在于四维时空的阳性物质世界，

灵魂栖息在心窝处，意识由脑部产生和发射出去，潜意识（狭义）存在于阴阳两个物质世界的交界处，潜意识（广义）就是阴性物质世界。因此，一个人的生命在阳性物质世界的存在形式，在肉身之后拖着一条长长的“辫子”，直达整个阴性物质世界。所以，认为人活着只存在肉身，是一叶障目，只见树木，不见森林。

生命在阴性物质世界的存在形式由四大要素构成。

肉身不复存在之后，生命就由阳性物质世界的存在形式转变为阴性物质世界的存在形式。因为脑已不复存在，所以就由一个人生前脑意识产生和发射的具有固定频率和波长的思维波——+阴′-替代脑的功能，和阴性物质的负物质（阴-）构成意识（不完全意识）。这样，生命在阴性物质世界的存在形式是：灵魂+意识（不完全意识）+潜意识（狭义）+潜意识（广义）。

生命在阴性物质世界的存在形式，实质上就是原来肉身之后拖着那一条长长的“辫子”。当肉身不复存在的时候，就将“辫子”留了下来。生命在阴性物质世界的存在形式，按照对立统一的正负配对原则，可以表示为：

生命在阴性物质世界的存在形式，因为肉身已不复存在，灵魂就游离出来，和意识（不完全意识）、潜意识（狭义）及潜意识（广义）构成如上图的结构式，存在于阴性物质世界。但是它通过时空隧道，可以自由地来往于阴阳两个物质世界之间。因此，死亡是生命存在的另一种形式。一个人死亡之后成为生命在阴性物质世界的存在形式，还随时出现在我们的周围。只不过因为人们在生理上的先天局限性，看不见和感觉不到它们的存在罢了。

（2）生命在阴性物质世界的存在形式可以穿越时空隧道，自由地往来于阴阳两个物质世界之间，原因是它的构成基本上是具有波动状态的虚粒子，并且包含了生前的所有信息和密码。而生命在阳性物质世界的存在形式却不可以穿越时空隧道，进入到阴性物质世界去，原因是他的肉身的构成基本上是实粒子。但是一个人的灵魂产生和发射的灵魂波——-阴′+和脑意识产生和发射的思维波——+阴′-，却可以耦合起来，以联动的方式自如地进入阴性物质世界，在那里检索和破译信息、密码，然后反馈到生命自身和阳性物质世界。

(3) 生命在阳性物质世界的存在形式，存在于四维时空的阳性物质世界；生命在阴性物质世界的存在形式，存在于四维以上的多维时空的阴性物质世界。从前一种存在形式到后一种存在形式，或者说从后一种存在形式到前一种存在形式，都有一个时空的转换的问题。这是未来的数学家和物理学家要着力研究的问题，也是人类突破时空维数的先天限制而达到自由发展之关键所在。

2. 肉身、灵魂、意识、意识（不完全意识）、潜意识（狭义）和潜意识（广义）的构成，需要从四个到六个元素周期表中撷取相关的物质元素

(1) 按照北宋哲学家、教育家朱熹的论述，将阴阳两种物质“一分为二”到第二个层次，大千世界就是由四种物质构成的。

朱熹在他的《周易本义》《太极图通书》等著作中多次讲到，阳中有阴阳，阴中有阴阳。如果说用正号（+）代表阳，用负号（-）代表阴，将阴阳两种物质“一分为二”到第二个层次，那么大千世界就是由阳性物质的正物质（阳+）、阳性物质的负物质（阳-）和阴性物质的正物质（阴+）、阴性物质的负物质（阴-）四种物质构成的。

1996 年，欧洲粒子物理实验室科学家发现反物质，如反氢物质（-H），其衰变周期是百万分之三十秒，说明反物质是以衰变形式存在的。于是我们知道和阳性物质的正物质（阳+）相对应的有阳性物质的负物质（阳-）即以衰变形式存在的反物质。

根据对立统一规律及其演绎的宇宙对称定理和大相似定理可知，和阳性物质相对应的有阴性物质。同样地道理，也有阴性物质的正物质（阴+）和阴性物质的负物质（阴-）即以衰变形式存在的阴性物质的反物质。

(2) 生命的构成要素从四个元素周期表中撷取相关的物质元素。

我们通常说的门捷列夫元素周期表，有 115 种元素。实际上是指阳性物质的正物质（阳+）元素周期表。看得见、摸得着的物质世界，就是由这 115 种元素排列组合而成的。还应该有与其相对应的阳性物质的负物质（阳-）即以衰变形式存在的反物质的元素周期表，也有 115 种元素。

不仅如此，还有阴性物质的正物质（阴+）元素周期表即虚元素周期表，有 115 种元素。还应该有与其相对应的阴性物质的负物质（阴-）即以衰变形式存在的反虚元素周期表，也有 115 种元素。

可见，整个物质世界就不只有一个门捷列夫元素周期表，即阳性物质的正物质（阳+）元素周期表，115 种元素。还有另外三个元素周期表：阳性物质的负物质（阳-）即以衰变形式存在的反物质的元素周期表，115 种反物质元素；阴性物质的正物质（阴+）元素周期表即虚元素周期表，115 种虚元素；阴性物质的负物质（阴-）即以衰变形式存在的反虚元素周期表，115 种反虚元素。四个元素周期表总计 460 种元素。过去我们总是企图用一个门捷列夫元素周期表，即阳性物质的正物质（阳+）元素周期表的 115 种元素的排列组合来说明大千世界的变化，特别是用来说明生命的构成要素以及生命的特异现象，多是失之偏颇的。譬如说明谷丫的画与谷丫现象，根本解释不了其中的缘由。

如果说我们固守在一个门捷列夫元素周期表，即阳性物质的正物质（阳+）元素周期表上，仅用 115 种阳性物质的正物质（阳+）元素的排列组合来解释物质世界，充其量只认识了四分之一的宇宙事物，还有四分之三的宇宙事物则是全然无知的。人类目前对宇宙事物的认识即是如此。显然，只有用四个元素周期表，即 460 种元素的排列组合来解释物质世界，才算对宇宙事物的概貌有一个大体全面的认识和了解。

肉身是阴阳物质的复合体，它的构成就集合了四个元素周期表中的相关元素；灵魂是阴性物质的正物质（阴+）和以衰变形式存在的阳性物质的负物质（阳-）即反物质构成的矛盾对立统一体，它必然从阴性物质的正物质（阴+）元素周期表即虚元素周期表的 115 种元素，以及阳性物质的负物质（阳-）即以衰变形式存在的反物质的元素周期表的 115 种元素中，撷取相关的物质元素构成含有某种特质要求的灵魂；意识是阳性物质的正物质（阳+）即特指的脑和以衰变形式存在的阴性物质的负物质（阴-）即阴性物质的反物质构成的矛盾对立统一体，它必然从门捷列夫元素周期表即阳性物质的正物质（阳+）元素周期表的 115 种元素，以及阴性物质的负物质（阴-）即以衰变形式存在的反虚元素周期表的 115 种元素中，撷取相关的物质元素构成含有某种特质要求的意识。潜意识（狭义）是灵魂的镜像物，其构成和灵魂完全一样；潜意识（广义）在这里指的是个人的潜意识（广义），它是阴性物质的正物质（阴+）和阴性物质的负物质（阴-）构成的矛盾对立统一体，它必然从阴性物质的正物质（阴+）元素周期表即虚元素周期表的 115 种元素，以及阴性物质的负物质（阴-）即以衰变形式存在的反虚元素周期表的 115 种元素中，撷取相关的物质元素构成含有某种特质要求的潜意识（广义），以便和宇宙总体的潜意识（广义）相连接。

另外，生命在阴性物质世界的存在形式中的意识（不完全意识），是思维波——+阴′-和阴性物质的负物质（阴-）即阴性物质的反物质构成的不稳定的矛盾对立统一体。+阴′-是亚类的带有中性属性的阴性物质，因而还应该有一个亚类的带有中性属性的阴性物质的元素周期表，也有 115 种亚类的阴性物质元素。不仅如此，从理论上说还应该有一个亚类的带有中性属性的阳性物质的元素周期表，也有 115 种亚类的阳性物质元素。这样算起来就是六个元素周期表，而不是四个元素周期表。六个元素周期表总计 690 种元素。不过一般地说，主要的还是上述的四个元素周期表。亚类的带有中性属性的阴性物质的元素周期表和亚类的带有中性属性的阳性物质的元素周期表，虽然是两个辅助的元素周期表，但是在理论上却是成立的，这两个元素周期表也是不容忽视的。

意识（不完全意识）是思维波——+阴′-和阴性物质的负物质（阴-）即阴性物质的反物质构成的不稳定的矛盾对立统一体，它必然从这个亚类的带有中性属性的阴性物质的元素周期表 115 种亚类的阴性物质元素，以及阴性物质的负物质（阴-）即以衰变形式存在的反虚元素周期表的 115 种元素中，撷取相关的物质元素构成含有某种特质要求的意识（不完全意识）。

9.3 阴阳两种生命形式转化的复杂性

1. 阴阳两种生命存在形式的转换存在着多样性

(1) 生命在阳性物质世界的存在形式转变为生命在阴性物质世界的存在形式存在着多样性。

一个人因为疾病或者不测事故而使肉身代谢终止直至分解，生命便由阳性物质世界的存在形式转变为阴性物质世界的存在形式。这时肉身不存在，脑也不复存在了。这个人生前脑意识产生和发射的具有固定频率和波长的思维波——+阴′-，累积在宇宙空间就替代了脑的功能，和阴性物质的负物质（阴-）构成意识（不完全意识）。这时生命在阴性物质世界的存在形式即是：

灵魂 + 意识（不完全意识）+ 潜意识（狭义）+ 潜意识（广义）

如果说一个高功夫气（炁）功师在特定的时空条件下，以超光速的速度运动，使肉身在瞬间变之为“无”，又在瞬间出现在异地，那么使肉身在瞬间变之为“无”——就是生命在此刻转变为阴性物质世界的存在形式。在瞬间出现在异地，即速度下降到光速以下，便又转变为生命在阳性物质世界的存在形式。古典文献中所讲的“隐身术”则属此列。

（2）生命在阴性物质世界的存在形式转变为生命在阳性物质世界的存在形式存在着多样性。

灵魂从生命在阴性物质世界的存在形式的结构式游离出来，并且不失时机地植入一个受精卵中，是生命由阴性物质世界的存在形式转变为生命在阳性物质世界的存在形式的基本方式。——这便是佛教中说的生命的轮回。

从生命在阴性物质世界的存在形式的结构式可知，在灵魂和意识（不完全意识）之间的链条是不稳固的。原因是灵魂中的阳性物质的负物质（阳－）是以衰变形式存在的反物质，它和意识（不完全意识）中的思维波——+阴′－构成的矛盾对立统一体是不稳固的；灵魂中的阴性物质的正物质（阴+）和意识（不完全意识）中以衰变形式存在的阴性物质的负物质（阴－）构成的矛盾对立统一体也是不稳固的。这样，这个链条就容易断裂，也容易使灵魂游离出来。至于链条在什么条件下何时断裂、灵魂以怎样的方式游离出来，则完全听命于生命程序和密码的总设计师——潜意识（广义）——阴性物质世界，抑或是它的人格化神灵、上帝。这是生命由阴性物质世界的存在形式转变为生命在阳性物质世界的存在形式的基本方式，它是一种间接的稳定的转化形式。

在特殊条件下，生命由阴性物质世界的存在形式转变为生命在阳性物质世界的存在形式，也有直接的转化方式。

这个特殊条件是：当人们一代又一代长久地思念故去的人时，就无形中屡屡加固了生命在阴性物质世界的存在形式中灵魂和意识（不完全意识）之间的链条。因为每思念一次，都给这个链条上增加一个思维波——+阴′－，当增加到 N 个时，就使这个链条难以断裂，以致使灵魂无法游离出来。如下图示之：

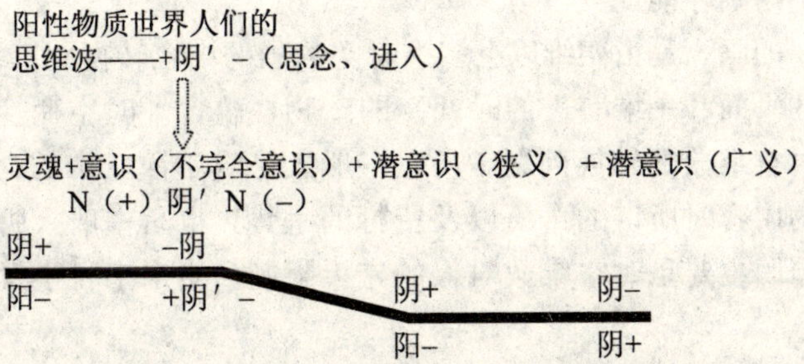

阳性物质世界人们的
思维波——+阴′－（思念、进入）
⇩
灵魂+意识（不完全意识）+潜意识（狭义）+潜意识（广义）
N（+）阴′N（–）
阴+　–阴
阳–　+阴′–　阴+　阴–
阳–　阴+

这时，生命在阴性物质世界的存在形式中灵魂和意识（不完全意识）之间的链条不容易断裂，灵魂游离不出来，但是生命程序和密码的总设计师——潜意识（广义）——阴性物质世界，抑或是它的人格化神灵、上帝，编制的程序和密码的指令已经下达，即让它转变为生命在阳性物质世界的存在形式，于是在不得已的情况下就发生了直接的转化形式。① 表现为这个生命在阴性物质世界的存在形式——灵魂+意识（不完全意识）+潜意识（狭义）+潜意识（广义），直接附着在一个与其有“缘”的生命在阳性物质世界的存在形式——肉身+灵魂+意识+潜意识（狭义）+潜意识（广义）上，当然直观地表现为附着在肉身上。这样，就可以部分地实现生命由阴性物质世界的存在形式转变为生命在阳性物质世界的存在形式。这是一种附体现象，属于直接的转化形式，但却是不稳定的。

2. 谷丫的画与谷丫现象，属于生命在阴性物质世界的存在形式直接转化为生命在阳性物质世界的存在形式，是一种附体现象

(1) 在阴性物质世界，有一位类似凡·高那样的抽象派大画家的生命在阴性物质世界的存在形式。长久以来，千百万人怀念他、纪念他，使其生命在阴性物质世界的存在形式中灵魂和意识（不完全意识）之间的链条不断加固。生命程序和密码的总设计师——潜意识（广义）——阴性物质世界，抑或是它的人格化神灵、上帝，编制的程序和密码的指令已经下达，但是灵魂仍然无法游离出来。在杜绝了生命轮回的正常道路——间接的稳定的转化形式的情况下，就不得不采用直接转化的方式。

(2) 谷丫作为生命在阳性物质世界的存在形式，喜欢安静，具有清静无为的性格特征。谷丫的灵魂波——－阴′+和思维波——+阴′－，与那位类似凡·高那样的抽象派大画家的生命在阴性物质世界的存在形式的灵魂波——－阴′+和思维波——+阴′－，有着同频共振的机缘。于是那位类似凡·高那样的抽象派大画家的生命在阴性物质世界的存在形式，就直接转化（依附）在谷丫的肉身上。这种附体现象的发生，使谷丫具有那位类似凡·高那样的抽象派大画家的绘画才能。

(3) 谷丫的画，是由四维以上多维时空的画的内容转换到三维时空（长、宽二维组成的平面和一维前进的时间）的产物，蕴含了时空变换的内容。由于存在一个时空维数的转换问题，所以一般人是看不懂其中的含义的，包括她在解释画的内容时所讲的奇语以及所打的手势，也是一般人听不懂和解释不了的。其原因主要是时空维数对人的先天限制。当未来科学发展到应有的

① 从协同学的观点看，生命系统的所有子系统及其参量——肉身、灵魂、意识及意识（不完全意识）、潜意识（狭义）、个人的潜意识（广义）的运行，都听从业已形成的序参量——宇宙总体的潜意识（广义）——阴性物质世界的支配。这其中最为重要的是，潜意识（广义）——阴性物质世界承担起了对于生命程序和密码编制的任务。

高度，在数学上和物理学上解决了时空维数的转换问题，并且制造出了超光速运算的新一代高智能计算机，这些难题就可以迎刃而解。但是极少数特异功能者却可以按照习惯颇为容易地破译这一切，虽然他们并不理解其中的科学内涵。

（4）古代经典中讲到有生而知之和学而知之。谷丫画画的本领，从一定意义上说属于生而知之。生而知之是由先天条件决定的，其中包括这种附体现象。当然生而知之的先天条件，更多地是指生命程序和密码的总设计师——潜意识（广义）——阴性物质世界，抑或是它的人格化神灵、上帝，编制的程序和密码时，从上述四个或者是五个、六个元素周期表中，选择了优质的元素进行最优的排列组合，构成具有特殊功能的灵魂和意识，其中包括意识（不完全意识）。具有生而知之本领的人只是极少数，我们绝大多数人都是学而知之而非生而知之，一生经过艰苦奋斗才能取得一点成就，已足矣。

（5）将生命在阴阳两个物质世界的存在形式之异同用列表方式进行转换，可以得到如下框图：

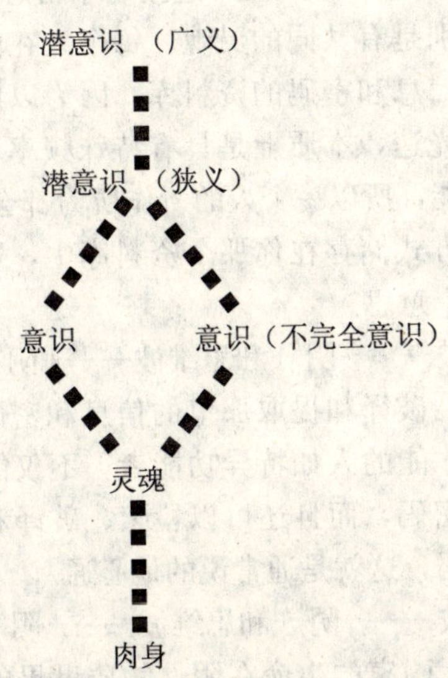

生命在阴阳两个物质世界的存在形式示意图

如果说肉身不复存在，脑亦不复存在，那么意识就随之转变为意识（不完全意识）。这时潜意识（狭义）■■■■■■意识■■■■■■灵魂■■■■■■肉身的链条就全部断裂。于是生命就由阳性物质世界的存在形式转变为阴性物质世界的存在形式。如下图示之：

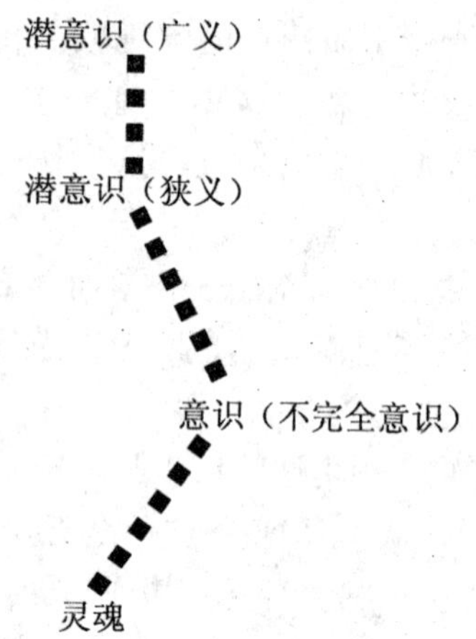

生命在阴性物质世界的存在形式示意图

从以上框图可以看出，生命在阴阳两个物质世界的存在形式共同的东西是，存在于阴阳两个物质世界的交界处的潜意识（狭义），连接着个人的潜意识（广义），又由个人的潜意识（广义）连接着宇宙总体的潜意识（广义）即整个阴性物质世界。特别是有共同的灵魂。每个人在阴性物质世界都有一个囊括前世、今生和来生信息和密码的资料库。因为以虚粒子为特征的阴性物质运动速度起步就是超光速，本质上是具有特殊频率和波长的电磁波，具有录音、摄像和储存的功能，所以一个人的所作所为都会以信息和密码的形式，按照变位了和变形了的方式储存在你那个资料库中，这一点和佛教中说的业和惑是不可回收的是一个意思。

我们每个人的灵魂波——－阴′＋和思维波——＋阴′－相耦合进入阴性物质世界的资料库中，检索、破译和提取那里的信息和密码，便表现出对于知识的获取。那些具有特殊才能的人如特异功能者，不仅能够调出自己阴性物质世界资料库中的信息和密码，而且还可以检索、破译和提取别人阴性物质世界资料库中的信息和密码，这就是通常说的他心通。

如果说谷丫的灵魂波——－阴′＋和思维波——＋阴′－相耦合，进入那位类似凡·高那样的抽象派大画家的生命在阴性物质世界的存在形式连接的阴性物质世界资料库中，检索、破译和提取那里的信息和密码，那也只能获取相关的绘画知识，而不可能会亲手作画。所以，只能说是那位类似凡·高那样的抽象派大画家的生命在阴性物质世界的存在形式，附着在谷丫身上成为一种附体现象，它是生命在阴性物质世界的存在形式直接转变为生命在阳性物质世界的存在形式的一个特例，具有一定的不稳定性。难怪谷丫非常担心有一天她真的画不下去。她害怕这种神奇非凡的能力有一天消逝得如同来时那样快。因而她抓紧一切时间不停地画，想把所有的画画完。

(6) 谷丫的画与谷丫现象再一次说明，未知世界就是阴性物质世界及其生命在阴性物质世界的存在形式，特别是生命在阴阳两个物质世界的存在形式及其相互转化的多样性。它是未来科学发展的终端目标。现在人类将自己的眼光仅局限在阳性物质世界和生命在阳性物质世界的存在形式，抑或说将眼光仅局限在门捷列夫元素周期表上，从这 115 种阳性物质元素的排列组合来看待和解释宇宙和物质世界，其眼界是多么狭隘啊！这样充其量才认识了四分之一的宇宙和物质世界，还有四分之三的宇宙和物质世界全然不知。在这一切之中，我们对于自身的认识更是十分陌生，能不使人感到忧虑和吃惊吗?

第 10 章　不同维数时空生命的存在形式

10.1　宇宙间生命存在形式的两大类别

1. 宇宙间生命存在形式的第一个类别

（1）生命在阳性物质世界的存在形式。

宇宙生命坐标第Ⅳ象限的几何图形，展示出生命在阳性物质世界的存在形式。如下图示之：

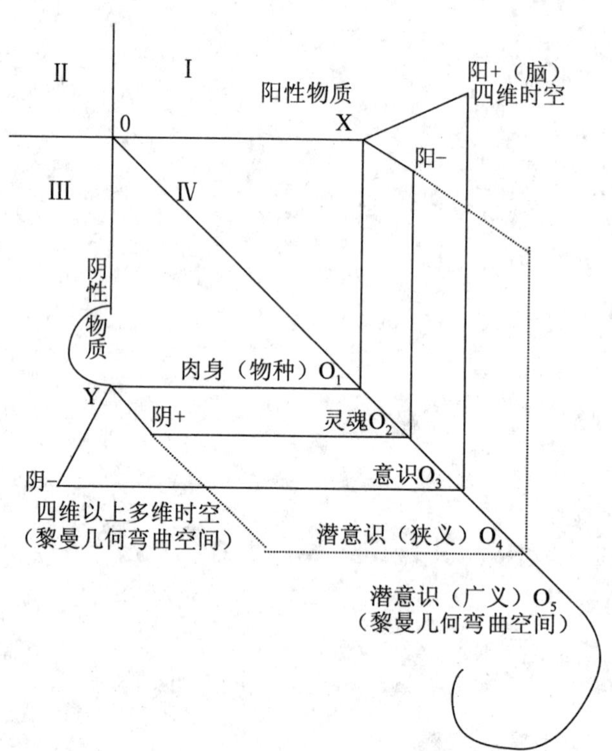

宇宙生命坐标第Ⅳ象限生命在阳性物质世界存在形式

从上图可知，在宇宙生命坐标第Ⅳ象限，阴性物质和阳性物质在特定的时空条件下相碰撞，就产生一个物种（肉身）。这就确定了肉身是阴阳物质的复合体的基本定义。肉身的存在是生命在阳性物质世界存在形式的主要的特征。

在阴阳两种物质相碰撞产生一个物种（肉身）的同时，也产生了灵魂和意识。灵魂是阴性物质的正物质（阴+）和以衰变形式存在的阳性物质的负物质（阳－）即反物质构成的矛盾对立统一体；意识是阳性物质的正物质（阳+）即特指的脑和以衰变形式存在的阴性物质的负物质（阴－）即阴性物质的反物质构成的矛盾对立统一体。于是肉身+灵魂+意识的连线，就可以看作是一条生命线。

将宇宙生命坐标第Ⅳ象限 X 轴上阳性物质的负物质（阳－）直线延长，再将 Y 轴上阴性物质的正物质（阴+）直线延长，二者在生命线上的交点，称作潜意识（狭义），它在结构上和灵魂完全一样，是灵魂的镜像物。

和潜意识（狭义）相连接的是潜意识（广义），实际上这里指的是个人的潜意识（广义），然后再和宇宙总体的潜意识（广义）相连接。潜意识（广义）是阴性物质世界，属于四维以上的多维时空，在这里画不出来。

生命在阳性物质世界的存在形式由五大要素构成。

从以上可知，肉身+灵魂+意识+潜意识（狭义）+潜意识（广义）构成了生命在阳性物质世界的存在形式的五大要素。

生命在阳性物质世界的存在形式，按照对立统一的正负配对原则，还可以表示为：

肉　身	+ 灵　魂	+ 意　识	+ 潜意识（狭义）	+ 潜意识（广义）
阳+ 阴-	阴+	阴-	阴+	阴-
阳- 阴+	阳-	阳+（脑）	阳-	阴+

生命在阳性物质世界的存在形式，肉身存在于四维时空的阳性物质世界，灵魂栖息在心窝处，意识由脑部产生和发射出去，潜意识（狭义）存在于阴阳两个物质世界的交界处，潜意识（广义）就是阴性物质世界。因此，一个人的生命在阳性物质世界的存在形式，在肉身之后拖着一条长长的“辫子”，直达整个阴性物质世界。所以，认为人活着只存在肉身，是一叶障目，只见树木，不见森林。现在医生给人看病时，只注重诊治肉身上的疾病，而根本无视灵魂、意识、潜意识（狭义）和潜意识（广义）是否还有患疾，这是十分片面的。如果说将一个人肉身的疾病全部治好了，充其量他只有 1/5 的健康。——这是至今绝大多数人都活不到科学预测的年龄——150～175 岁的根

本原因所在。

（2）生命在阳性物质世界的存在形式，依照时空维数的差异，由低到高区分为四个层次。

一维时空的生命，是生命在阳性物质世界存在形式的第一个层次的生命。

一维时空是指空间只是一个点，时间表现为停滞状态。或者空间是零存在形式，只有一维的时间（可以是实时间即算术时间，也可以是虚时间）。

一维时空的空间表现为一个点，这个点可以小到10^{-33}厘米，即0.00……001（33个0）厘米。它的大小相当于一根头发丝直径（0.01毫米）平面的100万亿亿亿分之一。这个极其微小的点，就相当于我们的宇宙大爆炸之前的奇点。是否还有比它更小的点呢？当然有。虽然不可思议，但是却是可以想象到的。其实就一个点来说，真正是“其小无内，其大无外”。

从宇宙的奇点来说，它小到了似乎不能再小的程度，然而在它那里却蕴藏了目前宇宙全部的能量和信息，当然包括不同维数时空的生命的原始形式，以及所有星系及人类的过去、现在和未来。所以从这个意义上说，一维时空的生命是以压缩的信息和密码的形式存在的。待这些信息和密码释放之后，在一定条件下就会成为阴阳两个物质世界的生命形式。例如，它转化为生命在阳性物质世界的存在形式，就是来自一维时空的生命形式。

一维时空的生命，在宇宙生命坐标第Ⅳ象限的几何图形上，表现为坐标原点0上的生命形式。它是什么？恐怕只是生命的原始形式。

二维时空的生命，是生命在阳性物质世界存在形式的第二个层次的生命。

二维时空是指空间的一个点，随着一维时间的运动表现为一条直线。但是黎曼几何原理证明本质上它是一条曲线。一维的时间可以是实时间即算术时间，也可以是虚时间的任一时间箭头的运动。

二维时空的点也是“其小无内，其大无外”。因为在这里设定的是阳性物质世界，所以这个点就只能是在实时间即算术时间一个时间箭头运动而产生的直线或者曲线——二维时空。

二维时空的生命可以想象为它是产生并且生活在一条直线或者曲线上的生命形式。在宇宙生命坐标第Ⅳ象限的几何图形上，表现为X轴上的纯粹阳性物质的生命形式，或者Y轴上的纯粹阴性物质的生命形式。

那么是否有纯粹阳性物质的生命形式或者纯粹阴性物质的生命形式呢？没有。因为一个生命的诞生，是在宇宙生命坐标第Ⅳ象限，在这种特定的时空条件下阴性物质和阳性物质相碰撞而发生的。阴阳两种物质相碰撞产生一个物种（肉身）的同时，也产生了灵魂和意识。灵魂是阴性物质的正物质（阴+）和以衰变形式存在的阳性物质的负物质（阳-）即反物质构成的矛盾对立统一体；意识是阳性物质的正物质（阳+）即特指的脑和以衰变形式存在的阴性物质的负物质（阴-）即阴性物质的反物质构成的矛盾对立统一体。即使生命在阴性物质世界的存在形式，虽然没有肉身，但是在灵魂和潜意识（狭义）中，还存在着阳性物质的负物质（阳-）即反物质。所以从这个意义上说，表现为X轴上的纯粹阳性物质的生命形式和表现在Y轴上的纯粹阴性物质的生命形式，只存在于人们的观念中，它们在阴阳两个物质世界并不存在。

三维时空的生命，是生命在阳性物质世界存在形式的第三个层次的生命。

三维时空是指空间的一条直线，随着一维时间的运动表现为一个平面。这便有了长和宽。这里的一维时间，可以是实时间即算术时间，也可以是虚时间的任一时间箭头的运动。它们都可以形成一个平面。

但是黎曼几何原理证明的一条曲线，随着一维的时间的运动却不一定是平面，很可能形成一个凹面或者凸面，那就不是三维时空而是四维时空了。它牵涉欧几里得几何学和黎曼几何学的转换问题，或者说还牵涉三维时空到四维时空的转换问题，因而此处暂时不论。

三维时空的生命可以想象为它是产生并且生活在一个平面上的生命形式。在宇宙生命坐标第Ⅳ象限的几何图形上，表现为阳性物质的X轴和阴性物质的Y轴形成的直角三角形扇形区域内。不仅如此，还包括在宇宙生命坐标第Ⅰ、Ⅱ、Ⅲ象限阳性物质的X轴和阴性物质的Y轴形成的直角三角形扇形区域内。所以探讨三维时空的生命，其范围就应该扩展到宇宙生命坐标第Ⅰ、Ⅱ、Ⅲ、Ⅳ象限的所有区域，即囊括了阴阳两个物质世界。

但是三维时空的生命是怎样的生命形式呢？史蒂芬·霍金指出："二维空间似乎不足以允许像我们这样复杂生命的发展。例如，如果二维动物吃东西时不能将之完全消化，则它必须将其残渣从吞下食物的同样通道吐出来，因为如果有一个穿通全身的通道，它就将这生物分割成两个分开的部分，我们的二维动物就解体了。类似的，在二维动物身上实现任何血液循环都是非常困难的。"① 霍金说的二维空间加上一维时间，就是三维时空。

看来生命在三维时空存在也的确有困难，因为即使将生命看作一个量子水平上的生物（或者非生物），那么这个生命的不可分割的最小单元，总不可能没有一个高度（或者厚度），即便是负高度（或者负厚度），那也是一种高度（或者厚度）的度量。所以霍金上述的观点是有道理的。

---

① 史蒂芬·霍金著，许明贤、吴忠超译：《时间简史——从大爆炸到黑洞》，湖南科学技术出版社1995年版，第148页。

由此可见，在一个平面上画出的宇宙生命坐标第Ⅳ象限生命在阳性物质世界存在形式示意图，以及在广义生命论的论述中画出的生命在宇宙生命坐标第Ⅰ、Ⅱ、Ⅲ、Ⅳ象限的存在形式示意图，[①] 都有一定的局限性。因为一个平面表示的是二维空间的三维时空，无论哪一种生命形式在这样的时空中生存都是困难的。但是不在一个平面上作图又怎么办呢？这叫不得已而为之。也是时空维数对我的先天限制，无奈只有发挥个人的想象力了。

四维时空的生命，是生命在阳性物质世界存在形式的第四个层次的生命，也是最高层次的生命。我们人类和其他动植物就生活在四维时空。

四维时空是指空间的长、宽、高形成一个体积（容积）的状态，随着一维实时间（算术时间）的运动，表现为四维时间和空间的融合状态即四维时空。这里为什么是一维的实时间即算术时间而不是虚时间的任一时间箭头的运动呢？因为如果是虚时间的任一时间箭头运动，它就一定不在三维空间而在三维以上的多维空间。三维空间只适合于实时间即算术时间的运动。

四维时空的生命是产生并且生活在一个具有长、宽、高立体型的空间的生命形式。这个立体型的空间更多的是一个圆球形的空间。例如，宇宙的边界给予的四维时空的空间形式，就是一个类似圆球形的空间。在广义生命论的论述中画出的生命在宇宙生命坐标第Ⅰ、Ⅱ、Ⅲ、Ⅳ象限的存在形式示意图，阳性物质世界应该包括一维时空、二维时空、三维时空、四维时空；阴性物质世界应该包括四维以上的多维时空，如五维时空、六维时空、七维时空、八维时空……十维时空直至二十六维时空，最后转了一大圈又回到了一维时空，即类似宇宙大爆炸前的一个奇点——大挤压的奇点。在这里，无论用文字、数字还是用图形表示都是有困难的。因为时空维数的先天限制，需要建立新的数学体系、物理学体系才能解决。例如在几何学上，就需要在欧几里得几何学、黎曼几何学或者拓扑学的基础上建立一种能够自动进行时空转换的新的几何学。

生命在四维时空的存在形式就是生命在阳性物质世界的存在形式。它是由肉身、灵魂、意识、潜意识（狭义）和潜意识（广义）五大要素构成的。在这里具有肉身（包括脑）是生命在四维时空的存在形式的主要特点。

生命在四维时空的存在形式仍旧存在着多层次和多样性。但是只有人是高等智慧生命，是万物之灵，或者说是神灵和上帝的宠儿。其他动植物抑或是微生物乃至病毒等，都是较低层次的生命。

---

① 参见拙著《广义与狭义生命论》2.2“广义生命论的内涵”。

(3) 关于零维时空的生命存在形式。

零维时空是指空间的零存在形式和时间的停滞所表现的时空状态。时间的停滞可以理解为实时间即算术时间和虚时间交汇或者分野的原点。也就是在光速的临界点表现的时光的瞬间停留。

零维时空的生命存在形式，是瞬间存在的生命形式。在时空隧道这种特殊的时空条件下，无论生命形式怎样，都不可能长久地停留在那里。因而它是一种短暂的过渡性的生命形式。但是中国古典文献中记载有仙人生活在这里，而且寿命很长，这是值得研究的问题。

2. 宇宙间生命存在形式的第二个类别

(1) 生命在阴性物质世界的存在形式。

生命在阴性物质世界的存在形式由四大要素构成。

当肉身不复存在之后，生命就由阳性物质世界的存在形式转变为阴性物质世界的存在形式。因为脑已不复存在，所以就由一个人生前脑意识产生和发射的具有固定频率和波长的思维波——+阴′-替代脑的功能，和阴性物质的负物质（阴-）构成意识（不完全意识）。这样，生命在阴性物质世界的存在形式是：灵魂+意识（不完全意识）+潜意识（狭义）+潜意识（广义）。

生命在阴性物质世界的存在形式，实质上就是原来肉身之后拖着那一根长长的“辫子”。当肉身不复存在的时候，就将“辫子”留了下来。生命在阴性物质世界的存在形式，按照对立统一的正负配对原则，可以表示为：

生命在阴性物质世界的存在形式，因为肉身已不复存在，灵魂就游离出来，和意识（不完全意识）、潜意识（狭义）及潜意识（广义）构成如上图的结构式，存在于阴性物质世界。但是它通过时空隧道，可以自由地来往于阴阳两个物质世界之间。因此，死亡是生命存在的另一种形式。一个人死亡之后成为生命在阴性物质世界的存在形式，还随时出现在我们的周围。只不过因为人们在生理上的局限性，看不见和感觉不到它们的存在罢了。

将生命在阴阳两个物质世界的存在形式之异同列表，然后转换成框图，发现与每个人的意识同时并存的是意识（不完全意识），为什么是这种情况呢？道理很简单，因为每个人的脑意识产生和发射出的具有固定频率和波长的思维波——+阴′-，随时都可以和宇宙间的阴性物质的负物质（阴-）相组合，构成意识（不完全意识）——$\frac{+\text{阴}'-}{-\text{阴}}$。可见，当我们每个人活着具有意识的时候，就同时具有了意识（不完全意识）。如以下框图示之：

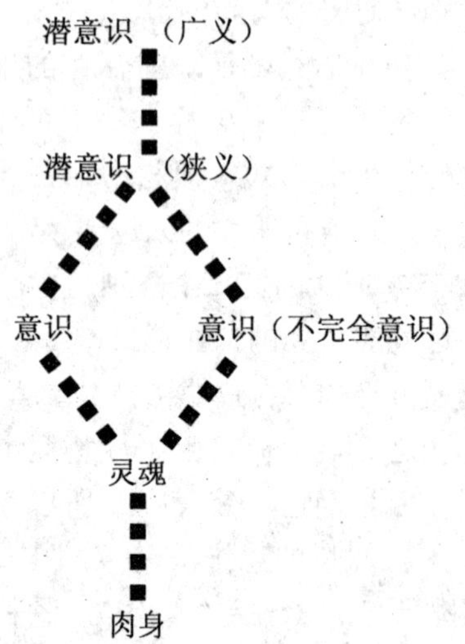

生命在阴阳两个物质世界的存在形式示意图

如果说肉身不复存在，脑亦不复存在，那么意识就随之转变为意识（不完全意识）。① 这时潜意识（狭义）■■■■■■意识■■■■■■灵魂■■■■■■肉身的链条就全部断裂。于是生命就由阳性物质世界的存在形式转变为阴性物质世界的存在形式。如下图示之：

生命在阴性物质世界的存在形式示意图

---

① 在这里还可以表述为，意识（不完全意识）随之替代了意识。

从以上框图可以看出，生命在阴阳两个物质世界的存在形式共同的东西是灵魂。还有存在于阴阳两个物质世界的交界处的潜意识（狭义），连接着个人的潜意识（广义）；又由个人的潜意识（广义）连接着宇宙总体的潜意识（广义）即整个阴性物质世界。① 每个人在阴性物质世界都有一个囊括前世、今生和来世信息和密码的资料库。因为以虚粒子为特征的阴性物质运动速度起步就是超光速，本质上是具有特殊频率和波长的电磁波，具有录音、摄像和储存的功能，所以一个人的所作所为都会以信息和密码的形式，按照变位了和变形了的方式储存在你那个资料库中，这一点和佛教中说的业和惑是不可回收的是一个意思。

我们每个人的灵魂波——−阴′+和思维波——+阴′−相耦合进入阴性物质世界的资料库中，检索、破译和提取那里的信息和密码，便表现出对于知识的获取。那些具有特殊才能的人如特异功能者，不仅能够调出自己在阴性物质世界资料库中的信息和密码，而且还可以检索、破译和提取别人在阴性物质世界资料库中的信息和密码。

（2）生命在阴性物质世界存在形式的层次性。

上述的零维时空存在于阴阳两个物质世界的交界处——时空隧道。它一边连接着一维时空、二维时空、三维时空、四维时空的阳性物质世界；另一边连接着五维时空、六维时空、七维时空、八维时空……十维时空直至二十六维时空的阴性物质世界。因为一维时空表现为一个“其小无内、其大无外”的点，二维时空表现为一条直线（或者曲线），三维时空表现为一个平面，其生命形式只存在于观念上的，所以同零维时空联系紧密的仍旧是我们人类和各种动植物所在的四维时空。但是从四维时空退回到三维时空、二维时空、一维时空，再退回到零维时空，仍然要经过时空转换。不过这是在阳性物质世界从高维时空退回到低维的时空转换，是极其容易的顺势下滑的转换而已。但是即便如此，不进行时空转换却是不行的。这个问题在以下还要进一步探讨。

生命在阳性物质世界的存在形式因为有肉身，确切地说因为有以实粒子为特征的阳性物质存在，特别是阳性物质的正物质（阳+）的存在，就不可能进入零维时空——时空隧道。只有当肉身不复存在即这个人死亡之后，他变为生命在阴性物质世界的存在形式时，才可以通过时空隧道进入阴性

---

① 因为潜意识（狭义）是灵魂的镜像物，它的存在也反证了灵魂的存在。因此可以得出如下结论：灵魂是生命在阴阳两个物质世界存在形式的共同的东西。这一点，在生命在阴阳两个物质世界的存在形式示意图上也看得很清楚。

物质世界。为什么一些人的濒死体验有进入隧道时的牵拉感觉呢？因为生命在阴性物质世界的存在形式的四大要素中，有两个单位的阳性物质的负物质（阳-）。虽然它们是以衰变形式存在的，但是在性能上毕竟还具有阳性物质的某些特征，因而进入时空隧道就不那么顺畅，也就感到有牵拉的感觉。

生命在阴性物质世界的存在形式要进入四维时空的阳性物质世界，也要通过零维时空——时空隧道。也照样有牵拉的感觉，只不过我们活着的人谁也不知道这种感受罢了。生命在阴性物质世界的存在形式能否将此信息传达给我们呢？我想当科学发展到应有的高度，一定可以做到的。

因此，零维时空的生命存在形式，不仅是瞬间存在的生命形式，而且是具有过渡性的生命存在形式。以零维时空——时空隧道为分界线，进入四维以上多维时空的生命形式，无疑都是生命在阴性物质世界的存在形式。在那里，由于时空分为五维时空、六维时空、七维时空、八维时空……十维时空直至二十六维时空，所以生命在阴性物质世界的存在形式也是分为若干个层次的。居于最高层次的生命在阴性物质世界的存在形式，无疑是“全知、全能、全在”的神灵、上帝，其次才是一般的神、鬼（瑰）。

(3) 按照佛教的六道轮回和四圣法界说，将阴性物质世界由低到高分为十个层级，每个层级都存在着不同的生命在阴性物质世界的存在形式。

六道轮回的六道是：

其一，地狱道。这个最低层级是在地下，留驻着忍受各种酷刑的鬼类。

其二，饿鬼道。在这个低级层级，是杂居人间和荒郊野外忍饥挨饿的饿鬼。

其三，畜生道。在这个层级，存在着飞禽走兽和各种昆虫的生命在阴性物质世界的存在形式。

其四，阿修罗道。在这个层级，存在着界于鬼和神之间，易怒好斗，地位低于人类的生命在阴性物质世界的存在形式。

其五，人类道。在这个层级，存在着宇宙的高级智慧生命——人类生命在阴性物质世界的存在形式。

其六，天道。在这个层级，存在着天人。它们是无所不能的超人，同时又沐浴光明，享受自然的快乐。

四圣法界是指在天道之上还有声闻、缘觉、菩萨、佛。

以零维时空——时空隧道为分界线，进入四维时空的生命形式，既有生命在阳性物质世界的存在形式，如我们人类和各种动植物、微生物，乃至病毒等，又有生命在阴性物质世界的存在形式。

为什么说在阳性物质世界还有生命在阴性物质世界的存在形式呢？难道说神灵、上帝和各种神、鬼（瑰）也与我们人类生活在一起吗？答曰：神灵、上帝和各种神、鬼（瑰）的确与我们时刻生活在一起，而且是须臾不曾离开的。古人云：头上三尺有神明。此话说得是再形象不过了。古人是从感知得出的这个结论，在此我们以现代科学知识加以论证。

其一，四维以上多维时空的阴性物质世界是高度弯曲和压缩的时空形式。史蒂芬·霍金指出："如果这些额外的维数确实存在，为什么我们没有觉察到它们呢？为何我们只看到三维空间和一维时间呢？一般认为，其他的维数被弯卷到非常小的尺度——大约为 1 英寸的一百万亿亿亿分之一的空间，人们根本无从觉察这么小的尺度。我们只能看到一个时间和三个空间的维数，这儿空间—时间是相当平坦的。……因此在非常小的尺度下，空间—时间是十维的，并且是高度弯曲的；但在更大的尺度下，你看不见曲率或者额外的维数。"① 四维以上多维时空是如此高度弯曲和压缩的时空形式，神灵、上帝以及所有的生命在阴性物质世界的存在形式，都生活在这样"狭小"的空间里。它们不仅有巨大的牵拉感，而且一定有一种被压迫得喘不过气来的感受。

其二，生命的核心是灵魂。这一点对于生命在阴性物质世界的存在形式也不例外。我们在以上论证过，灵魂是一个人肉身同步缩小（或放大）的虚的形式。② 这样，生命在阴性物质世界的存在形式就一定具有虚的形体，它虽然看似虚无缥缈，但却是以不可见光的形象真实地存在着。那么在如此"狭小"的四维以上多维时空的阴性物质世界，神灵、上帝以及所有的生命在阴性物质世界的存在形式，如何能呆得舒心和宽松呢？因为生命在阴性物质世界的存在形式天然地携带着两个单位的阳性物质的负物质（阳-）即反物质。这也是没有办法的事情，连神灵、上帝也无可奈何。于是他们就经常穿越时空隧道，以不可见光的真实形象，来到宽阔的阳性物质世界，总是出现在我们中间。

其三，四维以上多维时空的阴性物质世界，当它高度弯曲和压缩到一定程度——成为负的时空形式，就必然被裹挟在四维时空的阳性物质世界当中。③ 这时虽然阴性物质世界仍旧是其本身，但是在固守着它特有的时空维数的条件下，却与阳性物质世界——通过时空隧道连接在一起，并成为混成的

① 史蒂芬·霍金著，许明贤、吴忠超译：《时间简史——从大爆炸到黑洞》，湖南科学技术出版社 1995 年版，第 147—148 页。

② 参见本书"灵魂是一个人同步缩小（或放大）的虚的形式"一节。

③ 参见拙著《进入阴性物质世界》11.2"神的世界与人的世界的沟通"。

状态一并存在于四维时空当中。因为阴性物质是以虚粒子构成的，阴性物质世界虽然被阳性物质世界裹挟着，但是它充满四维时空却不占有阳性物质世界。因此在通常情况下，阴阳两个物质世界的事情及其相互作用，都是发生在现实的阳性物质世界。又因为我们人类有着时空维数的先天限制，加之生理上的缺陷（只能听到频率在 20 赫兹至 20000 赫兹的声音，看见波长在红光的 0.77 微米到紫光的 0.39 微米之间的可见光），所以对于眼前阴性物质世界发生的一切就浑然不知。只有少数具有特异功能的人，才能略知一二。

其四，神灵、上帝等生命在阴性物质世界的存在形式从四维以上的多维时空，穿越时空隧道进入四维时空的阳性物质世界，是从高维时空退回到低维时空的顺势行为，虽然也要经过一系列的时空转换，但是这种转换是极其容易的。其过程是依次从二十六维时空……十维时空、九维时空、八维时空、七维时空、六维时空、五维时空，进入四维时空的阳性物质世界。再进一步退回到三维时空、二维时空，直到一维时空的一个“其小无内、其大无外”点，——从而又接通了阴性物质世界的最高维数的时空。这个过程目前在平面上画不出来，只能意会而不可言传。

（4）生命从一维时空到二维时空、从二维时空到三维时空、从三维时空到四维时空，同样要经过类似的时空隧道。不过这里说的时空隧道的含义，不是连通阴阳两个物质世界的空间零存在形式和时间停滞的时空形式，而是指在阳性物质世界由低维时空到高维时空的跨越。

在阳性物质世界，处在低维层级的生命要跨入高维层级也是不容易的。因为它要经过类似的时空隧道，也有一个时空变换的问题。例如，一只蚂蚁在一根铁丝上爬行，就永远爬不到一个平面上；一只小狗在一个平面上跑动，就永远到不了一面墙壁上。虽然在四维时空，但是爬行动物更多的是在三维时空的平面上活动。在史前，我们人类长时间都和爬行动物一样，活动在三维时空的平面上。后来经过几十万年的劳动实践，才开始挺起腰杆直立行走，才算真正进入四维时空，才有了语言文字、科学技术和嗣后的文明史。

但是在阳性物质世界，从四维时空退回到三维时空、从三维时空退回到二维时空，再退回到一维时空，却是顺势而下，极其容易。这同在阴性物质世界从高维时空退回到低维时空是十分容易的情况一样。

从高维时空退回到低维时空是从低维时空跨入高维时空的背面。如果说研究清楚了从高维时空退回到低维时空的问题，那么或许对于破除人类从低维时空跨入高维时空的时空维数的先天限制有一些启示。

10.2　神灵、上帝的开示

1. 宇宙间每个维数时空生命的存在形式

(1) 宇宙间每个维数时空生命存在形式的普遍性和特殊性。

如果说以我们所处的四维时空为参照系，宇宙的边界就是四维时空所能到达的极限，也就是目前宇宙膨胀的边界。而四维时空以外的所有维数的时空，都被裹挟在四维时空当中，也就是它们都存在于膨胀的宇宙之中。

一维时空是指空间只是一个点，时间表现为停滞状态。或者空间是零存在形式，只有一维的时间（可以是实时间即算术时间，也可以是虚时间）。它可以理解为宇宙大爆炸前的一个奇点。二维时空是指空间的一个点，随着一维时间的运动表现为一条直线（或者曲线）。它可以理解为宇宙间任何一条直线（或者曲线）。三维时空是指空间的一条直线，随着一维时间的运动表现为一个平面。它可以理解为宇宙间任何一条线段表示的长和宽构成的平面。因而一维时空、二维时空和三维时空都存在于四维时空当中。

一维时空（点）、二维时空（线）、三维时空（面）和四维时空（立体）一起构成了以实粒子为特征的阳性物质世界。生命在阳性物质世界的存在形式，如我们人类、各种动植物、微生物，乃至病毒等，都是由“肉身+灵魂+意识+潜意识（狭义）+潜意识（广义）”五大要素构成的。其中具有肉身，是生命在阳性物质世界的存在形式的主要特征。

四维以上的多维时空，是指五维时空、六维时空、七维时空、八维时空……十维时空直至二十六维时空。二十六维时空是史蒂芬·霍金在《时间简史——从大爆炸到黑洞》一书中首次提出来的。他说：“然而，弦理论有更大的问题：似乎只有当空间—时间是十维或二十六维，而不是通常的四维时它们才是协调的！”① 科学家现在证实在宇宙中有十一个维数的空间。从理论上说，空间的维数是无穷多的。在此，我们权且将空间的最高维数算在二十六维吧。

如上所述，五维时空、六维时空、七维时空、八维时空……十维时空直至二十六维时空，是高度弯曲和压缩的时空形式，它们一并存在于四维时空的裹挟当中。五维时空、六维时空、七维时空、八维时空……十维时空直至二十六维时空都是由虚粒子构成的，一起称之为阴性物质世界。

---

① 史蒂芬·霍金著，许明贤、吴忠超译：《时间简史——从大爆炸到黑洞》，湖南科学技术出版社 1995 年版，第 147 页。

而最高时空如二十六维时空又和最低一维时空（点）在四维时空内连接着，形成了一种互相贯通的关系。但是这种贯通却又不能和时空隧道混为一谈，前者是指最高维数的时空和最低维数的时空相贯通，表明宇宙的不同维数空间是相通的，形成一个开放的反馈系统；后者则是指以实粒子为特征的四维时空的阳性物质世界，和以虚粒子为特征的四维以上多维时空的阴性物质世界是通过时空隧道——空间的零存在形式和时间的停滞连接在一起的。

五维时空、六维时空、七维时空、八维时空……十维时空直至二十六维时空一起构成的以虚粒子为特征的阴性物质世界，其中每个维数的时空都存在着生命，我们统称为生命在阴性物质世界的存在形式。如神灵、上帝，各种神、鬼（瑰）等。生命在阴性物质世界的存在形式是由“灵魂+意识（不完全意识）+潜意识（狭义）+潜意识（广义）”四大要素构成的。其中没有肉身，是生命在阴性物质世界的存在形式的主要特征。

比较生命在阴阳两个物质世界的存在形式，可以看出这两种生命形式都存在着灵魂、潜意识（狭义）和潜意识（广义），这是二者的普遍性，或者说是共性；不同的是生命在阳性物质世界的存在形式具有肉身，而生命在阴性物质世界的存在形式则没有肉身。正因如此，生命在阳性物质世界的存在形式有由阳性物质的正物质（阳+）即特指的脑和阴性物质的负物质（阴-）构成的意识，而生命在阴性物质世界的存在形式则有由思维波——+阴′-和阴性物质的负物质（阴-）构成的意识（不完全意识）。这些可以看作是二者的特殊性，或者说是个性。

（2）实际上，我们人类所在的四维时空只是一个维数很小的时空。它比一维时空、二维时空和三维时空仅高三个等级，而比五维时空、六维时空、七维时空、八维时空……十维时空直至二十六维时空却低了许多等级。

每个维数的时空都存在着生命，至少在宇宙间就存在20多种生命吧。在这20多种生命形式中，只有四维时空的人类和各种动植物、微生物，乃至病毒等具有肉身，而其他绝大多数生命甚至最高等级的生命——神灵、上帝都没有肉身。这种情况告诉我们，宇宙间的人类是唯一具有肉身的高等生命，应当格外珍惜；但同时又显得十分孤立和脆弱。

我们有肉身的人类同二十多种没有肉身的生命相比较，论智慧和功能恐怕都比不上那些没有肉身的生命。原因是二十多种没有肉身的生命全部具有阴性物质功能即特异功能。而人类绝大多数都只具有常规功能，只有极少数人开发出了特异功能，相比较而言，量级也不是很高。所以从生命的等级来说，高级的生命形式就是没有肉身的生命。老子说：“吾所以有大患者，为吾有身，及吾无身，吾有何患！”① 恐怕也包含了这层意思。

（3）生命在阴性物质世界的存形式是看不见、摸不着的，其运动速度虽说低于光速，但却大大地超过常规速度。

宇宙间这二十多种生命在阴性物质世界的存形式，既然没有肉身，那么身体上就不存在以实粒子为特征的阳性物质的正物质（阳+），因而其元素周期表即门捷列夫元素周期表中 115 种元素的光谱，就统统不存在——没有可见光。当然因为它们没有肉身，所以就看不见，也摸不着。于是，这便成为一般人否认生命在阴性物质世界的存形式的理由。

宇宙间这二十多种生命在阴性物质世界的存形式，因为没有肉身，所以身体上就不存在以实粒子为特征的阳性物质的正物质（阳+）表现的质量，因而身体就轻便了许多。但是由于身体上还有两个单位的以衰变形式存在的阳性物质的负物质（阳-）即反物质，就要受到地球等天体引力的作用，因此它们的运动速度低于光速，但却大大地超过常规速度。

（4）生命在阴性物质世界的存形式时常在我们中间光顾，并且流连忘返。

宇宙间这二十多种生命在阴性物质世界的存形式，经常就在你我中间穿梭、活动。他们清楚地知道我们的一切所思所想和所作所为，但是我们对于它们却不甚了了，甚至没有任何觉察。主要的原因是：

其一，我们肉身的功能是根据四维时空维数的限定和要求而设计、构造的。肉身的各个器官既然生长和发育在四维时空，那么它就适应了四维时空的环境。这样，肉身的存在就限制了身体的运动速度向光速逼近，限制了对不可见光的观察，也限制了人的智慧的发挥。

其二，我们每个人都受到时空维数的先天限制。黑格尔说：“人不能脱离他的时代，就像不能跳出自己的皮肤一样。”我们的肉身是无论如何跳不进四维以上的多维时空的，这是谁也没有办法的事情。

各个时空层级的生命有其固有的活动轨道。例如，十维时空的神、鬼（瑰）要来到四维时空的我们中间，它必须顺次经过十维时空到九维时空、到八维时空、到七维时空……最后进入四维时空。即使处在二十六维最高层级的神灵、上帝要来到四维时空的我们中间，也要顺次经过二十六维时空到二十五维时空、到二十四维时空……十维时空到九维时空、到八维时空、到七维时空……最后进入四维时空。当然这种时空的顺势变换是在瞬间完成的，但是却必须按照其固有的运动轨道进行变换。

更重要的是，各个时空层级的生命按照其固有的轨道进入四维时空的阳

① 老子：《道德经》第十三章。

性物质世界，必须穿上它那个时空特定的“护身服”。它是一种有着不失去原有时空特色的天然保护装置，目的是当运动速度下降到光速以下算术时间时，这些时空层级的生命不致失去虚粒子构成的形体。这种时空特定的“护身服”，可以用拓扑学的原理略加描绘：它是在时空维数连续改变并进入四维时空的情况下，还能保持虚粒子形体不变的一些特性，它只考虑时空层级维数变化的关系，而不考虑由此发生的“虚—实”时间变换的差异。

2. 宇宙间最高等级的生命——神灵、上帝的开示①

（1）美国著名的精神心理学家布莱恩·魏斯博士，② 在给患者凯瑟琳做催眠治疗时，听到了由她转述的神灵、上帝的开示。当时凯瑟琳换成一个男子严肃庄重的声音说：“生命是无止境的，人决不会死，实际也没有出生，只是在不同的肉体和空间中度过。”“人之所以要到世间，以肉体的形式存在，是为了做事或还债。”“你下一生的生命遭遇，完全是你自己造就的。”

（2）神灵、上帝的开示揭示了生命的真谛。

“生命是无止境的，人决不会死，实际也没有出生，只是在不同的肉体和空间中度过。”这段话道出了生命轮回到底是怎么回事。生命的核心是灵魂。有灵魂才有生命在阴阳两个物质世界的存在形式。从生命的结构式看，灵魂后面加上意识（不完全意识）、潜意识（狭义）和潜意识（广义），就是生命在阴性物质世界的存在形式；灵魂前面加上肉身，后面加上意识、潜意识（狭义）和潜意识（广义），就是生命在阳性物质世界的存在形式。

生命在阴阳两个物质世界的存在形式的相互转化，就是生命的轮回。在这里，灵魂的意向怎样起到了举足轻重的作用。当一个人因为患有不治之症或者意外事故而导致肉身不复存在的时候，他就转变为生命在阴性物质世界的存在形式。这时灵魂（作为这个人肉身的同步缩小或放大的虚的形式）率领着意识（不完全意识）、潜意识（狭义）和潜意识（广义）三个要素，便在不同维数的时空遨游。到底它遨游到哪一个维数的时空，在那里又获取什么信息，完全决定于灵魂的意向。当然也与灵魂的质量怎样，有着极为密切的关系。

---

① 本节的研究，参考香港佛陀教育协会 2006/5 视频。钟茂森：《因果轮回的科学证明》。http：//www. tudou. com/programs/view/FVU419bvfow.

② 布莱恩·魏斯，美国著名的精神心理学家。1970 年毕业于美国耶鲁大学医学院，获得医学博士学位。曾在美国匹兹堡大学、迈阿密大学任教。从事心理临床治疗三十多年，发表了大量的科学论文和著作，是现代的精神心理学权威，尤其是轮回学的权威。主要著作：《Many Lives，Many Masters》，中文译为《前世今生》；《Through Time into Healing》，中文译为《生命轮回，超越时空的前世疗法》；《Mirrors of Time：Using Regression for Physical，Emotional，and Spiritual Healing》中文译为《医治身心的前世回归疗法》。

这时，如果接到生命程序和密码的总设计师——阴性物质世界——神灵、上帝的指令，灵魂就及时地从连接思维波——+阴′-的链条处断裂，并且不失时机地植入一个受精卵中，于是一个新生命的雏形就出现了。这标志着生命由阴性物质世界的存在形式轮回为阳性物质世界的存在形式。

生命在阴阳两个物质世界的存在形式的轮回是不断交替进行的，因而“生命是无止境的。”死亡不过是生命存在的另一种形式。死亡的背面是新生，新生也不过是生命存在的另一种形式。从这个意义上讲，“人决不会死，实际也没有出生，只是在不同的肉体和空间中度过。”

“人之所以要到世间，以肉体的形式存在，是为了做事或还债。”这段话道出了生命轮回为阳性物质世界的存在形式——作为一个人，应该承担的使命和如何偿还他在前世欠下的孽债。

一个人之所以能够轮回出世，或者说他的灵魂之所以能够及时地从连接思维波——+阴′-的链条处断裂，并且不失时机地植入一个受精卵中，完全听命于生命程序和密码的总设计师——阴性物质世界——神灵、上帝的指令。在这里，个人生前没有任何自由选择的可能。神灵、上帝让你轮回出生了，同时就赋予了你所应承担的使命和偿还曾经欠下的孽债。我们观察在同一环境中成长起来的人，尔后又有截然不同的命运和作为。就可知一个玻璃杯子和木头杯子，从制作成的一天起，就有不同的用途和归宿。纵观林林总总的人间万象，即使从初露的端倪上，也能看出诸事背后隐藏的不为人知的原因。

每个人来到世上都有他承担的使命。就是说他最适合干什么事，就必定能够干好那件事，从而在力所能及的范围内为社会做出贡献。可惜由于社会环境的复杂，特别是后天受教育的程度不同，以及个人努力的原因，这个愿望往往难以实现。其结果是个人才能被埋没，社会因此受损失。我想，衡量一个社会制度成功与否，只要看看是否人尽其才就能够说明问题了。

可以说绝大多数人来到世上都是为了做事的，所以这个社会才稳定，才有秩序和充满生机。但是极少数人来到世上却是为了还债的。原因是他在前世尽做坏事，谋财害命，劣迹斑斑。如上所述，因果关系是唯物辩证法的基本范畴，① 所以就一定是“种瓜得瓜，种豆得豆”。于是他这一世就得偿还孽债，注定要在各种煎熬中度过。如果恶习不改，就要受牢狱之灾。从这个角度说，无论在哪一个社会，警察和监狱都是需要的。

“你下一生的生命遭遇，完全是你自己造就的。”这段话可以理解为神灵、

---

① 参见本卷第 14 章 14.4“因果轮回的理论证明”。

上帝向世人劝善，或者说是对世人的告诫。

根据西方科学家大量的实验证明，生命的因果轮回是有充分的科学根据的，是不以任何人的意志为转移的。佛祖释迦牟尼早在两千多年前就讲到因果轮回。佛经上说："欲知前世因，今生受者是；欲知来世果，今生作者是。"意思是：你这一生是平安、顺利，还是灾难不断，都是由你前世有着怎样的作为而引起的；你来世将过得怎样，那就完全由你现在的思想、行为的好坏决定了。

佛教提倡普度众生，教人做好事善事。佛教的教义中包含了许多还未被现代科学证明的科学原理。佛教的因果轮回说更是经典中的经典。所以爱因斯坦指出："未来的宗教将是一种宇宙宗教。它将是一种超越人格化神，远离一切教条和神学的宗教。这种宗教，包容自然和精神两个方面，作为一个有意义的统一体，必定是建立在由对事物的——无论是精神，还是自然的——实践与体验而产生的宗教观念之上的。佛教符合这种特征。"①

10.3 如何与不同维数时空生命进行交流和沟通

1. 人类与不同维数时空生命进行交流和沟通的可行性

（1）人类存在着时空维数的先天的限制。

阴阳两个物质世界的隔膜，主要是实粒子和虚粒子变换的困难。

宇宙间的物质领域，按照物理学上的划分，分为宏观物质世界（表现为实粒子特征）、微观物质世界（表现为既有实粒子特征又有虚粒子特征）和超微观物质世界（表现为虚粒子特征）。其中微观物质世界是一个过渡性的物质世界，因为它具有"波粒二象性"的特征。按照中国古代的阴阳学说，将微观物质世界中主要具有粒子性、次要具有波动性的物质划归到宏观物质世界，称之为阳性物质世界；将微观物质世界中主要具有波动性、次要具有粒子性的物质划归到超微观物质世界，称之为阴性物质世界。

阴阳两个物质世界存在的隔膜，主要是实粒子和虚粒子变换的困难。本

---

① 引自《Albert Einstein：The Human Side》。〔美〕普林斯顿大学出版社，1954年版。原文是："The religion of the future will be a cosmic religion. Buddhism has the characteristics of what would be expected in a cosmic religion for the future：it transcends a personal God，avoids dogmas and theology；it covers both the natural & spiritual，and it is based on a religious sense aspiring from the experience of all things，natural and spiritual，as a meaningful unity. Buddhism answers this description. If there is any religion that would cope with modern scientific needs，it would be Buddhism." — Albert Einstein. [1954，from Albert Einstein：The Human Side，edited by Helen Dukas and Banesh Hoffman，Princeton University Press]

质上却是物质运动的速度问题。阳性物质世界的实粒子运动速度限制在光速以下，而阴性物质世界的虚粒子运动速度起步就是超光速。要让阳性物质世界的实粒子运动速度超过光速，几乎是不可能的事情。因为至少目前世界上还没有这么大的动力，能够将它推进到如此高的速度。这从一个侧面也说明了人类由四维时空跨入四维以上的多维时空的艰难。但是阴性物质世界的虚粒子运动速度却可以顺势下降到光速以下，这从另一个侧面也说明了高维数时空的生命，由所在的四维以上的多维时空进入四维时空是一件十分容易的事情。但是它们却必须沿着固有的轨道运动，即遵守宇宙的道德法则。否则虚粒子就变为实粒子，那么它们就再也回不去高维数时空了。

突破时空维数先天限制的困难同克服困难的条件是一并存在的。

从四维时空跨入五维、六维、七维……十维以上的多维时空要经过一系列的逆向的时空变换。其中最困难的是从四维时空跨入五维时空，这是从阳性物质世界跨入阴性物质世界，属于质变的过程。而从五维时空继续进入六维、七维……十维以上的多维时空，则是比较容易的事情。因为是在同一个以虚粒子为特征的阴性物质世界，属于量变的过程。

一般地说，人类自身要直接从四维时空跨入五维、六维、七维……十维以上的多维时空，是不可能的事情。只有极少数特异功能者可以做到，但是不代表人类整体的水平。因此，在科学还没有发展到就应有的高度，在新的数学、物理学体系未建立起来之前，特别是运算速度起步就是超光速的高智能计算机未诞生之前，时空维数对人类的先天限制不可能得到改变。

因为人类具有以实粒子为基本特征的肉身存在，所以就不可能直接跨入四维以上的多维时空的阴性物质世界。但是困难同克服困难的条件是一并存在的。人在具有肉身的同时，就存在灵魂和意识。于是，由灵魂产生和发射的灵魂波——-阴′+，和由意识产生和发射的思维波——+阴′-相耦合，成为一种强大的推动力，推动思维波——+阴′-并携带阴性物质的正物质（阴+）——意念，以超光速的速度直达四维以上的多维时空，在那里检索信息和破译密码。人类通过这种方式进入阴性物质世界，已经是与生俱来的习惯了。

但是，突破时空维数先天限制的问题仍旧没有从根本上解决。问题还是出在我们自身。例如，即使在身处四维时空的阳性物质世界，我们也不可能和来到我们面前的四维以上多维时空的高等生命面对面地交流和沟通。因为我们在它们面前简直就是瞎子和聋子，既看不见它们，又摸不着它们。甚至连它们许多明显的提示都浑然不知。但是四维以上多维时空的高等生命对我们的一切却了如指掌。我们在它们面前差不多像个有智障的孩子。这既是人类摆脱不了的悲哀，但也成为我们发展科学技术的强大的反推力。

事实上，我们每个人就是在这种聪明、愚昧和无知中挣扎着度过自己一生的。但同时又一代一代地积累着智慧和才能，逐渐地向最终突破时空维数的先天限制而逼近。——这就是科学发展的终端目标。

(2) 西方科学家与不同维数时空生命的对话。①

欧美科学家对不同维数时空生命的研究走在世界前列。

从理论上讲，宇宙空间的时空维数有无数个。史蒂芬·霍金说的二十六维时空，只是一个假设。在四维以上的多维时空中，每个时空层级都有生命存在。因为它们是生命在阴性物质世界的存在形式，所以我们肉眼看不见，也摸不着。这些在另外时空存在的生命形式，我们称之为神、鬼（瑰）。从20世纪初起，欧美科学家经过无数次的实验，证明有神、鬼（瑰）存在。并且运用通讯工具和神、鬼（瑰）进行对话，有录音磁带为证。在这些对话中，还有像神灵、上帝一样更高维数时空的生命，向我们人类开示了不少富有哲理的名言。

现在研究生命在阴性物质世界的存在形式的学者很多，主要集中在欧美国家。一般称之为研究灵性生命的专家。例如，美国著名的精神心理学家布莱恩·魏斯，代表作：*Many Lives*，*Many Masters*，中文译为《前世今生》；意大利著名灵性生命研究专家马协娄·巴希博士；利物浦John Moores大学心理学教授David Fontan博士，他是英国人，代表作：《真有死后的生命吗?》；德国科技大学物理学Ernst Senkowski博士，他是教授，代表作：《以通讯工具与未知生命的对话》；还有意大利的Felice Masi博士，他是精神研究协会的主席。他们有的在催眠当中发现有不同维数时空的生命——神、鬼（瑰）存在，有的则利用通讯工具跟这些未知生命对话。

这里重点介绍意大利著名灵性生命研究专家马协娄·巴希博士的科学实验。巴希博士从1949年起就对灵性生命进行研究，他一生投入在这项事业上，殚精竭虑，为科学事业做出了巨大贡献。

巴希博士研究灵性生命的方法，是用一种特殊的通讯仪器来收录那些神、鬼（瑰）的声音。几十年来他做了很多成功的实验，也发表了大量的论文。巴希博士的实验通常是在一个很大的实验室里进行的，参加实验的人数有几十个人，包括研究灵性生命的专家，研究超自然现象的专家，还包括提供这些通讯工具的工程师，以及志愿参加实验的研究对象。这些研究对象通常都

---

① 本节的研究，参考香港佛陀教育协会2006/5视频。钟茂森：《因果轮回的科学证明》第四部分“对不同维次空间生命的研究”。http://www.tudou.com/programs/view/FVU419bvfow.

是一些刚刚失去孩子的母亲，她们很思念自己的孩子，想要跟孩子沟通一下，听说这个实验可以帮助她们，就主动到实验室来参加实验。

实验每每是在晚上九点钟开始的。因为从经验得知，神、鬼（瑰）通常都是在黑夜出没的。到了晚上九点钟的时候，巴希博士领导这一组专家，将通讯仪器调到七到九兆赫的短波段。这种短波段可以过滤掉一般的电磁讯号，如手机讯号、电视和广播电台讯号，让这些讯号统统不影响实验。之后听到从喇叭里传出一些正常的噪声。当这些噪声大概持续十到二十分钟以后，就听到喇叭里的噪声突然中断，代之以像风一样的声音从喇叭里吹出来。在风声当中还夹杂着人唱歌的声音，由远及近而来，真的好像那些神、鬼（瑰）来了。

几十年来，这种实验巴希博士已经做了许多次了。他很有经验，当听到这种声音的时候，就马上对着喇叭开始呼叫，他说："朋友们，你们在哪里？我们就在这里，请你说话！"过了一段时间，就听到喇叭里传出应答声："来了，来了"。之后这些声音愈来愈明显，有时候是一个人的声音，有时候是好几个人的声音。当这些声音很清晰的时候，巴希博士就开始录音，将说话声全部录在磁带上。从说话的声音判断，都是这些志愿参加实验的母亲刚死去的孩子的声音。——是这些孩子回来对他母亲所说的话。

这里摘抄了一段录音。他是一个名叫 Gregorio 的意大利孩子，刚刚死了没有多久。他来了以后，就通过这个喇叭对他母亲说话。这段话原来是意大利文，翻译成中文是："亲爱的妈妈，不要难过，总有一天您会知道我们的奥秘，当您离开身体的时候，您会发现您的灵魂进入了另一个层次的生命。"显然，这是这个孩子回来安慰他的母亲的话，告诉他母亲说你不要难过，也不要太思念我们，我们在这里活得好好的，总有一天你会来到我们这里，就会知道我们的奥秘了。这种录音很多，内容都发表在巴希博士的论文里。

（3）这些神、鬼（瑰）为什么会回来呢？原因有以下两点：

心（灵魂）的能量能够感通不同维数的时空。因为这些母亲特别思念她们的孩子，这个思念的力量就能够突破不同维数的时空。古人云："父子有亲。"父母跟子女的亲情是超越时空的。孔子在《孝经》中说："孝悌之至，通于神明，光于四海，无所不通。"那么能够通什么呢？通不同维数的时空。这些母亲思念着孩子，她真心在思念，虽然嘴里没有叫他的名字，可是心里在思念着他。这个"念"实在不可思议。当你去想着他、思念着他的时候，就能把这些死去的幽灵思念回来。可见，人的心（灵魂）的能量是十分巨大的。目前，科学研究基本上都在物质上下功夫，还没有真正钻研到心（灵魂）。须知心（灵魂）才真正是宇宙万物的主宰。一些宗教里面也讲，你诚心念佛，真的能把佛念来。佛也是不同维数时空的生命，而且是很高层级时空的生命。这些神、鬼（瑰），它们的时空层级都比佛低，你思念它们当然能把它们思念来。可见，真诚的心就能感通不同维数的时空。

声波的能量能够沟通不同维数的时空。虽然这些母亲心里思念着她的孩子，但是还得有人呼叫，孩子的幽灵才会到来。巴希博士就对着喇叭说："朋友们，你们在哪里？我们就在这里，请你说话！"呼叫的声音是由心（灵魂）的能量激发出来的。声音是一种声波，声波的波动就是能量。这个能量同样能够沟通不同维数的时空。佛教叫人念佛号，念佛号的声音就是一种能量，它能够沟通不同的维数时空，真的能够把佛念来。因为声音是带着人的心（灵魂）的能量传播出去的，所以江本胜博士用他的声音对着水说话，对水的结晶就会产生影响，[①] 更何况面对这些富有灵性的不同维数时空的生命，能不发生影响吗？

（4）为什么说父母和子女的亲情能够沟通不同维数的时空？

这需要从父母和子女的灵魂和意识的构成说起。父母的灵魂产生和发射的灵魂波和子女的灵魂产生和发射的灵魂波，以及父母的意识产生和发射的思维波和子女的意识产生和发射的思维波，在频率和波长上十分相似，因而极易产生同频共振的情况。特别是父母和子女的灵魂波和思维波相互耦合而发生的同频共振现象，成为父母和子女相互之间挂念的科学依据。

当一个灵魂植入受精卵和意识在宫腔初成雏形时，这个灵魂和意识与父母的灵魂和意识就有相似和相通的方面。原因是相互之间的灵魂波、思维波发生同频共振，因而这个灵魂才可以顺利植入受精卵中，意识的雏形才能够形成。子女和父母的这种缘分，在灵魂植入受精卵的一刻就产生了。

还有一种情况是，当某个差异不甚大的灵魂植入受精卵后，在可容许的阈值范围内，父母的灵魂和意识还可以对其进行某些微调，以使其与自己达到同频共振。这也是父母与子女之间情感深厚的一个重要原因。

由于灵魂波——－阴′＋和思维波——＋阴′－都是亚类的阴性物质，中性，浸和力强，运动速度起步就是超光速，因而能够自如地穿越不同维数的时空。推而知之，父母和子女的灵魂波——－阴′＋和思维波——＋阴′－相耦合，他们

---

① 江本胜（Masaru Emoto）博士。1943 年生于日本横滨市，横滨市立大学文理学部国际关系学系毕业，供职于日本 IHM 研究所。他花费近十年时间做了几万次的实验，每次他都从自来水管接两试管水，一个试管上面贴上一些美好的语言，譬如说"爱、感谢"；另一个试管上面贴上一些恶毒的语言，譬如说"真恶心、讨厌、我恨你、我要杀你"。过一段时间之后让水冷却结冰，然后用高倍显微镜观察水的结晶。结果发现，贴上美好语言的试管，结晶体像大钻石一样美丽。而贴上恶毒语言的试管，结晶体非常难看、丑陋。可见人的心态和语言能够影响水结晶的结构。

之间的亲情就能够沟通不同维数的时空。

2. 对不同维数时空生命研究的重大突破

（1）像这种和不同维数时空生命进行对话的实验，马协娄·巴希博士做了很多。其中最成功的一次，是 2004 年 12 月 5 日晚做的实验。这次实验参加的人数有 30 多位，都是资深的教授、学者和一些研究灵性生命的专家。实验开始后，巴希博士把收音的设备调到短波段，就听到了这些神、鬼（瑰）的声音。之后他关掉了收音设备，可是这些神、鬼（瑰）的声音还继续在喇叭里响。换句话说，其实通讯设备就根本不是跟这些神、鬼（瑰）接通的媒介。你关掉了收音设备，就等于说不能再接收任何声音的讯息，然而神、鬼（瑰）的声音还在继续着。这一切的发生不依赖于通讯工具作媒介，是科学上的一个突破。

（2）那么什么是和这些神、鬼（瑰）交流和沟通的媒介？根据本书的立论，我认为只能是阴性物质的负物质（阴－）。

阴性物质的负物质（阴－）即阴性物质的反物质，以虚粒子构成，运动速度起步就是超光速，理论上讲通常是以衰变形式存在的。但是由于经过〔－×（－）＝＋〕的基本数学原理的变换，它总是处在衰变和未衰变的交替变换之中。而且这种交替变换是以超光速的速度进行的。在四维时空就是看见的类似小水珠一样的东西。它无处不在、无时不有，充满四维时空而不占有这个时空。它就是一切物理过程在其间进行的物质——媒质——以太。

阴性物质的负物质（阴－）直观地表现为像无数小水珠一样的东西，说明经过基本数学原理变换之后，它已经有了阳性物质的正物质（阳＋）的某些特征，但又不失去虚粒子的本色。于是实粒子和虚粒子在微观物质领域表现的“波粒二象性”特征，在它身上就兼而有之。我们可以设想，阴性物质的负物质（阴－）具有无限的穿透性、记忆性、抗干扰性和超宽频带的特性，它携带了巨大的信息量，蕴涵着极高的能量，因而它是天然的媒质。

（3）那么巴希博士在和神、鬼（瑰）进行对话之初，为什么还需要这些收音设备呢？其实一开始使用这些通讯工具，只起到一种诱因的作用。目的是诱导信息流动的方向，凝聚富有灵性的阴性物质的负物质（阴－）达到一定的量级。这正像男女青年在谈恋爱之前需要某种外来的暗示一样，也仅仅起到一种诱因的作用。真正将一对恋人结合到一起的东西是情感，是爱。

我相信，当科学发展到一定的高度，在我们要和不同维数时空生命进行对话时，利用通讯工具作为媒介——诱因的作用必将大大地减小。那时我们可以直接和神、鬼（瑰）对话，抑或是和神灵、上帝对话。而阴性物质的负物质（阴－）作为一种天然的媒质，就自然而然地充当媒介的身份了。

3. 未来世纪人类科学发展的曙光

（1）偶然间拍摄到神、鬼（瑰）的照片。

现在科学家已经能够利用通讯设备跟神、鬼（瑰）对话，但是还没有真正运用拍摄技术把神、鬼（瑰）的形象拍摄下来，只是在偶然的机会拍摄下某个神、鬼（瑰）的照片。因而人们虽已听到神、鬼（瑰）的声音，但却没有亲眼见到神、鬼（瑰）是个什么样子。等到什么时候既能亲耳听到神、鬼（瑰）的声音，又能亲眼看见神、鬼（瑰）的形象，那么就实实在在地证明了不同维数时空存在着生命。这只能寄希望于以后科学的发展。

这里是一个在偶然的情况下人们见到神、鬼（瑰）的实例。

2004 年 2 月的一天，有一位印度学者到印度的原始森林里去访问一个土著部落，途中遇到一位研究人类学的日本学者，于是两个人结伴而行，并在森林里的土著部落住了几天。这个部落的人相信他们的祖先生活在一个墓园里，这个墓园是一块圣地，一般人是不可以随便闯入的。如果闯入的话，那是要受到他们的祖先惩罚的。这两个学者不知道这个规矩。一天傍晚，他们来到墓园游览，看到风景不错，就想用一架数码相机（digital camera）拍照。印度学者先给日本学者拍照，按下快门之后，突然间日本学者昏倒在地。印度学者在惊吓之余赶紧跑到部落里向长老求救。这些长老经验丰富，知道一定是被祖先惩罚了。因此赶紧念咒语，用一些草药，就把日本学者救过来了。

印度学者回家以后，把那天傍晚给日本学者拍摄的照片下载到电脑里，结果看到在这位日本学者的身后有一个神、鬼（瑰）的形象，它的眼睛和腿有些模糊，但是形体的轮廓还是清楚的。① 这可能是目前用数码相机拍摄的较为清晰一张神、鬼（瑰）的照片，也是在互联网上广泛传播的一张神、鬼（瑰）的照片，从而引起人们对于不同维数时空生命存在的深深的思考。

（2）研制出一种专门拍摄神、鬼（瑰）形象的照相机、摄影机。

为什么这种数码相机（digital camera）能够拍摄到神、鬼（瑰）的形象呢？

人的肉眼看见的诸多形象的光波叫做可见光。科学家告诉我们，可见光只占整个宇宙光波的百分之二。换句话说，百分之九十八的光波是看不见的，称作不可见光。因而我们的眼睛只能看到宇宙百分之二的东西。

拍摄一般的相片，它的胶卷感光颗粒感受的光谱要比人的肉眼感受得宽广一些，因而肉眼看不到的光，底片可以感光。譬如说，透视用的 X 光，肉

---

① 参见香港佛陀教育协会 2006/5 视频。钟茂森：《因果轮回的科学证明》第四部分“对不同维次空间生命的研究”视频照片。http：//www. tudou. com/programs/view/FVU419bvfow.

眼看不到，却可以在底片上面感光。还有一些光，像红外线、紫外线、伽玛射线、宇宙射线等，这些光波我们肉眼都看不到，但是用数码相机的感光颗粒，却可以感光。一个感光的颗粒叫一个像素，这些像素感应的光波又比胶卷的感光更宽阔。所以在天文学上都用数码相机拍摄宇宙天体。

用数码相机只是在偶然的情况下才拍摄到神、鬼（瑰）的形象，说明目前摄影器材和拍摄技术还比较落后。看来提高摄影器材的科技含量是关键。随着科学技术的进步，一定能够研制出一种专门拍摄神、鬼（瑰）形象的照相机、摄影机。这样，人们对于不同维数时空生命的了解就会更多一些。

如果有一天我们能够拍摄到不同维数时空生命的照片或影像，又可以和它们进行对话，就必将使人们的眼界大为开阔，思想空前解放。这是人类对物质世界认识上的质的飞跃，是值得“人—神”共庆的盛大节日。

我相信，当未来科学发展到一定高度，人们只需要戴一副特制的眼镜和耳机，就能够看见不同维数时空生命的景象，又能够自由地和这些不同维数时空的生命对话，其中包括你的曾经去世的亲朋好友。说不定你还能够和仰慕已久而又逝世多年但未及轮回的哲学家、科学家、文学家和艺术家讲话呢。

第 11 章　宇宙的秩序何以成为道德的秩序

11.1　宇宙全息律与人体的全息性

1. 宇宙全息率

它是指宇宙间的万事万物同一个体的部分与整体之间、同一层次的事物之间、不同层次与系统中的事物之间、事物的开端与结果、事物发展的大过程与小过程、时间与空间，都存在着相互全息的关系。因此，宇宙间的万事万物，信息同源，程序相同，节奏相应。

以地球上的生物为例，生物体一个全息元上的各个部位，都分别在整体上或者其他全息元上有各自的对应部位；全息元的一个部位相对于该全息元的其他部位，与整体或者其他全息元上所对应的部位生物学特征相似程度较大；各部位在一全息元上的分布规律与各对应部位在整体上或者其他全息元上的分布规律相同。因此，生物学特性不完全相同的各部位的分布结果是全息元在不同程度上成为整体的缩影，而且各全息元之间也在不同程度上具有较大程度的相似性。

根据生物的时空有序结构的泛对称性，科学家又提出生物全息重演律。这个定律指出，生物体相对独立的局部子泛系是整体时空中有序结构的泛系统模型。时间的泛对称即为泛系重演性；空间的泛对称即为泛系全息性。生物全息重演律是对生物全息律深化的认识。

全息理论概念的发现，突破了原有对于部分与整体关系认识，是认识上的飞跃，在理论上是一个伟大的创造。现在科学界业已达成了这样的共识：一切事物乃至宇宙都具有四维立体全息性，并且每一事物都是宇宙的全息元。全息的本质是信息的重演。一切进化、发展都存在固有的信息。

2. 人体的全息性

19 世纪中叶，德国博物学家海克尔根据贝尔和拉马克动物胚胎演变的概念①，

---

① 海克尔（1834—1919）德国博物学家。1866 年在《有机体的普通形态学》一书中提出生物发生律，为生物进化论提供了有力证据。贝尔（1792—1876），一译冯·贝尔，生物学家，比较胚胎学创始人。1828 年和 1837 年发表《动物的发育》，在胚胎学上提出“贝尔法则”。拉马克（1744—1829）法国博物学家。无脊椎动物学的创始人。主要著作有《无脊椎动物的系统》《动物学哲学》。

提出了一个著名的生物发生定律。这个定律指出，在胚胎过程中重演其祖先在进化中的程序，进一步把进化论建立在胚胎学发现的基础上。

进入 20 世纪 80 年代，中国的生物学家、医学家根据中医耳针、面针和鼻针传统疗法，提出生物的部分与整体的相互包含的全息律，例如，耳朵就像人体倒置的胎儿。耳壳上的各个部位对应着人周身的相应部位，它作为人体的全息元，是一个人整体的缩影，全息了人体的信息和密码。

根据生物全息率很自然地在人体上发现全息性，并且在实际生活中进一步验证了它的正确性。人的耳壳外形就像人体倒置的胚胎。耳壳上的各个部位对应着人周身的相应部位。中医根据人体全息性的原理，针刺耳壳上某个穴位，就可以治疗人身上相对应的部位的疾病。不仅耳朵是人体的全息元，几乎人体的所有部分器官，都对应着人体相应的某个部位，从而成为它的全息元。舌也是人体内脏的缩影。中医治病时望舌可以测其脏腑经络之寒冷虚实，例如，舌尖可诊心肺疾病，舌中可诊脾胃疾病，舌根可诊肾疾病等。不仅如此，眼睛、鼻子、牙齿、腿、脚、胳膊、手等都体现了人体的全息性。中医正是按照这种全息性的理论，肺有病治肾，心有病治肝脾，五脏有病可由治疗手脚得到痊愈。

人的灵魂是人体的全息元，也是一个人整体的缩影；灵魂和意识处在对立统一地位，它们一起又作为复合全息元，不断地向宇宙间发射灵魂波——−阴′+和思维波——+阴′−，传递生命的信息和密码，把人自身和宇宙连接在一起。就人体来说，它作为宇宙不同部位的一个分布结果，也是宇宙的一个全息元，因此一个人就是一个小宇宙，“天—人—地”三者是通过信息连接在一起的。更确切地说，人是最完善的小宇宙，在人体上重演了宇宙运动和变化的一切规律。

3. 生物的能量与人体场

(1) 生物的能量、信息与存在的态势。物质是能量存在的一种形式；同样地，能量也是物质存在的一种形式。在阳性物质世界更多的是物质作为能量的存在形式；在阴性物质世界更多的是能量作为物质的存在形式。

按照中国古代科技的理论，宇宙间的万事万物是由三部分组成的：一个是气（炁），另一个是数，还有一个是象。这里说的气（炁），就是以虚粒子为特征的物质，可以理解为能量（Energy）；数就是以能量为载体的信息（Information）；象则是物质的存在态势（Mode）。气（炁）、数、象用英文大写字母可以表示为：EIM。

气（炁）、数、象即 EIM 对于人体来说，就是一个人的精、气、神。具体地说，精——气（炁），即一个人的能量是否充足，也就是精力是否旺盛；

气——数，即一个人的信息是否灵通，也就是是否耳聪目明，通达天下；神，即一个人姿态是否端正，也就是行为举止是否大方、得体。通常说某人很有精、气、神，就是指这个人精力充沛、耳聪目明、举止端庄，是一种健康的标志或表现。如果说某人没有精、气、神，就是指这个人能量不足，信息即将丢失，其存在的态势也要改变了。这是生命走向萎缩或者行将死亡的表现。

人的精、气、神与宇宙的气（炁）、数、象是同根同源，或者还可以说人的精、气、神是宇宙的气（炁）、数、象的全息元。因此精、气、神在一个人身上的集聚、展现，都要重走宇宙的气（炁）、数、象集聚、展现的工作程序。例如，整个阴性物质世界像一台巨大的无形的超光速运算的高智能计算机，集气（炁）、数、象于一身，即它有巨大的能量、储存着宇宙间所有的信息、密码，进行着超光速运算，但是从四维时空视角观察它的形态却又是无形的。

由于人的精、气、神是宇宙的气（炁）、数、象的全息元，一个人就是一个小宇宙，所以宇宙的一切功能，抑或说阴性物质世界的一切功能，人都是具备的。所谓的特异功能是宇宙普遍存在的功能，也是人人都具有的功能。人的特异功能即宇宙功能，之所以难于发现和利用，是因为这些功能总是在压缩的时空内重演的；而且也只能在短暂的时间再现，重演的时间越短，重演的空间越小。但是又必须按照宇宙的信息程序发生，既不能省略，也不能超越。这就使人的特异功能在发生的时候，总是在压缩的时空中短暂地再现，往往不易觉察。因为先天的原因或者后天的开发，只有极少数人的特异功能能够明显地表现出来。它是宇宙的气（炁）、数、象以全息元的方式在一个人身上的集中和突现，也是一个人的精、气、神凝聚后而外化的极致。

（2）人体的场及场性。宇宙间的万事万物，信息同源，程序相仿，节奏相应。人既是万物之灵，又是宇宙的全息元。在一个人身上，全息了宇宙的所有信息和密码。那么在宇宙和人之间通过什么东西相互沟通，而又采取什么手段、按照怎样的程序获取信息和破译密码呢？

现代物理学研究表明，物质的存在具有两种形态：一种是由基本粒子构成的实体；另一种是人们的感官所不易觉察的场态。显然这里说的物质，是特指以实粒子为特征、运动速度在光速以下的阳性物质。

但是即使同样是阳性物质，物质存在的这两种形态还是有区别的。譬如，在宏观物质世界，人们更多地看到的是物质的实体，而更少地感觉到场的存在；而在微观物质世界（主要是粒子状态、次要是波动状态的领域），人们更少地看到的是物质的实体，而更多地感觉到场的存在。由此推之，在以虚粒子为特征、运动速度起步就是超光速的阴性物质世界，物质的存在基本上没有实体，只有一种场态。但是即使同样是阴性物质，物质存在的这种场态还是有区别的。譬如，在超微观物质世界，人们全部感知到的是物质的场态；而在微观物质世界（主要是波动状态、次要是粒子状态的领域），人们则更多地感觉到场的存在，只会在偶然的时候看到物质的实体，但也只限于微观粒子状态。

按照现代物理学的观点，认为场动则成波。波也可以看成是因场动而显示的事物的形，因而场与波或者说是场与形实际上都是一个事物的两个方面。在一定条件下，场与波或者说是场与形是互相转化的。中国古典文献中讲："聚则成形，散则化气。"说的就是形与场或者说波与场的相互转化的道理。现代科学实验也证明，电磁振荡场能够变成电磁波。场动则成波的实用产品，是发电机和电动机。既然阴阳物质有场，那么作为阴阳物质的复合体——高等生命的人是否也有场呢？现代人体科学试验，证实了人体同样有场，称之为人体场。

中国人很早就注意到人体有体光，并且根据体光颜色的变化来判断一个人的健康状态。真正对这种体光——人体场的科学实验，直到 19 世纪中叶才开始。当时科学家普遍认为人体场是一种万有能的特征表现，而这种能是与人的生命紧密相关的；它被描述为围绕人的肉身的发光体，并且散发着自身特有的辐射。

世界各国对人体科学研究的共识是：人体场的存在，是不容怀疑的事实。人的一生存在于一个宇宙的万有能场中，人体从宇宙场中吸取能量，也向宇宙场发射能量。这是人与宇宙交换能量的一个川流不息的过程。人的能量流产生人体的气（炁）流，以人的脊柱为中心轴呈螺旋式的运动状，于是在人体周围形成了分为几个层次的"雾"状，这便是人体场的外部表现形态。

11.2　人体的生命信息元和宇宙联结

人与宇宙同根同源。人是宇宙的全息元，因而人与宇宙信息相同，程序相仿，节奏相应。在一个人身上，全息了宇宙的所有信息和密码，也反映了宇宙的复杂性、多变性和深邃性。广袤的宇宙和一个人之间时时刻刻发生着场的效应，存在着千丝万缕的联系。

生命在阳性物质世界的存在形式由五大要素构成，可以表示为：

肉　身 + 灵　魂 + 意　识 + 潜意识（狭义）+ 潜意识（广义）
阳+ 阴-　阴+　阴-　阴+　阴-
———————————————————————
阳- 阴+　阳-　阳+（脑）　阳-　阴+

在人体内部生命的各个要素之间，乃至人体和整个宇宙之间都是通过生命信息元联结在一起的。这里说的信息元，既可以理解为生命的某一要素，也可以理解为某一单元水平上的量子或者虚量子。①

一个人的生命信息元最主要的部分是灵魂和意识。

灵魂是阴性物质的正物质（阴+）和以衰变形式存在的阳性物质的负物质（阳-）即反物质构成的矛盾对立统一体。它的动态描述是：以衰变形式存在的阳性物质的负物质（阳-）即反物质围绕着阴性物质的正物质（阴+）做旋转式运动，产生和发射出携带信息和密码的灵魂波——-阴′+。

意识是阳性物质的正物质（阳+）即特指的脑和以衰变形式存在的阴性物质的负物质（阴-）构成的矛盾对立统一体。它的动态描述是：以衰变形式存在的阴性物质的负物质（阴-）围绕着阳性物质的正物质（阳+）即特指的脑做旋转式运动，产生和发射出携带信息和密码的思维波——+阴′-。

灵魂和意识耦合并通过灵魂波及思维波与宇宙联结，如下图示之：

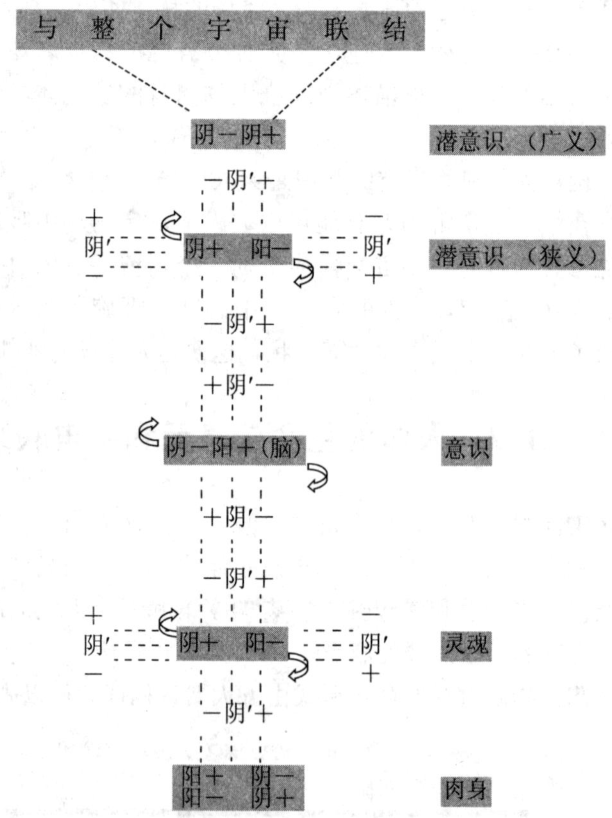

灵魂和意识耦合并通过灵魂波及思维波与宇宙联结示意图

① 量子，指微观世界的某些物理量不能连续变化而只能取某些分立值，相邻两分立值之差称为该物理量的一个量子。也就是说，它是指波可被发射或吸收的不可分的单位。

灵魂栖息在人的心窝处；意识存在于人的头部。从灵魂和意识在人体的部位来看，它们是生命体的构成要素，占据着生命体的重要位置；但是从灵魂和意识的功能来看，它们又是生命体的全息元，全息了人的所有信息和密码。

分析灵魂和意识的构成，可以看出灵魂和意识又和整个宇宙存在着天然的联系。例如，在灵魂的统一体中，以衰变形式存在的阳性物质的负物质（阳-）围绕着阴性物质的正物质（阴+）做旋转式运动，产生和发射灵魂波——-阴′+，而“阴+”作为阴性物质的正物质，和宇宙中的阴性物质的负物质（阴-）及阳性物质的负物质（阳-）既是遥相呼应，又在相互吸引——互相传递信息和密码。在意识的统一体中，以衰变形式存在的阴性物质的负物质（阴-）围绕着阳性物质的正物质特指的脑（阳+）做旋转式运动，产生和发射思维波——+阴′-，而“阳+”作为阳性物质的正物质，和宇宙中的阳性物质的负物质（阳-）及阴性物质的负物质（阴-）既是遥相呼应，又在相互吸引——互相传递信息和密码。特别是灵魂波——-阴′+和思维波——+阴′-耦合进入阴性物质世界，更是将人体和整个宇宙空间联结起来相互交换能量和信息。

11.3　宇宙的秩序是什么

宇宙的秩序，就是主体世界的六大定理描述的宇宙间万事万物的运动规则。在这六大定理中，对宇宙的秩序尤其发生重要影响的是围绕核心旋转定理。这六大定理既在独立地发生作用，又在综合地成为一种合力而发挥作用。

1. 宇宙天体在宏观上的秩序

宇宙天体在宏观上的秩序也就是形式上的秩序，它首先表现为围绕核心旋转定理发挥的作用。例如，月亮围绕着地球转动，地球围绕着太阳转动，太阳系的九大行星都围绕着太阳转动。而太阳领着九大行星和其他天体一起又围绕着银河系转动。银河系还在围绕着河外星系转动……还有相互交替围绕核心旋转的双子星等。现在哈勃望远镜发现了更加遥远的天体，除了继续观察到围绕核心旋转定理所阐述的天文事实之外，发现中子星、黑洞、反物质，还发现宇宙在均匀地膨胀着……

这是宇宙间物质的凝聚与发散的运动过程。一切都依照力量的大小在决定谁主谁从，以及服从怎样的运动轨道。宇宙间信奉的是强者的理论，遵从以强带弱的逻辑。但是当“核心”强大到它再也不能强大的时候，便在顷刻之间分崩离析，然后又开始新一轮的运动。①

2. 宇宙天体在微观和超微观上的秩序

现代实验科学证实，在微观物质领域，电子围绕着原子核旋转，而原子核内的质子、中子等，也仍然围绕着核心旋转。在微观物质领域的中介部位，还显示出“波粒二象性”的特征。②

在超微观物质领域或者说在阴性物质世界，虚粒子正常的运动秩序也是遵从围绕核心旋转定理在运动。因为阴性物质的负物质（阴-）是以衰变形式存在的，所以它就围绕着阴性物质的正物质（阴+）在做旋转式运动，不过其特点是以超光速的速度发散和收敛，有着自身的不同特点罢了。

3. 围绕核心旋转定理和其他五大定律的关系

宇宙天体大到宏观、小到微观和超微观物质领域，在围绕核心旋转定理发挥作用的同时，其他五大定理在交替地发挥作用。它们共同形成一种合力，推动着宇宙按照正常的秩序运动着。

（1）围绕核心旋转定理发挥作用的同时，时空运动定理依照物质运动的速度在展示它的功能。

根据康德的星云假说，分布在广阔宇宙空间的物质微粒，在万有引力的作用下，逐渐形成团块，较大的团块成为引力中心，中心体不断地吸引四周的微粒和小团块，最后聚集成比较大的天体。有些微粒在向中心体降落中，因为相互碰撞，向旁偏转而围绕中心体作圆周运动，这些微粒又各自形成小的引力中心，最后聚集成行星；行星周围的微粒按照同样的过程聚集成卫星……在这里，万有引力和围绕核心旋转定理在一并发挥作用。后来爱因斯坦的相对论公式准确地描述了物质在宏观大尺度范围内的运动轨迹。显然物质运动的速度被限制在光速以下。这时，时空运动定理就阐明了物质运动的持续性——时间是只有一个朝前的时间箭头；物质运动的广延性——空间是长、宽、高的三维空间。

然而当物质的运动速度起步就是超光速时，实粒子就变之为虚粒子。这时，时空运动定理阐明的物质运动的持续性——时间就成为多个时间箭头的虚时间，它包括时光的倒流、时光的短暂停滞和时光在加速度前进；物质运动的广延性——空间是长、宽、高加上一个或者几个曲率构成的曲面等多维空间，它已高度弯曲和压缩为负空间，即虚空间。在这里，时间和空间是分

---

① 参见拙著《广义与狭义生命论》18.4“核心最终的解体”。

② 它是指微观粒子有时显示出波动性（这时粒子性不显著），有时又显示出粒子性（这时波动性不显著），这种在不同条件下分别表现为波动和粒子的性质，称之为“波粒二象性”。

离的。不仅如此，时间还可以脱离空间而分割成若干虚时间的片段。

(2) 围绕核心旋转定理发挥作用的同时，宇宙对称定理和大相似定理依照自身的内涵揭示了事物的对称面和增加了相似性。它使宇宙间的一切事物在外部表现形式上总是呈对称状态的；同时使一切对称的事物在内部结构和外部表现形式上，又有着大致相似的方面。

从认识论的角度讲，宇宙对称定理和大相似定理是人们揭开宇宙奥秘的两把解剖刀。宇宙间的万事万物都在围绕着一个核心旋转，表现出复杂多变的形态，但是根据宇宙对称定理和大相似定理去寻找它的脉络，却可以找到它看不见的另一半并认识其大致相似的特征。众所周知英国物理学家狄拉克关于反物质的预言是根据宇宙对称定理提出来的。中国古代经典《易经》的相同象原理，则是更多地出自大相似定理。

(3) 围绕核心旋转定理发挥作用的同时，阴阳能效守恒定理和物质不灭及转化定理在平衡各个方面的力量。阴阳两种物质在运动中，其总的能效是相等的和平衡的。就是说，以实粒子为特征的阳性物质世界能效的总量是多少，以虚粒子为特征的阴性物质世界能效的总量也是多少，这二者的能效具有等量齐观的意义。物质不灭及转化定理，又表明阴阳两种物质都是不灭的，在一定条件下二者各向其相反的方面转化，转化之后仍旧保持阴阳平衡。于是，宇宙间的诸物质围绕核心旋转时，力量就保持着大体均衡的状态。

根据以上的论述，我们可以将宇宙的秩序概括为以下几点：

其一，宇宙间的诸事物依照力量的大小，在引力的作用下逐步形成一个核心。当这个核心形成之后，其他非核心的部分都围绕着这个核心做旋转式运动；而其他非核心的部分又分别围绕自身形成的次核心旋转，成为若干个层次。日复一日、年复一年永无休止地运动。……但是当这个核心在运动中强大到不能再强大时，在动态平衡打破的一刻，便会在顷刻之间分崩离析，然后又开始新一轮的排列组合，并逐渐形成新的核心，开始新的矛盾发展史。

其二，从核心形成到它在运动中强大到不能再强大，并进而打破动态平衡解体，是一个异常漫长的历史过程。在这其间宇宙的秩序是相对稳定的和有序的。它表现为根据时空运动定理，阴阳两个物质世界各有自己的运动轨迹，时间和空间也各有自己的存在形式。推而知之，生命在阴阳两个物质世界的存在形式，也各有自己的生存状态，互不干扰，相安无事。

其三，阴阳两个物质世界在围绕各自的核心旋转，而且在每一个层次上都表现得从容而有秩序。宇宙对称定理和大相似定理作用的发挥，使阴阳两个物质世界的事物在外部表现形式上呈对称状并增加了相似性，从而使这两个物质世界显得更加稳定、有序和变得丰富多彩起来。

其四，阴阳两个物质世界在围绕各自的核心旋转，阴阳能效守恒定理和物质不灭及转化定理在平衡各个方面的力量，随时矫正可能发生的偏差。特别是使阴阳两个物质世界的能量转换，以及生命在阴阳两个物质世界的存在形式的转化，总是保持着大体平衡的比例。

11.4 宇宙的秩序对人和所有生物生成的制约及影响

1. 多四季论揭示的生命的周期性变化

地球上的人类和所有生物无一例外地跟随着地球围绕太阳转动，而太阳系又围绕着银河系转动，银河系还在围绕着河外星系转动……“坐地日行八万里，巡天遥看一千河”，正是地球人的心境。根据多四季论的观点，地球在椭圆轨道上围绕太阳公转，形成小四季，周期为一年。在地球参与太阳系，围绕太阳系和近星系的质心公转，乃至围绕银河系的银心及更大星系公转时，由于与不同强度的热源距离、辐射角的变化而形成多种不同周期不同程度的大、中、小四季变化。较大四季中包含着若干较小四季，较小四季的冷暖程度由它处在较大四季中的哪一个阶段决定。这个规律对地球适用，对整个宇宙其他星球都适用，并由此引起生物圈周期性地从一个星球转移到另一个星球。

由于太阳系、恒星系、银河系、总星系在宇宙中的运转而形成的大四季周期性恶劣气候的巨变，造成生物周期性的大灭绝，地球上曾经经历过许多次生物由低级向高级周期性地循环进化过程，这就是“生物循环进化论”。生物圈还因此周期性地从一个星球转移到另一个星球，又周期性地像候鸟回归那样，回到原来的星球，这就是“生物圈星际循环转移论”，也称作“宇宙候鸟回归效应”。人类也是受生物循环进化规律支配的。人类进化的过程在经过每一个残酷的特定夏季和特大冬季极其恶劣的气候的灭绝和驱赶后，当大地复苏时又会循环往复地进行，这就是“人类循环进化论”。

多四季论的理论基础是开普勒的行星运动三定律和牛顿的万有引力定律。它的立论根据是为世界各国科学家所公认的三大科学事实：即天体做多层次的周期性的运转；气候呈多层次地冷暖周期性变化，冷暖之间有过渡期；生物周期性大灭绝。多四季规律揭示，天文、地质、化石等各方面大量的证据也表明，地球上曾经经历过许多不同周期的四季变化。有一年及数年的小四季，有500年、2000年、上万年的中四季，还有长达500万年、2600万年、2.3亿年（太阳绕银心运动的周期），多种不同周期的大四季，乃至有许多周期更长的特大四季。

科学上的许多难题都可以在多四季论中找到答案。多四季论认为，由于各类小星体如行星与地球的相对位置呈周期性变化，地球的地轴成周期性变化，由此形成的小四季变化是地球上各种自然灾害出现的重要原因；掌握了小四季规律，人类将可以趋利避害，将灾害损失降到最低限度。全球变暖的根本原因是地球现在正处在某个中四季的冬末春初阶段，其中虽然包含了“温室效应”的因素，但起主导作用的是太阳系正以 20 公里/秒的速度向恒星团武仙星座靠拢，在今后的若干年内，各地冰川将逐渐融化，海平面上升的趋势不可遏制，人类在沿海进行大规模建设时应考虑这个因素。①

这是人类跟随宇宙天体运动而根本无法抗拒的客观规律。但是即使将来某一天地球到了中四季或者特大四季的夏季和冬季，人的肉身不复存在了，但是灵魂还在那里，因而生命之树依然常青。②

2. 宇宙的秩序制约人和生物的形体成为特殊的构造形式

（1）地球上的人类和所有生物跟随地球围绕太阳转动，而太阳系又围绕银河系转动，银河系还在围绕河外星系转动的情况，使人类和所有生物都生活在一个巨大的叠加的“场”中。③ 于是在人的身体和生物的某些部位都留下了螺旋式运动的螺旋纹。例如，基因（DNA）分子的双螺旋结构、人的头顶发根的旋涡状、人的指纹、海螺的气旋、雌鹦鹉螺贝壳纵断面纹理、牵牛花等攀缘植物逆时针左旋向上攀爬，等等。这种现象的出现，是宇宙天体螺旋式运动给所有生物留下的痕迹，或者说是一种全息成像现象。

（2）宇宙的秩序是运动中的秩序，那么人类和所有生物的生命都表现为运动中的生命。以生命的肉身为例，它不仅表现为生命外部的运动形式，而且表现在生命内质上的运动状态。如体内心脏在有规则地搏动，血液在不停地运行。每一个细胞每时每刻在进行新陈代谢。

生命在阳性物质世界的存在形式是：肉身+灵魂+意识+潜意识（狭义）+潜意识（广义）。

---

① 参见董妙先：《多四季论——揭开大自然深层王国的奥秘》，武汉测绘科技大学出版社 1991 年版。

② 参见拙著《打开宇宙的另一扇门》4.14“宇宙大挤压中的生命存在方式”。

③ 场，即物理场，亦称相互作用场。它是指物质存在的两种基本形态之一，存在于空间区域。例如电磁场、引力场等。带电粒子在电磁场中受到电磁力的作用，物体在引力场中受到万有引力的作用，都是依靠有关的场来实现的。场本身具有能量、动量和质量，并且在一定条件下可以和实物相互转化。根据量子场论的观点，场与粒子有着不可分割的联系，即一切粒子都可以看作相应场的最小单位（量子），例如电子联系于电子场，光子联系于光子场（即电子场）等。这些既显示出波动性又显示出粒子性的量子化场，如电子场、光子场，以及 π 介子场、K 介子场等，通称为“量子场”。这样，一切相互作用都可归结为有关场之间的相互作用。按照这种观点，场和实物并没有严格的区别。

在这五大要素中，不仅肉身是处在运动中，而且其他四大要素仍旧处在每时每刻的运动中。例如，灵魂是阴性物质的正物质（阴+）和以衰变形式存在的阳性物质的负物质（阳-）即反物质构成的矛盾对立统一体。表现为以衰变形式存在的阳性物质的负物质（阳-）即反物质围绕着阴性物质的正物质（阴+）做旋转式运动，产生和发射出携带信息和密码的灵魂波——-阴′+。

意识是阳性物质的正物质（阳+）即特指的脑和以衰变形式存在的阴性物质的负物质（阴-）构成的矛盾对立统一体。表现为以衰变形式存在的阴性物质的负物质（阴-）围绕着阳性物质的正物质（阳+）即特指的脑做旋转式运动，产生和发射出携带信息和密码的思维波——+阴′-。

潜意识（狭义）是灵魂的镜像物，在结构和运动方式上与灵魂完全一样。

潜意识（广义）分为个人的潜意识（广义）和宇宙的总体潜意识（广义）两个部分①，其构成都是阴性物质的正物质（阴+）和以衰变形式存在的阴性物质的负物质（阴-）的矛盾对立统一体。表现为以衰变形式存在的阴性物质的负物质（阴-）围绕着阴性物质的正物质（阴+）做旋转式运动。

（3）宇宙是由阴阳两种物质构成的，那么生命的构成也就是阴阳物质的复合体。生命在阳性物质世界的存在形式是：肉身+灵魂+意识+潜意识（狭义）+潜意识（广义）。肉身（含脑）存在于四维时空的阳性物质世界，灵魂+意识+潜意识（狭义）+潜意识（广义）则更多地存在于四维以上的多维时空的阴性物质世界。这后者即是以上讲过的一个人身后拖着的长长的"辫子"，它一直从阳性物质世界拖延到阴性物质世界。

肉身的运动及颅腔内脑的化学反应，都是在只有一个前进的时间箭头的实时间内进行的，运动速度限制在光速以下。而灵魂、意识、潜意识（狭义）和潜意识（广义）则更多的是在多个时间箭头（时光倒流、时光短暂的停滞和时光的加速度前进）的虚时间内进行的。特别是灵魂波——-阴′+和思维波——+阴′-的耦合，推动着思维波——+阴′-携带阴性物质的正物质（阴+）——意念不断地穿越时空隧道，往来于阴阳两个物质世界，检索信息和破译密码。

（4）生命的核心是灵魂。在人体中，灵魂栖息在心窝处，因而心窝处的心脏和灵魂是生命的要害部位。意识是生命的智库，存在于大脑上方，因而脑袋和意识是生命的重要部位。在生命的肉身中，一切都围绕着心脏和脑袋忙碌着。在生命的五大要素中，除了肉身是必备条件之外，灵魂和意识是最

---

① 参见拙著《进入阴性物质世界》4.3"个人的潜意识（广义）的特征及其与宇宙总体的潜意识（广义）之间的联结"。

重要的要素。生命的一切都是围绕着灵魂和意识而运动着。

（5）宇宙间万事万物构成上的对称性和相似性，也衍生到人和生物形体的构成上。例如，人的身体是以颈椎和脊柱为中心对称生长发育的，动物的生长也是如此。植物的生长亦是以茎、杆为中心而对称生长的。反映到美学领域，对称的事物才具有美感，当然根据黄金切割法，以 0.618 为中心点的对称事物，其美感效果最好，这是另外需要研究的问题。

按照阴阳五行学说，天地人之间都存在着相互对应或者说相同像（相似）的关系。如下表示之：

五行	水	木	火	土	金
五脏	肾	肝	心	胃脾	肺
五窍	耳	目	舌	口	鼻
五体	骨	筋	脉	肌	皮
五志	恐	怒	喜	思	忧
五音	羽	角	徽	宫	商
五色	黑	青	赤	黄	白
五味	咸	酸	苦	甘	辛
五气	寒	风	暑	湿	燥
五季	冬	春	夏	长夏	秋
五方	北	东	南	中	西

还有，人类作为有智慧的高等生命，不仅同天地之间存在着相互对应的关系，而且在肌体的结构上和其他动物也有类似的方面。各种动物的肌体结构也大体相同，即所谓麻雀虽小，五脏俱全。

11.5　宇宙的秩序对人类灵魂和意识构成的影响

宇宙在形式上的秩序性和内涵上的秩序性，均以运动的形式、对称性和相似性等形式蕴涵在人的灵魂和意识的构成当中。

1. 灵魂统一体中的对称性与相似性

灵魂是阴性物质的正物质（阴+）和以衰变形式存在的阳性物质的负物质（阳－）即反物质构成的矛盾对立统一体。以衰变形式存在的阳性物质的负物质（阳－）即反物质围绕着阴性物质的正物质（阴+）做旋转式运动，产生和发射出携带信息和密码的灵魂波——－阴′+。那么在灵魂这个统一体中，阴性物质的正物质（阴+）和以衰变形式存在的阳性物质的负物质（阳－）即反物质是以怎样的方式结合在一起呢？

(1) 根据对立统一的正负配对原则，符号相反的阴阳两种物质相互吸引，构成了灵魂的矛盾对立统一体。具体地说，是阴性物质的正物质（阴+）和以衰变形式存在的阳性物质的负物质（阳-）即反物质相互吸引而结合在一起。由于在结合的瞬间二者的动态平衡就打破了，[①] 于是以衰变形式存在的阳性物质的负物质（阳-）即反物质围绕着阴性物质的正物质（阴+）做旋转式运动，产生和发射出携带信息和密码的灵魂波——-阴′+。如下图示之：

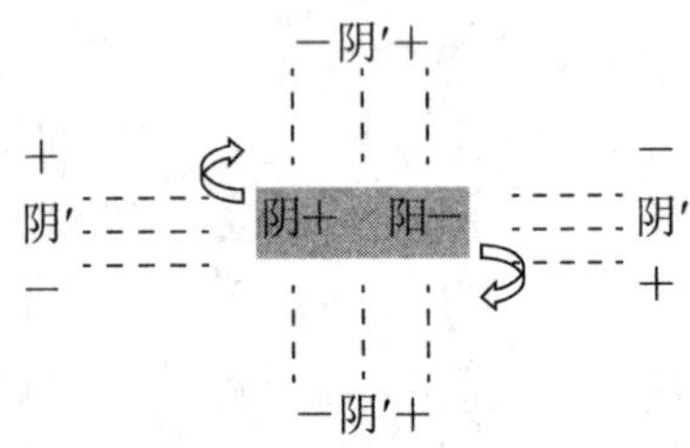

(2) 在灵魂的统一体中，阴性物质的正物质（阴+）和以衰变形式存在的阳性物质的负物质（阳-）即反物质，按照黄金切割法，其构成的比例是：阴性物质的正物质（阴+）占到 0.618，以衰变形式存在的阳性物质的负物质（阳-）即反物质占到 0.382。这个比例的量，只能是经过换算之后具有同一衡量标准的能效。[②]

(3) 在灵魂的统一体中，阴性物质的正物质（阴+）占到 0.618 比例的量，很可能是从阴性物质的正物质（阴+）虚元素周期表 115 种元素中撷取一类或者几类相关的元素；以衰变形式存在的阳性物质的负物质（阳-）即反物质占到 0.382 比例的量，很可能是从阳性物质的负物质（阳-）即反物质元素周期表 115 种元素中撷取一类或者几类相关的元素。一般地说二者的能效仍旧保持着黄金切割法的比例。因为每个人的灵魂在构成上撷取了上述两个元素周期表中不同类的元素，所以灵魂的质量和功能就存在着差异。

2. 意识统一体中的对称性与相似性

意识是阳性物质的正物质（阳+）即特指的脑和以衰变形式存在的阴性物质的负物质（阴-）构成的矛盾对立统一体。以衰变形式存在的阴性物质的负物质（阴-）围绕着阳性物质的正物质（阳+）即特指的脑做旋转式运动，产生和发射出携带信息和密码的思维波——+阴′-。那么在意识这个统一体中，阳性物质的正物质（阳+）即特指的脑和以衰变形式存在的阴性物质的负物质

---

① 参见拙著《进入阴性物质世界》1.3“突破相对论时空观与树立灵魂和意识的新概念”。

② 参见拙著《打开宇宙的另一扇门》8.4“阴阳能效守恒定理”。

（阴-）即阴性物质的反物质是以怎样的方式结合在一起呢？

（1）根据对立统一的正负配对原则，符号相反的阴阳两种物质相互吸引，构成了意识的矛盾对立统一体。具体地说，是阳性物质的正物质（阳+）即特指的脑和以衰变形式存在的阴性物质的负物质（阴-）即阴性物质的反物质，相互吸引而结合在一起的。由于在结合的瞬间二者的动态平衡就打破了，于是以衰变形式存在的阴性物质的负物质（阴-）即阴性物质的反物质围绕着阳性物质的正物质（阳+）即特指的脑做旋转式运动，产生和发射出携带信息和密码的思维波——+阴′-。如下图示之：

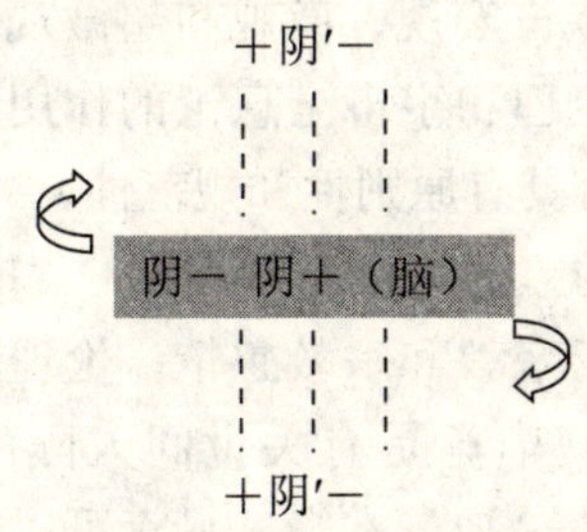

（2）在意识的统一体中，阳性物质的正物质（阳+）即特指的脑和以衰变形式存在的阴性物质的负物质（阴-）即阴性物质的反物质，按照黄金切割法，其构成的比例是：阳性物质的正物质（阳+）即特指的脑占到 0.618，以衰变形式存在的阴性物质的负物质（阴-）即阴性物质的反物质占到 0.382。这个比例的量，只能是经过换算之后具有同一衡量标准的能效。[①] 在脑的结构中，大脑由左右两个大脑半球组成，两半球间有胼胝体等相连接。大脑左右两个半球的最佳比例，恐怕也得符合黄金切割法。

（3）在意识的统一体中，阳性物质的正物质（阳+）即特指的脑占到 0.618 比例的量，是从阳性物质的正物质（阳+）元素周期表即门捷列夫元素周期表 115 种元素中撷取几类元素或者相关的化合物；以衰变形式存在的阴性物质的负物质（阴-）即阴性物质的反物质占到 0.382 比例的量，很可能是从阴性物质的负物质（阴-）即阴性物质的反物质元素周期表 115 种元素中，撷取一类或者几类相关的元素。一般地说二者的能效仍旧保持着黄金切割法的比例。因为每个人的意识在构成上撷取了上述两个元素周期表中不同类的元素，所以意识的质量和功能就存在着差异。

---

① 参见拙著《打开宇宙的另一扇门》8.4“阴阳能效守恒定理”。

11.6 宇宙的秩序制约着道德的秩序

宇宙的秩序即道德的秩序是哲学家牟宗三提出来的。[①] 能够提出这一命题，就可见他宽广的视野和深邃的思想。

1. 伦理道德秩序的原则性和规范性

宇宙的秩序即道德的秩序，使我们联想到从宇宙的宏观天体运动规则到微观、超微观物质世界粒子和虚粒子的运动规则，一直深入到人的灵魂、意识的运动规则。由于受到宇宙宏观、微观和超微观物质运动规律的制约，以及宇宙对称定理、大相似定理和宇宙全息论的作用，因而从人的灵魂和意识中升华出来的伦理道德，就具有原则性和规范性。

（1）伦理和道德微小的差异。李泽厚指出："Kant 也清楚地知道伦理道德和道德感情还不能等同于宗教和宗教感情。伦理道德（伦理是以社会规范说，道德是从个体自觉说）毕竟是有关世间人际的，尽管可以是'超验'、'天理'，总还不即是'天'、'神'本身。尽管可以将它与灿烂星空媲美，但毕竟还不是创造了灿烂星空的上帝。"[②] 在这里，除了表明伦理道德不能等同于宗教情结之外，还说明了伦理和道德微小的差异。

伦理是规范个人与社会以及人与人之间的关系准则，因而伦理是"社会规范说"。"伦"是指人与人的关系，"理"是道理和规则。"伦理"就是处理人们相互关系应该遵守的道理和规则。中国古代先哲反复探讨过一些伦理问题。如孔子讲"仁"，墨子提倡"兼爱"，孟子主张"性善"，荀子认为"性恶"等。过去西方学者也探讨过"快乐论"、"功利论"、"禁欲论"、"完全论"等伦理问题。因而伦理就其实质而言，是规范个人和社会人的关系准则。

道德是规范个人的思想和行为准则，因而道德是"个体自觉说"。个人为了和社会人有一个和谐的关系，需要自觉加强自我修养。对于善与恶、荣誉与耻辱、正义与非正义等，都有一个基本的判断标准，并逐渐形成一种自律的习惯和宽容、恰当的处世方式。从而成为"一个高尚的人，一个纯粹的人，

---

① 牟宗三（1909—1995）哲学家、哲学史家。山东栖霞人。北京大学哲学系毕业。曾任南京中央大学、金陵大学、台湾师范大学、台湾东海大学、香港大学、香港中文大学教授。以后又聘任为台湾大学客座教授、香港新业研究所教授。致力于中国哲学和哲学史研究。主要著作：《理则学》、《历史哲学》、《政道与治道》、《道德的理想主义》、《才性与原理》、《佛性与般若》、《从陆象山到刘蕺山》、《名家与荀子》、《中国哲学之特质》、《智的直觉与中国哲学》、《理象与物自身》、《从周易方面研究中国的玄学和道德哲学》等。重译康德的《纯粹理性批判》、《实践理性批判》和《道德形而上学的基本原理》。

② 李泽厚：《实用理性与乐感文化》，生活·读书·新知三联书店 2005 年版，第 68 页。

一个有道德的人，一个脱离了低级趣味的人，一个有益于人民的人。”①

（2）伦理和道德是不可分割的整体。因为任何人都不是孤立的个人，他总是生活在社会中的人，总要和家庭成员、社会群体进行交往，所以个人的道德修养总是和遵守社会的伦理准则联系在一起的。例如，讲伦理学必需研究道德的起源和发展、人们的行为准则、道德的社会作用，以及道德教育和道德修养的方法等。讲道德的含义，则认为是一定社会为了调整人们之间以及个人和社会之间的关系所提倡的行为规范的总和。伦理和道德虽然有微小的差异，但是原本又是一体的。过去很长一段时间的偏颇是，重视和强调了二者的一致性，忽视和淡化了二者的差异性，虽然这种差异是微小的。

忽视和淡化伦理与道德的差异性，一个直接的恶果是放弃了对于个人道德品质的陶冶和修养。其实重视个人道德品质的陶冶和修养，才是精神文明建设中的头等大事。它关系到整个民族文化、道德、精神素质在总体上的提高，是须臾不可缺少的。道德和法不同，它没有强制性，但是道德缺失却极容易使人走上犯罪道路，就得动用法律手段解决问题。如果说一个社会没有道德而仅用法律管着，那也是缺少温馨和充满恐怖的社会。这样的社会没有阳光和温暖，背离了人性和人之常情，也是不可能长治久安的。

（3）伦理道德是一个历史范畴的东西，对其既有继承的一面，又要注意发展和变化的一面。千百年来，人们在家庭生活和社会生活方面形成了一套传统的相对稳定的伦理道德体系，深深地积淀在灵魂和意识当中，成为民族文化的重要组成部分。例如，尊老爱幼、师道尊严、夫妻互敬、邻里和睦，等等。这些伦理道德无论在怎样的社会形态下，都要继承下来。虽然其内容不断地有所翻新，但是基本的伦常关系和道德准则却是不可以改变的。

但是伦理道德又是一种特定的社会意识形态，它的形成和存在与生产力水准特别是科学技术发展水平相联系，与一定的社会经济制度和上层建筑相适应。例如，在有阶级的社会里，伦理道德有着鲜明的阶级性。

因为伦理道德的原则和规范是根据一定社会的物质生活条件、社会关系而产生和发展的，所以它也不是永恒不变的。中国在改革开放的年代，在和国际接轨的过程中，中西文化相互借鉴，也为传统的伦理道德注入了新的内容，这一点在年轻的一代中表现得十分明显。例如，同样是尊敬父母，但是并不仅限于关心父母吃饱穿暖，而是注意调节父母的文化和思想情趣。他们和父母的关系也少了依赖性，多了独立性。他们有自己的私密空间，父母一般是不干预的，因而表现得更加自由和丰富多彩，但是又不失原则性。

① 《毛泽东选集》（合订一卷本），人民出版社1968年版，第621页。

2. 宇宙的秩序把人的道德行为限制在狭小的领域

（1）如果说从灵魂和意识本身看道德的话，道德是灵魂和意识内在规则运作的外化。灵魂和意识的结构是按照黄金切割法的比例构成的。因而对大多数人来说，一开始他总要追求一种理想的和谐的处世方式，这是道德的初始状态。但因社会的复杂和人心叵测，常常使许多人失望。正是这种追求理想的与和谐的道德标准，从一开始就偏离了绝对对称的公正原则，从而埋下了人性“恶”的种子。这是没有办法的事情，将在以下的章节中详细论述。

（2）如果说从人自身来看道德的话，道德则是从人的灵魂和意识升华出的思想、意志和行为的自由度。每个人在家庭中都要和爱人、父母和孩子在一起，就有一个以怎样的态度和方式相处的问题；每个人在社会上又要和不同层次的人、各种性格的人打交道，就有一个共事的基本态度。或者礼让三分，或者据理力争，或者马马虎虎就过去了，皆由此而生。

一个人从灵魂和意识升华出的思想、意志和行为的参照物是什么呢？

答曰：是宇宙的秩序。

当一个人的灵魂产生和发射出灵魂波——－阴′＋与意识产生和发射出思维波——＋阴′－相耦合而进入高远的天空的时候，就立刻受宇宙天体、阴阳物质运动秩序的影响和制约。原因是灵魂波和思维波中的“－阴′”和“阴′＋”，总要受到宇宙间阴阳物质中的“阴＋”、“阴－”、“阳＋”、“阳－”的吸引，或者说又相吸引又相排斥。因为“－阴′”和“阴′＋”属于亚类的阴性物质，所以吸引力总是大于排斥力的。于是就强迫其思想、意志和行为要符合道的要求，① 从而按照宇宙的运动规律规范其伦理道德。

（3）如果说伦理道德违背天理的话，就必定会招致灭顶之灾。从以上可知，伦理道德的范畴既被人的灵魂和意识的结构所规定，又被宇宙的秩序所制约。人类遵循的伦理道德的范畴其实是很狭小的，被规定在可允许的一组约束值的范围之内。因而在大多数情况下人们只能循规蹈矩地行事，不可以恣意妄为，想干什么就干什么。康德说：“道德律在人类那里是一个命令，它以定言的方式提出要求，因为这法则是无条件的；这样一个意志与这法则的关系就是以责任为名的从属性，它意味着对一个行动的某种强制。”②

宇宙的秩序即道德的秩序，而且道德的秩序具有强制性。道德的秩序的

---

① 老子说：“道可道，非常道。”可以将道理解为宇宙总规律的渊源，或者说是万有（ALL）。参见拙著《打开宇宙的另一扇门》4.4“‘混沌蛋’与‘道’（‘道体’）”。

② 康德著，邓晓芒译，杨祖陶校：《实践理性批判》，人民出版社2002年版，第42页。

强制性源于宇宙的秩序之不可改变性，因而“道德律在人类那里是一个命令”。试想，如果一颗小行星在运动中脱离了原有的轨道，将会带来怎样的灾难，就知道如果一个人在伦理道德上出了问题，将会带来怎样的后果。从因果关系上说，如果伦理道德违背了天理，就必定会招致灭顶之灾。这样的例子不胜枚举，其个人下场往往十分惨烈，古今中外，概莫能外。

11.7　宇宙的秩序隐喻道德的秩序

宇宙的秩序隐喻道德的秩序，在中国古代先哲的著作中多有描述。如《易经》《论语》《庄子》和《道德经》等。现以《道德经》为例，遴选出几则，说明这个命题。

天下皆知美之为美，斯恶已；皆知善之为善，斯不善已。故有无相生，难易相成，长短相形，高下相倾，音声相和，前后相随。是以圣人处无为之事，行不言之教，万物作焉而不辞。生而不有，为而不恃，功成而弗居。夫唯弗居，是以不去。(第二章)

意思是：天下人都知道美之所以为美，是因为有丑陋的存在；都知道善之所以为善，是因为有罪恶的存在。有与无相互对立而产生，难和易相互对立而形成，长和短相互对立而体现，高与下相互对立而存在，音与声相互对立而和谐，前与后相互对立而出现，这是永恒的。因此，圣人用无为的态度处理一切事情，实行无言的教诲。万物生长而不干预，更不据为己有；为万物生长尽力而不自恃己能，功高而不自傲。也只有他不居功，其功绩就不会失去。

天地不仁，以万物为刍狗。圣人不仁，以百姓为刍狗。天地之间，其犹橐籥乎？虚而不屈，动而愈出。多言数穷，不如守中。(第五章)

意思是：天地是大公无私的，对万物一视同仁，把万物当作草扎的狗一样，没有喜爱，也没有憎恨；圣人也是大公无私的，对百姓一视同仁，把百姓当作草扎的狗一样，没有喜爱，也没有憎恨。天地之间，就好像打铁时用来煽火的风箱一样，中间是空虚的，但正因为其中廓然空虚，所以才能够生化万物，养育万类，并且这万物万类，滋生繁衍，愈衍愈多。由此可以得到一个启示：多所作为，多所设施，反而招致错误、失败，还不如抱守清虚，无为不言来得好。

谷神不死，是谓玄牝。玄牝之门，是谓天地根。绵绵若存，用之不勤。(第六章)

意思是：道体是空虚的，它的创生能力却是神奇莫测的，而它又是永远存在的。道具有的这种特性，真可以说是玄妙的创生体了。天地万物都是从其中变化出来的，所以这个玄妙的创生体的大门，就是天地万物的本根。它虽然幽微，但是创生能力却绵绵不绝；它虽然没有形体，但却是客观存在的。道体的创生作用，真是无穷无尽，愈动愈出啊！

天长地久。天地之所以能长且久者，以其不自生，故能长生。是以圣人后其身而身先，外其身而身存。非以其无私邪？故能成其私。（第七章）

意思是：道体永恒，道用无穷。人们也许由于道体空虚，看不到、摸不着，而对这个说法难以接受。天地是道所创生的，是看得到、摸得着的，用天地来说明，人们也就可以由此而上推到道了。天地之所以能够永恒而无穷，是因为它们无私的原因。它们生长万物，只是为了生长而生长，也就是说只是为了服务罢了。得道的圣人明白了这个道理，所以处处谦虚退让，结果反而得到大家的爱戴；事事不计较利害得失，结果反而身受其益。这不正是因为他不自私的原因吗？结果反而成全了自己。

上善若水。水善利万物，而不争；处众人之所恶，故几于道。居善地，心善渊，与善仁，言善信，政善治，事善能，动善时。夫唯不争，故无尤。（第八章）

意思是：有道德的人就像水一样。水有三种特性：一是能够滋养万物；二是本能柔弱，顺其自然而不争；三是蓄居流注人人人所厌恶的卑下的地方。有这三大特性，所以水就接近道了。水处于卑下的地方，有道德的人为人谦下；水渊深清明，有道德的人虚静沉默；水施于万物，有道德的人也是博施而不望报。水照万物，各如其形，诚实不妄，有道德的人听言所说，也都出自至诚，绝不虚伪。水能滋养万物，清除污垢而育绩效，有道德的人清静无为，而人民自然归于纯朴。水性柔弱，能方能圆，有道德的人施教立化，毫无私心，也能产生教化的功能。以上都是有道德的人像水一样的情形；但其中以“不争”最为重要。正因为不争，所以不会招致怨尤。

持而盈之，不如其已。揣而锐之，不可长保。金玉满堂，莫之能守。富贵而骄，自贻其咎。功成名遂身退，天之道。（第九章）

意思是：一个人内心要知足知止，待人接物要谦逊退让。以水为例，盛在任何器皿里，都不能太满，太满了就要溢出来，在满以前，就赶快停止，不能继续增加。再以刀锥等器具为例，能用就行了，不能磨得太锐利，如果说锋芒太露，就会折断。一个人金银财宝太多了，既会遭到别人的觊觎，自己也会生活糜烂，最后反而不能保有这些财产。因而一个人富贵了以后，应该谦虚退让，韬光养晦。如果不这样的话，反而自我炫耀，以此骄人，那就是自招祸患了。须知上天生万物，也是“生而不有，为而不恃，功成而不足。”所以一个人在成功之后，就想着急流勇退，这才合于自然的道理。

载营魄抱一，能无离？专气（炁）致柔，能婴儿？涤除玄览，能无疵？爱民治国，能无知？天门开阖，能无雌？明白四达，能无知？生之畜之，生而不有，为而不恃，长而不宰，是谓玄德。（第十章）

意思是：精神与形体合一，能够不分离吗？团聚精气达到柔顺，能像婴儿一样吗？摒弃心智的作用，能够没有一点瑕疵吗？爱护百姓，治理国家，能够不用智巧吗？耳目口鼻等感官的一开一合，能安静谨慎吗？心中明白事理通达四方，能够不依赖智慧吗？人们一切都应该效法道。道生长万物，化育万物，但是它却从来不将万物据为已有，也从来不夸耀自己的能耐，更不去主宰万物。这就称之为精微玄妙的德性了。

至虚极，守静笃。万物并作，吾以观其复。夫物芸芸，各复归其根。归根曰静，静曰复命。复命曰常，知常曰明。不知常，妄作凶。知常容，容乃公，公乃全，全乃天，天乃道，道乃久，没身不殆。（第十六章）

意思是：人的心灵本来是虚明宁静的，但往往为私欲所蒙蔽，因而观物不得其正，行事则失其常。所以我们要尽力地使它回复到虚明宁静的状态，这样，万物的生长、活动，我们就能够看出它们由无到有，再由有返回到无，循环往复的情形。万物虽然繁杂众多，但是最后总要回复到它们的根源。它们的根源是静，静是它们的本性，所以回复到根源就复归本性。这种复归本性是自然的常道，知道这种自然的常道可以称为明智，如果说不知道这种常道而轻举妄动，那就要产生祸害了。知道这种常道的人就能无事不通、无所不包，无事不通、无所不包才能廓然大公，廓然大公才能做到无不周遍，无不周遍才能德配天地，德配天地才能体合大道，体合大道才能永垂不朽。这样，终身也不会有任何危险了。

孔德之容，唯道是从。道之为物，惟恍惟惚。惚兮恍兮，其中有象；恍兮惚兮，其中有物；窈兮冥兮，其中有精。其精甚真，其中有信。自古及今，其名不去，以阅众甫。吾何以知众甫之然哉？以此。（第二十一章）

意思是：有大德之人的一行一动，都以道为准则。道这种东西，说它是无又似乎有，说它是实又似乎虚，它是恍恍惚惚的。可是在恍惚之中，它又具备了宇宙的形象，在恍惚之中，它又涵盖了天地万物。它是那么深远而昏暗，可是其中却具有一切生命物质的原理和原质。这原理和原质是非常真实的，其中有非常真切的东西。从古到今，道一直存在，并且也一直在从事创造万物的活动。我怎么能晓得万物本原的情况呢？就是靠着这个道。

道之生，德畜之，物形之，势成之。是以万物莫不尊道而贵德。道之尊，德之贵，夫莫之命而常自然。故道生之，德畜之，长之育之，亭之毒之，养之覆之。生而不有，为而不恃，长而不宰，是谓玄德。(第五十一章)

意思是：道生成万事万物，德养育万事万物。万事万物呈现出各种各样的形态，环境使万事万物成长起来。故此，万事万物莫不尊崇道而珍贵道。道之所以被尊崇，德之所以被珍贵，就是由于道生长万物而不加以干涉，德畜养万物而不加以主宰，顺其自然。因而，道生长万物，德养育万物，使万物生长发展，成熟结果，使其受到抚养、保护。生长万物而不据为己有，抚育万物而不自恃有功，长护万物而不主宰，这就是奥妙玄远的德性。

含德之厚，比于赤子。毒虫不螫，猛兽不据，攫鸟不搏。骨弱筋柔而握固，未知牝牡之合而朘作，精之至也。终日号而不嗄，和之至也。知和曰常，知常曰明，益生曰祥，心使气曰强。物壮则老，是谓不道，不道早已。(第五十五章)

意思是：含德深厚的人，可以和天真无邪的婴儿相比。婴儿不识不知，柔弱冲和，纯然是一团天理，所以蜂虿虺蛇都不螫他，凶鸟猛兽都不攻击他。他的筋骨虽然柔弱，可是他的小拳头握起来却很紧。他虽然不知道男女交合之事，可是他的生殖器却常常勃起，这是因为他精力充沛的原因。他虽然整天啼哭，可是他的嗓子却不会累哑，这是因为他的气血柔和的原因。能够知道这个柔和的道理，就能合于常道，知道这个常道的人就可称为清明、祥和。如果不知道这个常道，不顺应自然，而纵欲享受，过分地养生，就会产生灾祸。以有欲之心，驱使生理的本能，便是逞强。万事万物，一旦强大盛壮的时候，便开始趋于衰败。不合于道的事，如暴风骤雨，很快就会消失。

天下柔弱，莫过于水。而攻坚强者，莫之能胜。其无以易之。故弱胜强，柔之胜刚，天下莫不知，莫能行。故圣人云：受国之垢，是为社稷主。受国之不祥，是为天下王。正言若反。(第七十八章)

意思是：天下没有比水更柔弱的了，然而攻坚克强却没有什么东西可以胜过水。弱胜过强，柔胜过刚，天下没有人不知道这个道理，但是却没有人能去实行。所以有道的圣人这样说：能承受国家的屈辱，才能成为国家的主宰；能承担国家的灾祸，才有资格做天下的君王。正面的话好像在反说一样。

第 12 章　人是伦理道德的主体

12.1　人是阴阳物质的复合体

1. 阴阳复质物质构成了人体本身

（1）生命（物种）是阴阳两种物质在特定的时空条件下相互碰撞的产物。如果说将阴阳两种物质分裂到第二个层次，那就是：阴性物质的正物质（阴＋）、以衰变形式存在的阴性物质的负物质即阴性物质的反物质（阴－）；阳性物质的正物质（阳+）、以衰变形式存在的阳性物质的负物质即阳性物质的反物质简称反物质（阳－）。还可以继续分裂下去，但是为了研究的方便，也因为继续分裂下去在计算上会碰到困难，权且只好如此了。所以也只做出四个元素周期表，① 用 460 种物质元素的排列组合来解释大千世界的诸种事物的变化。

（2）阴阳两种物质在特定的时空条件下相互碰撞产生一个生命（物种），几乎是在同一时刻便产生了阴性物质的正物质（阴+）和以衰变形式存在的阳性物质的负物质（阳－）即反物质构成的矛盾对立统一体——灵魂，它必然从阴性物质的正物质（阴+）元素周期表即虚元素周期表的 115 种元素，以及阳性物质的负物质（阳－）即以衰变形式存在的反物质的元素周期表的 115 种元素中，撷取相关的物质元素构成含有某种特质要求的灵魂；也在同一时刻产生了阳性物质的正物质（阳+）即特指的脑和以衰变形式存在的阴性物质的负物质（阴－）即阴性物质的反物质构成的矛盾对立统一体——意识，它必然从门捷列夫元素周期表即阳性物质的正物质（阳+）元素周期表的 115 种元素，以及阴性物质的负物质（阴－）即以衰变形式存在的反虚元素周期表的 115 种元素中，撷取相关的物质元素构成含有某种特质要求的意识。

潜意识（狭义）是灵魂的镜像物，其构成和灵魂完全一样；潜意识（广

---

① 参见拙著《进入阴性物质世界》2.2“以实粒子为特征的元素周期表与以虚粒子为特征的虚元素周期表之比较”。

义）在这里指的是个人的潜意识（广义），它是阴性物质的正物质（阴+）和阴性物质的负物质（阴-）构成的矛盾对立统一体，它必然从阴性物质的正物质（阴+）元素周期表即虚元素周期表的115种元素，以及阴性物质的负物质（阴-）即以衰变形式存在的反虚元素周期表的115种元素中，撷取相关的物质元素构成含有某种特质要求的潜意识（广义），并且和宇宙总体的潜意识（广义）相联结。

(3) 那么生命的肉身和灵魂、意识、潜意识（狭义）、潜意识（广义）是否真的是在同一时刻一并产生的？这就要看将立足点放在那里了。

如果说站在四维时空的阳性物质世界观察，因为物质运动的速度被限制在光速以下，所以仅凭肉眼和人的感觉，是不可能发现灵魂、意识、潜意识（狭义）、潜意识（广义）在超光速的速度下抑或是在光速的临界点依次产生的情况。这是人在生理上的局限性，谁也没有办法。

如果说站在四维以上的多维时空的阴性物质世界观察，情况就完全不一样了。生命构成的五大要素的产生，其发生的顺序是从右端的潜意识（广义）开始，依次经过潜意识（狭义）内含了灵魂，再到意识、灵魂，最后形成肉身。如下图示之：

肉身←——灵魂←——意识←——潜意识（狭义）←——潜意识（广义）

潜意识（广义）作为个人的潜意识（广义），联结着宇宙的总体的潜意识（广义），生命的信息和密码，正是在这里设计和完成的。

潜意识（广义）抑或是它的人格化——神灵、上帝将设计好的生命的信息和密码，交由潜意识（狭义）发出指令，它真正充当了生命制成的首席执行官（CEO）。因为潜意识（狭义）是灵魂的镜像物，这就等于说虚拟的灵魂最先得到了这个指令，于是就根据下达的指令，从阴性物质的正物质（阴+）元素周期表即虚元素周期表的115种元素，以及阳性物质的负物质（阳-）即以衰变形式存在的反物质的元素周期表的115种元素中，撷取相关的物质元素构成含有这个指令要求的灵魂。

几乎就在同时，虚拟的灵魂也根据下达的指令，从门捷列夫元素周期表即阳性物质的正物质（阳+）元素周期表的115种元素，以及阴性物质的负物质（阴-）即以衰变形式存在的反虚元素周期表的115种元素中，撷取相关的物质元素构成含有这个指令要求的意识。此时，从门捷列夫元素周期表即阳性物质的正物质（阳+）元素周期表的115种元素中，撷取相关的元素构成的脑的先验雏形便产生了。——肉身的极重要的一部分应运而生了。

肉身的产生其实是最后的事情了，发生在四维时空的阳性物质世界。当按照指令完成了灵魂和意识的塑造，特别是形成的脑的先验雏形之后，才依据灵魂的旨意构成肉身的形状。这是因为肉身是灵魂放大的外部的实的形式，或者说是其外部的表现形式。因而我们从各种生物的不同外形，就可以窥测到它们的灵魂具有不同的结构。反过来说，只有在灵魂的结构上动过“手术”，才能改变不同生物的外形甚或习性。

肉身的产生，或者说肉身能否产生，又取决于四维时空的温度、水分和生存环境。只有在如同地球这样类似的环境中，才在灵魂、脑的先验雏形产生并出现意识、潜意识（狭义）和潜意识（广义）产生之后，才会出现生命的肉身。而在宇宙的绝大多数天体，如行星、恒星或者黑洞中，都是肉身在产生的同时就是毁灭的同时——因而大量地存在着生命在阴性物质世界的存在形式。所以，在宇宙间就生命的存在形式来说，后者远远多于前者，甚至说肉身的存在只是一个特例。[①]

（4）生命在阴阳两个物质世界的存在形式之异同。

生命在阳性物质世界的存在形式：

肉　身 + 灵　魂 + 意　识 + 潜意识（狭义）+ 潜意识（广义）

阳+ 阴-　阴+　阴-　阴+　阴-

阳- 阴+　阳-　阳+（脑）　阳-　阴+

生命在阴性物质世界的存在形式：

生命在阴阳两个物质世界的存在形式，其相同之处是：

两种生命形式都存在灵魂、潜意识（狭义）和潜意识（广义）。

由于潜意识（狭义）是灵魂的镜像物，况且每一个构成灵魂的阴性物质的正物质（阴+）和以衰变形式存在的阳性物质的负物质即反物质（阳-），在各自的元素周期表中撷取的元素各不相，因而每个人的灵魂在质量上就存在较大的差异。因此，就灵魂来说是大同小异。

阴阳两个物质世界不同的生命存在形式，相同的东西是灵魂、潜意识

---

① 张中行在《顺生论》中提出质疑：“关于鬼神的传说，都是互相凿枘，难于自圆的。举个最明显的例，如果活人都是由死人轮回脱胎而生，人口增加，这多出的灵魂是哪里来的呢?”《顺生论》第一分天心，三、鬼神。中华书局 2006 年版，第 10 页。

（狭义）和潜意识（广义），但是就其中的个人的潜意识（广义）来说，还存在着一定的差别，真正相同的是宇宙总体的潜意识（广义）。

生命在阴阳两个物质世界的存在形式，其不同之处是：

生命在阳性物质世界的存在形式具有肉身，肉身是阴阳物质的复合体。而生命在阴性物质世界的存在形式却没有肉身，这是这两种生命存在形式的最主要的不同之处。

生命在阳性物质世界的存在形式的意识结构是，阳性物质的正物质（阳+）即特指的脑和阴性物质的负物质（阴－）构成的矛盾对立统一体。而生命在阴性物质世界的存在形式，由于肉身不复存在，脑亦不复存在，于是便由脑先前产生和发射出的思维波——+阴′－，代替脑和阴性物质的负物质（阴－）构成意识（不完全意识）。

生命在阴阳两个物质世界的存在形式之异同列表如图示之：

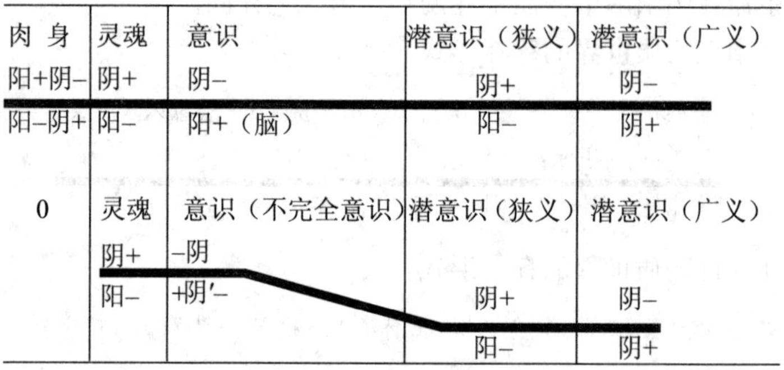

肉 身	灵魂	意识	潜意识（狭义）	潜意识（广义）
阳+阴–	阴+	阴–	阴+	阴–
阳–阴+	阳–	阳+（脑）	阳–	阴+
0	灵魂	意识（不完全意识）	潜意识（狭义）	潜意识（广义）
	阴+	–阴		
	阳–	+阴′–	阴+	阴–
			阳–	阴+

生命在阴阳两个物质世界的存在形式之异同

2. 人体五大要素的运动遵循宇宙的秩序

（1）人体的五大要素运动，是指构成生命在阳性物质世界的存在形式之五大要素的运动。具体地说，是指肉身+灵魂+意识+潜意识（狭义）+潜意识（广义）五位一体的运动。因为人体是阴阳物质的复合体，特别是它又是阴阳复质构成的复合体，所以人体五大要素的运动就遵循着宇宙的秩序。原因是宇宙本身就是由阴阳物质构成的，宇宙的秩序就是阴阳物质运动的秩序。

这里说的阴阳复质是什么意思呢？它是指在构成人体的五大要素的任何一个要素，都不是单个元素的相互组合，而是在相应的元素周期表中撷取了一组元素的化合物，然后才构成了肉身、灵魂、意识、潜意识（狭义）和潜意识（广义），生命的复杂性和阴性物质世界对生命信息、密码程序设计的精密性，在这里表现得淋漓尽致。最终又将这种设计的程序，以变位了和变形了的方式按照时间基因和空间基因的顺序，表现在人体的细胞基因上。

（2）人体的五大要素运动，就每一个要素来说都是相对独立的运动。现分述如下：

肉身是阴阳物质的复合体。它的结构式是：

阳+阴−
阳−阴+

横行看，“阳+阴−”是意识的结构，“阴−”是以衰变形式存在的，表现为“阴−”围绕着“阳+”做旋转式运动；“阳−阴+”是灵魂的结构，“阳−”是以衰变形式存在的，表现为“阳−”围绕着“阴+”做旋转式运动。从这个意义上说，灵魂和意识的确是肉身的重要构成部分，特别是灵魂是生命的核心。

纵行看，阳+
阳−是阳性物质的结构，表现为“阳−”围绕着“阳+”做旋转式运动；阴−
阴+是阴性物质的结构，表现为“阴−”围绕着“阴+”做旋转式运动。综合来看，在肉身结构式 阳+阴−
阳−阴+ 中，“阴−”和“阳−”在轮番地有秩序地在围绕着“阴+”和“阳+”做旋转式运动。这种运动，还可以理解为是围绕两个核心而旋转的一种交叉式的运动。

灵魂是阴性物质的正物质（阴+）和以衰变形式存在的阳性物质的负物质（阳−）即反物质构成的矛盾对立统一体。它的结构的框图是：

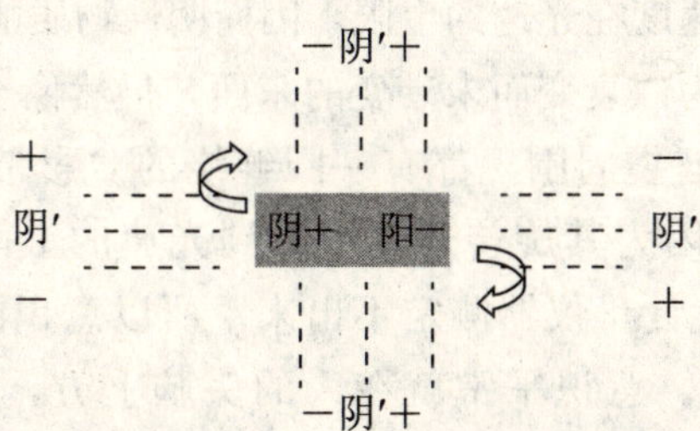

在灵魂的结构中，表现为以衰变形式存在的阳性物质的负物质（阳−）即反物质围绕着阴性物质的正物质（阴+）做旋转式运动。在这种运动中，产生和向四周发射出灵魂波——−阴′+。灵魂从植入一个受精卵的时候起，产生和发射的灵魂波——+阴′−就具有固定的频率和波长，一生都不会改变。在灵魂波上，全息了一个人前世和今生的所有信息和密码。

阳性物质的负物质（阳−）围绕着阴性物质的正物质（阴+）做旋转式运动时，其速度在光速的下限，因而阳性物质的负物质（阳−）即反物质就成为似衰变而未衰变的东西，就像土星的光环一样美丽。也因为其旋转速度接近光速，就表现出轻微的重量来，所以灵魂是有质量的。[①] 灵魂平常栖息在人的心窝处，是你的心脏的看护神。但是当肉身不复存在的时候，灵魂就游离出人体，受地心引力的影响，在山野和荒原中慢悠悠地飘荡。

意识是以衰变形式存在的阴性物质的负物质（阴−）和阳性物质的正物质（阳+）即特指的脑构成的矛盾对立统一体。它的结构的框图是：

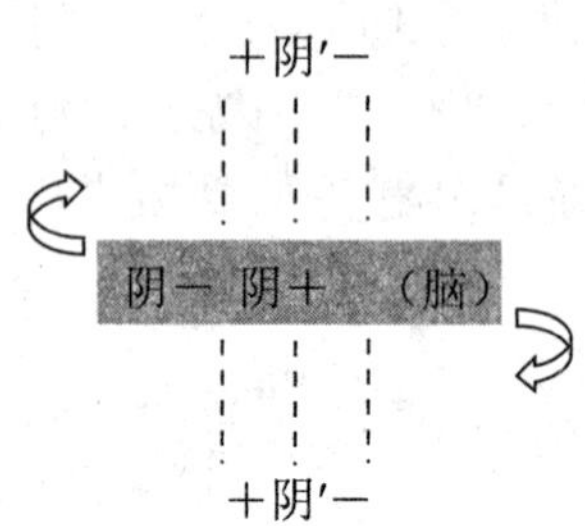

在意识的结构中，表现为以衰变形式存在的阴性物质的负物质（阴−）即阴性物质的反物质围绕着阳性物质的正物质（阳+）即特指的脑做旋转式运动。在这种运动中，产生和发射出思维波——+阴′−。脑意识从诞生的时候起，产生和发射的思维波——+阴′−就具有固定的频率和波长，一生都不会改变。在思维波上，全息了一个人现世经历的人和事的所有信息与密码。

阴性物质的负物质（阴−）围绕着阳性物质的正物质（阳+）即特指的脑做旋转式运动时，其速度在光速的上限，因而阴性物质的负物质（阴−）即阴性物质的反物质就成为似衰变而未衰变的东西，仍然像土星的光环一样美丽。因而在我们每个人的脑袋周围，都有一圈缠绕的“彩带”在不停地旋转着，非常美丽和壮观。也因为其旋转速度下降到光速的上限，就表现出轻微的“重量”来，不过现代计量仪器测定不出来。所以意识的质量，还是主要指一个人脑容量的重量。意识平常就在人的头脑上方，是你的脑的看护神。但是当肉身不复存在的时候，脑也随之不复存在了。这时一个人过去累积在宇宙空间的思维波——+阴′−，就替代了原先的脑所处的位置，进而和阴性物质的负物质（阴−）一起构成意识（不完全意识），进入四维以上的多维时空。

潜意识（狭义）在结构及运动方式上和灵魂完全一样，在此略去不谈。

潜意识（广义）分为个人的潜意识（广义）和宇宙总体的潜意识（广义）。人体的第五个要素应该是个人的潜意识（广义），它是阴性物质的正物质（阴+）

---

① 参见拙著《进入阴性物质世界》1.3“突破相对论时空观与树立灵魂和意识的新概念”。

和阴性物质的负物质（阴-）构成的矛盾对立统一体。它的结构框图是：

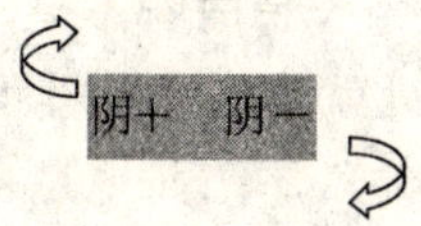

在个人的潜意识（广义）的结构中，表现为以衰变形式存在的阴性物质的负物质（阴-）围绕着阴性物质的正物质（阴+）做旋转式运动。其运动速度在光速的上限，因而阴性物质的负物质（阴-）就成为似衰变而未衰变的东西，仍然像土星的光环一样美丽。不过个人的潜意识（广义）存在于四维以上的多维时空，它本身就是阴性物质世界的一部分。因此，这个矛盾对立统一体的运动，除了阴性物质的负物质（阴-）围绕着阴性物质的正物质（阴+）做旋转式运动之外，阴性物质的负物质（阴-）和阴性物质的正物质（阴+）还间隔地有节奏地发散和收敛，其速度也是在超光速的基点上有规律地或快或慢地变换着。

个人的潜意识（广义）和宇宙总体的潜意识（广义）在运动中相联结，一方面将自身融入到阴性物质世界中去，参与生命信息和密码程序的编制，另一方面和整个阴性物质世界交换能量和信息，以供人体正常活动之所需。

(3) 人体的五大要素运动，就每一个要素来说都是相对独立的运动。但是从纵向看，它们又是按照对立统一的正负配对原则联结在一起的。

人体也就是生命在阳性物质世界的存在形式，只有肉身（含脑）这个要素现实地存在于四维时空的阳性物质世界，它是从阳性物质的正物质（阳+）元素周期表即门捷列夫元素周期表 115 种元素中撷取几类元素或者相关的化合物构成的。在肉身（含脑）中真正看得见、摸得着的还仅是阳性物质的正物质（阳+），仅占到生命的所有要素的 16.7%。除此之外，肉身中还包含着“阳-”“阴+”和“阴-”，此外不再赘述。

在肉身之后按照对立统一的正负配对原则还联结着灵魂、意识、潜意识（狭义）和潜意识（广义）。因而在每个人身后拖着一条长长的“辫子”，而且这是一条看不见、摸不着的“辫子”，一直连接着阴性物质世界。

(4) 通过以上分析，可以看出人体五大要素的运动，无论是每个要素相对独立的运动，还是五大要素按照对立统一的正负配对原则连接在一起的整体运动，都是遵循着阴阳物质运动的规律，从而服从着宇宙的根本秩序。例如，围绕一个核心旋转的规律几乎在每一个运动环节都体现出来。其实仔细想想，宇宙的秩序从根本上说就是这种围绕核心旋转的秩序，在社会生活和道德范畴的秩序，也是这种类似围绕核心旋转的秩序，只不过它表现出更多的不同特点罢了。这一点在以下的章节中还要进一步论述。

既然在每个人身后拖着一条长长的看不见、摸不着的“辫子”直达阴性物质世界，那么在人的心灵深处就必然敬畏阴性物质世界的人格化——神灵、上帝，在行为上就要按照宇宙的秩序因而也是自身生命要素运动的秩序约束自己。由此而升华出的道德观念就一定是朴素的和美好的。——它从道德上阻止人不要去做违规违法的事情。

3. 人体五大要素各自运动及整体运动形式的外化——道德秩序

（1）人体的五大要素各自在运动中表现为一个有机的整体。

人体的五大要素是肉身、灵魂、意识、潜意识（狭义）和潜意识（广义），如上所述，每一个要素都有自身独特的运动形式。但是各个要素之间又通过对立统一的正负配对原则连接在一起，从而使人体的五大要素又表现为一个有机的整体。一方面，从肉身来说，灵魂栖息在肉身的心窝处，意识存在于脑的上方，在肉身上可以感知到或者说能够看见灵魂和意识的存在，[①] 它们是四维时空阳性物质世界的事物；另一方面，离开肉身的潜意识（狭义）存在于四维时空和四维以上的多维时空的交界处，潜意识（广义）又纯粹存在于四维以上的多维时空的阴性物质世界。可见，人体的肉身、灵魂、意识、潜意识（狭义）和潜意识（广义），前三个要素特别是肉身存在于四维时空的阳性物质世界，后两个要素存在于四维以上的多维时空的阴性物质世界，而潜意识（狭义）则是联结阴阳两个物质世界的中间环节（中介）。这就等于说，灵魂也是联结阴阳两个物质世界的中间环节（中介）。但是因为灵魂栖息在肉身的心窝处，所以只表现出这种中间环节（中介）的意向，而将真实的中间环节（中介）的行为，却交给了它的镜像物——潜意识（狭义）。因此，在现实中认为生命仅仅是肉身的存在，是绝对错误的。可惜这种认识至今仍旧统治着绝大多数人的头脑。

（2）人体五大要素的联结及功能在阳性物质世界外化为道德秩序。

人体肉身的头颅、躯体、四肢乃至神经系统的功能，总是表现为头脑的思维活动、身躯的运动包括四肢的举手投足、语言能力等，它们均受到宇宙秩序的约束和规范。它是由宇宙的总体潜意识（广义）或者说它的人格化——神灵、上帝按照宇宙的秩序的要求，传递给个人的潜意识（广义），再交由潜意识（狭义）发出指令，由人的肉身活动去履行这些旨意的。

---

① 极少数人具有这种功能，即所谓灵魂出窍。参见贾平凹：《贾平凹谈人生》，封二之后插页“贾平凹手迹”、第 211 页“五十大话”。上海社会科学院出版社 2004 年版。

人有自由意志。① 这种自由意志是宇宙的总体潜意识（广义）或者说它的人格化——神灵、上帝在编制生命的程序和密码时赋予人的，但是一般人并不知道自由意志的自由“度”在哪里，加之每个人的灵魂在构成上又从阴性物质的正物质（阴+）元素周期表即虚元素周期表的 115 种元素，以及阳性物质的负物质（阳-）即以衰变形式存在的反物质的元素周期表的 115 种元素中，撷取了不同的物质元素，于是构成的灵魂在质量和品格上就差异甚大。这就是任何社会的任何阶层，无论是什么时候，都存在一些恣意妄为的不法之徒的深层原因。他们总要在自由意志的旗号下，破坏道德秩序也就是挑战宇宙秩序。这样的人在历史和现实中屡见不鲜，当然没有一个有好下场的。

（3）值得指出的是，人体五大要素之个人的潜意识（广义）和宇宙的总体潜意识（广义）即整个阴性物质世界相联结，具有十分重要的意义。它是将宇宙秩序以数字化的形式转变为道德秩序的前提所在。经过这种转换，道德秩序的信息元就全息了宇宙秩序，一起以道德与法的形式经由潜意识（广义）发出指令，将其积淀在人的灵魂和意识当中。

4. 灵魂和意识的耦合外化为道德秩序

（1）灵魂和意识的耦合。

灵魂是阴性物质的正物质（阴+）和以衰变形式存在的阳性物质的负物质（阳-）即反物质构成的矛盾对立统一体。以衰变形式存在的阳性物质的负物质（阳-）即反物质围绕着阴性物质的正物质（阴+）做旋转式运动，产生和发射出携带信息和密码的灵魂波——-阴′+。意识是阳性物质的正物质（阳+）即特指的脑和以衰变形式存在的阴性物质的负物质（阴-）构成的矛盾对立统一体。以衰变形式存在的阴性物质的负物质（阴-）围绕着阳性物质的正物质（阳+）即特指的脑做旋转式运动，产生和发射出携带信息和密码的思维波——+阴′-。

灵魂和意识的耦合，是通过下述两种方式完成的：其一，灵魂统一体中的阴性物质的正物质（阴+）和意识统一体中的以衰变形式存在的阴性物质的负物质（阴-）相互吸引；意识统一体中的阳性物质的正物质（阳+）即特指的脑和灵魂统一体中的阳性物质的负物质（阳-）即反物质相互吸引。其二，灵魂产生和发射出的灵魂波——-阴′+和意识产生和发射出的思维波——+阴′-相互吸引。如下图示之：

---

① 康德指出：“因为这个道德律是建立在他的意志的自律之上的，而他的意志乃是一个自由意志，它根据自己的普遍法则，必然能够同时与它应当服从的东西相一致。”参见康德著，邓晓芒译，杨祖陶校：《实践理性批判》，人民出版社 2002 年版，第 180 页。

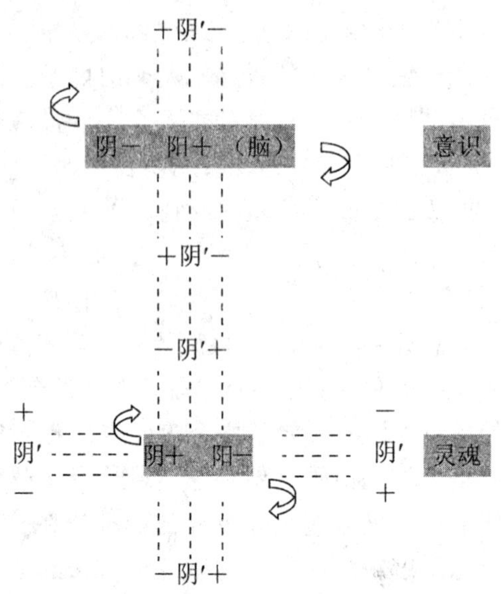

灵魂和意识的运动耦合示意图

（2）灵魂和意识的耦合外化为道德秩序。

灵魂和意识几乎同时接收到潜意识（狭义）发出的指令，——这是潜意识（广义）即阴性物质世界，抑或是它的人格化神灵、上帝编制的宇宙秩序的信息和密码，经由潜意识（狭义）将其转译为道德秩序的指令，进而积淀在灵魂和意识当中。

灵魂和意识的外部表现形式，在四维时空条件下就物化为肉身。① 一个人身体的外形、相貌、四肢及其言谈、举止等，都是灵魂和意识在肉身上的表现和延伸，特别是它是灵魂的结构和内容的映照。在这里，由宇宙秩序转译为道德秩序的指令积淀在灵魂和意识之后，接着就外化到人的思想和行为上。因此，由天道到人道或者说从宇宙秩序到道德秩序，经过上述中间环节的转化，才能够外化为一个人现实的道德秩序。

至于潜意识（狭义）怎样将潜意识（广义）即阴性物质世界编制的宇宙秩序转译为道德秩序的指令，以及将这些指令以何种信息积淀在灵魂和意识

① 灵魂和意识的外部表现形式，在四维以上的多维时空表现为灵魂和意识（不完全意识）的外部表现形式。这时灵魂和意识（不完全意识）虽然也力图表现为肉身，但因为肉身是由实粒子构成，而四维以上的多维时空是充满虚粒子的负空间和虚时间，没有实粒子的立足之地，因此它表现为肉身的愿望总是成为一种幻象。四维以上的多维时空被裹挟在我们所处的四维时空当中，从四维时空观察，这种幻象总是表现为时隐时现的东西。——这是生命在阴性物质世界的存在形式，少数有特异功能的人可以看到。

当中，之后又怎样外化到人的思想和行为上，这一系列复杂但又十分简捷的过程，以现在科学发展的高度还无法诠释。我们只能从人们对这些道德律令的敬畏，看到这种转化的结果，而对其转化过程则茫然不知。

5. 人类的道德秩序反映了阴阳两个物质世界的基本规则

（1）人体的功能展示了阴阳两种物质具备的功能。

分析构成人体的五大要素，除了第五个要素潜意识（广义）是由阴性物质的正物质（阴+）和以衰变形式存在的阴性物质的负物质（阴-）构成之外，其他四个要素如肉身、灵魂、意识和潜意识（狭义），每一个要素都是由阴阳两种物质的不同侧面组成的。① 这就使人体和阴阳两个物质世界有着天然的联系，或者说使人体成了联结阴阳两个物质世界的中间环节（中介）。那么，阴阳两种物质的功能都会天然地一并表现在人体上。例如，阳性物质功能表现为实粒子的运动速度被限制在光速以下的各种功能，人体具有的常规功能，就是此种功能；阴性物质功能表现为虚粒子的运动速度起步就是超光速的各种功能，人体具有的特异功能，就是此种功能。

值得指出的是，阴性物质的功能——特异功能人皆有之，区别只在于功能量级的大小。一个人睡觉做梦就是常见的最普通的特异功能，因为这是他的思维波进入到四维以上的多维时空活动的结果。还有，现实世界的繁华和浮躁，使人更多地运用常规功能生活和竞争，特异功能便发生了退化，因而许多人并不知道自己还有特异功能。

（2）阴阳两个物质世界的运动秩序在人体上的反映。

阴阳两个物质世界呈“负阴抱阳”、“负阳抱阴”的形式存在着，又围绕各自的核心做旋转式运动，有着自身的运动轨迹。时间和空间也各有自己的存在形式，而且在每一个层次上都表现得从容而有秩序。此外，物质的对称性和相似性，以及能量守恒、物质不灭及其相互间的转化，使生命在阴阳两个物质世界的存在形式，总是保持适当的比例和大体平衡的状态。

人体是阴阳物质的复合体，那么阴阳两个物质世界的运动秩序，就一定要反映在人体上。所谓一个人就是一个小宇宙，说的就是这个意思。因此，研究人体的结构，研究人体的经络系统、神经系统的运动，特别是研究人脑的结构和思维活动，对于认识阴阳两个物质世界的运动秩序大有裨益。——这是仅从物理学和化学的角度进行的研究。

---

① 请注意，这是我们仅将阴阳两种物质“一分为二”到第二个层次得出的结论。如果说将阴阳两种物质“一分为二，节节如此”（朱熹语），例如将阴阳两种物质“一分为二”到第三、第四或者第五个层次，情况就复杂得多。但是从构成人体的要素来说，依然是包含了阴阳两种物质的不同侧面。

更重要的是，通过对人的灵魂和意识的耦合、灵魂波和思维波的联结的研究，通过对它们如何推动思维波携带阴性物质的正物质（阴+）——意念进入阴性物质世界检索信息和破译密码的研究，对于认识阴性物质世界的秩序是如何主导着阳性物质世界的秩序，具有十分重要的意义。——这是从更高的层面进行的研究。

(3) 既然人体是联结阴阳两个物质世界的中间环节（中介），那么就可以合乎逻辑地得出如下结论：一方面，阴性物质世界向人体传输宇宙秩序的信号，教你怎样去按照既定的秩序去做，这就形成了灵魂和意识耦合而外化的道德秩序，成为制约人的思想和行为的规则；另一方面，阴性物质世界的人格化——神灵、上帝，又监督着人的所作所为，看是否违犯了伦理、道德规则，即是否违犯宇宙的秩序。于是，教育和惩办的可行性就从这里产生了。

神灵、上帝以命令的形式要求所有的人必需按照伦理和道德准则约束自己的行为。否则，高悬在头顶的达摩克利斯（Damocles）之剑就会降落下来给予严厉的惩罚。康德将此称为“定言命令”。他说：“遵守德性的定言命令，这是随时都在每个人的控制之中的，遵守经验性上有条件的幸福规范，这却只是很少才如此，且远不是对每个人都可能的，哪怕只在一个唯一的意图上。其原因是，由于事情在前者那里只取决于必然的真正的和纯粹的准则，在后者那里却还取决于使一个欲求对象实现出来的力量和身体能力。”“道德律在人类那里是一个命令，它以定言的方式提出要求，因为这法则是无条件的”。①

12.2 人是社会的主体

1. 人是生命在阳性物质世界的存在形式之智慧者

(1) 阳性物质世界是指长、宽、高的三维空间和一维前进时间箭头的算术时间所构成的物质世界。生命在阳性物质世界的存在形式，是指生活在这种时空条件下的生命形式，它包括人类和各种动植物、微生物，乃至病毒等。如上所述，生命在阳性物质世界的存在形式的结构式是：

肉　身 +	灵　魂 +	意　识 +	潜意识（狭义）+	潜意识（广义）
阳+ 阴-	阴+	阴-	阴+	阴-
阳- 阴+	阳-	阳+（脑）	阳-	阴+

它表明，人类和各种动植物、微生物，乃至病毒等的生命形式都是由肉

① 康德著，邓晓芒译，杨祖陶校：《实践理性批判》，人民出版社 2002 年版，第 44、42 页。

身、灵魂、意识、潜意识（狭义）和潜意识（广义）五大要素构成的，这是生命在构成上的共性。那么为什么人类和各种动植物、微生物，乃至病毒等的生命形式从外观上看，及至表现出的功能又截然不同呢？这便是这些生命存在形式在共性基础上表现出的个性。

（2）生物物种的类别是由生命坐标系的横坐标轴和纵坐标轴分叉上的刻度决定的。或者说，生物的物种属于哪一个种群或者哪一个类别，是在形成它们的那一刻由生命坐标系上横坐标轴（阳性物质）和纵坐标轴（阴性物质）上的刻度的多少决定的。相应地，灵魂和意识到底属于哪一个种群或者哪一个类别的，也是由横坐标轴（阳性物质）和纵坐标轴（阴性物质）分叉上的刻度的多少决定的。在这里有着严格的精密的界限加以区分。

我们曾经说过，潜意识（广义）——阴性物质世界，抑或是它的人格化神灵、上帝是编制生命程序及密码的总设计师，专门设计生物物种及其灵魂、意识的程序和密码。当编制好生命程序及密码之后，最终都以数字化的形式反映在生命坐标系的横坐标轴和纵坐标轴及其它们分叉的刻度上。其精密度和准确度现代科学技术无法检测，但是却存在于我们内心的理解和想象中。至少通过不同物种或者同一物种细胞水平上基因（DNA）排列顺序的微小差异，就可以折射出它们的精密度和准确度来。

人类在生命坐标系的这两个坐标轴以及它们的分叉上只有一个刻度和相应的区间，所以人永远是人。中国传统文化有一种说法，认为有的人死后再托生时会变成猪呀狗呀的其他动物，当然这是指干过坏事的人，它是灵魂结构重塑之后出现的情况。也是善良的人们在无力惩治坏人时而愤愤地发出的一种精神安慰。但是坏人也是人。既然是人，那么在他最初形成的一刻也就无一例外地会以数字化的形式存在于这个刻度上。

如果我们锁定生命坐标系的这两个坐标轴以及它们的分叉上人的这个刻度，并且不断地放大这个刻度，就可以发现在这个刻度的周围有一个属于它的区间。——正是在这个区间里还存在着极其微小的刻度上的差异，才表现出不同的人种或者不同地区的人的差别来。例如，有黄种人、白种人、黑种人、红种人等的区别。还有欧洲人与美洲人的区别；中国人与日本人的区别；甚至中国的北方人与南方人的区别，等等。①

（3）人类和各种动植物、微生物，乃至病毒等的生命形式截然不同的个性，还由于灵魂和意识在构成上，从阴性物质的正物质（阴+）元素周期表即虚元素周期表的 115 种元素，以及阳性物质的负物质（阳-）即以衰变形式存

① 参见拙著《我从哪里来，又到哪里去》6.2“生物灵魂和意识的‘类’及其他”。

在的反物质的元素周期表的115种元素中，撷取了不同的物质元素，于是构成的灵魂在质量和品格上就差异甚大；从阳性物质的正物质（阳+）元素周期表即门捷列夫元素周期表的115种元素，以及阴性物质的负物质（阴-）即以衰变形式存在的反虚元素周期表的115种元素中，撷取了不同的物质元素，于是构成的意识在质量和品格上就差异甚大。当然从根本上说它是由生命程序和密码的总设计师——阴性物质世界及它的人格化——神灵和上帝精心设计和安排的结果。在这里，将神灵和上帝理解为一台巨大的无形的超光速运算的高智能计算机，似乎更容易为人们所接受。

综上所述，生物物种的类别由于在生命坐标系的横坐标轴和纵坐标轴及其分叉上所处的刻度不同，特别是其灵魂和意识从上述四个元素周期表中撷取了不同的物质元素，便构成了差别甚大的肉身，于是表现出人类和各种动植物、微生物，乃至病毒等生命形式截然不同的外形以及个性等。

（4）人类是生命在阳性物质世界的存在形式之智慧者，数百万年前才出现在地球上。那么在此之前，人类为什么没有出现呢？

数百万年之前的漫长时期，地球上的气候、水分和环境，还不适合人类生存。我们在以上论述过，在广阔的宇宙中，只要阴性物质和阳性物质在特定的时空条件下相碰撞，就会产生一个生命体。但是由于环境的恶劣（温度过高或者过低），其肉身在产生的同时就毁灭了，只留下生命在阴性物质世界的存在形式，即灵魂+意识（不完全意识）+潜意识（狭义）+潜意识（广义）。所以宇宙中生命在阴性物质世界的存在形式比生命在阳性物质世界的存在形式多得多。

既然生命在阴性物质世界的存在形式没有条件和机会转化为生命在阳性物质世界的存在形式，那么人类的生命在阴性物质世界的存在形式，在这漫长的时间里就不断地提纯复壮，或者说也可以叫做自我进化吧。终于到了数百万年前，地球上的气候、水分和环境适合人类生存了，人类的这种生命在阴性物质世界的存在形式才转化为生命在阳性物质世界的存在形式——现实的人类。当然是史前的人类，而不是进化论所说的类人猿。

另外，从多四季论的观点看，由于太阳系、恒星系、银河系、总星系在宇宙中的运转而形成的大四季周期性恶劣气候的巨变，造成生物周期性的灭绝。地球上曾经经历过许多次生物周期性地循环进化过程，生物圈周期性地从一个星球转移到另一个星球，又周期性地像候鸟回归那样，回到原来的星球，人类也是受生物循环进化规律支配的。人类进化的过程在经过每一个残酷的特定夏季和特定冬季极其恶劣的气候的灭绝和驱赶后，在数百万年前，大地复苏时，又循环地出现了人类这种高等生命。

2. 单个人的集合——人群构成人类社会

(1) 人类为了生存，必需结成群体进行生产活动。

数百万年前人类诞生在地球上，遇到的生存环境十分恶劣。首先是自然条件给人以极大的威胁，如酷热、洪水、地震、骤风、电闪雷鸣等。其次是比人类体格强壮许多倍的剑齿类动物的侵袭，以及遭遇各种细菌、病毒等对人健康的困扰。如此严酷的生存条件使可利用的食物资源十分稀缺，那么人类为了生存和种的繁衍，就必需结成群体抵御外来的侵袭，进行简单的生产活动。这大概经历了一个十分漫长的时期，才缓慢地发展到五六千年前有文字记载的文明史。

人类和各种动植物等相比较，没有高大结实的身躯；和各种微生物、病毒等相比较，更没有它们微小得可以无孔不入。人类唯一具有的是灵魂和意识在运动中累积的正在开发和尚待开发的智慧。有了智慧就有了语言功能，也能够使用和制造工具。并且随着实践的发展，语言变得愈加丰富，工具也制造得越来越精巧。——由此科学技术也发展起来了。

但是在很长一段时间，人类的生产发展了但是还没有发展到应有的高度，在生产劳动中有了剩余，但剩余的数量还极其有限。人群中出现占有生产资料和物质财富的多寡，于是阶级和阶级斗争便不可避免地发生了。阶级分化和阶级中阶层的出现，从长远的历史发展过程看，只是一个不长的阶段，特别是阶级斗争的激化只是一个短暂的时期。但是这个阶段和时期却是难于避免的。从世界历史看，这种情况直到今天还没有得到根本的改变。

几乎从进入文明时代起，一直困扰人类的是资源的稀缺。随着人口数量的增长，本没有资格走近餐桌的人挤了进来，[①] 加剧了资源的稀缺程度，于是人类不得不借用市场法则来分配资源。它看似公平竞争，实则掩盖了机会的不均等，因而出现了穷富差距，也使道德的底线屡屡受到冲击。这在一个较长时间里是没有办法的办法，因而也是唯一可行的办法。

也是这种唯一可行的办法，在实施中却积累着社会矛盾。如果这种矛盾不及时化解的话，就可能酿成社会的动乱，在国际间还可能引发地区乃至国家之间的冲突。因而国际社会是不平静的，人类总在渴望和平。

(2) 马克思运用他创立的唯物史观研究人类社会，得出了非常精辟的结论。

---

① 18 世纪末，英国经济学家马尔萨斯（Thomas Robert Malthus，1766—1834）在《人口原理》一书中警告说，在没有任何限制的条件下，人类社会人口以几何数列（2，4，8，16，32……）增长，而生活资料则以算术数列（1，3，5，7，9……）增长，因此人口必定会发生过剩现象。他尖锐地指出，那些超过生活资料的增长而出生的人，在餐桌上是没有他的位置的。

马克思说："人们在自己生活的社会生产中发生一定的、必然的、不以他们的意志为转移的关系，即同他们的物质生产力的一定发展阶段相适合的生产关系。这些生产关系的总和构成社会的经济结构，即有法律的和政治的上层建筑竖立其上并有一定的社会意识形式与之相适应的现实基础。"① 它告诉我们，生产力是一切社会发展的原动力。生产力首先包括有思想和劳动能力的人，特别是以制造和使用工具为特征的科学技术，堪称为第一生产力。生产力决定人们在生产活动中结成怎样的生产关系，它包括所有制关系、生产的具体组织形式和分配方式等。而一定的生产关系各个方面的总和，同时又构成社会的经济基础。因而从一定意义上说，经济基础就等同于生产关系，是生产关系的同义语。正是这种经济基础，又决定了政治、法律、哲学、宗教、文学、艺术等庞大的上层建筑。可见，生产力决定生产关系，同时也决定了经济基础；经济基础抑或说生产关系又决定了上层建筑。而生产力正是通过经济基础抑或说生产关系这个中间环节决定上层建筑的。这是从地基开始决定怎样盖一座大楼的过程。

但是，生产关系因而也是经济基础并不是被动地适应生产力；同样地，上层建筑也不是消极地适应生产关系和经济基础。而是对它们具有一定的反作用，特别是上层建筑对生产力还有经过"折光"的反作用。

恩格斯引用马克思的话对唯物史观进一步作了阐述，他说："人们首先必须吃、喝、住、穿，然后才能从事政治、科学、艺术、宗教等等；所以，直接的物质的生活资料的生产，因而一个民族或一个时代的一定的经济发展阶段，便构成为基础，人们的国家制度、法的观点、艺术以至宗教观念，就是从这个基础上发展起来的，因而，也必须由这个基础来解释，而不是像过去那样做得相反。"② 这段话可以看作是对唯物史观的通俗解释。李泽厚从这点出发，把他的哲学也概括为"吃饭哲学"，亦充满了浅显而深奥的哲理。③

毋庸置疑，在生产力——生产关系（经济基础）——上层建筑的建构中，真正支撑这座社会大厦的是有劳动能力的人，特别是具有广博知识和技术、综合素质高的新型劳动者。——他们才是社会的栋梁之材。

(3) 人是社会最宝贵的财富，没有任何东西可以替代的。

数百万年前人类诞生在地球上，在长时间的进化中，随着使用工具和制造工具的实践活动的发生，人的智慧开启了，语言发达了。人在适应环境、

① 《马克思恩格斯选集》第2卷，人民出版社1972年版，第82页。

② 《马克思恩格斯选集》第3卷，人民出版社1972年版，第574页。

③ 参见李泽厚：《世纪新梦》，安徽文艺出版社1998年版，第142—144页。

改造环境的同时，也改造和提高着自身，特别是科学技术的发展，延长了人体各个器官的功能，创造了前所未有的物质财富和精神财富。从另一个角度说，因为有了人，整个地球的面貌才焕然一新。

地球上有成千上万种动植物、微生物、病毒等生命形式，但是只有人是高等生命，是万物之灵。为什么呢？因为生命程序和密码的总设计师——阴性物质世界——神灵、上帝在设计人类生命体的时候，对其灵魂的结构，从阴性物质的正物质（阴+）元素周期表即虚元素周期表的 115 种元素，以及阳性物质的负物质（阳-）即以衰变形式存在的反物质的元素周期表的 115 种元素中，撷取了优质的物质元素；对其意识的结构，从阳性物质的正物质（阳+）元素周期表即门捷列夫元素周期表的 115 种元素，以及阴性物质的负物质（阴-）即以衰变形式存在的反虚元素周期表的 115 种元素中，撷取了优质的物质元素。于是构成人类的灵魂和意识，就与其他动植物、微生物、病毒等的灵魂和意识在质量和品格上高出一筹，从而在形体上也显现出巨大的差异来。

在生命坐标系横坐标轴（阳性物质）和纵坐标轴（阴性物质）及其分叉的刻度上，人类所在的刻度及区间靠近整个阴性物质世界，但是并没有到达阴性物质世界；其他动植物、微生物、病毒等所在的刻度及区间则靠近阳性物质世界，或者说有的生物全部处在阳性物质世界。

生命形式处在阴性物质世界，就是神、鬼（瑰）——生命在阴性物质世界的存在形式；生命形式靠近阴性物质世界但仍旧生活在阳性物质世界的是人（人类）；生命形式远离阴性物质世界而生活在阳性物质世界的是其他动植物、微生物、病毒等。

人（人类）作为宇宙间的高等生命，既是阴阳物质的复合体，又天然地联结着阴阳两个物质世界。如上所述，生命在阳性物质世界的存在形式是由肉身+灵魂+意识+潜意识（狭义）+潜意识（广义）五大要素构成的。前四大要素都是从不同的阳性物质元素周期表和阴性物质元素周期表中，撷取了相应的元素而构成的阴阳复性物质，后一大要素潜意识（广义）即为阴性物质世界。另外，灵魂波——-阴′+和思维波——+阴′-的耦合，推动思维波并携带阴性物质的正物质（阴+）——意念进入阴性物质世界做功，直接将阴阳两个物质世界联结起来，所以说没有人是不可能实现的。

神、鬼（瑰）——人（人类）——动植物、微生物、病毒等，在生命坐标系横坐标轴（阳性物质）和纵坐标轴（阴性物质）及其分叉的刻度上，是三大类别，当然在每一类别的刻度上又有相应的可容忍的区间。人（人类）往前走一步就是神、鬼（瑰）的世界，往后退一步则是动植物、微生物、病毒的世界。可见，人是介于神和兽之间的高等生命。如果说道德修养得好，就能够达到神的境界，反之如果道德沦丧，就堕入动物行列。从这个意义上讲，人不可须臾放松道德品质的修养。

3. 人类的个体意识与群体意识

（1）天赋人权——自由思想结出独立思考的思维果实。

古希腊哲学中就有天赋观念，柏拉图（Platon，前 427—前 347）认为灵魂是不死的，在未转世进入人体之前，处于一个超自然的“理念世界”，因而一切真实的知识只不过是不朽的灵魂对理念的“回忆”。近代法国的笛卡儿（Rene Descartes，1596—1650）认为，上帝的观念、数学公理、逻辑法则等都是不证自明、与生俱来的，是天赋的。之后德国的莱布尼茨（Gottfried Wilhelm Leibniz，1646—1716）认为，观念与真理是作为倾向、禀赋、习性或自然的潜在能力而天赋在我们心中的。法国的卢梭（Jea Jacques Rousseau，1712—1778）和狄德罗（Denis Diderot，1713—1784）等启蒙思想家，提出天赋人权说。① 认为在自然状态下人人都是自由平等的，人们固有的、与生俱来的权利是不可分割、不可转让的。天赋人权说作为一种政治学说，主张当统治者破坏人民的自然权利时，人民有权推翻其统治，以恢复自己的自然权利。18 世纪法国大革命时，进一步提出“自由、平等、博爱”的口号。

一个人降生于世，他就是一个独立的个体。他有权生活和工作，有权接受教育，有权恋爱、结婚、生儿育女。在文明国家，宪法保障了他享有一切公民的权利和承担的义务。特别是每个人都有独立的人格、自由的思想。伏尔泰（Voltaire，1694—1778）说：我虽然不同意你的观点，但是我誓死捍卫你说话的权利。即尊重一个人的人格和自由思想。

无论是天赋观念还是天赋人权说，其核心思想都是主张摆脱人身依附关系，崇尚思想自由和独立思考。特别是“自由、平等、博爱”的思想，像一面旗帜一样唤起一代又一代人对美好生活和崇高理想的追求，成为人类宝贵的精神财富。如果说每个人没有独立的人格，没有自由的思想，就不可能结出独立思考的思维果实，那么人类就永远不可能进步。

（2）占主导地位的独立思考的思维果实如何构成群体意识。

个体经过独立思考而产生的真知灼见，每每包含着闪光的思想。当它公之于世的时候，一开始总是不被社会的主流意识形态所接受。往往处在势单力薄、孤立无援的境地。在多数情况下，还会受到来自上流社会甚至同行们

---

① 天赋人权，源出拉丁文 jus naturale，应译为自然权利。中国早年译成天赋人权，以后一直沿用至今。

的打压。这是一切新生事物成长的规律，完全用不着灰心丧气，也无须大惊小怪。究其原因，主要有以下几点：

其一，传统的习惯势力，使大多数人进行了思维定式的路径选择。这种选择是建立在原有的思想基础之上的，因而成了一种固有的僵化模式。孔子曰："与善人居，如入芝兰之室，久而不闻其香，即与之化矣；与不善人居，如入鲍鱼之肆，久而不闻其臭，亦与之化矣。"[①] 千百万人的习惯势力是最可怕的，就在于把人的思想"化"在了固有的僵化模式上。如果说这时有新的思想出现，许多人都会认为是标新立异，在本能地排斥着。所谓的从众心理，有积极意义上的，也有消极的甚至起着反动作用的。对于新的思想——新生事物来说，这时正是厚重的铁幕合围的艰难时期，只有少数智者才能慧眼识珠。

其二，有时因为新的思想超前，还未被实践所证实，因而大多数人就处在怀疑之中。老子曰："上士闻道，勤而习之；中士闻道，若存若亡；下士闻道，大笑之——不笑不足以为道。"[②] 意思是道性上等的人听了道，勤奋努力地去实践它。道性中等的人听了道，或信、或怀疑它是否存在。道性贫乏的人听了道，放声大笑地嘲笑它。——不被这种人嘲笑就不足以为道了。这里说的"中士"，也就是指人群中的大多数人，因为对道的存在不理解而持的怀疑态度。可见，老子在《道德经》诞生中，就预见到对其有三种态度。其中只有少数人能够理解，并且"勤而习之"。大多数人都不理解它的真谛，一直怀疑它是否真实存在，而少数人则嘲笑它。其实两千多年来此种情况并未发生多大变化，几乎对于所有的新思想、新观点，都同时上演着这一幕戏的三个折子戏。

其三，新思想颠覆传统思想，统治者往往将其斥责为离经叛道。因为他们的政权是建立在传统思想和原有的法理基础上的，所以害怕动摇了在此基础上构筑的上层建筑，从而失去既得的政治权力和物质利益。因此，历史上几乎所有的统治者对新思想、新观点都本能地采取排斥态度。只有当腐朽的思想和做法将国家弄得国将不国、民怨沸腾时，才被迫接受新的思想和理论指导下的改良试验。在这种情况下，社会精英的新鲜思想、科学技术上的新发明，就很难从一开始得到政府的支持。更为糟糕的是，当这些新思想、新观点、新发明的价值日益突现时，官僚政客一手迫害社会精英，另一手将这些知识产权窃为己有。在中外历史上，这种惨剧几乎在每个朝代都不同程度地发生过。

其四，同行中的大多数人不太理解，表示沉默。个别品质恶劣者极力阻

---

① 《孔子家语·六本第十五》。

② 《道德经》第四十一章。

挠新思想的产生和传播。因为“推动科学前进的是个人创见。”①“创造性本就是个体的，由个体所生发、所展现。”② 所以大多数人一时不太理解是可以理解的。但是对于少数品质恶劣者的行为却要进行分析了。因为他们已有的荣誉、地位是在原有的理论和意识形态基础上取得的，新的理论产生之后使他们一阵惊慌失措，感到尴尬和难堪。他们的思想不是与时俱进，而是怀着一种嫉妒之心，想凭借权力将新的思想扑灭，直至对创造者带来灾难性的后果。这是一种破坏性极大的阴暗心理。鲁迅对此作过深刻的批判，其中许多论述鞭辟入里，发人深思。

随着科学的发展和人们的抗争，个体经过独立思考而产生的真知灼见，以及那些闪光的思想逐渐被大多数人接受，特别是嗣后被社会上层、统治者当作主流意识形态，这时独立思考的思维果实才能占据主导地位，也才能构成社会的群体意识。显然这是一个十分漫长的历史过程。

孔孟之道是儒家的经典，是中国封建社会后期的主流意识形态。但是孔子（前551—前479）生前并不得志，他到过许多诸侯国传播他的学说，然而每每不受欢迎。到处碰壁，若丧家之犬。孔子死后，他的孙子子思（前483—前402）收了一名高徒孟子（前390—前305）。孟子一生以继承孔子学说为志向，阐述和发挥儒家学说，将其推进到一个新的高峰。然而嗣后儒家学说的传播仍旧十分艰难，直到一千年以后，到了唐代才由韩愈（768—824）将孔孟之道重新提了出来，孟子也因此获得了仅次于孔子的“亚圣”的地位。

唐朝之后到了五代十国和北宋仁宗（赵祯）之前，儒家学说在这段时期又受到了冷落。仁宗明道年间程颢（1032—1085）和程颐（1033—1107）相继出生，他们将儒家理论高度思辨化，同时吸收佛教思想，创立了以“理”为宇宙之本原的理学。以后到了南宋高宗（赵构）建炎年间，朱熹（1130—1200）出生，他集北宋周（敦颐）、邵（雍）、张（载）、程（颢、颐）理学之大成，使孔孟之道的精华承载着理学之舟得以发扬光大。朱熹一生著作颇丰，为程朱学派主要代表。但是即使如此，在很长一段时间他的学说被当时的官僚政客诬蔑为“伪学”。朱熹在无奈之中只有躲进山中以讲学糊口。③

朱熹死后，理学开始为元朝统治者接受。元朝灭亡之后，到了明清两代，朱熹编著的《四书章句集注》，始立“四书”之名，明清定为必读注本。直到这时孔孟的儒家学说才成为国家意识形态。

---

① 参见哈维尔·桑佩德罗：《与宇宙的理性接触——史蒂芬·霍金专访》，《参考消息》2004年4月4日。

② 李泽厚：《实用理性与乐感文化》，生活·读书·新知三联书店2005年版，第44页。

③ 朱熹曾在武夷山设堂讲学，晚年徙居福建建阳考亭，主讲紫阳书院。

14—16世纪，欧洲文化和思想发展到一个极其重要的时期——文艺复兴。当时的代表人物都有一种叛逆思想，他们独立地思考，自由地呐喊。但丁（Dante，1265—1321）的《神曲》、薄伽丘（Giovanni Bocca ccio，1313—1375）的《十日谈》和拉伯雷（Francois Rabelais，1494—1553）的《巨人传》，对神权政治、教会至上、僧侣虚伪作了揭露和抨击。哥白尼（Nicolaus Copernicus，1473—1543）的日新说动摇了整个知识界和思想界。哥伦布（Cristoforo Colombo，1451—1506）和麦哲伦（Fernao de Magalhaes，1480—1521）等人的地理大发现，为地圆说提供了有力证据。伽利略（Galileo Galilei，1564—1642）在数学、物理学方面的创造发明，使人们对宇宙有了新的认识。在意大利有达·芬奇（Leonardo da Vinci，1452—1519）的绘画和米开朗琪罗（Michelangelo Buonarroti，1475—1564）的雕塑；在德国有马丁·路德（Martin Luther，1483—1546）的宗教改革；在英国有莎士比亚（William Shakespeare，1564—1616）的戏剧；在法国自由思想和怀疑思想相当发达，如散文家蒙田（Michel Eyquem de Montaigne，1533—1592）等。同时还出现了早期的空想社会主义思想，如《乌托邦》的作者莫尔（Thomas More，1478—1535）、康帕内拉（Tommaso Campanella，1568—1639）等。试想，如果说没有他们的自由思想，没有这些独立思考的思维果实，整个欧洲以至全世界可能还处在黑暗而漫长的中世纪呢！

文艺复兴时期这些杰出人物和他们的闪光思想，无一例外地遭到了统治者和宗教裁判所的“围剿”。例如，意大利哲学家、自然科学家布鲁诺（Giordano Bruno，1548—1600）被活活烧死在罗马鲜花广场。直到300年之后罗马教皇才宣布为他平反。“青山遮不住，毕竟东流去。”随着资产阶级革命的成功，文艺复兴时期的文化和思想，逐渐成为社会的主流意识形态。

社会的主流意识形态形成之后也不是一成不变的。以儒家学说为例，“自汉至唐的周孔并称，变而为孔孟并称，构成了儒学第三期。这一直延续到今日的‘现代新儒家’。”① 还有，五四时期一些文化人提出“打倒孔家店”的口号，彻底否定儒家学说。中国大陆也是长期批判孔孟之道，特别是在“文化大革命”期间把孔子和林彪挂到一起批判，上演了一幕又一幕令人啼笑皆非的闹剧。改革开放发展到今天，学术界重提学习国学，儒家学说又逐步恢复了它应有的地位。正是：理无常是，今日是之，后或非之；今日非之，后或是之。看来一切都依地点、时间、条件为转移。这就要求我们顺应时代潮流，一方面在思想和理论上敢于坚持正确的东西，另一方面又要与时俱进，创造

---

① 李泽厚：《实用理性与乐感文化》，生活·读书·新知三联书店2005年版，第345页。

出新的思想和理论来。

(3) 群体意识不应该抹杀个人的独立人格和自由思想。

每个人的独立人格和自由思想是天赋的。因为生命程序和密码的总设计师——阴性物质世界——抑或是它的人格化神灵、上帝在编制程序和密码时，就赋予人独立的个体。独立的个体生发出独立人格和自由思想，是人的本性所要求的。以往对人的个性的压抑和扭曲，是由反动的专制制度造成的，也是人在极端贫困或性命受到威胁时做出的卑怯的选择，是不得已而为之，决非人的本性。所谓在人屋檐下不得不低头，说的就是这个意思。

五四新文化运动的倡导者胡适坚持自由主义思想，崇尚个人主义人生观，他在1930年代说："这个个人主义的人生观一面教我们学娜拉，要努力把自己铸造成人；一面教我们学斯铎曼医生，要特立独行，敢说老实话，敢向恶势力作战。少年的朋友们，不要笑这是十九世纪维多利亚时代的陈腐思想！我们去维多利亚时代还老远哩。欧洲有了十八九世纪的个人主义，造出了无数爱自由过于面包、爱真理过于生命的特立独行之士，方才有今日的文明世界。""现在有人对你们说：'牺牲你们个人的自由，去求国家的自由！'我对你们说：'争你们个人的自由，便是为国家争自由！争你们自己的人格，便是为国家争人格！自由平等的国家不是一群奴才建造得起来的！'"——这是胡适思想的真精神。①

"文化大革命"期间，思想家顾准说："人各有自己的眼镜，那很好。可怕的是，有一种钦定的眼镜，限定一切人全得戴上，否则……马克思、恩格斯的眼镜，从人类历史来说，不过是无数种眼镜中的一种，是百花园中的一花。唯理主义者总以为他自己的一花是绝对真理，或者用另一种说法，理论（即唯理主义的理性）对于科学总具有指导意义。可是这种指导总不免是窒息和扼杀，如果这种理性真成了钦定的绝对真理的话……"② 这些至理名言，直到今天读起来仍旧使人发聋振聩。

群体意识和个体的独立思想之间的关系可以作如下的比喻：大海是浩瀚的，广阔无比的，大海有大海的雄壮的美；涓涓细流是曲折的，在山涧荒草中淙淙流淌，有着田园风光的韵味。大海中的每一滴水都是来自于涓涓细流，没有后者也就没有前者。虽然有着千流归一的趋势，但是二者绝对不可以互相替代。即使汇入大海的涓涓细流，得到了大海的接纳，也不应该丧失它独有的韵味。愚蠢的人总是企图用大海取代涓涓细流，须知这是一种思想上的

---

① 转引自李敖：《李敖快意恩仇录》，中国友谊出版公司2004年版，第124页。

② 《顾准文集》，贵州人民出版社1994年版，第420页。

反动。如果说硬要这样去做，就要激起涓涓细流和大海的共同愤怒，结果被大海的惊涛骇浪吞没。这样一意孤行的人，终将被钉在历史的耻辱柱上。

（4）真理有时候掌握在少数人手里。

独立思考的思维果实要成为群体意识，必须经历一个异常艰难的过程。一般的规律是：在长期的比较与抗争中，一开始由不被人注意到逐渐引起大多数人的关注，再到社会的普遍认可，特别是被执政者推崇为主流意识形态之后，才算取得了主导地位。即便如此，其真理性仍旧是相对的。

在通常情况下，主流意识形态是正确的。但是当形成主流意识形态的地点、时间、条件发生了变化，而又往往表现为不是灵丹妙药时，就要考虑是否有一种更好的思维模式或者意见、主张去取代它呢？这种“更好的思维模式或者意见、主张”一开始总是由少数人提出来的。——似乎这又回到了占主流意识形态当初碰到的情况，从而开始了新一轮认识真理的过程。

在一般情况下，占主导地位的多数人的意见是正确的。但是也有例外，即少数人的意见和主张是正确的。特别是在一些重大问题的决策上，有时少数人的意见和主张代表了真理。在中国革命斗争中，毛泽东的以农村包围城市、最后夺取城市的战略思想，长期不被承认，反而被诬蔑为“山沟里的马列主义”。但是中国革命的胜利完全证明了这一思想是正确的。

新中国成立以后，长期坚持以阶级斗争为纲，直到“文化大革命”，给国家和民族带来了灾难。刘少奇、邓小平等人坚持八大路线，搞四个现代化，却被诬陷为复辟资本主义。改革开放 30 年来，当时刘邓坚持的八大路线，后来发展为走中国特色的社会主义道路。可见，占主导地位的多数人的意见并非一贯正确，而少数人的意见和主张也并非就是错的，关键是看其是否从根本上代表了人民的利益。

无论如何，民主政治较之专制政治而言都是一个巨大的进步。但是民主政治在实施中，也不可避免地存在着问题。而且有些问题现在看来是致命的。因为历史上由公众的选票选举的独夫民贼也大有人在，其对人类带来的灾难是空前的。希特勒就是由德国民众经过投票选举为国家元首的。爱因斯坦说：“德国人作为整个民族要对这些大屠杀负责任，并且必须作为一个民族而受到惩罚。……站在纳粹党后面的是整个德意志民族。他们在希特勒已经在他的书中和演讲中把他那些卑鄙无耻的想法说得清清楚楚，而绝对不可能发生误解之后，德国人选举了希特勒。”①

---

① 《爱因斯坦语录》，——致华沙犹太区战斗英雄的悼词，见《波兰犹太人协会公告》，纽约，1944 年；也见德文版《爱因斯坦书信集》，第 254 页。杭州出版社 2001 年版，第 78 页。

可见，历史和现实的确是复杂的。任何时候都存在着普遍性和特殊性的矛盾。意外总归难免，爆冷门的事情时有发生。应该说，在一般情况下按照大多数人的意见办不会有错，但是在特殊情况下真理有时又掌握在少数人手里。这就需要冷静分析，慎重抉择了。

4. 人类的集体责任

（1）独立思考引发出的忧患意识。

人类的先知先觉者无疑都是独立思考者。他们追求自身解放和思想自由，为的是有更多的独立思考的空间和时间。他们的幸福仅在于此，绝无额外的奢求。独立思考者往往总是在社会一片升平景象到来的时刻，警示人们要注意潜伏的危机，因而不招执政者喜欢。他们似乎没有真正开怀大笑过，总是郁郁寡欢，内心充溢着忧患意识。耶稣是这样，释迦牟尼是这样，孔子也是这样。这从《圣经》上的担忧、佛经上的告诫和《论语》上的教诲就看得出来。

人类有文字记载的历史不过五六千年，但是人类诞生的时间少说也有几百万年。在漫长的蛮荒时期，人类遇到的敌人是自然灾害。进入文明时期，人类遇到的敌人除了自然灾害之外，却是人类自身。主要是人类中的一些人为了个人或集团的私利而进行的似乎永无休止的争斗。这种争斗的结果是，既破坏了人与人之间的和谐，也破坏了人与自然之间的和谐。这两种不和谐在整个20世纪表现得十分突出，进入21世纪之后，也有愈演愈烈的趋势。

（2）人类共同面临的灾难性后果。

人类的科学技术较过去一切时代都有长足的进步，有相当一部分人过上了现代化的生活。但是就整体而言，人们的幸福指数却降低了。例如美国是最发达的国家，人均GDP居于世界前列，但是美国人却长年生活在随时可能遭到恐怖分子袭击的恐惧中。在发展中国家，族群冲突、环境恶化，天灾人祸不断发生。特别是在非洲大陆一些国家，饥饿、瘟疫再加上暴力接踵而来，使人民处在水深火热当中。人们不禁要问：这个世界怎么了？家庭作为社会的细胞，在现代化新潮的冲击下，其稳定性也不断地受到冲击。这是好事还是坏事？只有每一个家庭成员心里明白。似乎纯粹用伦理道德也解释不了了。

这个世界不安宁的根源正是来自人类自身。

20世纪有过两次世界大战，整个人类经历了空前的浩劫。二战之后，虽然说世界和平了，但是冷战却仍旧没有真正结束，更何况局部地区的战争包括恐怖活动一直在继续着。特别让人忧虑的是，核战争的阴云始终笼罩在我们头上。这些足以将人类全部毁灭的核弹头，正是由人类中的一部分精英——科学技术工作者制造的，又以国家的名义冠以为了世界和平的理由。

由于对自然界的过度掠夺，导致环境恶化，直接威胁到人类的生存。现在土壤沙化，草原和森林大面积缩减，气候反复无常；江河湖泊严重污染，连空气也很难找到新鲜的了。人们似乎整个生活在垃圾、废气和各种细菌、病毒的包裹之中。难怪各种疑难杂症、从未见过的怪病频繁发生！对环境的破坏是由科学发明的不当引起的，更是由人性的自私和贪婪兑现的。其结果是搬起石头砸了自己的脚——遭到自然界的严酷惩罚。

地球上可开采的一次性能源如石油、天然气、煤炭等，在 50—100 年内就基本上枯竭了。因而能源危机从进入 21 世纪起就更加突出了。当然在 100 年之后，人类还要生存和发展，那时一定会研制出新的能源来，但是当下发达国家为了争夺能源而进行的战争和杀戮却愈演愈烈。——中东地区因为地下埋藏着丰富的石油，就引来了列强，从此而不得安宁。在那里战火连年不断，人民生灵涂炭，似乎永无平安的日子。还有，能源危机引起了物价、股市、就业等一系列经济上的震荡，社会矛盾变得更加突出了。

现在世界上有 60 亿人口，似乎已经超出了地球的承受能力。而且愈是贫穷落后的国家，愈是生育没有计划。一方面是人口爆炸，另一方面是可提供的粮食、肉类、蔬菜、衣物等消费品严重不足，甚至连供给干净的饮用水都成问题。医疗卫生和文化教育等更是跟不上去。这个矛盾在世界范围内将长期存在着，也是令各国政要感到最为棘手的问题。看看非洲大陆上那些处在饥饿中的瘦骨嶙峋的孩子，你能不动容和落泪吗？

（3）对富裕和永久和平的期盼。

从一个大的历史层面来看，解决上述问题的前提是世界和平。须知没有一个安定和谐的国际秩序，一切都是空谈。建立国际反恐防恐体系，坚决打击肆虐全球的恐怖活动，是各国的共同职责。要通过对话、协商等各种渠道，并且借助国际法的约束力，厉行裁军和销毁大规模杀伤性武器，决不允许以任何借口制造核武器。非如此而不能去掉人们心头核战争的阴云。

对于广大发展中国家来说，发展经济是头等大事。在经济全球化的背景下，搞好市场经济和对外开放，走自己国家发展的路子，逐渐成为共识。坚持科教兴国，实行计划生育。把经济搞上去，使人口数量降下来，注意提高劳动力的综合素质。调节收入分配，搞好医疗卫生等社会保障。我国在 30 年的改革开放中，找到了一条建设有中国特色的社会主义道路。其意义不仅在中国，而且对广大发展中国家也有巨大的示范作用。

用世界眼光看，在协调大国关系、缩小全球贫富差距和维护世界和平中，联合国起着举足轻重的作用。联合国——就是爱因斯坦一再呼吁建立的世界政府。他说："惟一能够拯救文明和人类的办法是创立一个世界政府，把各个国家的安全建立在法律的基础上。”① “必须创立一个有能力通过法庭裁决解决国家之间冲突的世界政府。这个政府必须建立在由各国政府和人民批准的、明确清楚的宪法基础上，并且只有它对那些进攻性武器拥有惟一的支配权。”② “我拥护世界政府，因为我相信没有其他的路能够消除人类有史以来最令人恐怖的危险处境。避免完全毁灭必须优于其他一切。”③

200年前，康德在《论永久和平》一书中，提出一个消除战争、保障各国人民永久和平的计划和方案。它包括六项预备条款和三项正式条款。④ 预备条款是实现和平的前提，正式条款是实现和平的必要条件。康德认为，按照道德法则的要求，永久和平是人类的目的，在各国间确立永久和平乃是历史发展的必然趋势。因此，他坚决反对侵略性的掠夺战争，反对任何战争准备，认为战争是对文明民族的最大灾难。永久和平的实现不能是弱肉强食，而只能是各国平等携手建立起国家联盟。康德把实现永久和平视为政治的最高目标，是最高的政治和道德的善。我们还能让这位和平老人继续失望吗?

12.3 域中有四大，而人居其一

1. 古代先哲老子将人的价值等同于天地

（1）老子在《道德经》第二十五章中，论述了道法自然的思想，特别是将人同天地并列起来。老子说：“有物混成，先天地生。寂兮寥兮，独立而不改，周行而不殆，可以为天下母。吾不知其名，字之曰道，强为名之曰大。大曰逝，逝曰远，远曰反。故道大，天大，地大，人亦大。域中有四大，而人居其一焉。人法地，地法天，天法道，道法自然。”

---

① 《爱因斯坦语录》，——《纽约时报》，1945年9月15日。杭州出版社2001年版，第120页。

② 《爱因斯坦语录》，——《纽约时报》，1946年5月30日；引自派斯：《爱因斯坦在这里生活》，第232页。杭州出版社2001年版，第121页。

③ 《爱因斯坦语录》，——对四位苏联科学家公开信的回答，1947年12月，发表于《原子能科学家通报》1948年2月号；见《爱因斯坦论和平》，第449—455页。杭州出版社2001年版，第121页。

④ 六项预备条款是：（1）任何和平条约在签订时不应有引发战争的隐蔽的可能性，否则这一条约就不应被认为是和平条约；（2）任何国家都不应以继承、交换、买卖或让与等手段侵吞一个独立国家，而不论这个独立国家是大还是小；（3）以自由公民自己组织的民兵取代常备军，以达到逐渐完全废止常备军的目的；（4）国债不得用于国家对外事务；（5）任何国家的政治制度和政府机构都不应受到他国的强行干预；（6）相互交战的国家不得采用诸如雇佣暗杀投毒者、违反投降条件、煽动敌国叛乱等敌对行为，这些行为会使在未来和平条件下建立相互信任成为泡影。三项正式条款是：（1）每个国家都应该是共和政体；（2）各自由国家的联盟是国际法的基础；（3）任何来到其他国土的陌生人都应受到尊重，这是世界公民法所保证的。

翻译成白话文，意思是：有一种东西是浑然天成的，它先于天地而生。它寂寞无声，广阔无形，独立存在而永恒不变；它循环运行终不停殆，是可以看作天地万物的母亲的。我不知道它叫什么名字，就勉强把它叫做“道”吧。再勉强把它形容为“大”，它广大无边称为运行不止，运行不止可称为遥远，遥远可称为返回它的本原。所以道大、天大、地大，人也大。宇宙中有这四大，而人便是其中的一大啊！人效法地，地效法天，天效法道，道效法自然。

（2）《道德经》第二十五章是道家思想的理论重心。

老子在这里再一次讲述了什么是道，也可以看作是对《道德经》第一章中“道，可道，非常道”，“众妙之门”的进一步解释。按照老子的意思，道是不可说的，也是说不清楚的。因为说清楚了就不是道了。但是老子在此还是要尽量说得清楚一些。他说：道是一种浑然天成的东西，它比天地早很多时间生成，它寂寞无声，广阔无形，独自存在而不受任何约束，而且是永恒不变的。我们只能勉强给它起个名字叫“道”，或者形容为“大”。

根据本书的立论，借助现代物理学和天文学知识，老子感知的道，实际上是在 137 亿年前宇宙大爆炸之前的一个奇点——“混沌蛋”。[①] 虽然宇宙大爆炸早就发生了，而且宇宙还在继续膨胀着，但是当初形成的那个“混沌蛋”及其大爆炸时的情景仍然全息在宇宙间。或者说，它作为宇宙初始存在形式的副本，仍旧寄存在遥远的宇宙的多维时空中。老子无疑是一位高功夫特异功能大师，在气（炁）功状态下，他遥视到了“混沌蛋”以及大爆炸之后留存的影像。《道德经》第四十二章说：“万物负阴而抱阳，冲气（炁）以为和。”第四章说：“道冲，而用之或不盈。”描述的都是此种景况。

（3）老子在此提出了一个新概念。

老子说：“故道大，天大，地大，人亦大。域中有四大，而人居其一焉。”这就是说，在宇宙广阔无垠的空间，存在着拥有巨大能量的四种事物，它们的排序是：道、天、地、人。并且道大，天大，地大，人也是大的。

这是一个新概念。老子在这里将人与道、天、地并列起来，指出：“域中有四大，而人居其一焉。”把人的存在提高到如此高的地位，其中必有原因。这是中国古代先哲最早、也是最彻底的以人为本的思想。

2. 人何以成为域中四大之一

（1）道是宇宙间万物之母。

道是宇宙起源时大爆炸的一个奇点——“混沌蛋”，是一个高密度的充满能量的零形体，时间和空间都被压缩为零存在形式，呈现出一片虚无的状态。

---

① 参见拙著《打开宇宙的另一扇门》4.4“‘混沌蛋’与‘道’（‘道体’）”。

数学公式和物理学方程式在此完全失灵。在“混沌蛋”中，阴性物质和阳性物质都以原始的胚芽形态混成地存在着。

道是万物之母，当然也是天地之母。为什么呢？“混沌蛋”按照自身的规律在运动着，由于引力的作用，内部压力增大，温度不断升高，当矛盾达到对抗地步而不可调和时，“混沌蛋”就发生了爆炸。在宇宙大爆炸的一刻，其冲力大得无比，将一部分粒子以超光速的速度推进，使其质量无限增大、体积无限缩小，于是接着发生粒子“小爆炸”，使其变为虚粒子，形成阴性物质；将另一部分粒子在推进时也许是因为互相碰撞或余力不足等原因，使其运动速度低于光速，于是变为实粒子，形成阳性物质。

宇宙大爆炸发生后，阴阳开合，出现阴性物质和阳性物质。清阳升为天——天产生了；浊阴降为地——地产生了。道为天地之母，在这里用中国传统文化和现代物理学、天文学知识一并作了解释。在《道德经》第四十二章中，老子说：“道生一，一生二，二生三，三生万物。”这里说的“道生一”，就是道在运行中产生初始的一，一就是上述的“混沌蛋”。我在以上论述时将道和“混沌蛋”连为一体了，应该说用“道（道体）”更恰当一些。[①]“一生二”，就是初始的一又生出阴阳的二，于是天地就产生了。“三生万物”，这里的三，可以理解为五，即阳性物质中水、木、火、土、金五类阳性物质和阴性物质中水、木、火、土、金五类阴性物质。阴阳两种物质中各自的水、木、火、土、金五类物质，按照编制的程序排列组合，就生化出宇宙间的万物。

(2) 人是宇宙的高级智慧生命，是万物之灵。

生命的总设计师——神灵、上帝编制了人的生命程序和密码。

宇宙的最高主宰是道（道体），将道（道体）人格化，就是我们所说的神灵、上帝。如果说将神灵、上帝再进一步具体化，就是宇宙间一台巨大的无形的运算速度超过光速的高智能计算机。它“全知、全能、全在”，是生命程序和密码的总设计师。用人择原理解释[②]，我们的生命之所以构造得如此精密，只是因为如果它不是这样设计的话，就不会是现在这个样子。

人是阴阳物质的复合体，是介于神和兽之间的高等生命。

阴阳两种物质在特定的时空条件下相互碰撞产生一个生命（物种），几乎是在同一时刻便产生了阴性物质的正物质（阴+）和以衰变形式存在的阳性物质的负物质（阳-）即反物质构成的矛盾对立统一体——灵魂；也在同一时刻

---

① 参见拙著《打开宇宙的另一扇门》4.4“‘混沌蛋’与‘道’（‘道体’）”；4.5“宇宙大爆炸与其中的粒子‘小爆炸’”。

② 人择原理。我们之所以看到宇宙是这个样子，只是因为如果它不是这样，我们就不会在这里去观察它。

产生了阳性物质的正物质（阳+）即特指的脑和以衰变形式存在的阴性物质的负物质（阴-）即阴性物质的反物质构成的矛盾对立统一体——意识。潜意识（狭义）是灵魂的镜像物，其构成和灵魂完全一样；潜意识（广义）在这里指的是个人的潜意识（广义），它是阴性物质的正物质（阴+）和阴性物质的负物质（阴-）构成的矛盾对立统一体，并且和宇宙总体的潜意识（广义）联结在一起。

生命在阳性物质世界的存在形式的结构式是：

肉　身 + 灵　魂 + 意　识 + 潜意识（狭义）+ 潜意识（广义）

阳+ 阴-　阴+　阴-　阴+　阴-

阳- 阴+　阳-　阳+（脑）　阳-　阴+

根据宇宙间“神—人—兽”大格局的奠定，人是介于神和兽之间的高等生命。神是生命在阴性物质世界的存在形式之佼佼者。人是生命在阳性物质世界的存在形式之智慧者。兽是生命在阳性物质世界的存在形式之弱智者。在“神—人—兽”大格局中，因为人处于过渡性的“中介”位置，所以在人身上既有神性，也有兽性。这就为教育和修身提供了空间和必要性。教育和修身的目的是：去除人身上的兽性而将人性向神性的方向延伸和完善。

人体连接着阴阳两个物质世界，并最终和道联结着。

从生命在阳性物质世界的存在形式的结构式可以看出，在人体的五大要素中，其中的肉身、灵魂、意识、潜意识（狭义），分别是由阴阳两种物质构成的矛盾对立统一体，而潜意识（广义）是由阴性物质的正物质（阴+）和阴性物质的负物质（阴-）构成的矛盾对立统一体，它分为个人的潜意识（广义）和宇宙总体的潜意识（广义）。这就是说人虽然生活在阳性物质世界，可是他又和阴性物质世界天然地联系在一起。特别是和宇宙总体的潜意识（广义）联结着，就是最终和道联结着。为什么呢？因为在“混沌蛋”（“道体”）中，阴阳物质是以原始的胚芽形态混成地存在着，它和宇宙总体的潜意识（广义）之间存在着包容性，因而很自然地联结在一起。

（3）无论哪一种生命形式都通天、通地、通道。

生命变之为阴性物质世界的存在形式，是向道的回归。

当一个人肉身不复存在的时候，生命就由阳性物质世界的存在形式变之为阴性物质世界的存在形式。其结构式是：

灵魂 + 意识（不完全意识）+ 潜意识（狭义）+ 潜意识（广义）

因为肉身不复存在，所以脑也不可能存在。这时就由这个人生前累积在宇宙间的思维波——+阴′-替代了脑的位置，和阴性物质的负物质（阴-）构成意识（不完全意识）$\frac{-阴}{+阴'-}$因此，比较生命在阴阳两个物质世界的存在形式之不同点，除了没有肉身，再就是由原有的意识变为意识（不完全意识）。

既然有生命在阴性物质世界的存在形式的内容，就一定有它存在的外部表现形式。这就是自古以来人们所形容的神、鬼（瑰）的形象。2004 年 2 月，在印度有一位学者用数码相机偶然间拍摄到了神、鬼（瑰）的照片。① 因而死亡只是肉身的不复存在，它是生命的另一种存在形式。确切地说，是生命在四维时空的存在形式转化为四维以上的多维时空的存在形式。

从理论上讲，宇宙空间的时空维数有无数个。史蒂芬·霍金说的二十六维时空，只是一个假设。在四维以上的多维时空中，每个时空层级都有生命存在。只是因为它们是生命在阴性物质世界的存在形式，所以我们肉眼既看不见，也摸不着。那么道（道体）处在哪一个维数的时空，在哪里有生命吗？

毫无疑问，道（道体）处在宇宙最高维数的时空，神灵、上帝就是那里的生命——宇宙间最高等级的生命。或者说道（道体）的人格化——神灵、上帝就居住在那里。神灵、上帝又是生命在阴性物质世界的存在形式之佼佼者，而神、鬼（瑰）作为生命在阴性物质世界的存在形式的芸芸众生，它既在神灵、上帝的管辖之下，又是最接近神灵、上帝——道（道体）的生命形式。

生命在阴阳两个物质世界的存在形式遵循道（道体）——神灵、上帝的开示相互转化。

道（道体）的人格化是神灵、上帝，它是生命程序和密码的总设计师。神灵、上帝对我们的开示什么呢？请看下边一段话：

“生命是无止境的，人决不会死，实际也没有出生，只是在不同的肉体和空间中度过。”“人之所以要到世间，以肉体的形式存在，是为了做事或还债。”“你下一生的生命遭遇，完全是你自己造就的。”②

前一段话讲的是生命在不同维数时空的轮回，生生不息，永无止境。后两段话讲的是在生命轮回中的因果报应。在上一章中对此一一作过详细阐述。现在再进一步领会前一段话的深刻含义。

---

① 参见香港佛陀教育协会 2006/5 视频。钟茂森：《因果轮回的科学证明》第四部分“对不同维次空间生命的研究”视频照片。http：//www. tudou. com/programs/view/FVU419bvfow.

② 参见香港佛陀教育协会 2006/5 视频。钟茂森：《因果轮回的科学证明》第四部分“对不同维次空间生命的研究”视频照片。http：//www. tudou. com/programs/view/FVU419bvfow.

生命的核心是灵魂。有灵魂才有生命在阴阳两个物质世界的存在形式。生命在阴阳两个物质世界的存在形式的相互转化，就是生命的轮回。在这里，灵魂的意向怎样起到了举足轻重的作用。当一个人因为患有不治之症或者意外事故而导致肉身不复存在的时候，他就转变为生命在阴性物质世界的存在形式。这时灵魂（作为这个人肉身的同步缩小或放大的虚的形式）率领着意识（不完全意识）、潜意识（狭义）和潜意识（广义）三个要素，便在不同维数的时空遨游。到底它遨游到哪一个维数的时空，在那里又获取什么信息，完全决定于灵魂的意向。当然也与灵魂的质量怎样，有着极为密切的关系。

这时，如果接到生命程序和密码的总设计师——道（道体）——神灵、上帝的指令，灵魂就及时地从连接思维波——+阴′-的链条处断裂，并且不失时机地植入一个受精卵中，于是一个新生命的雏形就出现了。这标志着生命由阴性物质世界的存在形式轮回为阳性物质世界的存在形式。

生命在阴阳两个物质世界的存在形式的轮回是不断交替进行的，因而“生命是无止境的。”死亡不过是生命存在的另一种形式。死亡的背面是新生，新生也不过是生命存在的另一种形式。从这个意义上讲，“人决不会死，实际也没有出生，只是在不同的肉体和空间中度过。”

生命从阴性物质世界的存在形式轮回到“不同的肉体”，是由四维以上的多维时空又回到四维时空，成为生命在阳性物质世界的存在形式的各种生命；生命从阳性物质世界的存在形式轮回到“不同的空间”，是由四维时空进入到四维以上的多维时空，成为生命在阴性物质世界的存在形式的不同维数的生命。之所以如此，均是由生命程序和密码的总设计师——道（道体）——神灵、上帝，根据每个人的“业”或“惑”并按照因果关系而设计的。

人在行使着“道—天—地”的旨意。

道（道体）分裂出天——阴性物质世界和地——阳性物质世界。阴阳两种物质在特定的时空条件下相互碰撞产生一个生命（物种）。人类最初产生的时候，就在阴阳两种物质相互碰撞的一刹那，阴性物质的正物质（阴+）、阴性物质的负物质（阴-）即阴性物质的反物质、阳性物质的正物质（阳+）、阳性物质的负物质（阳-）即反物质在相应的四个元素周期表中，撷取了相对优质的元素，构成了优质的灵魂和意识，因而才诞生了人类这种高等生命。

人的灵魂波——-阴′+和思维波——+阴′-相耦合直接进入阴性物质世界，在那里检索信息和破译密码。与此同时又将人类和阳性物质世界的所有信息传递给道（道体）。这是一个信息互动和信息反馈的过程。从神灵、上帝的“全知、全能、全在”和人的渺小来看，人的一切行为举止，都是在行使着“道—天—地”的旨意，从根本上讲是不可能反其道而行之的。

3. 尊重人、爱护人，使人成其为人

（1）不同维数空间的生命与人和谐相处。

现代物理学的研究表明，时空的维数愈高，空间的弯曲和压缩愈厉害。其结果是四维以上的多维时空，都以不同层次像叠罗汉似的被四维时空裹挟着；每一个多维时空都有自己固定的运行轨道，其首尾和上下维数的时空连接着，其连接处就是属于它们各自的时空隧道——空间的负存在形式和时光的倒流。① 如果说从二十六维时空开始，顺次将经过二十五维时空、二十四维时空……十维时空、九维时空、八维时空、七维时空、六维时空，直到连接五维时空，经过这里的时空隧道——空间的零存在形式和时间的停滞，与四维时空连接。不同维数的多维时空由虚粒子构成，又以不可见光显示着。因此，它充满四维时空而不占有其空间，更是人的肉眼所观察不到的。

不同维数空间的生命来到四维时空，也要从高维时空顺次经过不同的时空隧道到达五维时空，然后穿过时空隧道——空间的零存在形式和时光的停滞，才能进入四维时空。但是在它们身上仍旧留存着原有时空所在轨道的胞衣，这既是原有身份的证明，又是不可挣脱的桎梏。因而它们是处于四维时空的多维时空的生命存在形式，与我们人类有着天然的区别。

不同维数空间的生命来到四维时空，一般地说是不太愿意回到故居的。因为那里的房子太狭窄，几乎让它们透不过气来。特别是来回经过时空隧道的挤压感，使它们感到不快，② 虽然穿越时的速度接近光速那样快。于是长期蜗居在四维时空，就成了不同维数空间的生命的选择。

神灵、上帝，抑或是神、鬼（瑰）以及所有不同维数空间的生命早就选择留驻在四维时空了，而人类只是在几百万年前才诞生在地球上。自那时至今，我们人类就与不同维数空间的生命共处“域中”，彼此和谐，相安无事。除非违反了宇宙的秩序即道德的秩序才会祸从天降。

（2）“域中有四大，而人居其一焉。”将人的价值等同于道、天、地，既给予人以崇高的地位，又说明只有人的存在，才能彰显出道、天、地存在的价值。

在人类未诞生之前，宇宙间只存在道、天、地和生命在阴性物质世界的存在形式。当然神灵、上帝和其他神、鬼（瑰）也存在着。这里需要指出的

---

① 从高维的多维时空到较低维的多维时空连接处的时空隧道——空间的负存在形式和时光的倒流，顺次表现出呈递减状态的程度差别。这种递减的终结是，直到五维时空和四维时空连接处的时空隧道——空间的零存在形式和时光的停滞。

② 生命在阴性物质世界的存在形式的结构式中，有 2 个单元的阳性物质的负物质（阳一）即反物质。虽然它们是以衰变形式存在的，但是毕竟有着阳性物质的属性，因而从根本上讲不同于虚粒子。

是，在宇宙特定的时空条件下，只要阴阳两种物质相碰撞就会产生一个生命（物种），但因为宇宙间绝大多数天体的温度过高或者过低，那么肉身在产生的同时就毁灭了，所以宇宙间生命在阴性物质世界的存在形式，远比生命在阳性物质世界的存在形式多得多。① 还有，独立游离的灵魂和意识（不完全意识）到处都存在着。只有像地球这样适宜的温度、水分和生存环境，阴阳两种物质相碰撞而产生的生命（物种）的肉身才能保留下来。因而才有各种动植物、微生物，乃至病毒等，直到在数百万年前出现了人类这样的高等生命。

人类出现以后，就和道、天、地一起共居于四维时空的阳性物质世界。人的肉身是阴阳物质的复合体，和肉身相联结的是灵魂、意识、潜意识（狭义）和潜意识（广义），它们就像一根长长的“辫子”，一直延伸到阴性物质世界。于是经过人自身，将道、天、地联结在一起了。可以想象在人类未诞生之前，整个宇宙和地球是相当孤独和寂寞的。因为仅有生命在阴性物质世界的存在形式如神、鬼（瑰）等，而无有血有肉有智慧的人，就如同舞台上只有阴柔之情而无阳刚之气，或者说只有婉约的旋律而无雄壮的合唱，整个世界就枯燥乏味和没有任何美感。何况人——宇宙间的高等生命，万物之灵，决非一般生物之芸芸众生所能企及的。因此，将人的价值并列在道、天、地之后是顺乎天理的。人有如此崇高的地位，更彰显出道、天、地的价值是无与伦比的。

要像尊重道、天、地一样尊重人。自古以来，华夏子孙受道家、儒家思想的熏陶，尊重道、天、地是没有什么可说的，但是大多数情况下是一种盲目的崇拜，并没有多少可靠的科学依据所循。按理说，既然重道、天、地，就应该尊重人，因为老子在《道德经》里讲得很明白嘛。然而几千年来并非如此。历朝历代的统治者，为了保住他们的皇权地位，一方面对道、天、地顶礼膜拜，另一方面对劳动人民却极尽愚弄、打压、残害之能事。这是封建农奴专制主义统治的必然结果，也是一种上智下愚的畸形心理作怪。

18 世纪法国空想社会主义者傅立叶（Charles Fouries，1772—1837）提出：“妇女解放的程度是衡量普遍解放的天然标准。”在我看来，当社会普遍像尊重道、天、地一样尊重人，那么所有的人也都彻底解放了。

（3）履行使人成其为人的庄严使命。

任何时候决不能把人不当人。

既然人的价值等同于道、天、地，那么任何时候亵渎人，甚至把人不当人的做法都是不人道的，是有悖于天理的。根据因果关系及佛教的“业”和

---

① 参见拙著《广义与狭义生命论》2.2“广义生命论的内涵”；2.3“生命在第Ⅳ象限的表现形式”。

“惑”是不可回收的因果报应说，谁种下的恶果将来都要得到报应的。“不是不报，时候未到；时间一到，统统都报。”

衡量一个人是否善良，首先看他是否有恻隐之心，是否还有一丝同情心。特别是对于妇女、儿童和老人的态度怎样，更能够看出这个人的心地来。我觉得这是一块试金石，不妨大家都去试试吧。

那么对于犯罪分子和战场上的敌人应该怎样对待呢？我认为对于追捕的刑事犯罪分子和战场上正在交战的敌人，应该勇猛顽强地打击之。但是一旦他们放下了武器，就要按照政策和法律程序办事，不能侮辱其人格。在这方面，新中国曾经成功地改造了一批战犯，包括末代皇帝溥仪，使其洗心革面，重新做人。溥仪在《我的前半生》一书中，历述了他认真学习、改造思想和悔过自新的过程，言辞中对人民政府充满了感激之情。

爱护人的生命，还原人的尊严。

在既定的时空条件下，生命对于每个人只有一次。一个人的生命是宝贵的，其青春年华更为珍贵。青年人应该趁着年轻努力学习文化科学基础知识，并且掌握一门专业特长，才有日后谋生和为社会服务的资本。《乐府诗集·长歌行》云：“百川东到海，何时复西归。少壮不努力，老大徒伤悲。”陶渊明说：“盛年不再来，一日难再晨，及时当勤勉，岁月不待人。”铭记这些至理名言，并且勇于践行，才能使自己的每一天过得有意义。

一个人对自己要自尊自爱。虽说有了经济尊严才能够有人格尊严，但却不能以此为借口而不自爱自重。有的女孩子因这个理由去出卖肉体而换取金钱，实在是太失尊严了。一个男人如果面对女色的诱惑而不能把握自己的时候，你不妨想想自己的母亲、姐姐和妹妹，再想想你的妻子或者女友，你就一定会羞愧难当，退避三舍。男人应该以尊重自己和尊重妇女为理由，拒绝去做这种伤风败俗的事情，才算得上一个大丈夫男子汉。男女都珍爱自身，社会风气就好了。这里的关键是从我做起，从现在做起。

一个人在任何时候都不能侮辱别人的人格，须知即便是社会地位再低下的人，他也有自己的尊严。生活的经验告诉我们，侮辱别人的后果是非常危险的。人被侮辱后，往往产生怨恨，待人无礼亦容易引来灾祸。这方面的教训是十分深刻的。古有齐国夷射因侮辱看门人而遭到杀身之祸的故事。① 今有

---

① 齐国大臣夷射，在齐王的宴会上喝醉了，走出庭院后倚靠在廊门前。看门人过来向他讨酒喝，他见看门人受过刑，便呵斥道：“走开，受过刑的人，还敢向我讨酒喝！”看门人被侮辱后退下。等夷射走后，他就在门廊下洒水，弄成有人在此小便过的样子。翌日晨，齐王走过庭院，见此景象，问看门人：“谁居然在这里小便?!”看门人答：“我没有看见。不过昨日夷射在这里站过。”于是齐王将夷射处以死罪。

苏区代表夏曦，在肃反扩大化时因乱捆、乱杀红军干部积怨太多，以致落水时战士佯装没有看见而毙命的事件。这些实在是应该引以深思的！

老一辈无产阶级革命家为我们做出了光辉榜样。

老一辈无产阶级革命家在长期的革命斗争中，面对穷凶极恶的敌人，打必狠之，战必胜之。但是另一方面，对于放下武器的敌人、对于敌方的普通士兵又充满了仁义之情和寄予最大的同情心。他们宽广的胸怀和革命的人道主义精神，为世世代代树立了光辉的榜样。

聂荣臻在抗日战争期间，收留了两个日军小女孩的事迹至今在中日两国传为佳话。① 这种仁爱之心是足以惊天地和泣鬼神的。

刘伯承自从退出战争生涯以后，一直不愿意看打仗流血的战争片子，只要电视荧屏上出现战争情景，他立即关掉电视或更换频道，他自言自语地说，我们就是从大堆大堆我们的兄弟、父老、亲人的尸体上爬过来的，我至今仍看到他们为我们铺设的一条血肉模糊的路；“敌人”也一样，他们也是我们的同胞啊！他说这话时显得心情十分沉重。内战时期，刘邓大军同国民党军队作战，刘伯承和邓小平作战斗部署时，也要寻找使敌人伤亡最小而又能获胜的战场突破口。因为在国民党军队里当兵的都是穷苦老百姓啊。

彭德怀 1959 年 4 月至 6 月率中国军事友好代表团访问东欧七国，当地人民夹道欢迎，争睹他的风采，并且呼喊着：“英雄，中国！英雄，彭德怀！”当此之际，彭德怀却一次又一次地对东欧人民及其领导人说：“不要喊我英雄，受欢迎的不应该是我们，应该是那些在战场上献出生命和鲜血的我们的同志们，应该是这些同志的母亲、妻子和他们的亲人。”

---

① 1940 年 8 月 20 日，晋察冀军区部队在司令员兼政治委员聂荣臻的指挥下，向正太铁路东段日军展开攻击。井陉煤矿火车站日方副站长加藤清利及其妻在炮火中身亡，遗下两个小女孩，大的五六岁，小的还在襁褓之中，并且脚跟被炸伤。战士冒着生命危险把她们抢救了出来，聂荣臻当即指示将这两个孩子送到军区指挥所来。聂荣臻亲手削雪花梨喂给大一点的小姑娘吃。然后，又疼爱地抱起那个正在熟睡的小一点儿的女孩，让警卫员赶紧抱到村里，设法找正在哺乳期的妇女给孩子喂奶，还指示军区的医生为她治伤。那个大一点儿的小姑娘一直跟在聂荣臻身边，常常用小手拽着聂荣臻的裤腿，聂荣臻走到哪里她就跟到哪里。聂荣臻还和她在指挥所外的土场上合了影，这张照片后来成了珍贵的历史见证。1980 年秋，那个大一点儿的小姑娘——美穗子应聂荣臻邀请来华访问，她眼含热泪，以额触聂荣臻那双温暖的大手，表达她深深的感激之情。美穗子说：“一些日本旧军人知道了这件事的来龙去脉之后，非常感动和惭愧，更加认识到了侵华战争的罪恶。”聂荣臻回答说：“让我们化干戈为玉帛吧！日本民族是勤劳智慧的民族，愿中日两国人民世世代代友好下去，永不兵戎相见。”

第 13 章　人之所以为人的道德特征

13.1　伦理道德的绝对性和相对性

1. 伦理道德的独立价值使其具有绝对性

（1）伦理道德的绝对性及一个人的大节和小节。

伦理道德是在一定历史条件下的社会生活中产生的，当它形成以后成为人们高尚思想的习惯力量，一代一代地传承下来，就具有超越历史、超越国家的特征。伦理道德的独立价值，就在于它不会轻易地随着时代的改变而改变，因而伦理道德具有绝对性。从道德的绝对性里，能够升华出一种巨大的、崇高的和永恒的精神力量。这是一种伟大的人性能力和道德精神，它的弘扬对于整个人类的生存和发展，具有极其重要的意义。

伦理道德的绝对性首先叩问的是一个人的大节。所谓大节，是指在处理重大原则问题上所持的态度和行动。这些原则问题通常是指：爱国，还是卖国、叛国；维护国家统一，还是制造民族分裂；强敌面前保持民族气节，还是屈膝投降；向敌方泄密谋得好处，还是誓死保守机密；面对邪恶势力仗义执言、勇于抗争，还是沆瀣一气，陷害忠良；危急关头遇到生命危险时舍生取义，还是贪生怕死、临阵脱逃。在改革开放中，对于新生事物是鼎力支持，还是尽力打压；是顺应历史潮流与时俱进，还是保守残缺、开历史的倒车；对于各级官员来说，是执政为民，还是以权谋私，等等。

一个人的小节主要是指日常生活态度和思想作风。中国人最看重的是在男女关系问题上是否检点。其他还有：诚信度差、态度粗暴、行为举止不端，等等。其实看似小节问题也可以酿成大祸，如有的官员腐化堕落就是从迷恋女色开始的，这方面的事例不胜枚举。还有，一个人日常生活态度和思想作风都不错，即小节无可指责，但是大节却出了问题。例如，汉奸文人周作人就是一例。所以在大节和小节问题上，对于具体人要进行具体分析。

（2）伦理道德的绝对性像一面镜子照着每一个人。

伦理道德的绝对性使它超越历史和时空。尽管时光流逝，朝代更替，但是在基本的价值判断上具有空前的一致性。例如，中国人一直认为岳飞（1103—1142）、文天祥（1236—1286）是民族英雄，而陷害忠良的秦桧（1090—1155）、引清兵入关的吴三桂（1612—1678）是民族败类。这些在关乎民族大义的问题上不能有丝毫含糊，而历史记住的只是他们的大节。

还有，有的人在不同历史时期有功又有过。前半生似乎成就辉煌，最后晚节不保，也就不足为训。而有的人在一生的相当一部分时间做了有损于民族大义的事情，但是在历史的重要关头，却选择了正确的道路，称之为弃旧图新。例如，筹安会六君子之一的杨度（1874—1931）、对北京和平解放做出重要贡献的傅作义（1894—1974）即是如此。当然这后者是值得称赞的。可见人是异常复杂的，历史也因人的复杂性而变得复杂起来。因此，如何评判一个历史人物的伦理道德，需要实事求是地分析，断不可以简单轻率论之。

2. 伦理道德的相对性

（1）伦理道德的标准随时间、地点和条件的变化而变化。

任何伦理道德都是在具体的历史条件下和一定的生活环境中产生的。当时间、地点和条件发生了变化，伦理道德的标准也就发生了改变。因而伦理道德又具有相对性。例如，中国人过去一直崇尚棺木厚葬父母，而且要穿白戴孝服丧三年，否则就是不孝。现在普遍不是这个样子了，并没有人因此而指责谁对父母不孝。可见，伦理道德的内涵和形式总是变化的。

虽然伦理道德的绝对性总是体现在一个人的大节上，但是伦理道德的相对性却与一个人的小节无关。这是两个不同层面的问题，不可以混为一谈。当然更不能作为“小节无害论”的借口。

（2）在捍卫真理的道路上，历史只记住你的大节。

一个人的一生不可能在一切问题上都是正确的。或者因为年轻，盲目、轻信了某些人；或者因为不可预料的原因，做错了事情。但是在一切错误当中，最不可犯的错误是在关系到民族大义、国格、人格上出了问题。因为在捍卫真理的道路上，历史只看你的大节。如果说一个人失了大节，就是一失足而成千古恨，所以要格外小心、谨慎，特别是在年轻的时候。

人生在世，怎么过也是活一辈子。但是要真正使生命活得有意义，就要为捍卫真理而斗争。因为在这个世界上总是真善美与假丑恶并存。它们相生相克、此起彼伏。捍卫真理的斗争犹如逆水行舟，不进则退。一个人在一段时间的所作所为是正确的，但是在另一个场合可能做错事情。而且还可能反复多次，最后才回到正确的道路上。这些都是允许的。但是不要忘记，许多小错误累积起来就可能酿成大错。因而凡事三思而行是减少失误的一剂良方。

3. 科学研究中的科学精神和科学道德

(1) 科学精神的精髓是实事求是。

科学研究的直接目的是透过现象揭示事物的本质，或曰撩开包在事物外面的一层又一层面纱，去认识它的庐山真面目。这是一项极其艰苦的工作，科学工作者唯有从实际出发，实事求是，才有可能取得既定的研究成果。但是从科学发展史看，并不是所有的人都能做到这点的。在科学研究中，一些人不愿意下苦功夫，从一知半解的定义出发就妄下结论，结果和事实的发展相违背，被证明是伪科学。还有一种情况是，科学家的研究成果揭示了事物的本质，代表了真理，但却长期以来不予承认。更有甚者，科学界某些人或者统治者对这些科学家施加种种迫害，其卑鄙和残忍程度令人难以置信。

在科学研究中，最可贵的是勇于坚持正确的东西。在这方面，文艺复兴时期意大利哲学家、自然科学家布鲁诺（Giordano Bruno，1548—1600）是所有人学习的榜样。布鲁诺宣传哥白尼的学说，并对其作了补充、纠正和发展。他认为宇宙在时间和空间上是无限的和永恒的，宇宙没有中心，太阳不过是普通的恒星，太阳系只是宇宙中的一个天体系统。他反对经院哲学，被控为“异端”而革除教籍。此后曾流亡瑞士、法、英、德等国15年。1592年返回意大利，随即于威尼斯被罗马教廷逮捕，监禁于宗教裁判所的地牢，备受折磨，因坚持自己的信念被判处火刑，烧死在罗马鲜花广场上。临刑时喊着：“火并不能把我征服，未来的世界会了解我、知道我的价值的。”

(2) 科学道德是科学家的操守。

科学精神升华出科学道德。在这方面居里夫人（Marie Curie，1867—1934）为我们树立了光辉的榜样。居里夫人和丈夫先后发现钋和镭两种天然放射性元素。1906年丈夫去世后，她继续研究放射性，获得了成就。但这个成就的获得实为不易。例如，他花了将近10年的时间，炒了十几吨沥青矿，才提炼出来几克铀。她的著作《放射性通论》《放射性物质的研究》等，推动了原子核科学的发展。她和丈夫及柏克勒尔共获1903年诺贝尔物理学奖，后又单独获得1911年诺贝尔化学奖。居里夫人是一个俭朴诚实的人，她对待朋友和同事，有如春天般的温暖。她是一个非常智慧的人，又有着坚强的意志。一旦认识到某一条道路是正确的，她就会毫不妥协、不屈不挠地走下去。她的律己之严，她的客观，她的公正不阿的判断——所有这一切都难能可贵地集中在她一个人的身上。①

爱因斯坦（Albert Einstein，1879—1955）是相对论的发明者，他对人类科学事业的贡献是划时代的。然而他的研究成果却长期不被科学界承认。1920 年 8 月，德国柏林出现了一个所谓“德国自然研究者保持科学纯洁工作小组”，掀起反对爱因斯坦和相对论的运动。他们组织演讲会，散发宣传品，迫使爱因斯坦一度准备离开德国。这些反对相对论的人中，除了少数投机政客之外，还有两个著名的物理学家勒纳（P. Lenard，1862—1947）和斯塔克（J. Stark，1874—1957），他们分别于 1905 年和 1019 年获得诺贝尔物理学奖，而爱因斯坦迟至 1922 年才获得诺贝尔物理学奖。而且是以发现光电效应定律的贡献获得的，这不能不引起人们极大的深思。爱因斯坦在他的《自画像》中说：“苦难也罢，甜蜜也罢，都来自外界，而坚毅却来自内部，来自一个人自身的努力。……仇恨之箭也射向了我，但从未伤害我，因为它们从某种程度上属于另一个世界，而我与之没有多少关联。”② 他不无感慨地说：“为了惩罚我对权威的蔑视，命运迫使我自己去当一名权威。”③ 爱因斯坦一生淡泊名利，热心公益事业；他热爱和平，坚决反对法西斯战争，更是为世人所称颂。

英国物理学家、数学家和天文学家牛顿（Isaac Newton，1642—1727）在科学研究上是一个巨人。但是在道德与做人方面，却是一个矮子。例如，他与皇家天文学家夫莱姆斯梯德发生冲突，便指使夫莱姆斯梯德的冤家对头哈雷夺得夫莱姆斯梯德的工作成果，准备出版。在他的最有影响的著作《自然哲学的数学原理》中，将当年帮助过他并为他提供资料的夫莱姆斯梯德的名字及所有引证全部删除。在他与德国哲学家莱布尼兹各自独立发现微积分后，牛顿企图贪天功为己有，指使别人为自己写辩护文章（有许多文章出自牛顿之手，只用了别人的名）；更有甚者，他利用自己英国皇家学会主席的身份，写了关于与莱布尼兹争议的终审报告并公开出版，正式谴责莱布尼兹剽窃了他的研究成果。他还不满足，又在皇家学会自己的杂志上写了一篇匿名的所谓回顾争议与终审过程的文章。莱布尼兹死后，牛顿高兴得手舞足蹈，扬言他为伤透了莱布尼兹的心而洋洋得意。后来牛顿又夺得皇家造币厂厂长职务，充分施展他的狡猾和刻薄的技能，在反对伪币的斗争中，牛顿将几个人不留

① 参见《爱因斯坦语录》，——在纽约洛里奇博物馆举行的居里夫人悼念会上的悼词，1935 年 11 月 23 日；引自《晚年集》，德文版，第 207—208 页；爱因斯坦档案，4—142。杭州出版社 2001 年版，第 57 页。

② 爱因斯坦：《爱因斯坦晚年文集》，海南出版社 2000 年版，第 7 页。

③ 《爱因斯坦语录》，——给一个朋友的箴言，1930 年 9 月 18 日；爱因斯坦档案，36—598；也见霍夫曼：《阿尔伯特·爱因斯坦：创造者与反叛者》，第 24 页。杭州出版社 2001 年版，第 7 页。

情地送上了绞刑架。

(3) 科学道德的美好一面——坚持真理、修正错误。

人类对于任何真理的认识，都不是一次可以完成的。它要经过一代又一代人的探索、积累和传承，才能有一个比较完整的认识。即使如此，也只能一步一步地接近绝对真理的彼岸，而永远不可能掌握绝对真理。所以从这个意义上说，人类迄今认识的任何真理都是相对真理。

任何人在科学研究中，只能在他感兴趣并且熟悉的那个领域做出有限的成绩，不可能成为真正的"全才"或者"通才"。只有"全知、全能、全在"的神灵、上帝，才会无所不知、无所不能。人类存在肉身，成为体能和智慧的承担者；据此又受到时空维数的先天限制，从而束缚了思维的高度和自身的能力。① 因此，科学家在对未知世界的探索中，就不可避免地会出现某些片面性，甚至是错误的东西。这是正常的事情，没有大惊小怪的必要。

任何一个负责任的科学家都会正确认识和对待科学研究中的这种闪失。无论对自己还是对别人都会以平常的心态慎重处理，决无文过饰非或对人落井下石的做法。因而坚持真理、修正错误就成为科学道德的美好一面。但是现实的情况却并非尽如人意。一方面是贪天之功为己有，另一方面像牛顿不择手段地打击莱布尼兹的恶劣行径，在科学界仍然时有发生。

还有，有的人对于自身并不了解、不知其中缘由的科学发现，如气（炁）功和特异功能，不分青红皂白地横加指责，武断地斥之为"伪科学"。结果窒息和打压了人们对这些问题的深入探讨。

莎士比亚在《仲夏夜之梦》中说："千万不可妄自评论你所不知道的道理，否则你可能会用生命的代价来补偿你所犯过的错误。"莎翁的这一段话是足以让那些自以为是的人胆战心惊的。

在此我向科学界表明我的心迹：虽千万人，吾往矣。②

13.2 坚守传统文化的道德操行

1. 中国人的精神支柱——道统

(1) 道统的内含及意义。

什么是道统？简言之，儒家传道的系统。或者说是自"上古圣神"以来

① 老子说："吾所以有大患者，为吾有身，及吾无身，吾有何患！"《道德经》第十三章。

② 孟子曰："自反而不缩，虽褐宽博，吾不惴焉？自反而缩，虽千万人，吾往矣。"《孟子·公孙丑上》。

一脉相承的文化和精神传统。孔子在《论语·尧曰》中，历叙尧舜传授之言，为此说之所本。孟子也有五百年必有王者兴之说，并自命继承孔子正统。唐代韩愈著《原道》以排斥佛、老（道教），却仿照佛教诸宗的祖统，正式提出所谓“尧、舜、禹、汤、文、武、周公、孔、孟”关于道的传授系统说，隐然以继承孟子自居，开启了宋代道学的先声。南宋理学家朱熹所建立的道统，则以周（敦颐）程（颢、颐）上承孟子，自己又接上周、程，而丢开了韩愈。“道统”作为一个专用名词是朱熹第一次提出来的。① 以后的元、明、清学者也有心承接道统说，但是面对韩愈和朱熹的学问自愧弗如，也就空有心仪而已。

1921年12月，共产国际的代表马林曾经问孙中山：“你的革命思想，基础是什么?”孙中山明确地回答说：“中国有一个道统，尧、舜、禹、汤、文、武、周公、孔子相继不绝，我的思想基础，就是这个道统，我的革命，就是继承这个正统思想，来发扬光大。”②

今天如何看道统，当然不能仅仅停留在孔孟、韩愈和朱熹各自所处的时代，更不能用狭隘的眼光去看道统。诚如孙中山所言，我们的思想基础应该是尧、舜、禹、汤、文、武、周公、孔子这个道统，要继承这个正统思想，同时发扬光大。因为道统是中国人的精神支柱，所以捍卫道统就是捍卫我们的文化传统和精神家园，捍卫我们的价值观、生活方式和思维方式。

但是由于历史条件的限制，加之年代相隔久远，传统文化不可避免地存在着糟粕。例如，对妇女的歧视和严重的封建等级观念，就不能为现代人所接受。还有，传统文化对异质文化的排斥，也是没有理由的。例如，当初韩愈排斥佛、老（道教）文化，近代有人拒绝接受西方文化。假若道统不能去除自身消极的东西，缺少包容性，不去吸收先进文化的滋养，难免有一天就会形同槁木，从而窒息了它的生命。这是华夏子孙都不愿意看到的情景。

要让中国人知道自己的“根”之所在，必需继承五千年来的道统思想。须知抛弃传统、割断传统，既不能与其他文明平等对话，更不可能自立于世界民族之林。但是仅有对道统的继承远远不够，还必须取其精华、剔除糟粕，对其内容、框架进行科学的改造和重构。在此基础上吸收世界先进文化之精髓，对它做出与时俱进的新的诠释，建立21世纪的新儒学。

（2）敬畏“天、地、君、亲、师”。

“天、地、君、亲、师”是中国传统社会中最重要的精神信仰和象征符

---

① 朱熹作《中庸章句序》，开篇曰：“《中庸》何为而作也？子思子忧道学之失其传而作也。盖自上古圣神继天立极，而道统之传有自来矣。”

② 参见《孙中山、三民主义和儒家思想》，皇汉青年网原创。中国黄埔军校网 www.boplite.cn.

号。初见于《荀子》一书，之后在西汉思想界和学术界流行。东汉末年，在后两种《太平经》中出现了形式整齐的“天地君亲师”的说法。北宋初年，“天地君亲师”的表达方式正式出现。明朝后期以来，崇奉“天地君亲师”在民间广为流行。清雍正初年，第一次以帝王和国家的名义，确定“天地君亲师”的秩序，并对其意义进行了诠释，特别突出了“师”的地位和作用。嗣后“天地君亲师”成为风行全国的祭祀对象。辛亥革命推翻帝制，国家不再有“君”，“天地君亲师”又衍变出“天地国亲师”和“天地圣亲师”两种形式。①

“天、地、君、亲、师”的真实含义，是强调封建皇帝的君权神授和封建秩序、等级观念。但也不乏正确的一面和嗣后产生的积极意义。天，就是老天爷、上天，有天不连二的说法；地，就是土地爷，有地不离土的说法；君，就是皇上，有君不开口的说法；亲，就是父母、祖宗，有亲不闭目的说法；师，就是老师，有师不齐肩的说法。其排列顺序，位要端固。民间每年除夕祭祀时书写“天地君亲师”的牌位，“天地”二字写得很宽，取天宽地阔之意；“君”字下面的口字必须封严，不能留口，谓君子一言九鼎，不能乱说；“亲”（親）字的目字不能封严，谓亲不闭目；“师”（師），字不写左边上方之短撇，谓师不当撇（撇开）。而且写“天”必须站着写，写“地”则必须坐着写。“地”不能大过“天”，“国”（“君”）虽然不可大于“天”，但最好写得跟“地”一般大小，谓中国疆土四域之辽阔。“亲”与“师”则字体略小。它反映了民间对五者的神圣崇拜。“天地君亲师”作为中华民族的祭祀对象，具有悠久的历史。从而铸成一个民族的“天地君亲师”文化体系，其形成的意识形态和道德规范，已渗透到中华民族代代相传的行为举止当中。

赋予“天、地、君、亲、师”新的含义，构建先进的意识形态和道德规范，迈进传统与现代相结合的时代。

天，可以理解为道（道体）、天道、天命，或者说可以理解为由阴阳两个物质世界构成的整个宇宙。其中神秘莫测的阴性物质世界，特别是生命在阴性物质世界的存在形式之佼佼者——神灵、上帝，成为道（道体）、天道、天命的人格化。我们人类既是它的孩子，又显得那么无知、骄矜。但是我们清楚这个世界上确实有人力不可主宰、无法改变的一切，包括那些超自然现象，以人类目前的智慧还无法解释。我们敬重、敬畏神灵、上帝，是因为它“全知、全能、全在”，在规范、影响和左右着人世间的万事万物，乃至人类的命运。

① 参见徐梓：《“天地君亲师”源流考》，《北京师范大学学报》（社会科学版），2006年第2期。

地，可以理解为土地、地球，或者说整个阳性物质世界。《易经》中，乾指天，谓天父的含义；坤指地，谓地母的含义。人类的一切生存之所需都取之于地，把大地比作母亲，是再恰当不过的了。地球母亲给予人类乃至所有生物太多太多的恩泽，却从未索取过一丝回报。但是人类为了一己私利，却在过度采掘、乱砍滥伐、污染江河、肆意捕杀各种动植物，致使生态环境日益恶化。这实际上是在肢解大地母亲的躯体和毁坏她的容貌。近年来频繁发生的地震、海啸、泥石流、土壤沙化、全球气候变暖，以及不可预测的灾情、疾病出现，说明大地母亲在教训她的儿女。是该人类反省的时候了！

君，辛亥革命推翻帝制，国家不再有“君”，“天地君亲师”衍变出“天地国亲师”和“天地圣亲师”两种形式。因为“圣”仍有圣上（皇上）的意思，所以学术界一般认为“天地国亲师”的表述比较恰当。李泽厚说：“我现在提出一个想法——在国外已经讲过，但在国内还没有讲——回到‘天、地、国、亲、师’的传统。这里，改原来的‘君’为现在的‘国’很重要，‘君’是一个具体的君主、政府，‘君师合一’亦即政教合一，社会性道德与宗教性道德混在一起。而我所说的‘国’不是政府，也不是政体，而是‘家园’‘家国’，是Country，不是Stata。中国人经常用‘家国’，就是指乡土。”① 我认为，回归家园、亲近家国（乡土），也就是爱国，所以我们要弘扬爱国主义精神。

孟子曰：“民为贵，社稷次之，君为轻。”② 那么在回到“天、地、国、亲、师”的传统时，就要坚持民本意识，以国家利益为重。特别是要提防走上“官本位”的老路，杜绝帝王意识的死灰复燃。

亲，直系上指父母亲、中指夫妻爱、下指儿女情；还有朋友之谊。传统文化要求对父母亲乃至长辈要孝顺，夫妻之间要相互忠诚、以礼相待，对儿女晚辈要慈爱、关怀。对朋友要真诚，讲究信义。对于旁系的亲属也要力尽孝敬之心，和同辈的伙伴要友好相处，对于晚辈的儿童要关爱、帮助。孔子曰：“仁者，人也，亲亲为大。”③ 就是说，仁者爱人，以“亲亲”为仁之本始。“亲亲，仁也；敬长，义也。无他，达之天下也。”④ 对于自己周围的人要施以爱心，推之要泛爱所有的人。

师，指老师。朋友之间相互切磋，也可以互为师长。但是这里主要指前

---

① 李泽厚：《世纪新梦》，安徽文艺出版社1998年版，第288页。

② 见《孟子·尽心下》。

③ 《中庸》。

④ 《孟子·尽心上》。

者，即老师。孔子是中国老师的师祖，相传有弟子三千，身通六艺登堂入室者七十二贤人，可谓桃子满天下。孔子有教无类，堪称万世师表。韩愈说："古之学者必有师，师者所以传道授业解惑也。"① 把老师的职责概括得再清楚不过了。无论是多大的学问家，都有发萌时的老师和以后深造时的老师。即使显赫的政界人物，老师也教过他。古人把老师与天、地、君、亲相排列，足以说明老师在人们心目中的尊贵地位。因之，师道尊严，自古皆然。

（3）践行"仁、义、礼、智、信"。

"仁、义、礼、智、信"是儒家归纳的五个基本的伦理道德范畴。早在先秦时期，亚圣孟子就提出"仁、义、礼、智"，到了汉代董仲舒扩充为"仁、义、礼、智、信"，称之为"五常"。"五常"贯穿于中华民族的伦理道德中，成为道德价值体系的核心因素。以后"五常"又与"三纲"（君为臣纲、父为子纲、夫为妻纲）合称为"三纲五常"，成为统治阶级维护封建等级制度的基本的道德教条。其精华与糟粕混杂在一起是不言自明的。但是"仁、义、礼、智、信"作为古人提出的基本道德范畴，几千年来在民众心理上积淀的对于共同道德信念的权威感和归属感，却具有永恒的普遍的意义。

"仁、义、礼、智、信"高度概括和抽象出一种普适的道德价值标准。它是中国传统文化极其珍贵的遗产，或者说是中华民族传统伦理道德的结晶。孟子曰："仁者爱人。"② 昭示了以仁为核心的古代人文情怀，成为道德的最高范式。义与仁并用成为有道德的人的标志。仁至义尽、义不容辞，显示了一种人生的境界。礼与仁互为表里，礼是仁的内在精神的外部表现形式。礼貌、礼节、礼让，道出了个人修养和待人接物中的传统美德。智与仁是相辅相成的，将道德智慧延伸到科学智慧，把科学精神与人文精神统一起来，足以促进仁德的修养、升华。诚信为做人的根本，是"五常"道德观的落脚点。

将"仁、义、礼、智、信"作为社会道德文明建设的重要内容，提升中华民族在现代化建设中的综合素质。分述如下：

仁，儒家道德的核心范畴。孔子言"仁"，包括恭、宽、信、敏、惠、智、勇、忠、恕、孝、悌等内容。"汎爱众而亲仁。"③ "仁，亲也，从人、二。"④ "仁者人也，亲亲为大。"⑤ 对仁的实行方法是，"己所不欲，勿施于

① 《韩愈·师说》。
② 《孟子·离娄下》。
③ 《论语·学而》。
④ 《说文·人部》。
⑤ 《礼记·中庸》。

人。"[1] 和"己欲立而立人，己欲达而达人。"[2] 仁是基本的普适的也是最高的道德目标。它要求对人类、对人性、对生命的爱护和终极关怀；仁是伦理道德的最终目的，是至上的道德原则。以仁为核心的古代人文情怀，在注入了当代科学和民主的思想营养之后，就会转化为现代人文精神。

义，与仁并列称之为"仁义"，它是自我与他人、个人与群体的利益抑或是生命价值发生矛盾冲突时，做出适宜的行为选择的限度，因而成为道德与不道德的分水岭。儒家重视"义利之辨"，但并不一概反对人们追求合理的利益。孔子说："富与贵，是人之所欲也。"[3] 荀子说："好利恶害，是君子小人之所同也。"[4] 但同时又强调，追求个人名利应该有个底线，这就是义与不义的问题。要树立正确的义利观，不能以不义的手段追求个人名利。为此，一方面要赋予义以崭新的内容，如社会公平、公正、公益等，另一方面唤起人们对义的自觉和信念，不要触犯道义的底线，恪守道德、法律的原则立场。

礼，与仁互为表里，是以礼仪文化的外在形式，将仁义精神在社会生活中直观地表现出来。儒家重视礼的功能，一是"别嫌明微"[5]，明确不同社会身份和社会角色的人之间一些必要的区别，以避免在某些场合出现的难堪场面。二是表达"恭敬"、"辞让"[6] 之心，让人们互相谦让，表达恭敬与尊重。三是"礼之用，和为贵"[7]。在不同场合人们遵循相应的各种礼节、仪式，并配以音乐，来融洽不同身份、不同角色的社会成员之间的关系，使之和谐相处。孔子还认为礼的具体内容是随着时代的变化而变化的，对前朝的礼制应根据当代的具体情况，择其善者而用之。例如"行夏之时，乘殷之辂，服周之冕，乐则《韶》舞。"[8] 今天我们仍应借鉴这种态度，对于古代的礼仪文化取其精华，去其糟粕。对礼要赋予新的内容，创造出新的礼仪文化，使我们这个礼仪古国放射出现代文明的光彩。礼在文明社会中的作用，日益为人们所重视。

智，通常又写作"知"，既指认知，又指知识、智慧。儒家认为，追求知

---

① 《论语·颜渊》。

② 《论语·雍也》。

③ 《论语·里仁》。

④ 《荀子·荣辱》。

⑤ 宋徽宗（赵佶）在政和新元三月一日亲撰《政和五礼新仪》序："……昔在神考，宪道立政若稽，往古作新，斯人以追三代之隆，谓安上治民，别嫌明微，释回增美，莫善于礼，亲降策问，下询承学造庭之士将，因今之材而起之也……"

⑥ 《孟子·告子上》；《孟子·公孙丑上》。

⑦ 《论语·学而》。

⑧ 《论语·卫灵公第十五》。

识，增长聪明智慧，是人生重要的价值取向。荀子说："凡以知，人之性也。可以知，物之理也。"[①] 智与仁是相辅相成的，掌握知识并善于思考的仁者就是智者。孔子说："知者不惑。"[②] 具有完善理想人格的君子，好学求知能够促进仁德的自觉和生长，他就会成为集仁与智于一身的人。苏格拉底说过："美德即知识。"[③] 将人生观、道德观建立在科学的理念之上，人类安身立命的道德根基就会更加坚实、深厚。我们应发扬儒家的求知精神，崇尚知识与智慧，重视学习与教育。儒家又认为，对于智的追求必须以不违背人性、不背离仁的精神和义的原则为前提。用今天的话说，就是不能学习和追求那些制造杀人武器的知识。在当今核战争乌云仍旧笼罩的情况下，值得人类深思和猛醒。

信，即诚信。儒家认为它是人的基本道德。"诚"是"天之道"，"诚之"是"人之道"[④]。这等于把"诚"作为至高无上的价值源头来看待。要取信于人，根本在于"反身而诚"[⑤]。"正心诚意"[⑥] 作为"修身"的前提。孔子说："人而无信，不知其可也。"[⑦]"民无信不立。"[⑧] 与人交往要"言而有信"[⑨]，治理国家要"敬事而信"[⑩]。君子应当言行一致，诚实笃信。"言忠信，行笃敬"[⑪] 才能行于天下。孔子又说："信则人任焉。"[⑫] 就是说，只有当你被证明是一个值得信赖的人时，别人才会觉得你可靠，才愿意把大事托附给你。中华民族有着诚实守信的优良传统。今天在市场经济体制基本建立的情况下，继承和发扬诚信的道德传统，比任何时候都显得更加重要和迫切。[⑬]

2. 理性凝聚的道德力量与道德的分野

（1）人之所以为人，是因为人有自由意志。

伦理道德虽然是一定历史条件下社会的产物，但是它总是由个人去自觉选择和履行的。它表现为人有自由意志，是人的自觉行动。其特征是个人以

---

① 《荀子·解蔽》。

② 《论语·子罕》。

③ 苏格拉底说："美德即知识，愚昧是恶。"也就是说"无知即罪恶之源！"参见《柏拉图对话录》，吉林人民出版社2003年版。

④ 《中庸》："诚"是"天之道"，"诚之"是"人之道"。

⑤ 《孟子·尽心上》。

⑥ 《礼记·大学》。

⑦ 《论语·为政》。

⑧ 《论语·颜渊》。

⑨ 《论语·学而》。

⑩ 《论语·学而第一》。

⑪ 《论语·卫灵公》。

⑫ 《论语·阳货篇》。

⑬ 参见徐克谦：《"仁义礼智信"与当代社会道德文明建设》，载于《学习论坛》2005年第4期。

牺牲自己的感性欲求包括生命来履行道德义务。例如，孔子曰："杀身成仁。"孟子曰："舍生取义。"这种由理性凝聚的道德力量是任何诱惑所改变不了的，是人之所以为人的本质体现。从这里升华出的崇高的道德观，是中华民族乃至全人类巨大的和永恒的精神力量。

人牺牲个体利益直至宝贵的生命，是为了维护群体利益乃至在"种"的意义上的延续。这里说的群体，包括家庭、氏族、国家、民族、阶级、集团、宗教、文化，等等。人的个体自我牺牲是自觉意识的行动，自觉放弃生的快乐或利益，不屈服于利害因果的现象世界，它是人的自由意志表达的结果。人的自由意志是人的文化内涵和人格魅力的体现，人的这种心理形式使人为群体而牺牲个体，和某些动物为群体而牺牲个体截然不同，也使人类从根本上同动物界划清了界限。因此，人的自由意志具有极其崇高的价值。

人的自由意志还表现为对宇宙律令的自觉履行。从中国历史上看，儒家学说将宗教与哲学融为一体，主张入世变革现实，建立理想的大同世界。因而构成了中国士大夫阶层伟大的使命感。这些看似属于知识分子个人的心理积淀，实际上却是来自道（道体）的呼唤，以及要求对宇宙秩序的自觉遵守。因为善于思考和敬畏天命的士大夫，其思维波和道（道体）总是相通的。"位我上者，灿烂星空；道德律令，在我心中。"①

（2）道德的分野——君子和小人。

君子，在西周和春秋时期是对贵族的通称，小人则指一般芸芸众生。"君子所其无逸。……相小人，厥父母勤劳稼穑，厥子乃不知稼穑之艰难，乃逸。"②"君子，止谓在官长者。"③"君子务治，小人务力。"④但自春秋末年以后，君子与小人逐渐成为道德品质高尚的人和无德者的称谓。"博闻强识而让，敦善行而不怠，谓之君子。"⑤ "君子成人之美，不成人之恶，小人反是。"⑥"君子喻于义，小人喻于利。"⑦

自春秋末年以后，社会阶级斗争剧烈，列国战事频繁，几乎每一个人随时随地都面临着生与死、义与利的良知的考量。在这种情况下，人的灵魂中善与恶的两个方面就直截了当地显露出来了。灵魂中善的方面居于主导地位，

---

① 康德墓志铭："有两种东西，我对它们的思考越是深沉和持久，它们在我心灵中唤起的惊奇和敬畏就会日新月异，不断增长，这就是我头上的星空和心中的道德律令。"这里是这段话的诗意译法。

② 《书·无逸》。

③ 《书·无逸》。

④ 《国语·鲁语上》。

⑤ 《礼记·曲礼上》。

⑥ 《论语·颜渊》。

⑦ 《论语·里仁》。

甚至占有了绝对的优势，这时他的言谈举止就表现出君子风范，如主持正义、同情弱者、忠于职守、不谋私利、义无反顾、舍己为人，等等。相反，如果说灵魂中恶的方面增多，占有了优势。这时他的言谈举止就表现出小人作为，如陷害忠良、欺上瞒下、敷衍塞责、以权谋私、贪生怕死、卖主求荣，等等。因为灵魂中存在着善恶两个方面，特别是在一定条件下孰善敦恶以及突出程度的差异，就外化为道德上的分野，于是人群中就区分出君子和小人来。“君子坦荡荡，小人长戚戚。”是这两种不同类型的人的直观表现。时至今日，大凡每一个正派的人都或多或少遭遇过小人的暗算。如果说你是领导者，他就在你面前卑躬屈膝、谄媚讨好，背后却是狐假虎威、欺上压下。如果说你是个普通人，他就找着茬儿为难你、欺侮你，有朝一日你进步了，让人刮目相看了，他又到你跟前找老相识，一副摇尾乞怜的样子。如果说你因为什么事情走了背字，他会幸灾乐祸地扔来一块石头——落井下石。如果说你抓住了他的要害决定诉诸法律给予严惩时，他会可怜兮兮地跪在你面前连连求饶道：“你大人不计小人过……”真是可恨、可怜、可气！

小人的种种恶劣表现远不至以上列举的这些。例如，一时间社会上散布的查无实据的流言蜚语，嫉贤妒能的恶作剧，都是这类小人策划的“杰作”。可以说无耻、无赖、毫无信义，成事不足、败事有余，没有人格和良知，是小人的共同嘴脸。小人不仅是中国特产，而且已是一种国际现象。

(3) 对小人的提防与惩治。

严格地说，上述小人和屡屡触犯法律、怙恶不悛的罪犯还是有一定区别的。所以小人是灵魂中恶的方面增多，逐步占有了优势。而这些罪犯则是灵魂中恶的方面居于主导地位，甚至占有了绝对优势。但是只要有了适当的气候和条件，小人会很容易变成罪犯的帮手，沆瀣一气，助纣为虐，进而小人也变为十恶不赦的坏人。这样的例子不胜枚举。

君子和小人自古以来相伴而生。人人敬仰君子，厌恶小人。但是小人仍旧像苍蝇、蚊子一样驱之不尽，随处而生。这是没有办法的事情，因为有矛则有盾，有清流就有污渍。我们只能在对社会的综合治理中减少苍蝇、蚊子滋生的环境，要想彻底消灭它是不可能的事情。

古人云：“近君子而远小人。”因为近朱者赤，近墨者黑。如果说整天和小人搅和在一起，难免受小人的影响而害怕自己也变成了小人，因之要“远小人”。此外，也顾虑自己惹不起象泼皮一样的小人，还是躲得远一点好。这是一般人的正常心态。所以好人怕坏人，恐怕自古皆然。

但是，躲着小人就是放纵小人，历朝历代所有的善良的人都这样做，就会使小人得志，肆无忌惮起来。那么就会使人际关系变得紧张，社会秩序混乱不堪。结果是坏人当道，好人遭殃。所以社会应该构筑起提防小人作乱的防护墙，使不道德的人有所怕，进而收敛自己的言行。

我赞成李敖主张做“善霸”的思想和做法，这是惩罚天下小人的一剂良方。他说：“天下坏事的造成，有两个原因，一个是坏人做坏事，一个是好人容忍、坐视，甚至默许坏人做坏事。做好人是不够的，得做奋斗的好人才成。所谓奋斗的好人，就是要挺身出来向坏人作战、向恶势力作战、向腐败和愚昧作战、向老朽和开倒车作战、向头脑不清混蛋作战。”“好人需要‘善霸’逼他做好事，好人多是伪君子，如果云龙契合，伪君子也会做出好事。”“我做‘善霸’，一生恩怨分明，有恩必报、有仇必报，绝不‘算了’。”①

3. 一个有道德的人的良好心态——感恩人生

（1）人的一生都沐浴着爱的阳光。

我们的生命是由众手托起来的。一个孤立的人不但不可能诞生，而且即使诞生了也不可能生存下来。为什么呢？

一个物种的出现，是在特殊的时空条件下阴阳两种物质相互碰撞而产生的。像人类这种高等生命的诞生，更是经过神灵、上帝的精心设计，又撷取了四个元素周期表中的优质元素排列组合的结果。从这个意义上说，人类的诞生是阴阳两种物质在更深一层次上的有选择的最优组合。

人类诞生之后既遵循生命的遗传、变异法则，又按照生命在阴阳两个物质世界的轮回规律，从生到死，死而复生；生生不息、循环不已。你的生命是自然界许许多多生命中的一个，特别是你是人类中的一分子，所以就弥足珍贵。认识这一点十分重要，它是珍惜人的生命和重视人权的基本依据。

一个人诞生之前要经过以下步骤：

其一，由生命程序和密码的总设计师——阴性物质世界——神灵、上帝设计你的生命程序、信息和密码。

其二，按照这种设计，使一个或者几个生命在阴性物质世界的存在形式其思维波——+阴′−相邻的灵魂及时断裂，并相继游离出来。

其三，就在一对夫妇产生受精卵的一刻，游离出来的灵魂在竞争中不失时机地植入这个受精卵中，于是一个具有灵魂的生命的胚芽就产生了。

其四，在母腹中经过十个月的发育，然后呱呱坠地——一个人的生命就诞生了。所以一个人有三位父母，除了你的生身父母之外，还有一位给你提供灵魂的生命在阴性物质世界的存在形式的父亲或者母亲，只是你自己不知道而已。而这背后的父亲或者母亲，才注入了你生命的真正内涵。虽然其灵

---

① 李敖：《李敖回忆录》，中国友谊出版公司2004年版，第379、382—383、383页。

魂还是你前世的那个灵魂。

一个人诞生之后成长和成才要经过以下步骤：

其一，儿时父母抚养，含辛茹苦，视若掌上明珠。

其二，从发萌时起受教育，小学、中学、大学累计十七、八年时间，接受完高等教育。这期间社会提供安定的生活环境和受教育条件，师长循循善诱教给文化科学知识，加之个人刻苦努力，才能掌握一些专业知识。

其三，参加工作之后，有领导、同事的指导和帮助，在实践中总结正反两方面的经验，才有更多的长进，也才能为国家做出一些成绩。

其四，结婚生子，抚育下一代，同时还要照顾年事已高的父母。——人生在世又重复着上一代其或上上几代同样的生活经历。

还有，你所使用的电脑、看的电视、听的音乐、开的汽车，以及享受的一切现代文明，都是上一代人甚至上上几代人智慧的积累，特别是同代人的辛勤劳动创造出来的。也许你说我是用钱买来的，但是如果说没有创造性的劳动及其凝结的产品，钱就是一堆废纸。

因此，我们既是前人累积劳动的受惠者，又在为后代做铺路石子的事情。虽然辛苦一些，但却是愉快的。爱因斯坦说："我每天上百次地提醒自己：我的精神生活和物质生活都依靠着别人（包括生者和死者）的劳动，我必须尽力以同样的分量来报偿我所领受了的和至今还在领受着的东西。"① "我的生活竟是建筑在我的同胞们如此大量的劳动之上，这种想法常常使我感到沉重。因此，我深深知道，我对他们所应负的义务。"②

从以上可知，人生的确不易。一个人在诞生之前和诞生以后，直到走完生命的历程而回到阴性物质世界的舞台，这期间有多少人在为你直接或间接地辛苦和忙碌呵！无论你此生取得了多么大的成就，也没有自鸣得意的理由。所以报恩父母和报效社会，充其量只是另一种意义上的等价交换而已。

(2) 感恩人生：做一个大写的"人"字的人。

一个人只要怀着感恩的心态，他就会在平凡的岗位上做出不平凡的成绩来。例如，如果说你是一位领导者，你就会将从政当作人生的一种境界，全心全意为人民服务，而不可能去以权谋私。如果说你是一位科学工作者，你的单纯、执著的好奇心被未知世界深深地吸引着，你就会孜孜不倦地探索下去，从而做出令人羡慕的研究成果来。即使你是一位普通劳动者，也会清清

---

① 《爱因斯坦语录》，——《我信仰什么》（大约 1930 年），见《论坛和世纪》，84 期，1930 年，第 193—194 页；再刊于《我的世界观》第 8—11 页。杭州出版社 2001 年版，第 9 页。

② 《爱因斯坦语录》，——摘自《我的信条》，"德国人权联盟" 1932 年秋季在柏林制作的唱片录音；引自利屈，《生动的哲学》，第 3 页。杭州出版社 2001 年版，第 9 页。

白白做人，认认真真做事，每天过得充实、踏实。

既然每个人都享受着前人累积的劳动果实，那么我们就有责任为社会、为下一代创造和积累财富。不是一般的生产，而是必需生产出剩余来。马克思说："一般剩余劳动，作为超过一定的需要量的劳动，必需始终存在。"① 恩格斯也说："劳动产品超出维持劳动的费用而形成的剩余，以及社会生产基金和后备基金从这种剩余中的形成和积累，过去和现在都是一切社会的、政治的和智力的继续发展的基础。"② 所以最大限度地发挥人的聪明才智，为社会生产和积累更多的物质财富和精神财富，是每个社会成员应尽的职责。

一个人诞生在这个世界上，实为不易；经过几十年创业、奋斗实则是为了谋生，更为不易。或者是一生轰轰烈烈，或者是一生平淡如水，最后都得拉上人生的帷幕。虽然来时一丝不挂，但是去时却不一定能够做到两袖清风。古今多少英雄豪杰，鲜有不留下些许遗憾的。

读者诸君：让我们感恩人生，去做一个大写的"人"字的人吧！

13.3　食与性的道德观

1. 饮食、男女，人之大欲存焉

（1）食的直接目的是为了肉身的存在。

生命在阳性物质世界的存在形式由肉身、灵魂、意识、潜意识（狭义）和潜意识（广义）五大要素构成。其中肉身的存在是生命在阳性物质世界的存在形式的主要特征。因为有肉身存在，所以人才有头颅（脑）、躯体和四肢等。人生活在四维时空的阳性物质世界，就是他的肉身率领着属于他的灵魂、意识、潜意识（狭义）和潜意识（广义）在人生的舞台上演出的过程，直到百年之后感恩谢幕。——之后就转到幕后再去下一轮的演出。

（2）食的间接目的是衍生出阶级斗争、生产斗争和科学实验。

人生在世吃饭是第一位的。只有米、面、五谷杂粮和菜蔬、鱼、肉入肚，经过胃肠的消化吸收方可补充身体所需之营养，这样人的肉身才能存活下来。③ 可以说人生奋斗的直接目的仅此而已。要说短视就这么短视，再伟大的人也超脱不了这个短视的目标。如果谁不相信的话，可以让他试试不吃饭的

---

① 马克思：《资本论》第3卷，人民出版社1975年版，第925页。

② 《马克思恩格斯选集》第3卷，人民出版社1972年版，第233页。

③ 气（炁）功中有辟谷，人可以在较长时间内不进食，但仍能健康地活着。在此不予研究，另当别论。

滋味。李泽厚把他的哲学通俗地称为吃饭哲学，是有一定道理的。[①]

马克思的唯物史观之所以普遍为人们所接受，也是因为它道出了这个朴素而极普通的真理。对此，恩格斯进一步做了阐发，他说："正像达尔文发现有机界的发展规律一样，马克思发现了人类历史的发展规律，即历来为繁茂芜杂的意识形态所掩盖着的一个简单事实：人们首先必须吃、喝、住、穿，然后才能从事政治、科学、艺术、宗教等等；所以，直接的物质的生活资料的生产，因而一个民族或一个时代的一定的经济发展阶段，便构成为基础，人们的国家制度、法的观点、艺术以至宗教观念，就是从这个基础上发展起来的，因而，也必须由这个基础来解释，而不是像过去那样做得相反。"[②]

人的吃、喝、住、穿，可以简单地概括为衣食住行。它们都是为了肉身的生存、享乐和发展而各尽其不同的功能。萨缪尔森说："人的一生都是寻求刺激的。"[③] 对于人的肉身来说，提高吃、喝、住、穿的质量，就使人获得生活的满足和享受，此为人之本能要求之谓也。

因为有了对"食"的要求，尔后才在此基础上衍生出阶级斗争、生产斗争和科学实验。阶级斗争是在人类的生产已经发展但又没有充分发展的情况下，穷人从富人那里争夺吃饭权利的斗争。虽然阶级斗争嗣后演变为武装的、议会的以及各种斗争方式，本质上仍旧是为了解决不同群体的吃饭问题。生产斗争更直接地是为了搞饭吃，科学实验则是力图运用科学技术手段，更方便地谋划到更多、更精细的食物满足人们的需要。[④] 当"集体财富的一切源泉都充分涌流之后"，[⑤] 相信不会有人再用阶级斗争的血腥手段去弄饭吃。

(3) 性的直接目的是为了传宗接代。

任何人由肉身构成的生命都是有限的，不可能与世长存。恩格斯说："生命总是和它的必然结局，即总是以萌芽状态存在于生命之中的死亡联系起来加以考虑的。辩证的生命观无非就是如此。……生就意味着死。"[⑥]

一个人的死亡，就是由生命在阳性物质世界的存在形式转化为生命在阴性物质世界的存在形式。一个人死亡之后，为了能够在另一种意义上延续他在阳性物质世界的存在形式，他生前就要结婚生子。一个人的儿女就可以看

---

① 李泽厚：《世纪新梦》，安徽文艺出版社 1998 年版，第 521—523 页。

② 《马克思恩格斯选集》第 3 卷，人民出版社 1995 年版，第 574 页。

③ 〔美〕保罗·萨缪尔森：《经济学》（第 17 版）前言，人民邮电出版社 2004 年版。

④ 参见拙著《我从哪里来，又到哪里去?》15.1"自利的本质及以食为中心的对物质利益的追求"。

⑤ 《马克思恩格斯选集》第 3 卷，人民出版社 1995 年版，第 305 页。

⑥ 《马克思恩格斯选集》第 4 卷，人民出版社 1995 年版，第 370 页。

作是他的生命在阳性物质世界的存在形式的延续。父母何以特别珍视自己的儿女，为之投入深厚的感情和寄予最大的期望，由此可以找到基本的原因。

（4）性的间接目的是衍生出科学、文学和艺术。

男女双方从相识、相恋、到发生性关系（结婚），是一个情感的自然发生过程，似行云流水不可遏止。男女双方相识、相爱的恋爱过程，是生命最美丽、最灿烂的时刻。犹如春天盛开的各色花朵，引蜂逗蝶，彰显着生命的勃勃生机。古今中外流传着许多浪漫爱情故事，脍炙人口，高雅脱俗。但是性的直接目的却是为了传宗接代。或者说，是为了生儿育女以延续男女（父母）生命在阳性物质世界的存在形式。其他动植物亦是如此。从为了传宗接代这个最终目的来说，它们的雌雄交配与人类的婚姻有着同等的价值。

因为有了对“性”的要求，尔后才在此基础上衍生出科学、文学和艺术。当然产生科学的动力还有对“食”的要求，这里仅从“性”的角度讲，它激发了人们科学研究的热情以及在此间对美的感受。

弗洛伊德（Sigmund Freud，1856—1939）指出，人的最原始的本能有两种，即自我保存本能和性本能。我认为，这种自我保存本能就是对“食”的要求，性本能则是对“性”的要求。二者都是人的本能的显示。对“食”的要求，决定着人类肉身的生存，表现为食欲，遵从现实、满足的原则；对“性”的要求，决定着人类种的延续，表现为性欲，遵从想象、愉悦的原则。

弗洛伊德更看重性本能，取名曰：利比多（Libiduo）。① 认为它对人的心理活动起着决定性的作用。人对于性的需要如同对于食物的需要一样，也会产生“饥饿”感。性冲动是与生俱来的，是一种在性本能的驱动下寻求内在满足的力量，是可以进行量化的能量。正是利比多（Libiduo）——性力，构成了人类的精神过程，并成为开放出科学、文学和艺术美丽花朵的最强大的原动力。②

2. 食的道德观

（1）提倡觅食的正当途径。

这里只探讨觅食的正当途径。至于由食的间接目的而衍生出的阶级斗争、生产斗争和科学实验的许多规则、章程乃至法律条款等，需要不同领域的专家进行研究，在此不予涉及。

觅食的正当途径是靠劳动吃饭。这里说的劳动包括体力劳动和脑力劳动。

---

① 在弗洛伊德的后期著作中，利比多（Libiduo）超出了性本能的范畴，成为生命自身的一种生长和创造的力量。

② 参见拙著《我从哪里来，又到哪里去?》15.2“性的本质及以性爱为中心的文化、科学和艺术情结”。

脑力劳动是“具有格外生产力的劳动，会当作加强的劳动来发生作用，或者说，它会在同时间内比同种社会平均劳动创造更大的价值。”① 因而在同一时间内脑力劳动者创造的价值比体力劳动者多，其所得报酬就要多一些。

靠劳动吃饭必需有属于自己的生产资料和劳动相结合的生产过程。在现代企业制度下，职工个人持股的方式较好地解决了这种人和物的结合。这也是社会组织者和管理者——政府在宏观上应该考虑的问题。作为劳动者个人，首要的是掌握文化科学知识和一门专业，找到适合发挥自己特长的就业岗位，才能通过诚实的劳动，获得与自己劳动付出相应的报酬。

在市场经济条件下，人们获得劳动报酬的途径很多，但是必需通过公平竞争，合法取得。有些收入如股息、资本利润、房屋租金等，只要是在法律允许的范围内，都属于正当收入。然而现实的情况却令人担忧，如官商勾结、谋取暴利，权钱交易、贪污受贿等，达到了令人发指的地步。这些败类扰乱市场经济秩序，造成极其严重的后果，必需依法严厉打击之。

（2）个人奋斗与觅食的道德。

鼓励个人奋斗，使每个人在所从事的专业领域做出突出贡献。社会要创造使拔尖人才脱颖而出的良好氛围，杜绝嫉贤妒能的劣习。如果说一个人在科学研究、企业管理、行政事务、文学艺术等不同领域，或者在普通工作岗位上做出了令人赞叹的成就，客观上他就为国家创造了更多的物质财富和精神财富，那么他个人的工资和奖金就会高一些，相应地也会取得一定的社会地位。这种奖励制度是符合人的本性要求的，是社会前进的重要杠杆。

由于中国有两千多年封建社会的影响，加之农民小生产意识比较浓厚，长期以来都是“不患寡而患不均”，使社会在一个时期以来形成了超稳定结构。特别是普遍的仇富心理，窒息了人们的创业冲动。这可以看作是中国没有经历独立的资本主义发展阶段而留下的后遗症。因而也成为解放思想和改革开放的一个思想障碍。我们只有冲破这个思想上的羁绊，在公平竞争的基础上，鼓励优秀人才尽快成长，才能使整个社会充满生机和活力。

孔子曰：君子爱财，取之有道。② 说的是觅食的道德观。在市场经济条件下，最重要的是法制健全、公平竞争。尽管每个人受教育的程度不同，劳动技能有差异，但却必需在同一起跑线上公平竞争。也就是说天赋人权，机会均等。任何时候决不能用非法手段剥夺一个人正当的择业权利和就业机会。

---

① 马克思：《资本论》第1卷，人民出版社1963年版，第336页。

② 参见《论语·里仁》第四篇。子曰：“富与贵，是人之所欲也；不以其道得之，不处也。贫与贱，是人之所恶也；不以其道得之，不去也。君子去仁，恶乎成名？君子无终食之间违仁，造次必于是，颠沛必于是。”

一部分人因为能力强、机遇好，很快富裕起来了。邓小平说："我的一贯主张是，让一部分人、一部分地区先富起来，大原则是共同富裕。"[①] 一时还没有摆脱贫困的人，应该学好技术，走向市场。重塑劳动致富、劳动光荣的观念。以人为本，科教兴国；求真务实，奔向小康。孟子曰："富贵不能淫，贫贱不能移，威武不能屈。"[②] 这是金科玉律，应该成为我们所有人的座右铭。

3. 性的道德观

（1）经济独立要求婚姻自主。

婚姻不能自主的根本原因是经济不独立、不富有。没有经济尊严，就不可能有真正的人格尊严，这已被无数的事实所证实。旧中国直至上溯到漫长的奴隶社会、封建社会，广大妇女之所以没有婚姻自主权，甚至嫁鸡随鸡、嫁狗随狗，其根本原因是没有独立的经济地位。加之儒家的"三纲五常"伦理道德的束缚，[③] 使妇女在婚姻上完全沦为性奴隶的地位。

新中国建立以后，广大劳动人民翻身做主人，作为占人口一半的妇女也随着经济地位的改变，成为自己婚姻的主人。这是一个翻天覆地的变化。它是人权的复归和人性的复苏；它是把人当作人——还女人以天然美丽的本色之大德大善的行为，是做了一件惊天动地的事情。

但是要真正做到婚姻自主，仅有独立的经济地位还不够，还必需提高文化科学知识和综合素质，特别是要有妇女解放的意识和现代化的观念，这就不是一朝一夕可以做到的。它是一个长期的教育、学习、自修、自察、观赏、比较和反复琢磨、长时间演练的过程，也就是自我塑造成为一个睿智、自尊、可人、美丽的女人的过程。——那么这个目标离你还远吗？

（2）人的解放的重要标志——自由地选择性伙伴。

有人说，女人天生是为世界贡献美的，而男人生来就是为了征服世界的。这话说得虽然有些绝对，但也不乏几分道理。女人的美，主要表现为阴柔之美；而男人除了吃苦耐劳、闯荡江湖之外，还有阳刚之美的一面。由于中国社会以至世界至今仍旧是男权社会，男人在经济、政治、科学、军事等方面

---

① 《邓小平文选》第3卷，人民出版社1993年版，第166页。

② 《孟子·滕文公下》第二章。

③ 三纲五常，简称"纲常"。儒家维护封建统治秩序的教条。三纲指"君为臣纲，父为子纲，夫为妻纲"。五常指"仁、义、礼、智、信"。三纲五常从孔子"君君、臣臣、父父、子子"和孟子"父子有亲，君臣有义，夫妇有别"以及仁、义、礼、智等发展而来。西汉董仲舒提出"王道之三纲，可求于天"，认为"君臣、父子、夫妇之义皆取诸阴阳之道"（《春秋繁露·基义》），是不可改变、永恒存在的。又说："仁、谊（义）礼、知（智）、信，五常之道。"（《举贤良对策一》）东汉儒家著作《白虎通义》对三纲五常进一步作了阐述。自此以后，三纲五常成为封建统治者套在中国人民身上特别是广大妇女身上的精神枷锁。

居于支配地位，无形中就使妇女处于劣势一方。但是妇女在医疗卫生、文化教育、音乐艺术等领域却独占鳌头，所以不必自愧不如。这是社会分工不同，各有各的优势，并不是聪明与否和个人能力上的差异。

尽管如此，在婚姻自主和选择对象的问题上，男人似乎比女人在选择时间、选择范围上更“自由”一些。这是不公平的，是社会长久以来累积的陋习，是传统的习惯势力在作怪，是至今仍旧笼罩在女人身上的一个无形的阴影。作为新世纪的公民，我们有责任亲手为女同胞拂去这个阴影。在这方面，男人在思想观念和行为举止上有不可推诿的责任和义务。因为男女平等不是一句空话，它必需在一切方面真正实行，当然更需要从我做起。

食和性是人的两大欲望，也是人生的两件大事。解决食的问题，就要学习、深造，获得知识和技术，找到合适的工作岗位，挣到工资和奖金，供自己享用乃至养家糊口；解决性的问题，就要在茫茫人海中觅到自己的心上人，过程是相识、相恋、直到结婚，生子。现在研究“食”的问题，投入的人力和资金很多，成果颇丰。但是研究“性”的问题，相对来说却非常不够。实际上研究后者比研究前者更复杂、更细腻、更困难。因为它牵涉人的心理因素，甚至灵魂深处细微的东西，实在是难于一下子解决问题的。由于在这个方面重视不够，因而酿成了许多社会问题，直至发生家庭悲剧。

从世界范围看，解决食的问题要比解决性的问题容易得多。当一个国家用几十年乃至上百年的时间实现了现代化，也就解决了食的问题。但是这些国家的性的问题却远远没有解决。虽然人们的物质生活一天天好了，但是精神压力或者精神空虚却加重起来。还有，人际关系变得淡漠，家庭矛盾突出，离婚率居高不下，色情犯罪频繁发生。解决性的问题，当然包括多方面的内容，例如，科学、文学、艺术的发展，社会精神文明程度的提高等。但是就性的自身来说，人的解放的重要标志，却是自由地选择性伙伴。在这里男人和女人首先是自由的人，然后才能两情相悦、结为秦晋之好。婚姻生活的质量，在于男女双方彼此的体验。没有别的理由，因为幸福就是一种体验。

(3) 性的道德的最高体现。

男女双方相识、相恋直至发生性关系（结婚），在任何时候和任何情况下，都不能违背妇女的意志。从生理上讲，男女双方都有占有欲，但是男人的占有欲却远远大于女人，这一点从男人的基因（DNA）构成上一定能够找出根据来。当一个人有了权力和金钱，占有欲就会膨胀起来。这一点对于男人来说，更是如此。封建皇帝不用说是三宫六院、七十二妃，历代的政府官员、文人墨客，大凡都少不了风流韵事。先不要说爱总是两情相悦、具有排他性，而一旦将男女之间的感情夹杂上权力和地位的因素，就有强迫妇女意志的嫌疑。这时处于弱势地位的妇女，或者为了谋生，或者为了攀附，最后就酿成了不道德的婚姻或男女之情。中国几千年的历史上，尽管流传的才子佳人故事不少，但是真正毫无功利的红粉知己却少得可怜，也许曹雪芹和脂砚斋算作一例吧。

在男女关系问题上，男人和女人都应该是肯负责任的人。现代社会是开放的社会、多元的社会，交通、通讯、媒体及资讯异常发达，为人们的相互交往提供了前所未有的方便。每个人在一生中都可能会遇到好几位和自己配合默契、思想融洽，而且心领神会的异性朋友，但是你已经有了相濡以沫的家室，怎么办？是否喜新厌旧、移情别恋？这是对婚姻的严峻考验。每个人的情况各不一样，不好说你该怎么去选择，但是有一条道德底线却是要设置的，这就是男人和女人都应该是对对方和共同的子女肯负责任的人。一个无情无义、不肯负责任的人，谁和他（她）在一起都不可能得到真正的幸福。因为在背叛者那里，只有阴暗、卑怯的心理，他只有一颗看似火热、实则冰冷的心！

什么是婚姻？婚姻是每个人在特定的年龄段上，在既有的选择条件下男女双方感情上的一种博弈，之后就用法律（婚姻法）的形式将博弈的结果固化起来。这合理吗？符合人性吗？在人生以后更漫长的岁月里，年龄、时间、地点、条件、接触的异性的范围等等都发生了变化，那么有什么理由就一定认为最初的选择是最佳的选择呢？这里就遇到了逻辑推理和道德规范之间的矛盾。这个矛盾差不多每个人都遇到过。所以爱因斯坦说："婚姻是一种试图使某些出自偶然的东西持续下去的不会成功的尝试。"①"婚姻的确是披着文明外衣的奴隶制。"② 那么怎么解决这个矛盾呢？每个人的情况各不同，甚或是千差万别，就不好说让你应该怎么办，就在自己慎重选择了。

不过我还是站在卫道士的一方，认为夫妻之间完全的情投意合、始终如一的情况是少见的，相反有一点磕磕碰碰才是正常的。只要相互尊重，坦诚相待，爱情之花就会护卫得更加靓丽。夫妻双方应该珍惜几十年点点滴滴积累起来的感情。"任凭弱水三千，我只取一瓢饮。"③

---

① 《爱因斯坦语录》，——引自1982年4月10日J. 塞恩为《爱因斯坦在美国》一书对奥托·内森所作的访问，见该书第80页。杭州出版社2001年版，第183页。

② 《爱因斯坦语录》，——引自格吕宁，《为爱因斯坦而建的房子》，第159页。杭州出版社2001年版，第183页。

③ 曹雪芹：《红楼梦》（下），第九十一回：纵淫心宝蟾工设计布疑阵宝玉妄谈禅。人民文学出版社1992年版，第1299页。

什么是理想的性爱关系？恩格斯在《家庭、私有制和国家的起源》一书中作过描述。他说："现代的性爱，同古代人的单纯的性要求，同厄洛斯［情欲］，是根本不同的。第一，性爱是以所爱者的对应的爱为前提的；从这方面说，妇女处于同男子平等的地位，而在古代的厄洛斯时代，决不是一向都征求妇女同意的。第二，性爱常常达到这样强烈和持久的程度，如果不能结合和彼此分离，对双方来说即使不是一个最大的不幸，也是一个大不幸；为了能彼此结合，双方甘冒很大的风险，直至拿生命孤注一掷，而这种事情在古代充其量只是在通奸的场合才会发生。最后，对于性关系的评价，产生了一种新的道德标准，人们不禁要问：它是婚姻的还是私通的，而且要问：是不是由于爱和对应的爱而发生的？"①

随着社会的发展，特别是物质财富的增长和思想、文化、信仰的多元化，加之互联网资讯的快速、便捷，男女之间相互交往的范围更广、自由度更大。这就为有情人寻觅到称心如意的伴侣提供了充分条件。

现代人选择心目中的她或者他，更加注重相爱相知，情投意合，力求做到灵与肉的一致。"除了相互的爱慕以外，就再也不会有别的动机了。"②

但是每一代人又有每一代人的烦恼。社会生活节奏不断加快，像魔幻般的花花世界扰动着人心，就使婚姻关系的稳定性大打折扣。但是即便那冷酷的一刻降临，也会文明分手，而无须大打出手。

现代社会给予人们更多的自由，但是不要忘了它又是一个严肃法纪和崇尚道德的社会。"既然性爱按其本性来说就是排他的，——虽然这种排他性今日只是在妇女身上无例外地得到实现，——那么，以性爱为基础的婚姻，按其本性来说就是个体的。"③ 因而只有个体的婚姻或性爱关系，才能受到法律保护和道德支持，也才能享受真正的幸福和欢乐。

还有，对子女的教育和培养，对父母的关怀和敬重，也是任何人都推卸不了的责任。即使再现代的人也不例外啊！

---

① 《马克思恩格斯选集》第 4 卷，人民出版社 1995 年版，第 75 页。

② 《马克思恩格斯选集》第 4 卷，人民出版社 1995 年版，第 80 页。

③ 《马克思恩格斯选集》第 4 卷，人民出版社 1995 年版，第 80 页。

第 14 章　什么是道德的约束力量

14.1　人的生命有两种存在形式

1. 生命在阳性物质世界的存在形式

（1）生命在阳性物质世界的存在形式的结构式是：

肉　身 +	灵　魂 +	意　识 +	潜意识（狭义）+	潜意识（广义）
阳+ 阴-	阴+	阴-	阴+	阴-
阳- 阴+	阳-	阳+（脑）	阳-	阴+

这个结构式是从宇宙生命坐标第Ⅳ象限生命在阳性物质世界的存在形式的五大要素示意图演绎而来的。①

（2）为了研究的方便，仍旧需要对生命在阳性物质世界的存在形式的五大要素分别加以解释。

肉身。人体肉身的构成是阴阳物质的复合体。具体地说，它是由阳性物质的正物质（阳＋）、阳性物质的负物质（阳－）即以衰变形式存在的反物质、阴性物质的正物质（阴＋）、阴性物质的负物质（阴－）即以衰变形式存在的阴性物质的反物质构成的复质复合体。从量子水平看人体肉身的结构，它是由上述四种阴阳物质按照对立统一规律的正负配对原则构成的混成体。即

阳＋阳－

阴－阴＋

在人体肉身中，阳性物质的正物质（阳＋）和阳性物质的负物质（阳－）即反物质，构成人体看得见、摸得着的肌肉、骨骼、神经、血液、筋、腱等。阴性物质的正物质（阴＋）和阴性物质的负物质（阴－）即反阴性物质，或者还有阳性物质的负物质（阳－）即反物质参与，构成人体看不见、摸不着的复杂的经络系统。例如，十二经，奇经八脉，十五络，十二经别，十二经筋，

① 参见拙著《进入阴性物质世界》10.4“对生命（物种）坐标系第Ⅳ象限的修正”；17.1“研究生的问题难，研究死的问题亦难”。

十二皮部等。因此，人体肉身是由可见和不可见两类物质构成的。

灵魂。灵魂是阴性物质的正物质（阴+）和阳性物质的负物质（阳－）即反物质构成的矛盾对立统一体。其动态表示是：以衰变形式存在的阳性物质的负物质（阳－）围绕着阴性物质的正物质（阴+）做旋转式运动，因其速度接近光速的下限，变之为似衰变而未衰变的东西，就像土星美丽的光环一样，此时阳性物质的负物质（阳－）也出现类似电子围绕原子核旋转的情况。在这种旋转中，产生和发射出灵魂波——－阴′+。灵魂波呈发散状态的，它具有固定的频率和波长，一生都不会改变。在灵魂波上，全息了一个人前世和今生的所有信息和密码。如下图示之：

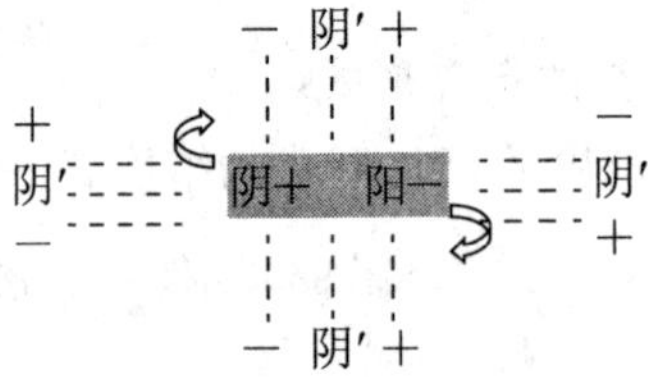

灵魂是一个人肉身同步缩小（或放大）的虚的形式，它通常栖息在人的肝脏和心脏连线的左上部分，即心窝处。偶然间灵魂也会游离出人体，在距离地面不远的地方飘荡，叫灵魂出窍，但不久又会回来。

意识。意识是阳性物质的正物质（阳+）即特指的脑和阴性物质的负物质（阴－）构成的矛盾对立统一体。其动态表示是：以衰变形式存在的阴性物质的负物质（阴－）围绕着阳性物质的正物质（阳+）即特指的脑做旋转式运动，因其速度下降到光速的上限，变之为似衰变而未衰变的东西，就像土星美丽的光环一样。此时阴性物质的负物质（阴－）也出现类似阴性物质的正物质（阴+）虚粒子的情况。① 在这种旋转中，产生和发射出思维波——+阴′－。思维波呈定向形的，它具有固定的频率和波长，一生都不会改变。在思维波上，全息了一个人前世和今生的所有信息和密码。如下图示之：

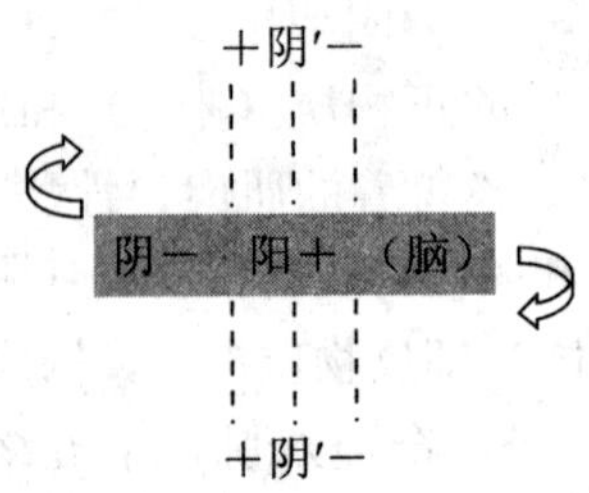

① 参见拙著《进入阴性物质世界》1.3“突破相对论时空观与树立灵魂和意识的新概念”。

思维波的定向形呈两个方向。一个方向是它和灵魂波相耦合，形成一个联合体；另一个方向是它直接进入阴性物质世界检索信息和破译密码。这里有两个问题需要加以说明：

其一，思维波和灵魂波相耦合，形成一个联合体，成为推动思维波进入阴性物质世界的原始推动力。它是一个人“心—脑”一致的内涵，也是他处于气（炁）功状态的身体表现。

其二，思维波进入阴性物质世界时，常常携带一个或者几个量子水平的阴性物质的正物质（阴+）即炁，形成意念做功。

关于灵魂波和思维波的耦合以及携带一个或者几个量子水平的阴性物质的正物质（阴+）即炁形成意念做功，[①] 曾经多次论述过，此处不再赘述。

潜意识（狭义）。潜意识（狭义）是灵魂的镜像物，在结构和功能上和灵魂完全一样。不同的是它存在于阴阳两个物质世界的交界处，是联结意识和潜意识（广义）的中介。传递和负责执行潜意识（广义）即阴性物质世界编制的生命程序和密码的指令，是首席执行官（CEO）。

潜意识（广义）。潜意识（广义）分为个人的潜意识（广义）和宇宙总体的潜意识（广义）。前者直接和个体生命形式相联系，是生命存在形式的有机构成部分，是一个人在阴性物质世界的资料库，参与生命程序和密码的编制；后者是整个阴性物质世界。个人的潜意识（广义）和宇宙总体的潜意识（广义）之间按照对立统一的正负配原则相联结，从而将个人在阴性物质世界的资料库汇总在宇宙总体的资料库中，参与并接受宇宙总体的潜意识（广义）的人格化——神灵、上帝对生命程序和密码的编制与设计。

（3）生命在阳性物质世界的存在形式终生都在四维时空活动，原因是他有肉身，而肉身主要是由实粒子构成的，运动速度被限制在光速以下。唯有灵魂波和思维波相耦合而构成的联合体，推动思维波以超光速的速度穿越时空隧道，[②] 进入四维以上的多维时空——阴性物质世界，检索信息和破译密码。因而以实粒子构成的肉身，是人类具有时空维数的先天限制的根本原因。老子说：“吾所以有大患者，为吾有身。”[③] 恐怕也包含了这层意思。

2. 生命在阴性物质世界的存在形式

生命在阴性物质世界的存在形式的结构式是：

---

① 参见拙著《进入阴性物质世界》7.4“思维波——+阴′-的收敛——形成意念”。

② 时空隧道，即连接阴阳两个物质世界的通道——时间停滞、空间零存在形式。参见拙著《进入阴性物质世界》10.2“阴性物质世界的耗散结构效应沿着时空隧道变换”。

③ 老子：《道德经》第十三章。

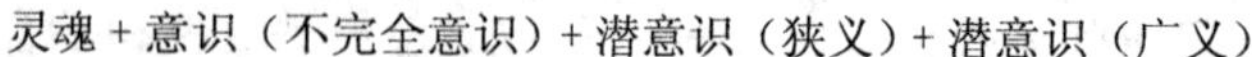

（1）比较生命在阴性物质世界的存在形式和生命在阳性物质世界的存在形式之最大不同是，生命在阴性物质世界的存在形式没有肉身，由此脑也不复存在。肉身不复存在的原因是：寿终正寝、不治之症、恶性事故等导致肉身死亡。一个人寿终正寝，是最好的结局。而不治之症、恶性事故等则是生命程序和密码的设计中有这个劫；或者说在这种设计的可容忍的区间，偶然出现了差错，因而纯粹属于偶然事件。这种情况比较复杂，此处暂且存疑不论。

肉身不复存在，当然脑也不存在了。于是就由这个人生前脑意识产生和发射到宇宙间累积的思维波——+阴′-替代脑，和阴性物质的负物质（阴-）构成意识（不完全意识）——$\begin{matrix}-阴\\+阴'-\end{matrix}$。

（2）分析生命在阴性物质世界的存在形式的结构式，就可以看到如下事实：在灵魂和潜意识（狭义）中都有阳性物质的负物质（阳-）即反物质围绕着阴性物质的正物质（阴+）做旋转式运动，速度接近光速的下限，阳性物质的负物质（阳-）变之为似衰变而未衰变的东西，质量至少增加1000倍。它的实粒子的本性开始显示出来，就必然受到地心引力的作用。因此，生命在阴性物质世界的存在形式，不可能脱离地球太远，它总是在离地面不远的空中作跳跃式运动，或者在低空游荡。但是也不一定，或许整个宇宙都是它的活动舞台。

（3）生命在阴性物质世界的存在形式能够自由地穿越时空隧道，在阴阳两个物质世界之间任意往来。其运动速度是：在四维时空低于光速；穿越时空隧道的瞬间是光速；在四维以上的多维时空是超光速。从生命在阴性物质世界的存在形式的四大要素看，灵魂仍旧是生命的核心。既然灵魂是一个人肉身同步缩小（或放大）的虚的形式，那么"灵魂+意识（不完全意识）+潜意识（狭义）+潜意识（广义）"，就是一个人生前有形体的虚的形式了。只是这个有形体的虚的形式发出的是不可见光，一般人是看不见的，只有极少数具有特异功能的人可以看见。在古代文献中，将有这种形体的虚的形式称之为鬼（瑰）。

14.2　一根蔓上的两个苦瓜

1. 生命在阴阳两个物质世界的存在形式的结构式本来是联结在一起的

（1）生命在阴阳两个物质世界的存在形式的结构式之异同。

阴阳两种生命形式相同的或者说共有的要素是：灵魂、潜意识（狭义）和潜意识（广义）。

阴阳两种生命形式不同的要素是：生命在阳性物质世界的存在形式有肉身和意识；生命在阴性物质世界的存在形式有没有肉身和意识，但是却用意识（不完全意识）替代了意识。

为什么可以用意识（不完全意识）替代意识呢？

原来一个人从降生时起，不仅他的灵魂产生和发射灵魂波——-阴′+，而且脑意识也产生和发射思维波——+阴′-，它们有着固定频率和波长，一生都不会改变。这些思维波——+阴′-发射到宇宙空间，一方面检索和破译信息和密码，另一方面就累积到那里。当一个人的脑不复存在之后，思维波——+阴′-就立刻替代脑的位置，和阴性物质的负物质（阴-）结合起来，成为意识（不完全意识）——$\frac{-\text{阴}}{+\text{阴}'-}$它一边连接着灵魂，另一边连接着潜意识（狭义）和潜意识（广义），于是构成了生命在阴性物质世界的存在形式。

（2）生命在阴阳两个物质世界的存在形式的结构式的联结。

那么是否只有当人体肉身不复存在的时候，意识（不完全意识）才形成呢？否。因为当一个人活着的时候，脑意识产生和发射的思维波——+阴′-就累积在宇宙空间，它只要与阴性物质的负物质（阴-）相结合，就会形成意识（不完全意识）。所以意识（不完全意识）——$\frac{-\text{阴}}{+\text{阴}'-}$和意识——$\frac{\text{阴}-}{\text{阳}+\text{（脑）}}$是一并存在的。并且它们各自都和灵魂及潜意识（狭义）联结着。

生命在阴阳两个物质世界的存在形式的结构式框图。如下图示之：

2. 生命的阴阳两种存在形式是一根蔓上长着两个苦瓜

（1）对生命在阴阳两个物质世界的存在形式框图的解释。

生命在阳性物质世界的存在形式是一个人生命的正本，生命在阴性物质世界的存在形式则可以看作一个人生命的副本。下图是一个人和他的副本的示意图。框图左侧虚线连接的部分，为生命在阳性物质世界的存在形式。其构成要素是：

肉身+灵魂+意识+潜意识（狭义）+潜意识（广义）

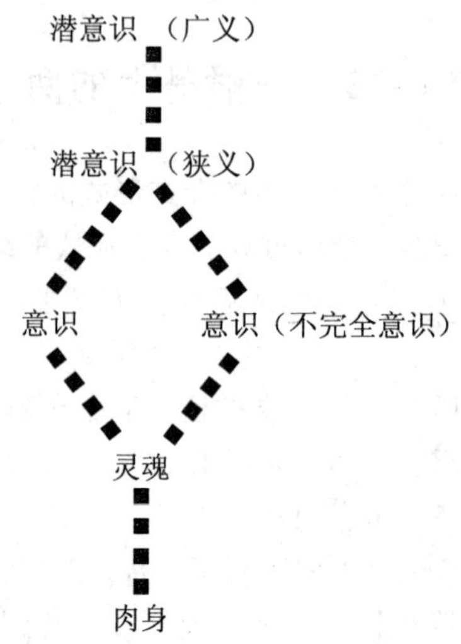

生命在阴阳两个物质世界的存在形式框图

框图右侧虚线连接的部分，为生命在阴性物质世界的存在形式。其构成要素是：

灵魂+意识（不完全意识）+潜意识（狭义）+潜意识（广义）

这两种生命形式都拥有同一个灵魂。当一个人活着的时候，灵魂栖息在心窝处；当他死亡之后，灵魂就游离出来，和意识（不完全意识）、潜意识（狭义）、潜意识（广义）一起成为生命在阴性物质世界的存在形式。它存在于四维时空，抑或是四维以上的多维时空。

这两种生命形式都拥有同一个潜意识（狭义）。潜意识（狭义）是灵魂的镜像物，在结构上和灵魂完全相同，但是它存在于四维和四维以上的多维时空的交界处，联结着潜意识（广义）——整个阴性物质世界。潜意识（狭义）具体执行来自潜意识（广义）对生命下达的指令。

这两种生命形式都拥有同一个潜意识（广义）。它分为个人的潜意识（广义）和宇宙总体的潜意识（广义）。前者直接和个体生命形式相联系，是生命存在形式的有机构成部分；后者是整个阴性物质世界。这两种生命形式正是通过个人的潜意识（广义）和宇宙总体的潜意识（广义）相联结，从而将自身和整个阴性物质世界联结起来。

这两种生命形式的最大不同是，生命在阳性物质世界的存在形式有肉身，主要由实粒子构成，是看得见、摸得着的实体。而生命在阴性物质世界的存在形式没有肉身，主要是由虚粒子构成的，看不见、摸不着，只有极少数有特异功能的人才能够看见它的存在。

生命在阳性物质世界的存在形式有脑，用阳性物质的正物质（阳+）表示，它和阴性物质的负物质（阴-）构成意识，产生和发射出思维波——+阴′-。生命在阴性物质世界的存在形式因为没有肉身，也就没有脑，而是由累积在宇宙空间的思维波——+阴′-和阴性物质的负物质（阴-）构成意识（不完全意识）。

生命在阴阳两个物质世界的存在形式，实际上是一根蔓上长着两个苦瓜。① 这根蔓是——潜意识（狭义）和潜意识（广义）。两个苦瓜是——肉身+灵魂+意识和灵魂+意识（不完全意识）。

（2）原来一个人生命在阳性物质世界的存在形式的背后就是生命在阴性物质世界的存在形式，反之亦然。只不过当他活着的时候，有着肉身的生命在阳性物质世界的存在形式居于矛盾的主要方面——走到了生命的前台。当肉身不复存在时，生命在阴性物质世界的存在形式就居于矛盾的主要方面——从生命的后台走到了前台。

14.3 生命的两种存在形式在前台和后台循环登场

1. 生命在阴阳两个物质世界的存在形式何以能够轮回地从前台退回后台、又从后台走到前台

（1）生命在阳性物质世界的存在形式从生命的前台退回后台；相应地，生命在阴性物质世界的存在形式则从生命的后台走到前台。

生命在阳性物质世界的存在形式从生命的前台退回后台，就是其生命转化为生命在阴性物质世界的存在形式，也就是一个人从生到死。其典型特征是肉身不复存在，当然脑也不存在了。

一个人从生到死，是生命在阳性物质世界的存在形式的运动过程及其必然发展的结局。在正常情况下，他是按照生命程序和密码的总设计师——阴性物质世界——抑或是它的人格化神灵、上帝设计的程序运作的。一个人到了老年之后，肉身缓慢衰亡，直到寿终正寝，就走完了生命的历程。至于一个人在早年得了不治之症或者因恶性事故夭折，其背后原因十分复杂，暂且不论。

（2）从生命在阴阳两个物质世界的存在形式框图可知，当肉身不复存在、脑亦不存在时，肉身和灵魂之间的链条、灵魂和意识之间的链条、意识和潜意识（狭义）之间的链条就自动断裂了。这时生命在阴性物质世界的存在形式的链条——灵魂+意识（不完全意识）+潜意识（狭义）+潜意识（广义）

① 参见拙著《进入阴性物质世界》18.1“阴阳两个物质世界的生命存在形式是相通的”。

就自动伸展开来。于是，生命在阴性物质世界的存在形式就居于矛盾的主要方面——从生命的后台走到了前台。

2. 生命在阴性物质世界的存在形式从生命的前台退回后台；相应地，生命在阳性物质世界的存在形式则从生命的后台走到前台

(1) 生命程序和密码的总设计师——阴性物质世界——抑或是它的人格化神灵、上帝，根据阴阳平衡（与不平衡）规律提出的要求，设计某些人的灵魂需要从生命在阴性物质世界的存在形式的结构式中游离出来。

从生命在阴性物质世界的存在形式的结构式看，灵魂和意识（不完全意识）连接着。灵魂中的阴性物质的正物质（阴+）和意识（不完全意识）中的以衰变形式存在的阴性物质的负物质（阴-）相连接，属于不稳定状态；灵魂中的以衰变形式存在的阳性物质的负物质（阳-）即反物质和意识（不完全意识）中的亚类的阴性物质的正物质（+阴′）相连接，更属于不稳定状态。因此，在灵魂和意识（不完全意识）之间的链条是不稳固的。如下图示之：

当生命程序和密码的总设计师——阴性物质世界——抑或是它的人格化神灵、上帝编制好程序和密码之后，就交由处于阴阳两个物质世界交界处的潜意识（狭义）——CEO 传达和执行指令，这时灵魂和意识（不完全意识）之间的链条就及时断裂，于是这个灵魂就游离出来。与此同时，很可能还从别的生命在阴性物质世界的存在形式游离出来多个灵魂来。

就在一个受精卵形成的一刻，这些游离出来的灵魂在竞争中争相进入受精卵中，但最后只有一个灵魂是胜利者。于是一个具有灵魂的肉身的胚芽便形成了。在母体中经过 10 个月的孕育，分娩后胎儿呱呱坠地——生命在阳性物质世界的存在形式诞生了。

一个新生儿从本质上说，也是生命由阴性物质世界的存在形式转化为生命在阳性物质世界的存在形式。新生儿之所以像他的父母，是因为他是其父母的受精卵发育的；新生儿之所以又不像他的父母，特别是长大之后在思想和行为上有别于其父母，是因为他的灵魂来自另一个生命在阴性物质世界的存在形式。但是从本质上说，这个灵魂仍旧是他在前世的那个灵魂。于是，生命在阳性物质世界的存在形式就居于矛盾的主要方面——从生命的后台走到了前台。

（2）生命在阴阳两个物质世界的存在形式，就是这样轮回着不断地从前台退回后台，又从后台走到前台……[①]这种生命轮回的形式生生不息，循环往复以至无穷。因此，“生命是无止境的，人绝不会死，实际也没有出生。只是在不同的肉体和空间中度过，永无休止。”[②]

14.4　因果轮回的理论证明

1. 生命的轮回遵循对立统一规律和因果法则

（1）因果关系是唯物辩证法的基本范畴。

唯物辩证法是事物普遍联系和发展的科学。不过这里的“物”，除了指看得见、摸得着的阳性物质，还应该再加上看不见、摸不着的阴性物质。这样就扩大了唯物辩证法涵盖的物质领域。因为辩证法不仅在阳性物质世界发挥作用，而且在阴性物质世界照样起作用，只是作用的方式和特点不同而已。

唯物辩证法从内容上说，是一系列普遍规律和范畴的体系。它们在自然界、人类社会和人类思维领域都起作用。

唯物辩证法基本规律是：对立统一规律、质量互变规律和否定之否定规律。但是对立统一规律却是宇宙的根本法则，并且对立统一规律的作用方式也是多种多样的。从这个角度考虑问题，质量互变规律和否定之否定规律，它们都是对立统一规律在事物发展中不同的作用方式或者表现形式。质量互变规律，可以看做由于对立统一规律的作用，事物在发展过程中表现的不同状态，总是由量到质，再由质到新的量，再到新的质……而否定之否定规律，则可以看做由于对立统一规律的作用，事物在发展中所走的道路或者趋势。这便是肯定、否定、否定之否定（肯定）……事物的发展总是沿着这样的“之”字形道路盘旋前进的。

因此，宇宙的根本法则只有一个—对立统一规律，是一元论，而不是三元论。并且，对立统一规律还不能简单地理解为是“一对一”的两军对战的方式，而是依照不同的环境或条件呈现为复杂的矛盾结构形式。就是说，一个矛盾的主要方面可以和一个以上的矛盾的次要方面既对立又统一地同时共存，或者多个矛盾的侧面也能够既对立又统一地互相依存，等等。

唯物辩证法的范畴包涵了事物的特性和基本关系，是人的思维对客观事

① 参见拙著《打开宇宙的另一扇门》4.1“为什么要研究起源问题”。

② 参见〔美〕布莱恩·魏斯（Dr·Brian Weiss）：*Many Lives*，*Many Masters*（《前世今生》）。http：//www.sina.com.cn.

物本质的概括和反映。它包括：原因和结果，本质和现象，内容和形式，必然性和偶然性，现实性和可能性等范畴。

在这些范畴中，我认为原因和结果即因果关系是唯物辩证法的基本范畴。而其他范畴如本质和现象，内容和形式，必然性和偶然性，现实性和可能性，则是对原因和结果基本范畴在不同程度上的展开和说明。

原因和结果即因果关系，揭示了事物产生的原因直至最后结果的前后相继的关系范畴。前因后果是因果关系的特点。原因总是伴随着一定的结果，结果总是有一定原因的。因此因果关系是客观的、普遍的。原因和结果又是相互依存、相互作用、相互转化的。原因不仅可以作用于结果，而且结果又能反作用于原因，成为其进一步发展的原因。其具体的表现是复杂多样的。例如，一因多果、同因异果、一果多因、同果异因、多果多因、复合因果等。人们经常看到的是结果的事实，而根本的原因总是深藏在结果的背后。所以佛教讲的因果报应，是有深刻的科学道理的。

（2）生命在阴阳两个物质世界存在形式的相互转化遵循对立统一规律和因果法则。

生命在阳性物质世界的存在形式和生命在阴性物质世界的存在形式，是宇宙间生命存在形式的一对矛盾。这一对矛盾在一定条件下是相互转化的。如上所述，生命在阴阳两个物质世界的存在形式，总是轮回着不断地从前台退回后台，又从后台走到前台……这种生命轮回的形式生生不息，循环往复以至无穷。

生命在阴阳两个物质世界的存在形式的相互转化，是按照生命程序和密码的总设计师——阴性物质世界——抑或是它的人格化神灵、上帝设计的程序运作的。这种设计的依据是宇宙阴阳规律表现出的平衡（或者不平衡）法则。而每一种生命形式的具体转化，又是因果法则在发生作用。

生命在阳性物质世界的存在形式——具体到一个人，一生的生命运动轨迹都全息在宇宙的总体潜意识（广义）中。其过程是：这个人的“心—脑”所思所想、肉身所作所为，均由其灵魂波——－阴′＋和思维波——＋阴′－以耦合的形式，经过潜意识（狭义）和个人的潜意识（广义）传递到宇宙的总体潜意识（广义）中。也就是说，一个人一生的所思所想和所作所为的信息，全部进入了阴性物质世界的个人信息资料库，并且在宇宙的总体的信息资料库占有一个小小的份额。这是没有办法的事情，因为灵魂波——－阴′＋和思维波——＋阴′－是以虚粒子为特征的亚类的阴性物质，浸和力强，本质上是有着固定频率和波长的特殊的电磁波，具有录音和录像的功能。所摄录的图像和声音均以数字化的形式储存在阴性物质世界的信息资料库中。

个人的潜意识（广义）和宇宙的总体潜意识（广义），即为整个阴性物质世界。它的存在形式是在负空间由负质量裹挟的高能量的信息团，本质上是一种特殊的电磁波，具有固定的频率和波长，因而有着录音和录像的功能。它接收由一个人的灵魂波——-阴′+和思维波——+阴′-以耦合的形式传递来的信息，能够做到有条不紊，不会发生任何差错。试想由“全知、全能、全在”的神灵、上帝，操作一台巨大的无形的超光速运算的高智能计算机，即使处理无限个数据也是能够做到井井有条和准确无误的。因此，我们对于这台高智能计算机的功能和神灵、上帝的能力是不应该有所怀疑的。

一个人一生中生命运动的轨迹，即他一生中“心—脑”的所思所想和肉身的所作所为留存下来的信息，全部以数字化的形式储存在阴性物质世界的资料库中。通俗地说，你一生中所做的好事和坏事都明白无误地记录在案。用佛教的语言表述，你的“业”和“惑”是不可回收的。

我们曾经论述过，阴性物质世界在结构上具有层次性。① 主要指四维以上的多维时空，是由多个层次的时空构成的。譬如，五维时空、六维时空……十维时空，直达二十六维时空。② 从这个角度讲，阴性物质世界具有若干个层次；每一个层次又是有着特定内容的特色世界。

2. 生命轮回中的因果报应——道德的约束力量

（1）按照佛教的理论，将阴性物质世界在总体上划分为六道轮回和四圣法界，共计十个层次。六道轮回是：

一是地狱道。处在此道的是鬼（瑰）类的众生，忍受各种折磨，漫无尽头，甚至永无出头之日。

二是饿鬼道。处在此道的也是鬼（瑰）类的众生，但是比地狱道要好一点。但同样要忍受各种折磨，特别是饥渴难耐，惶惶不可终日。

三是畜生（动物）道。处在此道的是所有的飞禽走兽、昆虫病菌、病毒等生命在阴性物质世界的存在形式。此道仅高于饿鬼道的层次。

四是阿修罗道。处在此道的众生，介于鬼（瑰）与神之间，易怒好斗。此道低于人类道的层次。

五是人类道。处在此道的是人类生命在阴性物质世界的存在形式。此道高于阿修罗道，但又低于天道的层次。

六是天道。处在此道的是天人。

---

① 参见拙著《进入阴性物质世界》3.3“阴性物质世界时间的多维性与空间的多层次性”。

② 史蒂芬·霍金说：“然而，弦理论有更大的问题：似乎只有当空间—时间是十维或二十六维，而不是通常的四维时它们才是协调的！”从而第一次提出时空的二十六维。参见史蒂芬·霍金著，许明贤、吴忠超译：《时间简史——从大爆炸到黑洞》，湖南科学技术出版社 1995 年版，第 147 页。

四圣法界是：声闻、缘觉、菩萨、佛。

对于阴性物质世界层次的这种分类，只能看作佛祖释迦牟尼凭借感知由直觉得出的，应该说是鲜明而准确的。因为在科学不发达的时候，感知比科学更科学。① 那么，这十个层次是怎样和阴性物质世界的五维时空、六维时空……十维时空、二十六维时空相对应和相匹配呢？还不清楚。但是，六道轮回的地狱道、饿鬼道，相对应的阴性物质世界的时空维数就愈低。而四圣法界的声闻、缘觉、菩萨、佛所在的阴性物质世界的时空维数就愈高，如十维时空、二十六维时空等。

（2）一个人从生到死，就是生命在阳性物质世界的存在形式转化为生命在阴性物质世界的存在形式，也就是由生命的前台退回生命的后台。这个生命的后台，就是区分为若干层次的阴性物质世界。那么，到底你回到生命的后台——阴性物质世界的哪个层次呢？这是接下来要讨论的问题。

你回到生命的后台——阴性物质世界，就表明这时你已经变之为生命在阴性物质世界的存在形式。其结构式是：

灵魂 + 意识（不完全意识）+ 潜意识（狭义）+ 潜意识（广义）

其中潜意识（广义）还区分为个人的潜意识（广义）和宇宙总体的潜意识（广义）。前者是个人的信息资料库，后者是宇宙和人类的信息资料库。在宇宙和人类的信息资料中，有个人的信息资料库的一个小小的份额。二者的联结遵循对立统一的正负配对原则，此处不再赘述。

因为一个人生前生命运动的轨迹，即他一生中“心—脑”的所思所想和肉身的所作所为留存下来的信息，全部以数字化的形式储存在阴性物质世界的资料库中，所以这时你的生命在阴性物质世界的存在形式就对号入座，进入相应的不同层次的阴性物质世界。例如，有的进入地狱道，有的进入饿鬼道，有的进入畜生（动物）道，有的进入阿修罗道，有的进入人类道，有的进入天道。一切都是由生前不可回收的“业”和“惑”的原因决定的。

为什么是这种情况呢？因为阴性物质世界的每一个层次，都具有不同的频率和波长。你生前储存在阴性物质世界资料库中生命运动轨迹的信息，也具有特定的频率和波长。这里说的对号入座，就是指你生前储存在阴性物质

---

① 参见拙著《我的宇宙观——打开宇宙的另一扇门》7.1“老子与‘道’”。天马出版有限公司2006年版。

世界资料库中有着特定频率和波长的生命运动轨迹的信息，去寻找阴性物质世界相应层次的信息的频率和波长，非如此而不能达到同频共振；达到了同频共振，你的生命在阴性物质世界的存在形式就进入了应该去的阴性物质世界的那个层次。例如，你生前储存在阴性物质世界资料库中生命运动轨迹的信息，显示出你有滔天罪行的信息，那么就顺理成章地进入了阴性物质世界六道论回第一个层次的地狱道。相反，你生前贮存在阴性物质世界资料库中生命运动轨迹的信息，显示出是做了利国利民善事的信息，那么就自然而然地进入了阴性物质世界六道论回第五个层次的人类道，或者说第六个层次的天道。

那么，回到生命后台的生命在阴性物质世界的存在形式，能否拒绝进入六道轮回的某一个轨道呢？这是不可以的，也根本做不到。因为这是拒绝死，就像拒绝生一样的困难，是不由生命个体掌握的。

你回到生命的后台——阴性物质世界，就表明这时你已经变之为生命在阴性物质世界的存在形式；你的生命在阴性物质世界的存在形式顺理成章地进入六道轮回的那一个轨道，亦表明你现在就是那一类的生命在阴性物质世界的存在形式。例如，地狱道鬼（瑰）类众生的生命在阴性物质世界的存在形式；饿鬼道处于饥渴状态的鬼（瑰）类众生的生命在阴性物质世界的存在形式；阿修罗道易怒好斗的众生的生命在阴性物质世界的存在形式；畜生（动物）道飞禽走兽、昆虫病菌、病毒等生命在阴性物质世界的存在形式；人类道人类生命在阴性物质世界的存在形式；天道天人生命在阴性物质世界的存在形式。“你下一生的生命遭遇，完全是你自己造就的”。

接下来的问题是，你的生命在阴性物质世界的存在形式进入六道轮回的哪一个轨道，就要对你的灵魂的结构和意识（不完全意识）的结构，重新调整。

那么，对灵魂的结构和意识（不完全意识）的结构怎样进行重新调整呢？毫无疑问，它是由生命程序和密码的总设计师——阴性物质世界——抑或是它的人格化神灵、上帝，在一台巨大的无形的超光速运算的高智能计算机上进行的。方法是从阴性物质的正物质（阴+）元素周期表和阳性物质的负物质（阳−）即反物质元素周期表上，撷取相关元素，根据需要重新构造某一类灵魂；从阴性物质的负物质（阴−）即阴性物质的反物质元素周期表和阴性物质的亚类物质（阴′）元素周期表上，撷取相关元素，根据需要重新构造某一类意识（不完全意识）。这一过程是在超光速的条件下自动完成的。

灵魂是一个人肉身同步缩小的虚的形式。在这里，也可以理解为灵魂是某一物种肉身同步缩小的虚的形式。那么经过重新构造的某一类灵魂，就是处于六道轮回某一层次某一类生命在阴性物质世界的存在形式未来肉身同步缩小的虚的形式。例如，如果说将某恶人的灵魂重新构造成猪猡的灵魂，就是处于六道轮回第三个层次畜生（动物）道，这时猪猡的灵魂便是猪猡生命在阴性物质世界的存在形式未来肉身同步缩小的虚的形式。那么，这个恶人在生命轮回中由生命的后台走上生命的前台，其肉身就是猪猡。

根据宇宙对称定理，阴性物质世界有什么样的结构，阳性物质世界相对应地也应该有什么样的结构。以上我们论述了阴性物质世界的结构呈多层次性，那么阳性物质世界的结构也应该是多层次的。但是因为阳性物质世界被局限于四维时空，它表现出的多层次性就不可能是时空的多维性或者六道轮回中的明显的六个轨道，以及四圣法界。而是在四维时空既定的时空范围内，以另外一种方式展现出它的多层次性。

生命在阳性物质世界的存在形式和生命在阴性物质世界的存在形式，不断地轮回着从前台回到后台，又从后台走到前台……这种生命轮回的形式生生不息，循环往复以至无穷。

一个人一生一世做利国利民的善事，这些做善事的信息，就以数字化的形式储存在阴性物质世界的资料库中，接着又以特殊的频率和波长传递到相应的六道轮回的第五个层次人类道或者第六个层次天道。当他百年之后，即从生命的前台回到后台，这时他的生命在阴性物质世界的存在形式，就自然而然地进入六道轮回的第五个层次人类道或者第六个层次天道。反之情况则相反，就要进“三恶道”了。

生命程序和密码的总设计师——阴性物质世界——抑或是它的人格化神灵、上帝将编制好的程序和密码，交由处于阴阳两个物质世界交界处的潜意识（狭义）——CEO传达和执行指令，这时灵魂和意识（不完全意识）之间的链条就及时断裂，于是这个灵魂就游离出来了。

因为爱，就在父母做爱的高峰时刻，一个受精卵不经意地产生了。这时灵魂便不失时机地植入受精卵中，于是一个具有人类灵魂的肉身的胚芽便形成了。在母体中经过10个月的孕育，分娩后胎儿呱呱坠地——生命在阳性物质世界的存在形式诞生了。这样生命又从后台走到了前台——生命轮回成功了。你前一世是人，这一世还是人，灵魂仍是你原来的那个灵魂。

生命程序和密码的总设计师——阴性物质世界——抑或是它的人格化神灵、上帝在编制程序和密码时，对恶人灵魂的结构进行调整，使之变为地下鬼（瑰）类的灵魂或者杂居人间及居留荒郊野岭的饿鬼（瑰）的灵魂，抑或使之变为某些动物的灵魂。之后交由处于阴阳两个物质世界交汇处的潜意识（狭义）——CEO传达和执行指令，这时调整后的灵魂和意识（不完全意识）

之间的链条就及时断裂，于是这个属于地下鬼（瑰）类的灵魂或者杂居人间及居留荒郊野岭的饿鬼（瑰）的灵魂，抑或使之变为某些动物的灵魂就游离出来。我们假如这个被调整的灵魂是猪猡的灵魂，于是就会看到：

就在当一头公猪和母猪交配时受精卵产生的一刻，这个猪猡的灵魂就不失时机地进入受精卵中，于是一个具有猪猡灵魂的肉身的胚芽便形成了。在母猪体内经过几个月的孕育，生下来就是猪崽——生命在阳性物质世界的存在形式诞生了。这样恶人的生命又从后台走到了前台——生命轮回成功了。但是，你前一世是人，这一世就是猪猡。死后甚或是地下鬼（瑰）类或者是杂居人间及居留荒郊野岭的饿鬼（瑰）。

种瓜得瓜，种豆得豆。是谓因果报应之谓也！所以，“你下一生的生命遭遇，完全是你自己造就的”。

写到这里，什么是道德的约束力量？我想不言也就自明了。但是它对于处在神——兽之间的人类来说，特别是对于那些灵魂中含有恶念的坏人来说，就不能不具有敬畏和惧怕的双重威慑力量。

敬畏什么呢？敬畏生命程序和密码的总设计师——阴性物质世界——抑或是它的人格化神灵、上帝，如此精密地设计了宇宙和生命在阴阳两个物质世界的存在形式，特别是精心地设计了我们人类的高等生命。我们在神灵、上帝面前显得那样自私和渺小，我们永远赶不上神灵、上帝的智慧和力量。只能按照神灵、上帝的旨意，做一个无愧于大写的“人”字的人，只能多做善事、积德的事，才能达到修身、齐家、平天下的目标。

惧怕什么呢？惧怕生命程序和密码的总设计师——阴性物质世界——抑或是它的人格化神灵、上帝，对做了坏事的人死后灵魂的重新构造，使其变之为地下鬼（瑰）类或者居留荒郊野岭的饿鬼（瑰），永远不得轮回，抑或是轮回后变成了某些动物如猪猡等。来世还有来世，生命轮回永不停息。如果说一个人在黑暗的岁月里漫无出头之日，而轮回之后又是马、牛、羊、猪、犬、狼、虎、豹、象、鸡、蛇等动物，那该是多么可怕的事情啊！

…………

古人云：头上三尺有神明。每个人都担心自己在不慎时做了某些不该做的事，惧怕因果报应会降临到自己头上。因而道德的约束力量就表现为对于生命程序和密码的总设计师——阴性物质世界——抑或是它的人格化神灵、上帝的敬畏和惧怕。它是一把高悬在人们头顶上的达摩克利斯之剑。如果说全社会的人都在这样想，那么我们人类真的就有希望了。

第 15 章　人的禀性——善与恶

15.1　历史上关于人性善与人性恶的论争

1. 主张人性善的主要代表人物及观点

(1) 中国古代学者关于人性善的论述。

中国古代的人性学说发源于孔子（前 551—前 479），行成于孟子（前 390—前 305）。虽然孔子对人性的善恶问题发表意见不多，但是他说过："人之生也直。"[①]"性相近也，习相远也。"[②] 所以孔子是主张性善论的。

孟子继承孔子的学说，并且发扬光大。在人性问题上，他发展了孔子的性善论。孟子曰："无恻隐之心，非人也。无羞恶之心，非人也。无义之端也。辞让之心，礼之端也。是非之心，智之端也。人之有是四端，犹其有四体也。"[③]"恻隐之心，人皆有之。羞恶之心，人皆有之。恭敬之心，人皆有之。是非之心，人皆有之。""仁、义、礼、智，非由外铄我也，我固有也。"[④]"人之所以不学而能者，其良能也。所不虑而知者，其良知也。孩提之童，无不知爱其亲者，及其长也，无不知敬其兄也。亲亲仁也敬长义也"[⑤]"富岁子弟多懒，非天之降才尔殊也，兄岁子弟多暴，其所以陷溺其心者然也。"[⑥]"饱食暖衣，逸住而无教，则近于禽兽。"[⑦]

可见，孔孟认为，人性本来是善的，善之端从何而来？生而有之，可谓天赋也。而社会上之所以有小人、恶人，或者因为社会环境的影响，或者因为受教育程度不够而逐渐变坏的。所以是"性相近也，习相远也。"

---

① 《论语・雍下》。
② 《论语・阳货》。
③ 《孟子・公孙丑上》。
④ 《孟子・告子上》。
⑤ 《孟子・尽心上》。
⑥ 《孟子・告子上》。
⑦ 《孟子・滕文公上》。

（2）古希腊学者关于人性善的论述。

苏格拉底（Sokrates，前 469—前 399）提出："美德即知识。"什么是善？他认为知识包含着一切的善，知识的对象即"善"。只有天生有知识的人才具有美德，才是善，才能担当治理国家的责任。作恶的人是无知的人，是不善。有时认为，快乐即善；还认为禁欲克己的生活即善。苏格拉底认为天生有知识的人是善，他和孔子一样是性善论者。

柏拉图（Platon，前 427—前 347）是苏格拉底的学生。他主张理念是独立于个别事物和人类意识之外的实体。永恒不变的理念是个别事物的"范型"；而具体的物质世界则是理念世界的"影子"或"摹本"。善是最高等级的理念，世界是按照善的理念创造出来的。辩证法"从理念出发，通过理念，达到理念"，逐步上升到最高的理念，即善的理念，这也就是宇宙最高的和最终的目的；善的理念是一切知识和真理，以至一切存在之根本，正如太阳是光明和生命之源。柏拉图认为最高的理念即善的理念，道出了他是性善论者。

亚里士多德（Aristoteles，前 384—前 322）是柏拉图的学生。他认为构成个别具体事物是由于四种原因，即质料因、形式因、动力因和目的因。在具体事物中，没有无质料的形式，也没有无形式的质料，质料与形式结合的过程，就是潜能转化为现实的运动。同时认为，形式也是积极能动的因素，宇宙间有一个没有质料的形式作为一切事物最后的目的、运动最终的原因，这就是第一推动力。还认为理性的知识是高贵的知识，纯思辨的生活是最幸福的生活，是人生最高的理想。亚里士多德和他的老师一样，也是性善论者。

2. 主张人性恶的主要代表人物及观点

（1）中国古代学者关于人性恶的论述。

战国时期的思想家荀子（前 340—前 245）否认人性中有先天的善，认为人性是好利多欲的，性中并无礼义道德，人性生来就是恶的，一切善的行为都是后天教育和环境影响的结果。

荀子曰："人之性恶，其善者伪也。今人之性，生而有好利焉，顺是，故争夺生而辞让忘焉。生而有疾恶焉，顺是，故残贼生而忠信忘焉。生而有耳目之欲、有好声色焉，顺是，故淫乱生而礼仪文理忘焉。然则，从人之性，顺人人之情，必出于争夺，合于犯分乱理而归于暴。故必将有师法之化，礼仪之道，然后出于辞让，合于文理，而归于治。用此观之，然则人之性恶明矣，其善者伪也。"① "性"与"伪"有何不同？"不可学，不可事，而在人者

① 《荀子·性恶》。

谓之性；可学而能，可事而成之在人者，谓之伪。是性伪之分也。”① “故积土而为山，积水而为海，旦暮积谓之岁，至高谓之天，至下谓之地，宇中六指谓之极，涂之人——百姓，积善而全进尽谓之圣人。彼求之而后得，为之而后成，积之而后高，尽之而后圣。故圣人者，人之积也。”②

可见，荀子认为，人性本来是恶的，恶之端从何而来？生而有之，可谓天赋也。而社会上之所以有君子，是后天学而成之。

（2）古罗马和近代欧洲学者关于人性恶的论述。

古罗马基督教思想家奥古斯丁（Aurelius Augustinus，354—430）宣扬“原罪说”，认为人在胚胎中就有罪恶，人的本性是恶的，自私自利是人的本能。人只有信仰上帝才能脱离罪恶，人的一生才能得救。

英国哲学家霍布斯（Thomas Hobbes，1588—1679）认为人的本性是恶的与自私的，人的一切行为都是为了个人私利。人为了达到自己的目的，总是力图排斥异己，互相谋算、陷害与残杀，钩心斗角，人与人之间象狼一样。为了摆脱人人自危的状态，人们就要订立契约，信守合同。

3. 人性无善无恶论和人性有善有恶论

（1）人性无善无恶论。

春秋末期哲学家、道家创始人老子主张，人应回到无知无欲的婴儿状态中去，人应该完全顺应自然。“为天下溪，常德不离，复归于婴儿。”③ “人法地，地法天，天法道，道法自然。”④

战国时期哲学家、道家学派的代表人物庄子（前369—前286）认为，人的本性是无知无欲、无所作为的。人生的目的，就在于保全人性的天然状态。庄子回答“若物之外，若物之内，恶至而倪贵贱？”时，答曰：“以道观之，物无贵贱；以物观之，自贵而相贱；以俗观之，贵贱不在己。”⑤

（2）人性有善有恶论。

西汉董仲舒（前179—前104）认为，仁性为性，贪性为情。人性有善有恶，善出于性，但性中有情，情是恶的。⑥ 唐代李翱（778—841）认为：“人之性皆善”，“情者，性之邪也”⑦。东汉王充（27—96）认为：“性有善有

---

① 《荀子·性恶》。

② 《荀子·儒效》。

③ 老子：《道德经》第二十八章。

④ 老子：《道德经》第二十五章。

⑤ 《庄子·秋水篇》。

⑥ 董仲舒：《春秋繁露》，上海古籍出版社1989年版。

⑦ 李翱：《复性书》。

恶”①。古希腊数学家、哲学家毕达哥拉斯（Pythagoras，前580—前500）和英国哲学家培根（Francis Bacon，1561—1626）认为人有灵魂，灵魂可善可恶。在近代，相当一部分中外哲学家认为人性有善又有恶。

15.2　善与恶的本源——从灵魂和意识的结构上寻找

1. 灵魂和意识在构成上存在着差异

（1）关于人体的内质——灵魂和意识的耦合。

灵魂是阴性物质构成的正物质（阴+）和以衰变形式存在的阳性物质的负物质（阳−）即反物质构成的矛盾对立统一体。在灵魂的结构中，以衰变形式存在的阳性物质的负物质（阳−）即反物质围绕着阴性物质的正物质（阴+）做旋转式运动，因其速度接近光速的下限，使其变之为似衰变而未衰变的东西，就像土星美丽的光环一样，说明此时阳性物质的负物质（阳−）也出现类似电子围绕原子核旋转的情况。在这种旋转中，产生和发射出灵魂波——−阴′+。它具有固定的频率和波长，一生都不会改变。在灵魂波上，全息了一个人前世和今生的所有信息和密码。如下图示之：

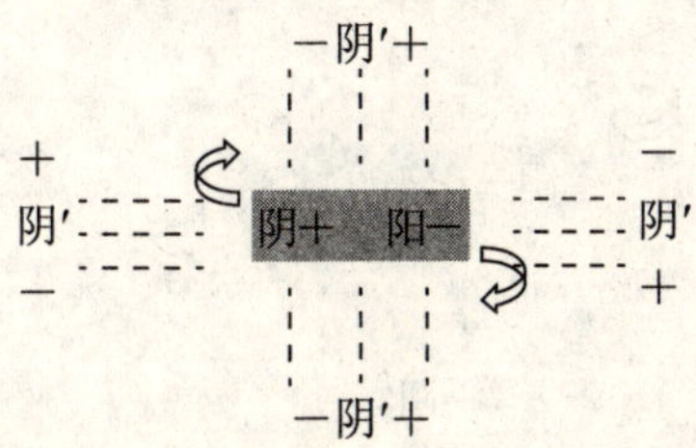

意识是阳性物质的正物质（阳+）即特指的脑和阴性物质的负物质（阴−）构成的矛盾对立统一体。其动态表示是：以衰变形式存在的阴性物质的负物质（阴−）围绕着阳性物质的正物质（阳+）即特指的脑做旋转式运动，因其速度下降到光速的上限，变之为似衰变而未衰变的东西，就像土星美丽的光环一样。此时阴性物质的负物质（阴−）也出现类似阴性物质的正物质（阴+）虚粒子的情况。② 在这种旋转中，产生和发射出思维波——+阴′−。思维波呈定向形的，它具有固定的频率和波长，一生都不会改变。在思维波上，全息了一个人前世和今生的所有信息和密码。如下图示之：

---

① 王充：《论衡》。

② 参见拙著《进入阴性物质世界》1.3“突破相对论时空观与树立灵魂和意识的新概念”。

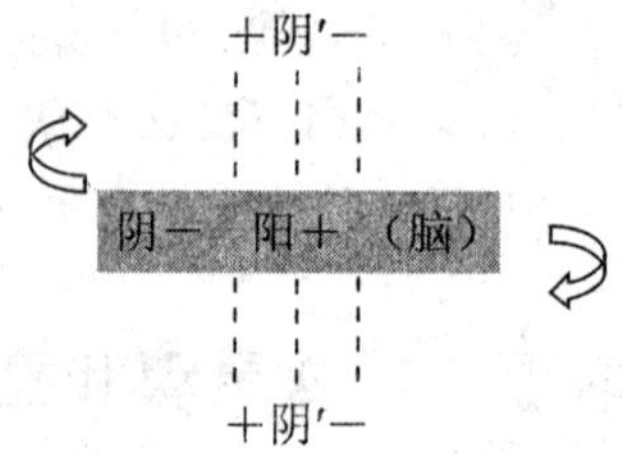

灵魂波——−阴′+和思维波——+阴′−的耦合，从另一个角度看，它就成为似衰变而未衰变的阳性物质的负物质（阳−）即反物质和似衰变而未衰变的阴性物质的负物质（阴−）即阴性物质的反物质，二者作为媒质的耦合。特别是将作为媒质的阴性物质的负物质（阴−）引入到灵魂和灵魂波以及意识和思维波中，就为意识和思维波带来了能量和信息。

因为灵魂波——−阴′+和思维波——+阴′−的耦合，所以就使灵魂和意识在事实上也耦合起来。这二者联为一体，并且产生和发射灵魂波——−阴′+和思维波——+阴′−，它们一起构成了生命的内质。它是生命的外在形式——肉身的内在根据，或者说是人体的根本立足点。如下图示之：①

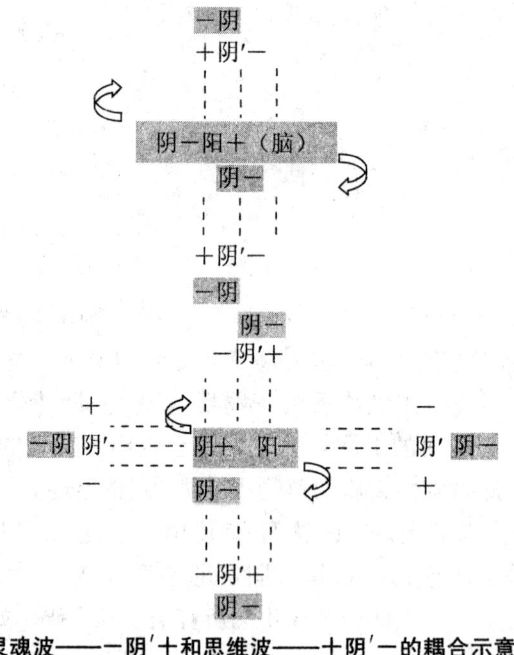

灵魂波——−阴′+和思维波——+阴′−的耦合示意图

① 参见本卷第8章8.3“以太的实体给人传递感知”。在图中，将作为媒质的阴性物质的负物质（阴−）引入到灵魂和灵魂波以及意识和思维波中，就为意识和思维波带来了能量和信息。

（2）每一类人抑或是每个人在灵魂和意识的结构上存在些许差异。

灵魂和意识在构成时，从四个元素周期表中各自撷取了不同的元素。

灵魂是阴性物质的正物质（阴+）和以衰变形式存在的阳性物质的负物质（阳-）即反物质构成的矛盾对立统一体。意识是阳性物质的正物质（阳+）即特指的脑和阴性物质的负物质（阴-）构成的矛盾对立统一体。那么灵魂在构成时，就从阴性物质的正物质（阴+）元素周期表，和阳性物质的负物质（阳-）即反物质元素周期表中撷取相关的元素，才能组成灵魂的实体；意识在构成时，就从阳性物质的正物质（阳+）元素周期表即门捷列夫元素周期表，和阴性物质的负物质（阴-）元素周期表即阴性物质的反物质元素周期表中撷取相关的元素，才能组成意识的实体。灵魂和意识的本质，正是撷取的这些不同元素的排列组合。

在四个元素周期表中，每一个元素周期表都有 115 种元素，总计 460 种元素。在这些元素中有的是活跃元素，有的是惰性元素，有的是以衰变形式存在的元素，而且衰变的周期还不同，等等。那么，由于各自在四个元素周期表中撷取的元素不同，在量上存在着多寡，以及不同形式的排列组合，就使每一类人抑或是每个人在灵魂和意识的结构上存在些许差异。

灵魂和意识相比较灵魂更具有根本的意义。

虽然灵魂和意识的耦合构成了生命的内质，但是相比较而言，灵魂对于人体来说却具有根本的意义。这是因为灵魂是一个人肉身同步缩小（或放大）的虚的形式。[①] 一个人的灵魂是唯一的，终生都不会改变。即使生命变为阴性物质世界的存在形式，灵魂仍然具有相对的稳定性。在生命轮回中，唯有灵魂不失时机地植入一个受精卵中。当然灵魂也会分解的，但是要经过一个相当长的时间。或者说只有当这个灵魂变之为特别劣质的东西，生命程序和密码的总设计师——阴性物质世界——神灵、上帝才会下达指令让其自行分解。

但是意识却不是这样。意识本来就有两个类型——意识和意识（不完全意识）。意识的结构式是：$\dfrac{\text{阳+（脑）}}{\text{阴-}}$；意识（不完全意识）的结构是：$\dfrac{+\text{阴}'-}{-\text{阴}}$。其中“+阴′-”是累积在宇宙间的具有固定频率和波长的思维波。

当一个人活着的时候即生命在阳性物质世界的存在形式，他具有意识，这时灵魂和意识相耦合；当一个人死亡之后即生命在阴性物质世界的存在形式，他就具有意识（不完全意识），这时灵魂和意识（不完全意识）相耦合。所以灵魂和意识相比较而言，灵魂更具有根本的意义。

---

① 参见本卷第 4 章 4.3“灵魂是人体肉身同步缩小（或放大）的虚的形式的数学证明”。

灵魂构成上的差异，必然影响到意识构成上的差异。

如果说一个人在灵魂构成上存在着差异，那么在意识的构成上也自然而然地存在着差异。为什么呢？因为当一个从阴性物质世界游离出来的灵魂进入受精卵的刹那间，形成脑的胚芽和随之产生的意识就要求和这个灵魂相耦合。只有对其微弱的思维波——+阴′-在不断的修正中，同时也是对意识特别是对脑的胚芽构成的不断修正中，才能使其和灵魂产生和发射的灵魂波——-阴′+达到同频共振。在这里，意识从产生的一刻起就以灵魂的构成为参照系。因而灵魂构成上的差异必然会影响到意识构成上的差异。推而知之，每个人在灵魂构成上存在着些许差异，在意识构成上也必定存在着些许差异。

2. 灵魂和意识构成上的些许差异，将会影响人的生命进程

(1) 灵魂和意识构成上的些许差异将影响人的一生。

事物内部的结构怎样，也就是按照怎样的秩序进行排列组合，直接影响到事物的性能。这样的例子举不胜举。例如，进行篮球赛或足球赛，两个队的参赛人员数量相等，实力也大体相当，那么哪个队在赛场上将队员组织得好，形成一股合力，一个能动的集体，谁就能够取得胜利。还有，金刚石、石墨都是由元素组成的单质，但它们的物理性质有很大的差别。前者无比坚硬，后者松如泥土。其原因在于金刚石、石墨中碳原子的排列方式不同。

如果说事物在结构上撷取的同一元素周期表中的单质不同，或者说单质相同而数量上存在差别，抑或在元素的排列方式上也不相同，那么其性能的差异则相去甚远。推而知之，灵魂和意识在构成上因为存在上述种种的“不同”，所以人们灵魂和意识在性能上必然存在着差异。这种差异将会影响人的生命进程。但是教育和修身却能够将其行为朝正确的方向矫正。

(2) 灵魂和意识构成上的些许差异，可能导致一个人向善或向恶。

灵魂和意识在构成上之所以存在些许差异，就在于构成灵魂时从阴性物质的正物质（阴+）元素周期表，和阳性物质的负物质（阳-）即反物质元素周期表中撷取了不同的元素。这两个元素周期表中共计 230 种元素，其中阳性物质的负物质（阳-）即反物质元素周期表中的 115 种元素以衰变形式存在，并且各个元素的衰变周期还不同。那么从阴性物质的正物质（阴+）元素周期表 115 种元素中选择哪几种元素，在阳性物质的负物质（阳-）即反物质元素周期表 115 种元素中选择哪几种元素？就有很大的回旋余地。如果说各自选择了活跃元素或者选择了惰性元素，构成的灵魂的功能肯定不一样。

在构成意识时从阳性物质的正物质（阳+）元素周期表即门捷列夫元素周

期表，和阴性物质的负物质（阴－）元素周期表即阴性物质的反物质元素周期表中撷取了不同的元素。这两个元素周期表中共计 230 种元素，其中阴性物质的负物质（阴－）即阴性物质的反物质元素周期表中的 115 种元素以衰变形式存在，并且各个元素的衰变周期还不同。那么从阳性物质的正物质（阳＋）元素周期表即门捷列夫元素周期表 115 种元素中选择哪几种元素，在阴性物质的负物质（阴－）即阴性物质的反物质元素周期表 115 种元素中选择哪几种元素？就有很大的回旋余地。如果说各自选择了活跃元素或者选择了惰性元素，构成的意识的功能肯定不一样。因而聪明和愚笨带有先天（先验）的性质。

聪明和愚笨之所以带有先天（先验）的性质，如上所述是由于灵魂和意识在构成时从四个元素周期表中各自撷取了性能不同的元素所致。现在我们要问，既然聪明和愚笨带有先天（先验）的性质，那么一个人向善或者向恶是否也带有先天（先验）的性质？说得直白一些，就是有的人天生就是一个善人，而有的人天生就是一个恶人，一个坏蛋。从逻辑上说，这个推理是合理的。根源还是在灵魂和意识的构成上，从四个元素周期表中撷取了某些不适当的可以使人的行为举止变坏的元素。

但是即使在灵魂和意识构成时，从四个元素周期表中撷取了某些不适当的元素，例如构成灵魂的阴性物质的正物质（阴＋）和以衰变形式存在的阳性物质的负物质（阳－）即反物质有不适当的元素掺杂，若构成时达到了优化组合，那么这一个灵魂也不至于导向恶的一面。反之情况则相反。同样的道理，例如构成意识的阳性物质的正物质（阳＋）和阴性物质的负物质（阴－）有不适当的元素掺杂，若构成时达到了优化组合，那么其意识也不至于导向恶的一面。反之情况则相反。它说明真的有先天（先验）就是恶的灵魂和恶的意识存在，这决不是危言耸听，天下善良的人可要小心哟。

15.3　恶总是以善的形式表现出来和善总是掩蔽着恶的意图的深层原因

1. 黄金分割法给予的启示

（1）黄金分割法黄金般的价值。

黄金分割法，亦称“黄金率”、“中外比”。把长为 L 的直线段分成两部分，使其中一部分对于全部的比等于其余一部分对于这部分的比，即 X：L＝（L－X）：X，这样的分割称为黄金分割。如下图示之：

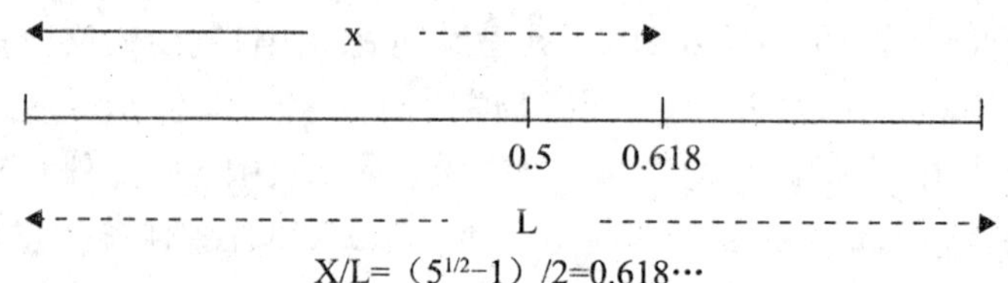

在公元前500年，古希腊数学家、哲学家毕达哥拉斯就已经知道黄金分割的比例。中世纪时期的数学家开普勒高度评价了黄金分割法，认为它是几何学两大宝藏之一。13世纪，意大利数学家提出了菲波那奇数列：1，1，2，3，5，8，13，……。此数列有如下的规律：$F_0=F_1=1$，$F_n=F_{n-2}+F_{n-1}$（$n\geqslant 2$）。当n很大时，$F_{n-1}/F_n=0.618$。这个数值与黄金分割比例相吻合。

1953年，美国数学家基弗（Kiefer）发表了分数法和0.618法，使得上述古老的方法获得了新的内容和发展。

将一条线段分割为两部分，使整个线段对分割后长段之比恰好等于长段对短段之比，这个比值是0.618。如果说这条线段长度为1，运用黄金分割法分割后，长段为0.618，短段就是0.382。于是0.618被认为是对线段长度为1分割的最佳分割点，也是视觉感觉最美的分割点。

黄金分割法的分割比例，也是物质世界绝对对称和相对对称的关系在数学上的体现，或者说，数学以0.618这个数值，体现了物质世界的绝对对称和相对对称的关系。① 0.618是相对对称的结合点，亦即对称点。

在一条线段的中点体现的是以0.5为轴心的绝对对称，但这种绝对对称又具有相对性，而且这种相对对称总在克服着绝对对称，使其不具有那样的绝对性，于是以0.618为轴心的相对对称就出现了，这正是相对对称与绝对对称相统一的最佳点。它反映在人们的头脑和视觉中，就感到分割一条线段时0.618是最优的分割处，因而具有极高的美学价值。

（2）用黄金分割法解释绝对的美和相对的美之间的关系。

将绝对对称和相对对称泛化为绝对的事物和相对的事物，再将绝对的事物和相对的事物具体化为绝对的美和相对的美，在逻辑上是讲得通的。

用黄金分割法解释绝对的事物和相对的事物之间的关系，就是对长度为1的线段从$1/2=0.5$处绝对地一分为二两个部分，和从$(5^{1/2}-1)/2=0.618$处相对地一分为二两个部分。前者是绝对的事物量化关系的支点——0.5；后者是相对的事物量化关系的支点——0.618。

显然，从0.5到0.618还有118个过渡点。如果说从量子水平看，则有

① 参见拙著《打开宇宙的另一扇门》2.7“物质世界的绝对对称和相对对称”。

极限是 118 的中间无数个过渡点。它说明事物的绝对性可以转化为相对性。只要从绝对的事物量化关系的支点——0.5 前移 118 个过渡点，就达到了相对的事物量化关系的支点——0.618，于是事物便由它的绝对性转化为相对性。

同样的道理，事物的相对性也可以转化为绝对性。只要从相对的事物量化关系的支点——0.618 退后 118 个过渡点，就达到了绝对的事物量化关系的支点——0.5，于是事物便由它的相对性转化为绝对性。

将绝对的事物和相对的事物具体化为绝对的美和相对的美之后，根据上述变换的方式，则可以说明绝对的美和相对的美之间的转化问题。

事物的绝对的美可以转化为相对的美。只要从绝对的事物量化关系的支点——0.5 前移 118 个过渡点，就达到了相对的事物量化关系的支点——0.618，于是事物的绝对的美就转化为相对的美。

同样的道理，事物的相对的美也可以转化为绝对的美。只要从相对的事物量化关系的支点——0.618 退后 118 个过渡点，就达到了绝对的事物量化关系的支点——0.5，于是事物的相对的美便转化为绝对的美。

推而知之，事物的绝对的真可以转化为相对的真。只要从绝对的事物量化关系的支点——0.5 前移 118 个过渡点，就达到了相对的事物量化关系的支点——0.618，于是事物的绝对的真就转化为相对的真。

同样的道理，事物的相对的真也可以转化为绝对的真。只要从相对的事物量化关系的支点——0.618 退后 118 个过渡点，就达到了绝对的事物量化关系的支点——0.5，于是事物的相对的真便转化为绝对的真。

2. 恶的本意和善的形式是人类不得而为之的行为

（1）对绝对的善和相对的善的新的阐释。

以上对于绝对的美、绝对的真如何转化为相对的美、相对的真，以及它们再由相对的美、相对的真如何转化为绝对的美、绝对的真，用黄金切割法的原理作了探讨。其关键是如何理解和运用从 0.5 到 0.618 有 118 个过渡点。绝对的美和绝对的真的确具有绝对性，因为它只有一个绝对的事物量化关系的支点——0.5。而相对的美和相对的真也确实具有相对性，因为它有从 0.5 到 0.618 的 118 个过渡点，在这个区间范围内，都是相对的美和相对的真，只不过美的程度和真的程度有差别而已。0.618 属于相对的美和相对的真的极限。

讨论了美和真的问题，自然就轮到研究善的问题。上述关于绝对的美、绝对的真如何转化为相对的美、相对的真，以及它们再由相对的美、相对的真如何转化为绝对的美、绝对的真的原理，完全适合对于善的问题的探索。只是对于绝对的善和相对的善要进行新的阐释。

(2) 绝对的善和相对的善表示怎样的含义。

绝对的善的确具有绝对性，因为它只有一个绝对的事物量化关系的支点——0.5。从对于长度为1的这条线段来说，从中点（0.5）分割，是绝对地公平、公正。因而它是至善，或者说也是至美、至真。但是反映到人们头脑和视觉中，却并不善、不美、不真，甚至还会认为是斤斤计较，吝啬。

相对的善也确实具有相对性，因为它有从0.5到0.618的118个过渡点，在这个区间范围内，都是相对的善。只不过善的程度有差别而已。愈靠近中点（0.5），就愈接近至善，但是反映到人们头脑和视觉中，却并不这样认为，仍旧认为是斤斤计较，吝啬；0.618属于相对的善的极限，因而愈靠近0.618就愈达到相对的善的完美程度——但却偏离靠近中点（0.5）的至善位置相去远矣。当然这仍然是可以容忍的区间和范围。奇怪的是，它反映到人们头脑和视觉中，却是尽善、尽美、尽真。这种二律背反情况，实在是黄金切割法和我们所有的人开了一个大大的玩笑，是责难这个法则还是埋怨我们自己呢？

(3) 从绝对的善到相对的善是人的自利的阈值范围。

自利是人的本能。因为人类为了生存下来、繁衍后代和社会的进步，首先要求人们必须和恶劣的自然环境作斗争，将自然界现成的物质条件加以改变；同时调整人们彼此之间的关系，用来满足食物、性、衣、住、行的基本需要。自然界不是向人们恩赐，而是人们用智慧去索取，去改变资源的用途以适合自身的需要。人的自利并非全部是由外部环境决定的，而是有着分子生物学的基础，或者说自利是由基因（DNA）遗传的。1976年，生物学家Richard Dawkins出版了《自利基因》(The Selfish Gene) 一书，作者引证于多种动物的生存，有力地论证了自利是遗传的。① 如果说一个从阴性物质世界游离出来的灵魂不自利、一个精子不自利，一个具有灵魂的受精卵就不会产生，那么生命在阴阳两个物质世界的存在形式及其相互转化（轮回）就不会发生。但是事实并非如此，说明自利是人与生俱来的本能，具有先天（先验）的性质。

在一条线段的中点体现的是以0.5为轴心的绝对的善，从中点0.5到偏离这个中点直至0.618是相对的善。这期间经历的118个过渡点都是相对的善的范畴。——同时它也是人的自利的阈值范围。

如果说一个人时时事事始终在一条线段的中点以0.5为轴心没有作为，看似公平、公正、无私、至善，但他的自利的期望值和边际值都是0，这样无

---

① 参见拙文：《自利·他利·互利——重读〈国富论〉与斯密话“三利”》，《中共中央党校学报》第5卷第2期，2001年5月。

私的人实际上也是不存在的，只存在于乌托邦式的幻想中。

既然自利是人与生俱来的本能，为了谋生和种的延续，他就一定要从这条线段的中点体现的以 0.5 为轴心的绝对的善，向偏离这个中点直至 0.618 相对的善去奋斗、去开拓，以便获取物质财富和精神财富。这期间要经历 118 个过渡点，才能达到看似相对的善的境界。

但是，不要忘记就在人们开足马力向这个自认为尽善、尽美、尽真的相对的善的境界迈进的时候，在善中却包含了不善的因素。因为你每跨越一个过渡点，都是对于中点（0.5）的公平、公正、无私、至善的偏离，当你到达了第 118 个过渡点（0.618）时，已经偏离了中点（0.5）的公平、公正、无私、至善可达到的极限。然而它反映在人们头脑和视觉中却是美得不能再美的景象！

话又说回来，在这种包含了不善的因素的相对的善中，却展示了善的果实，因为非如此人类就不能生存、发展，也没有生命的延续。所以从中点（0.5）到 0.618，即从绝对的善到相对的善，是人的自利的阈值范围，是合情、合理和合法的，总体上仍然是善。

这里说的在善中包含了不善的因素，不善并不等于恶。不善可以理解为次善、中不溜儿的善。因为不善是在自利阈值可容忍的范围内，而恶则超出了这个范围。相对的善如果超出 0.618，即超出第 118 个过渡点，就严重地偏离公平、公正的中点（0.5）。例如，以权谋私、中饱私囊，就变之为恶了。

可见，绝对的善是从线段的中点（0.5）分割，表示绝对的公平、公正。相对的善是对于中点（0.5）的公平、公正的偏离，直至到达第 118 个过渡点（0.618），达到相对的善的完美程度。而恶则是不仅偏离了中点（0.5）的公平、公正，而且突破了相对的善的极限（0.618）——超越了人的自利的阈值范围。所以恶既不是绝对的善，也不是相对的善。恶是极端的个人利己主义，往往为了一己私利而不惜采取残暴的手段谋财害命，直至祸国殃民。

3. 善恶的源头——从灵魂和意识的结构上进行探寻。

(1) 善的源头：灵魂和意识的结构遵循黄金分割法。

灵魂是阴性物质构成的正物质（阴+）和以衰变形式存在的阳性物质的负物质（阳-）即反物质构成的矛盾对立统一体。意识是阳性物质的正物质（阳+）即特指的脑和阴性物质的负物质（阴-）构成的矛盾对立统一体。灵魂和意识在结构上遵循黄金分割法，这是灵魂和意识性善的根本原因。

在灵魂的结构中，阴性物质的正物质（阴+）占到灵魂总量的 0.618（61.8%），以衰变形式存在的阳性物质的负物质（阳-）即反物质占到灵魂总量的 0.382（38.2%）。这里说的灵魂总量是指构成灵魂时，从阴性物质的正物质（阴+）元素周期表中撷取的有关元素的原子量，和从阳性物质的负物质（阳-）即反物质元素周期表中撷取的有关元素的原子量之和。在这里阴性物质的正物质（阴+）这些元素的原子量是负值，可以折算为能量。阳性物质的负物质（阳-）即反物质原子量是正值，但却是以衰变形式存在的，也可以折算为能量。当然根据质能转换公式，这些能量都可以折算为质量。

但是无论怎么说，在一个灵魂的构成中阴性物质构成的正物质（阴+）占到灵魂的总量的 0.618（61.8%），以衰变形式存在的阳性物质的负物质（阳-）即反物质占到灵魂的总量的 0.382（38.2%），这个灵魂就是性善的灵魂。至于从这两个元素周期表中撷取哪些元素，是活跃的元素还是某些惰性元素，只表明这个灵魂有无创造性还是一个普通的灵魂，但却都是性善的灵魂。

根据以上分析，在这个灵魂中同样包含着绝对的善和相对的善。或者说它是集绝对的善和相对的善于一体的灵魂。

在意识的结构中，阳性物质的正物质（阳+）即特指的脑占到意识总量的 0.618（61.8%），以衰变形式存在的阴性物质的负物质（阴-）即阴性物质的反物质占到意识总量的 0.382（38.2%）。这里说的意识总量是指构成意识时，从阳性物质的正物质（阳+）元素周期表即门捷列夫元素周期表中撷取的有关元素的原子量，和从阴性物质的负物质（阴-）即阴性物质的反物质元素周期表中撷取的有关元素的原子量之和。在这里阳性物质的正物质（阳+）元素周期表即门捷列夫元素周期表中元素的原子量是正值，表现为脑的质量。阴性物质的负物质（阴-）的原子量是负值，但以正值的方式表现出来。

但是无论怎么说，在一个意识的构成中阳性物质的正物质（阴+）即特指的脑占到总量的 0.618（61.8%），以衰变形式存在的阴性物质的负物质（阴-）即阴性物质的反物质占到总量的 0.382（38.2%），这个意识就是性善的意识。至于从这两个元素周期表中撷取哪些元素，是活跃的元素还是某些惰性元素，只表明这个意识有无创造性还是一个普通的意识，但却都是性善的意识。

根据以上分析，在这个意识中同样包含着绝对的善和相对的善。或者说它是集绝对的善和相对的善于一体的意识。

善的意识从属于善的灵魂，所以世界上真有至善的人。

(2) 恶的源头：灵魂和意识的结构背离黄金分割法。

灵魂是阴性物质的正物质（阴+）和以衰变形式存在的阳性物质的负物质（阳-）即反物质构成的矛盾对立统一体。意识是阳性物质的正物质（阳+）即特指的脑和阴性物质的负物质（阴-）构成的矛盾对立统一体。灵魂和意识在结构上背离黄金分割法，这是灵魂和意识性恶的根本原因。

在灵魂的结构中，阴性物质的正物质（阴+）占到灵魂的总量大于 0.618（61.8%），以衰变形式存在的阳性物质的负物质（阳-）即反物质占到灵魂的总量小于 0.382（38.2%）。这里说的灵魂总量是指构成灵魂时，从阴性物质的正物质（阴+）元素周期表中撷取的有关元素的原子量，和从阳性物质的负物质（阳-）即反物质元素周期表中撷取的有关元素的原子量之和。在这里阴性物质的正物质（阴+）这些元素的原子量是负值，是可以折算为能量。阳性物质的负物质（阳-）即反物质原子量是正值，但却是以衰变形式存在的，也可以折算为能量。当然根据质能转换公式，这些能量都可以折算为质量。

在一个灵魂的构成中，阴性物质的正物质（阴+）占到灵魂的总量大于 0.618（61.8%），以衰变形式存在的阳性物质的负物质（阳-）即反物质占到灵魂的总量小于 0.382（38.2%），这个灵魂的结构背离了黄金分割法，因而就是性恶的灵魂。至于从这两个元素周期表中撷取哪些元素，是活跃的元素还是某些惰性元素，不管这个灵魂有无创造性还是一个普通的灵魂都不重要了，因为在结构上背离了黄金分割法，所以从本质上讲它已是性恶的灵魂。

为什么呢？因为在这个灵魂的结构中，阴性物质的正物质（阴+）占到灵魂的总量大于 0.618（61.8%），就表明阴性物质的正物质（阴+）不仅偏离了中点（0.5）的公平、公正，而且突破了相对的善的极限（0.618）——超越了人的自利的阈值范围。所以它既不是绝对的善，也不是相对的善，而是由善转化为恶。俗话说，把手伸得太长就要作恶了。

从另一方面看，在这个灵魂的结构中，由于阴性物质的正物质（阴+）占到灵魂的总量大于 0.618（61.8%），那么相应地以衰变形式存在的阳性物质的负物质（阳-）即反物质占到灵魂的总量就小于 0.382（38.2%）。这种倾斜的结构不仅是对于美的破坏，而且必定酿成祸害。

在灵魂的结构中多余出的阴性物质的正物质（阴+），类似一种赘生物，有百害而无一利。从阴性物质的正物质（阴+）的性能来说，它是具有灵性的物质、机动敏捷，能量极高。由于灵魂中以衰变形式存在的阳性物质的负物质（阳-）即反物质变少了，也就缺少了敦实、固化的性能。于是多余出的阴性物质的正物质（阴+）在没有多少约束力的情况下便会放纵不羁，那么自作聪明、诡计多端、心狠手辣、倚强欺弱等，就会以恶的形式表现出来。

值得指出的是，在这样的灵魂中同样包含着绝对的善和相对的善。只不过因为多余出的阴性物质的正物质（阴+）做的恶将绝对的善和相对的善掩盖而已。因此，这样的灵魂是集绝对的善、相对的善和恶于一体的灵魂。因为在它的恶的掩盖下还存在着绝对的善和相对的善，所以就为通过教育和强制性的改造手段拯救一个罪恶的灵魂，留下了施展力量的空间。

在意识的结构中，阳性物质的正物质（阳+）即特指的脑占到意识的总量大于0.618（61.8%），以衰变形式存在的阴性物质的负物质（阴-）即阴性物质的反物质占到意识的总量小于0.382（38.2%）。这里说的意识总量是指构成意识时，从阳性物质的正物质（阳+）元素周期表即门捷列夫元素周期表中撷取的有关元素的原子量，和从阴性物质的负物质（阴-）即阴性物质的反物质元素周期表中撷取的有关元素的原子量之和。在这里阳性物质的正物质（阳+）元素周期表即门捷列夫元素周期表中元素的原子量是正值，表现为脑的质量。阴性物质的负物质（阴-）是以衰变形式存在的，其原子量是负值，但却以正值的方式表现出来。① 根据质能转换公式，其能量可以折算为质量。

在一个意识的构成中阳性物质的正物质（阴+）即特指的脑占到意识的总量大于0.618（61.8%），以衰变形式存在的阴性物质的负物质（阴-）即阴性物质的反物质占到意识的总量小于0.382（38.2%），这个意识的结构背离了黄金分割法，因而它就是性恶的意识。至于从这两个元素周期表中撷取哪些元素，是活跃的元素还是某些惰性元素，不管这个意识有无创造性还是一个普通的意识都不重要了，因为从本质上讲它已是性恶的意识。

恶的意识从属于恶的灵魂，所以世界上真有极恶的人。

为什么这样说呢？因为在这个意识的结构中，阳性物质的正物质（阳+）即特指的脑，占到意识的总量大于0.618（61.8%），就表明阳性物质的正物质（阳+）不仅偏离了中点（0.5）的公平、公正，而且突破了相对的善的极限（0.618）——超越了人的自利的阈值范围。所以它既不是绝对的善，也不是相对的善，而是物极必反——由善转化为恶。

从另一方面看，在这个意识的结构中，由于阳性物质的正物质（阳+）即特指的脑占到意识的总量大于0.618（61.8%），那么相应地以衰变形式存在的阴性物质的负物质（阴-）即阴性物质的反物质占到意识的总量则小于0.382（38.2%）。这种倾斜的结构一旦破坏了美，就必然酿成灾祸。

在意识的结构中多余出的阳性物质的正物质（阳+），即多余的这部分脑组织，也是一种赘生物。因为已经具备作恶的想法的物质基础，所以一定是弊多利少。由于意识中以衰变形式存在的阴性物质的负物质（阴-）即阴性物质的反物质变少了，也就对多余的这部分脑组织缺乏约束力。于是这部分脑组织在没有多少约束力的情况下便会自作聪明、狂妄无羁，甚至连神灵、上帝也敢亵渎。那么各种阴谋诡计、害人的鬼点子便会从潘多拉的盒子飞出。

---

① 参见本卷第8章8.3“以太的实体给人传递感知”。

值得指出的是，在这样的意识中同样包含着绝对的善和相对的善。只不过因为多余出的阳性物质的正物质（阳+）形成的脑组织的赘生物，所做的恶将绝对的善和相对的善掩盖而已。因此，这样的意识是集绝对的善、相对的善和恶于一体的意识。因为在它的恶的掩盖下还存在着绝对的善和相对的善，所以就为通过教育和强制性的改造手段拯救一个罪恶的意识，留下了施展力量的空间。

（3）因利害关系不同而对善恶的评价各异。

以上关于绝对的善和相对的善，以及突破了相对的善的极限（0.618）即超越了人的自利的阈值范围而产生的恶，是站在客观公正的立场上对善恶问题进行的探索。但是实际情况比纯粹理论探讨要复杂得多。每个人因为所站的立场不同，涉及的利益不一样，因而对善恶的衡量标准便各不相同。

自从人类社会出现阶级以后，剥削阶级和被剥削阶级对善恶的看法就各执一端，很难有一个统一的标准。即使面对同一事物，也往往有不同的解释。例如，在资本主义社会，剩余价值（M）和利润（P）都是同一个量。在工人阶级看来，剩余价值（M）是可变资本（V）带来的，是工人无偿的剩余劳动创造的。但是在资本家眼里，剩余价值（M）是全部预付资本（C＋V，其中包括不变资本C未转移的部分）带来的，于是剩余价值（M）便以利润（P）的形式出现了。工人阶级认为资本家榨取剩余价值（M）是不道德的，是恶；而资本家则认为投入预付资本赚取利润（P）是天经地义的，是善。

那么有没有一种对善恶观点统一的看法呢？恐怕很难。只要涉及的利益关系不同，人们就很难有一致的看法。除非大家利益一致了，这种看法才会统一起来。看来通过经济的、政治的、法律的手段最大限度地促进最大多数人的利益一致，是形成统一的善恶观的根本所在。在这之中，运用科学的力量发展经济是重中之重。以人为本，尊重人在人格上的平等，是化解社会矛盾的一剂良药。这也是动员社会力量从善弃恶的一条基本途径。

（4）历史上的性善论和性恶论皆有一定的片面性。

孔子和孟子认为，人性本来是善的，善之端从何而来？生而有之，可谓天赋也。“人之初，性本善。性相近，习相远。”古希腊学者苏格拉底、柏拉图和亚里士多德等也是性善论者。

“人之初，性本善。”这里的“善”，应该是人的自利范畴。根据以上分析，它包括在一条线段的中点体现的以0.5为轴心的绝对的善，和从中点0.5到偏离这个中点直至0.618是相对的善。但是在相对的善里，已经蕴含着不善的因素。因为从绝对的善到相对的善有118个过渡点，你每跨越一个过渡点，都是对于中点（0.5）的公平、公正、无私、至善的偏离，当你到达了第

118个过渡点（0.618）时，已经偏离了中点（0.5）的公平、公正、无私、至善可达到的极限。因此，“人之初，性本善。”的“善”，虽然在人的自利范畴，其善的程度还有差别，况且在善中也有不善的因素。“己所不欲，勿施于人。”严格地说是属于绝对的善，但这是实现不了的。因而只能将其泛指为相对的善。

“性相近，习相远”是对的，但是对于灵魂在结构上有先验（先天）的恶的成分孔孟却没有涉及。只认为人性中的善是生而有之，却忽略了人性中的恶也是生而有之。由于人类中的绝大多数人都是善良的，因而孔孟的性善论也基本上反映了这种事实。就这一点说，我也是一个性善论者。

荀子认为，人性本来是恶的，恶之端从何而来？生而有之，可谓天赋也。人性是好利多欲的，性中并无礼义道德，一切善的行为都是后天教育和环境影响的结果。古罗马基督教思想家奥古斯丁宣扬“原罪说”，认为人在胚胎中就有罪恶，人的本性是恶的，自私自利是人的本能。英国哲学家霍布斯认为人的本性是恶的与自私的，人的一切行为都是为了个人私利。

荀子、奥古斯丁和霍布斯等人的性恶论也有片面性，其失之偏颇之处是显而易见的。别的先不说，首先这种把整个人类和世界看得漆黑一团的思想方法，本身就有问题。试想如果说这个世界上大多数人生来都是恶的，人都像狼一样相互撕杀，残暴至极，人类何以能够延续文明到今日呢？

我觉得性恶论至少在以下几个方面是值得商榷的：

其一，抹杀了人性中绝对的善和相对的善。人性中绝对的善和相对的善是与生俱来的，就是说自利是人的本能，非如此就没有人类和种的延续，也没有人类社会。人的一切所作所为只要在自利的范畴之内，都是善的，美的和真的。不能将人的合情、合理、合法的自利行为等同于恶。而恶则是超出了相对的善的极限（0.618），变之为极端的损人害己的犯罪行为。

其二，将人在自利范畴内的相对的善，夸大为恶。如上所述，绝对的善虽然公平、公正、无私，是至善可达到的最高境界，但却只有理论上的价值而无实行的可能性。从绝对的善偏离直至善（因而也是美）的极致（0.618）是相对的善。但是在相对的善里，已经包含着不善的因素。因为从绝对的善到相对的善有118个过渡点，每跨越一个过渡点，都是对于中点（0.5）的公平、公正、无私、至善的偏离，所以说这其中每一步就不可避免的存在着不善的因素。但是不善并不等于恶。不善可以理解为次善、中不溜儿的善。性恶论者的失误则是将相对的善中包含的不善的因素理解为恶了。

其三，将人在自利范畴的善在程度上的差别，一概视之为恶，夸大了人性中不善的成分。人的自利范畴包括绝对的善和相对的善两个部分，因为绝对的善只有理论意义而无实践的可行性，所以实际上只有相对的善。也就是在一条线段的中点 0.5 偏离到 0.618 的极限所显示的相对的善。在这 118 个过渡点中，从第 1 过渡点到第 118 过渡点，逐次都是对于绝对的善的丢失和对于不善的拾取，直到第 118 过渡点则将绝对的善丢失殆尽，而全部变之为不善——相对的善。这是一个顺次发生的此消彼长的过程。这时虽然完全脱离了绝对的善而成为相对的善，但却在人们的视觉感受中是最美的。相对的善是利己利他，共生共赢。因而不能说是恶。

其四，将超过相对的善的极限（0.618）而进入恶的范畴的恶，看作所有人的本性，更是失之偏颇。如上所述，在一条线段的中点 0.5 偏离到 0.618 的极限显示的是相对的善。它属于自利的范畴，不属于恶。只有超过相对的善的极限（0.618）进入恶的范畴，才显示出真正的恶来。也如上所述，恶的源头是灵魂和意识的结构背离了黄金分割法，就是说在灵魂和意识的结构上偏离了 0.618 的极限，因而使这个人的灵魂和意识在构成上成为恶的灵魂和恶和意识。这样的十恶不赦的坏人在人群中只是极少数，而性恶论者却将其看作是所有人的本性，认为每个人在娘胎里就带着恶，更是不能令人信服的。

值得指出的是，虽然性恶论者的观点有以偏概全的片面性，但是在社会政策的实施上，主张信守合同和加强法制建设等却是正确的。其中也有严刑峻法之嫌，但从惩治不法之徒、保持社会安定来说却是有效的。

15.4　教育和法治——扬善抑恶的两手都要硬

1. 有教无类——在以善为中心的教育中促进人的全面发展

（1）教育的目的是扬善。

要使全社会的人都受到良好的教育，真正做到孔子说的“有教无类”。① 一个人的最佳学习年龄是从五六岁发萌时起，至二十五六岁之前。这期间最好连续完成国民教育体系中的初等教育、中等教育和高等教育。教育的一个特殊性是，如果说耽搁了最佳学习年龄，终生都很难补上。所以要使所有的学龄儿童入学，从普及中等教育入手，逐步使所有的人都接受高等教育。

将绝对的善作为理想目标，就是“天下为公”、“世界大同”。因为人类需要理想主义的光辉照亮前程，所以绝对的善具有永久的魅力和强大的吸引力。但是绝对的善却不可能真正实现，这一点一定要从道理上讲清楚。特别是在

① 《论语·卫灵公》：“子曰：有教无类。”

社会主义初级阶段，更不可以贸然行事。1958年提出“共产主义是天堂，人民公社是桥梁。”“文化大革命”中提出“斗私批修”、“狠斗私字一闪念”、“灵魂深处闹革命”等，则是企图在全社会实行绝对的善而提出的极左口号。实际上这是对人民群众的一种欺骗，其后果是十分严重的。

教育的一项重要任务就是将这些道理讲清楚，在终极目的和现实之间做出符合实际的选择。要注意培养受教育者的怀疑精神，须知教育的成功在于“不信”。[①] 在全社会提倡相对的善，讲清楚相对的善是可以做到的。将相对的善落到实处，就是承认和尊重每个人的自利关系。这同马克思说的：“每个人的自由发展是一切人的自由发展的条件。”[②] 的精神是一致的。同时要处理好自利、他利和互利之间的关系。方向是：维护自利，顾及他利，发展互利。

总之，绝对的善是理想的目标，相对的善是可行的目的。要使受教育者做到知行统一，发扬和践行相对的善，防止在思想和行动上突破相对的善的极限（0.618）而出现恶的倾向。

（2）人性的完善就是人的全面发展。

“人之初，性本善。性相近，习相远。”一个人诞生于世，从婴孩起就有自利的本能，因而他就只有相对的善。从这个角度讲，的确是“人之初，性本善。”如上所述，相对的善中包含着不善的因素。原因是从绝对的善到相对的善有118个过渡点，每跨越一个过渡点，都是对于中点（0.5）的公平、公正、无私、至善的偏离，这其中每向相对的善的极限（0.618）逼近一步就不可避免地带来不善的因素。不善的因素是“性相近，习相远”的根据。

这种不善的因素从轻重的程度来说，可以分为118个类别。虽然每个人幼小时都天真无邪（性相近），但是由于教育的方法不同，以及每个人接受教育的能力有差别，那么他们对不善的因素的承袭和克服也就各异。以后随着年龄的增长，各人的发展方向和造就也就很不相同了（习相远）。

教育的又一项重要任务是，防止受教育者在践行相对的善时，突破相对的善的极限（0.618）而转化为恶。

相对的善的极限（0.618）也是对于绝对的善（0.5）偏离的最大容忍度。因为只有在0.5～0.618之间，才是善的阈值范围。所以相对的善的极限——0.618，既是一个美丽的数字，又是一个潜藏着风险的危险数字。因为一旦突

---

① 张中行说：“教育的成功在于不信。”他认为自己是罗素的怀疑主义和康德的理性主义的结合。（陈洁：《女儿眼中的张中行》。引自《中华读书报》，2006年3月1日。www.sina.com）他还说：“当作本，育人的最高要求就应该是，育成的人，对于复杂现象和不同意见，有根据自己的理性以判断其是非的能力。”参见张中行：《顺生论》，中华书局2006年版，第121页。

② 《马克思恩格斯选集》第1卷，人民出版社1972年版，第271页。

破了这个美丽的数字的千分之一，就不可能有绝对的善和相对的善而要转化为恶了，这就叫做物极必反。当美得不能再美、善得不能再善的时候，紧接着麻烦就来了。因而凡事留下一点缺憾没有什么不好，即使做善事也不例外。

还要看到，相对的善的极限——0.618也是一道脆弱的防线。这需要从人性的弱点讲起。凡人都有爱美、崇善之心，都有将好事推向极端的嗜好。这是由人的自利的本能引发而来的。正是这种人性中的优点，反而在另一种场合成为人性的弱点。每当美得不能再美、善得不能再善的时候，他还要再向前跨出一步以便获得更多，结果事与愿违，甚至一失足而成千古恨。

那么教师的职责是什么呢？传道，授业，解惑也。传道、授业，在今天来看就是要使受教育者学贯中西，文理兼通，并且成为某一方面的专门人才。这是教育和国际接轨，教育面向现代化、面向未来的要求。

另一方面，也要防止受教育者在践行相对的善时，突破相对的善的极限（0.618）而转化为恶。将这个道理讲清楚，不仅可以培养学生头脑的辩证思维，而且可以解除他们初涉人生所遇到的部分疑惑。

2. 法治——与教育并行的扬善抑恶的有效手段

（1）法治的目的是抑恶。

在以善为中心的教育中，使受教育者发扬和践行相对的善，防止在思想和行动上突破相对的善的极限（0.618）而出现恶的倾向，这是教育的宗旨和要实现的目标。但是教育不是万能的，教育不可能阻止极少数人的贪婪之心和罪恶行为，这就需要运用法律的手段强迫其改邪归正。

其实，法治也是一种特殊的教育手段。对于那些犯罪情节较轻的人，通过强制学习、悔过自新等方式，使其刚刚突破0.618过渡点——轻微的恶，回归为善（退回到从0.5到0.618的自利的范畴），较快地进入相对的善。这是一种感化的过程，是心灵在悔悟中弃恶从善。

对于那些犯罪情节较重的人，通过监狱管制、强制性专政等手段，使其严重突破0.618过渡点——较重的恶，强迫其回归为善（退回到从0.5到0.618的自利的范畴），艰难地进入相对的善。这是一种痛苦的脱胎换骨的改造过程，是运用法律手段，被迫其弃恶从善。

对于极少数犯罪情节特别严重、民愤极大而又无悔改之意的歹徒，历朝历代都不会放纵他们继续祸害百姓，必需依照法律予以严惩。

（2）重视制度建设，使突破相对的善的极限（0.618）的恶的成分复归于善。

分析一些犯罪案件和犯罪分子的作案动机，发现有些人具有先验（先天）犯罪心理。为什么呢？因为这样的人的灵魂和意识在结构上早就出了问题。

在灵魂的结构中，阴性物质的正物质(阴+)占到灵魂的总量大于0.618(61.8%)，相应地以衰变形式存在的阳性物质的负物质（阳-）即反物质占到灵魂的总量小于0.382（38.2%）。在意识的结构中，阳性物质的正物质(阴+)即特指的脑占到意识的总量大于0.618（61.8%），以衰变形式存在的阴性物质的负物质（阴-）即阴性物质的反物质占到意识的总量小于0.382(38.2%)。

这样，灵魂和意识在结构上就发生了倾斜。阴性物质的正物质（阴+）占到灵魂的总量大于0.618（61.8%）——突破了相对的善的极限，使灵魂有了恶的倾向；阳性物质的正物质（阴+）即特指的脑占到意识的总量大于0.618(61.8%）——突破了相对的善的极限，使意识有了恶的倾向。因此，这是某些人具有先验（先天）犯罪心理的根本原因。

即使一些具有先验（先天）犯罪心理的人，不管已经犯罪还是没有犯罪，都是可以进行教育、感化和运用法律手段让其弃旧图新的。

此外，用制度规范相对的善——人的自利的界限，使突破相对的善的极限（0.618）面临制度性的困难。著名经济学家、自由主义思想家哈耶克曾经说过，一种坏的制度会使好人做坏事，而一种好的制度会使坏人也做好事。制度并不是要改变人的自利的本性，而是要利用一种相对合理的制度规范人的自利的界限，使突破相对的善的极限（0.618）面临制度性的困难。

第16章　科学、文学和艺术对人性的张扬

16.1　脑的结构及功能分工

1. 由脑的精密结构引起的思考

(1) 脑的精密结构和不同区域功能的分工。

人脑约有1.5公斤，由140亿个神经细胞组成，一般人常用的只是100万个细胞。脑中大约包含10^{26}颗粒子，每1秒钟之内有10万种以上的不同化学反应在有条不紊地进行着。脑是人体的神经中枢，人体的一切生理活动，如脏器的活动、肢体的运动、感觉的产生、肌体的协调以及说话、识字、思维等，都是由脑支配和指挥的。大脑的复杂性，还在于神经细胞在形状和功能上的多样性，以及神经细胞结构和分子组成上的千差万别。

人脑从结构上看分成两个半球：左脑和右脑。中间由一些分化的结缔组织胼胝体联结起来。左脑和右脑的分工是：

左脑（右半边身体）：语言/文字、逻辑、数学、线形、细节、循序渐进、自制、好理智的、强势的、俗势的、积极的、好分析的、阅读、写作、述说、顺序整理、善于察知重大秩序、复杂动作秩序。

右脑（左半边身体）：空间/音乐、整体、艺术、象征、同时并进、易感的、直觉的、创造力强的、弱势的（安静）、性灵的、感受力强、综合的、完形的、辨认面目、同时理解、感知抽象图像、辨认复杂数字。

无论左脑还是右脑，都分为不同功能区域，如记忆区（海马区、杏仁核区）、语言区（布罗卡区、韦尼克区）、感觉区、识字区和运动区等。不同区域执行不同功能，如有的管视觉，有的管语言，有的管思考。

我国科学家舒斯云不久前在人脑中发现了一个和学习、记忆功能有关的新区域，被国际权威专家称为“舒氏区”。① 舒斯云在研究大鼠脑皮层下的高级运动中枢——纹状体时意外发现，和纹状体的圆形或三角形细胞不同，其

---

① http：//www. biosino. org/news-2001/200101/01011908. htm.

边缘有一群纺锤状的细胞，这些细胞组成一轮弯月的形状，在纹状体边缘形成一个特殊区域。实验发现这是哺乳动物脑内一个新的重要结构，它正好位于分散在大脑不同部位分管记忆的海马、杏仁核等几个区域之间，处于枢纽位置，与它们有着密切的功能联系。新区域与脑的学习、记忆功能密切相关。

(2) 人择原理给予的启示。

人择原理指出，我们之所以看到宇宙是这个样子，只是因为如果它不是这样，我们就不会在这里去观察它。推而知之，脑之所以是这样的结构，因为如果说它不是这样的结构的话，我们就无法直观地看到它、解剖它，并且知道它在不同的区域有着不同的功能。

人脑可能是宇宙间最为复杂的物质结构。脑由左右两个半球构成，并且在不同的区域有着不同分工，具有不同的功能。那么，脑的这种结构是怎样形成的？是什么力量要求脑的结构一定要成为此种结构形式？在这里不仅有肉身生理上的原因，而且有深刻的哲学上的根源。

我们多次论证过，生命在阴阳两个物质世界的存在形式，是生命程序和密码的总设计师——阴性物质世界——抑或是它的人格化神灵、上帝，按照编制的程序和密码构造出来的。因而脑也是由神灵、上帝设计出来的。但是这样讲又过于简单，因为这是最省力气的说法，所以也是最没有科学价值的结论。科学的价值既在于它的结果，又在于它的研究过程。

脑由左右两个半球构成，并且在不同的区域有着不同分工，具有不同的功能。根据宇宙对称定理和大相似定理，与脑相联系的阴性物质世界的资料库和人的灵魂，大概也有类似的结构。这是我们接着要研究的重要问题。

2. 阳性物质的正物质（阳＋）元素周期表即门捷列夫元素周期表上若干元素的排列组合构成脑的实体

(1) 意识是阳性物质的正物质（阳+）即特指的脑和阴性物质的负物质（阴-）构成的矛盾对立统一体。从脑的构成来说，是阳性物质的正物质（阳+），它是将阳性物质“一分为二”到第二个层次的事物，也可以用“阳^2+”代替。如果说将“阳^2+”再“一分为二”到第三个层次，就有

$$阳^2+\begin{cases}阳^3+\\阳^3-\end{cases}$$

因此，脑的左右两个半球实际上是阳性物质的正物质（阳+）在观念上“一分为二”到第三个层次之后的外部表现形式。对脑的解剖显示，左脑和右脑并不是绝对对称，各占一半比例，而是绝对对称和相对对称的统一，其最

佳比例是0.618∶0.382。[①] 这一点在解剖学上应当给予证明。

（2）由阳性物质的正物质（阳+）构成的脑分为左右两个半球，并且有着不同功能的各个区域。显然与其相对应的阴性物质世界的资料库，也是分为两大部分和具有不同功能的各个区域。

这里说的阴性物质世界，即是和个人的潜意识（广义）相联结的宇宙总体潜意识（广义）。在那里有一个巨大的宇宙和人类的信息、密码资料库。这个资料库是由阴性物质构成的，确切地说是由阴性物质的正物质（阴+）构成的，原因是阴性物质的负物质（阴-）是以衰变形式存在的，于是只能是阴性物质的正物质（阴+）是一个虚的实体的东西。

这个由阴性物质的正物质（阴+）构成的宇宙和人类的信息、密码资料库，也是"一分为二"为两个部分。类似于人脑左右两个半球，分别储存着语言/文字、逻辑、数学、线形……信息和密码；空间/音乐、整体、艺术、象征……信息和密码。在每一个细小的区域，又有更为精密的分支信息和密码。

（3）如此说来，在阴性物质世界存在这样一个信息、密码资料库，它不就是宇宙的大脑吗？而宇宙的大脑和人脑原来是相通的！显然沟通二者的使者是由人脑产生和发射的思维波——+阴′-。正是人脑产生和发射的思维波——+阴′-，从阴性物质世界的资料库——宇宙的大脑那里检索信息和破译密码，从而获取科学和文学的各种创造性成果。

16.2　思维波是一束包含微小差异的电磁波

1. 脑的不同功能区域产生和发射出一束或者一组在区间内包含微小差异的电磁波

（1）意识结构的动态描述和思维波——+阴′-的特征。

意识是阳性物质的正物质（阳+）即特指的脑和以衰变形式存在的阴性物质的负物质（阴-）构成的矛盾对立统一体。它的动态描述是：以衰变形式存在的阴性物质的负物质（阴-）围绕阳性物质的正物质（阳+）即特指的脑做旋转式运动，速度在光速的上限，成为似衰变而未衰变的状态，就像土星美丽的光环一样。正是在这种旋转式运动中，从脑产生和发射出思

---

① 参见拙著《打开宇宙的另一扇门》2.7"物质世界的绝对对称和相对对称"。另据 http://www.sina.com.cn Powerpoinei 演示文稿称，人的大脑左右两个半球并不是完全对称的，不但大小略有差别，而且有明显的分工，即左半球的一定部位掌管语言和抽象思维活动；而右半球的一定部位掌管学习和形象思维活动。

维波——+阴′-。

思维波——+阴′-是亚类的阴性物质，中性，浸和力强，但是稳定性较差。每个人脑意识产生和发射的思维波，在区间范围有着固定的频率和波长，一生都不会改变。

思维波不是单一频率和波长的光波，而是一束或者一组频率和波长在区间内包含微小差异的特殊的电磁波。

（2）思维波的频率和波长比光波小得多。在微观物质世界，电磁波的基本单元是光量子，即光（电磁辐射）的能量量子。如果光的频率为 v，则光量子的能量为 hv（h 为普朗克常数），动量为 hv/c（c 为光速），静止质量为零。但是在超微观物质世界，抑或是阴性物质世界，电磁波的基本单元比光量子还小，称为虚量子。最小单元是虚颜色。① 可以说，从光量子到虚颜色，中间还有若干的距离或者区间，其间就包含着微小差异的特殊的电磁波。

虽然思维波是亚类的阴性物质，其频率和波长比光量子的频率和波长小得多，但是区间的距离相对地说却大得多。这样，思维波就可以成为一束或者一组频率和波长在区间内包含微小差异的电磁波。

2. 脑的不同功能区域产生和发射出包含微小差异的电磁波

（1）从一个人来说，他的脑意识产生和发射的思维波——+阴′-，是一束或者一组有固定频率和波长且有较大区间的特殊的电磁波。就是说，在这个固定频率和波长的区间内包含诸多微小差异的电磁波。它们各具特色，一起构成了一束或者一组思维波的“群”。

（2）在这一束或者一组思维波的“群”里，追溯每一种思维波的发源地，结果发现：从左脑半球的不同部位，产生和发射出具有不同频率和波长的语言/文字、逻辑、数学、线形……信息和密码的电磁波；从右脑半球的不同部位，产生和发射出具有不同频率和波长的空间/音乐、整体、艺术、象征……信息和密码的电磁波。原来脑的每一个不同区域，包括我国科学家舒斯云不久前在人脑中发现的一个和学习、记忆功能有关的新区域——“舒氏区”，也都产生和发射出特殊的电磁波。当然这些电磁波也都是在固定频率和波长的区间内，因而就带有每个人思维波的特征。但是不同人的脑在同一区域产生和发射的思维波，在频率和波长上又包含有某些相同的特点。这就是同一性中的不同性和不同性中的同一性的统一，脑意识在脑的不同区域产生和发射不同频率和波长的思维波时，将这种统一性自觉做到了尽善尽美的程度。

（3）思维波——+阴′-何以是一束或者一组有固定频率和波长且有较大

---

① 参见拙著《进入阴性物质世界》16.4“阴性物质的基本单元——虚夸克及虚颜色的结构”。

区间的特殊的电磁波？这就需要从思维波产生的机理进行分析。

以上说过，每个人从出生之日起（或者说从一个受精卵产生时起）脑意识产生和发射的思维波，就有固定的频率和波长。这里说的固定的频率和波长，是指在光量子和虚量子之间的阈值范围内，有一个属于他的思维波的固定频率和波长的区间。而他的脑两半球不同功能区域产生和发射的思维波，其微小差异的频率和波长，都包含在属于他的思维波的固定频率和波长的区间。

为什么是这种情况呢？原因是在意识的统一体中，当以衰变形式存在的阴性物质的负物质（阴－）围绕阳性物质的正物质（阳＋）即特指的脑做旋转式运动时，其速度的快慢被自动控制在特定的时间区间，因而由这个人的脑产生和发射的思维波的频率和波长，就在一个固定区间范围内。

又因为以衰变形式存在的阴性物质的负物质（阴－）围绕阳性物质的正物质（阳＋）即特指的脑做旋转式运动时，在其速度被自动控制在特定的时间区间内，根据需要又不时地在光速的上限进行微调，所以在脑两半球不同功能区域就产生和发射出频率和波长有着微小差异的思维波。——于是我们看到，从左脑半球的不同部位，产生和发射出具有不同频率和波长的语言/文字、逻辑、数学、线形……信息和密码的思维波；从右脑半球的不同部位，产生和发射出具有不同频率和波长的空间/音乐、整体、艺术、象征……信息和密码的思维波。

16.3　人的知识是从哪里来的

1. 关于脑的形状和不同部位特殊构造的成因及功能

（1）脑不同部位的特殊构造是怎样来的？显然它的形成与阴性物质的负物质（阴－）围绕阳性物质的正物质（阳＋）即特指的脑做旋转式运动有关。

对脑不同部位的特殊构造起影响作用的有两个方面的原因：一是阴性物质的负物质（阴－）旋转速度被自动控制在特定的时间区间内；二是根据需要在区间内阴性物质的负物质（阴－）旋转速度又不时地在光速的上限进行微调。

正因为这两个方面的原因，就使每个人的思维波成为一束或者一组有着固定不变的频率和波长的电磁波，又使其在脑不同部位产生和发射时具体表现为有着微小差异的频率和波长的电磁波。

因此我们是否可以说，脑不同部位之所以有这样的特殊构造，是为了适应阴性物质的负物质（阴－）旋转速度的上述两种变化而长成了这个样子。或者说每个人的脑只有长成它特定的形状和不同的区域，才能适应阴性物质的负物质（阴-）旋转速度的两种变化方式，也才能在脑的不同区域产生和发射出在既定区间内频率和波长有微小差异的思维波。

(2) 脑不同部位之所以有这样的特殊构造，也不完全取决于阴性物质的负物质（阴-）旋转速度的上述两种变化，它是一个重要的原因，但却不是唯一的原因。事实上脑的形状和不同部位在形成时，还有一个重要的参照系——阴性物质世界的那个信息、密码资料库——宇宙的大脑。

阴性物质世界的那个信息、密码资料库——宇宙的大脑同人脑相比较，当然是前者形成在前。原因是人类的出现才是几百万年前的事情，而宇宙间的阴阳物质却是随着宇宙大爆炸的发生而一并形成的，至今已有 137 亿年。从时间顺序上说，只能是人脑在形成时参照了宇宙大脑，而不是相反。

人脑在形成时何以能够参照宇宙的大脑？我们在以上说过人脑产生和发射思维波——+阴′-，那么宇宙大脑是否也在产生和发射类似思维波一样的东西呢？应该说自从阴阳物质形成的那一刻起，宇宙大脑就产生和发射类似思维波一样的东西，多少亿年来它都在默默地耐心地等待着高等生命出现以后的回应。终于等到几百万年前地球上出现了人类。

人类的始祖是原始人（注意：不是传统教科书中说的类人猿）。当原始人的脑的胚芽形成的时候，产生和发射的第一个量子水平的思维波——+阴′-，就和宇宙大脑产生和发射类似思维波一样的东西相呼应，或者说达到了同频共振。这时宇宙大脑就将自己的形状和在不同区域的功能与分工等信息，传递给了正待发育和成长的原始人的脑，从而使之成为人脑形成的参照系。

(3) 原始人经过几百万年的进化，人类就从最初的蒙昧时期进入到今天现代人的文明境界。这期间人的脑也在进化，直到今天人脑能够发明和制造电脑的水准。即使如此，人脑仍然每时每刻和宇宙大脑交换能量和信息；仍旧以宇宙大脑为参照系，不断补充和完善人脑的功能。

人脑和宇宙大脑相比较有着不可克服的缺陷和不可逾越的障碍。这就是人脑的功能和发挥受到时空维数的先天限制，而宇宙大脑的功能本身则是阴性物质的功能——特异功能，因而是无所不知和无所不能的。因此，将宇宙大脑也可以称为神灵、上帝，或者说是万有（ALL）。

从一个人来说，他的脑意识产生和发射思维波——+阴′-，途经潜意识（狭义）而进入潜意识（广义），即阴性物质世界。潜意识（广义）区分为个人的潜意识（广义）和宇宙总体的潜意识（广义）。前者表现为生命的有机构成要素〔肉身+灵魂+意识+潜意识（狭义）+潜意识（广义）〕，后者是宇宙和整个人类的潜意识（广义），或者说它就是宇宙的大脑。可见，人脑和宇宙的大脑本来就是相通的，相互联结在一起的。

在宇宙总体的潜意识（广义）中包含着人类的信息、密码资料库。它分为人类总体的信息、密码资料和每个人的信息、密码资料，都是以数字化的形式储藏着。任何人只要掌握适当的方法，都可以调出这些信息看个究竟。可惜在人群中这样的通灵人才极其稀少，可能还不到百万分之一吧。

在这个信息、密码资料库中，对于宇宙和人类的信息、密码，抑或是每个人的信息、密码，都是以阴性物质的虚粒子形式分门别类地码放着。它们在观念上表现为人脑的两个半球，并且在不同部位有着不同的功能和分工。

由于宇宙大脑产生和发射出类似思维波的东西作为它和人脑形成时的胚芽之间的媒介，才使人脑在形成时有了宇宙大脑的参照系。于是人脑在形成过程中，就有了左右两个半球及其不同部位的功能和分工。在这里，宇宙大脑是以虚粒子构成的，具有特异功能；人脑是以实粒子构成的，具有常规功能。人脑这种实的存在形式发源于宇宙大脑虚的存在形式。

2. 人脑的功能是产生和发射思维波

（1）那么人的知识是从哪里来的呢？它不是人脑中固有的，也不是人苦思冥想出来的，而是脑意识产生和发射的思维波——+阴′-从阴性物质世界的信息、密码资料库——宇宙大脑中提取的。

阴性物质世界的信息、密码资料库——宇宙大脑储存了阳性物质世界和人类乃至我们每个人的所有信息和密码，或者说它全息了这个世界的一切的一切。所有的科学技术奥秘和文学艺术智慧，都储存在这个资料库——宇宙大脑中，盼望着宇宙中的高等生命去发掘。

以衰变形式存在的阴性物质的负物质（阴-）围绕阳性物质的正物质（阳+）即特指的脑做旋转式运动时，其速度被自动控制在特定的时间区间内，根据需要又不时地在光速的上限进行微调，于是在脑左右两半球不同功能区域产生发射出频率和波长有着微小差异的思维波。

脑左右两半球不同功能区域产生发射出频率和波长有着微小差异的思维波，与阴性物质世界的信息、密码资料库——宇宙大脑的左右两半球不同功能区域一一对应；这时阴性物质世界的信息、密码资料库——宇宙大脑的左右两半球不同功能区域，也产生发射出有着微小差异的类似思维波的东西。阴性物质世界的信息、密码资料库——宇宙大脑属于虚空间和虚时间，时光通常是倒流的，还有时光短暂的停滞和超光速的加速度。人脑产生和发射的微小差异的思维波与阴性物质世界的信息、密码资料库——宇宙大脑产生发射出有着微小差异的类似思维波的东西达到同频共振，人脑便从那里提取了所需要的信息、密码。

（2）人脑是产生和发射思维波——+阴′-的器官。

在通常情况下，人脑从阴性物质世界的信息、密码资料库——宇宙大脑中提取信息、密码总是有选择性的。例如，人脑需要获取数学方面的知识，那么从左脑的某个区域就产生发射出一定频率和波长的思维波，与阴性物质世界的信息、密码资料库——宇宙大脑相应的数学区域产生和发射出类似思维波的东西，达到同频共振，就提取了数学方面的知识。又例如，人脑需要获取艺术方面的知识，那么从右脑的某个区域就产生发射出一定频率和波长的思维波，与阴性物质世界的信息、密码资料库——宇宙大脑相应的艺术区域产生和发射出类似思维波的东西，达到同频共振，就提取了艺术方面的知识。

人脑本身并没有知识，也不能长时间地储藏知识（容易遗忘），① 它只是产生和发射思维波——+阴′-的器官。脑的功能充其量是模拟，它模拟阴性物质世界的信息、密码资料库——宇宙大脑的功能，而电脑则是模拟人脑功能。脑的创造性功能不可能从模拟中获得，只能在特定的条件下从阴性物质世界的信息、密码资料库——宇宙大脑中提取。脑构造之精密，运转之灵活，完全系于一个目标：以衰变形式存在的阴性物质的负物质（阴-）围绕阳性物质的正物质（阳+）即特指的脑做旋转式运动，将其运动速度自动调控在特定的时间区间内，又根据需要随时在光速的上限进行微调，以便使脑左右两半球不同功能区域产生发射出频率和波长有着微小差异的思维波。一个人脑的功能如何，主要体现在产生和发射的思维波——+阴′-的质量上，特别是从阴性物质世界的信息、密码资料库——宇宙大脑中检索和破译信息、密码的能力怎样。

16.4 灵魂——意识——宇宙大脑的耦合是个人创造的闪亮点

1. 灵魂的核心——阴性物质的正物质（阴十）在结构上对于阴性物质世界的资料库——宇宙大脑的模拟

（1）灵魂结构的动态描述和灵魂波——-阴′+的特征。

---

① 这里有一个问题值得深思，如果说脑本身有知识，并且能够长时间储藏知识的话，那么当脑和肉身一起不复存在时，人类也就丢失了全部知识。人类的知识在一代一代地积累，主要通过教育、书籍和思想等原样传承，但是创造性的思想和知识从哪里来的呢？知识本身不会在生理上从上一代遗传到下一代。因此只能说，人类所有的知识都是储存在阴性物质世界的信息、密码资料库——宇宙大脑中。脑意识通过自身产生和发射的思维波到那里检索信息和破译密码，提取知识。于是，当上一代人的脑和肉身一起不复存在之后，下一代人的脑意识产生和发射的思维波依然到那里获取新的知识。又由于教育、书籍和思想等的传承，在正常情况下，下一代人比上一代人的认识能力和提取能力在增强。

灵魂是阴性物质的正物质（阴+）和以衰变形式存在的阳性物质的负物质（阳-）即反物质构成的矛盾对立统一体。它的动态描述是：以衰变形式存在的阳性物质的负物质（阳-）即反物质围绕阴性物质的正物质（阴+）做旋转式运动，速度在光速的下限，成为似衰变而未衰变的状态，就像土星美丽的光环一样。正是在这种旋转式运动中，产生和发射出灵魂波——-阴′+。

灵魂波——-阴′+同样是亚类的阴性物质，中性，浸和力强，但是和思维波——+阴′-符号相反。灵魂波呈向四周的发散状态，有着固定的频率和波长，是你独有的。

灵魂波也不是单一频率和波长的光波，而是频率和波长在区间内包含微小差异的特殊的电磁波。它的最大的特点是具有记忆性。①

灵魂波的频率和波长比光波小得多，是一种特殊的电磁波。它的基本单元比光量子还小，称为虚量子。最小单元是虚颜色。② 可以说，从光量子到虚颜色，中间还有若干的距离或者区间，包含着微小差异的电磁波。

虽然灵魂波是亚类的阴性物质，其频率和波长比光量子的频率和波长小得多，但是区间的距离相对地说却大得多。灵魂波的频率和波长在区间内包含微小的差异。灵魂波的记忆性和伸缩性皆来源于此。

（2）灵魂结构的神妙之处——阴性物质的正物质（阴+）自动分为两个部分并且按照黄金分割法达到最优组合。

灵魂是阴性物质的正物质（阴+）和以衰变形式存在的阳性物质的负物质（阳-）即反物质构成的矛盾对立统一体。阴性物质的正物质（阴+）是灵魂结构的核心。它是将阴性物质“一分为二”到第二个层次的事物，也可以用“阴^2+”代替。如果说将“阴^2+”再“一分为二”到第三个层次，就有

$$\text{阴}^2+\begin{cases}\text{阴}^3+\\\text{阴}^3-\end{cases}$$

因此，灵魂的核心——阴性物质的正物质（阴+），在观念上“一分为二”到第三个层次之后，它在外部的表现形式则是分为左右两个部分，和脑左右两个半球的结构有点相似。不过脑的结构是实体，灵魂的结构是虚的形态。灵魂的核心——阴性物质的正物质（阴+），在观念上的两个部分也是绝对对

---

① 这里说的记忆性，是医学和物理学上的称谓。指一个物体无论怎样改变它的形状，都能够在瞬间恢复到初始的状态。

② 参见拙著《进入阴性物质世界》16.4“阴性物质的基本单元——虚夸克及虚颜色的结构”。

称和相对对称的统一，其最佳比例是 0.618∶0.382。这一点待将来科学发展到一定的高度，在实验室里应当予以证明。①

值得指出的是，在灵魂的统一体中，阴性物质的正物质（阴+）和以衰变形式存在的阳性物质的负物质（阳-）即反物质在能效上的比例也是 0.618∶0.382。虽然它与上述的比例同是遵循黄金分割法，但却有着不同层次的含义。

灵魂的核心——阴性物质的正物质（阴+）分为左右两个部分，并且有着不同功能的各个区域。它与脑的两个半球不同功能的各个区域相对应，而脑又与阴性物质世界的资料库——宇宙大脑的两大部分及不同功能的各个区域相对应。由此便形成了“三位一体”的对应关系，而联结它们之间的信使则是灵魂波——-阴′+和思维波——+阴′-。或许还有阴性物质世界的资料库——宇宙大脑产生和发射出类似思维波的东西。

灵魂的核心——阴性物质的正物质（阴+）分为左右两个部分，并且有着不同功能的各个区域，是由虚粒子构成的，属于虚的形态；脑的两个半球不同功能的各个区域，是由实粒子构成的，属于实的形体；阴性物质世界的资料库——宇宙大脑的两大部分及不同功能的各个区域，是由虚粒子构成的，属于虚的形态。于是这种“三位一体”的对应关系，可作如下表达：

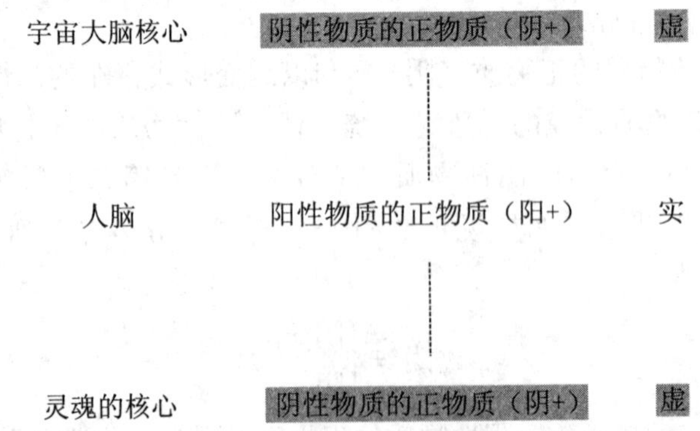

在灵魂的构成中，阴性物质的正物质（阴+）分为左右两个部分，并且有着不同功能的各个区域。这一点同脑的构成完全相似，同阴性物质世界的资料库——宇宙大脑的两大部分及不同功能的各个区域也完全相似。在这里，宇宙对称定理和大相似定理得到了充分的体现。另一方面，可以说灵魂和意识的结构，是对于阴性物质世界的资料库——宇宙大脑的模拟。

① 参见拙著《打开宇宙的另一扇门》2.7“物质世界的绝对对称和相对对称”。

或者还可以说，灵魂和意识是对于阴性物质世界的资料库——宇宙大脑的全息。

2. 灵魂和意识的耦合成为思维波——十阴′一强大的推动力

（1）灵魂是阴性物质的正物质（阴+）和以衰变形式存在的阳性物质的负物质（阳－）即反物质构成的矛盾对立统一体。阴性物质的正物质（阴+）按照黄金分割法分为左右两个部分，但却是一个整体，并且有着不同功能的各个区域。以衰变形式存在的阳性物质的负物质（阳－）即反物质围绕阴性物质的正物质（阴+）做旋转式运动。于是在阴性物质的正物质（阴+）不同功能的各个区域，就产生和发射出有固定频率和波长且在区间内包含微小差异的特殊的电磁波——灵魂波。灵魂波——－阴′+呈向四周发散的状态。

意识是阳性物质的正物质（阳+）即特指的脑和以衰变形式存在的阴性物质的负物质（阴－）即阴性物质的反物质构成的矛盾对立统一体。阳性物质的正物质（阳+）即特指的脑按照黄金分割法分为左脑和右脑两个部分，但却是一个整体的脑，并且有着不同功能的各个区域。以衰变形式存在的阴性物质的负物质（阴－）即阴性物质的反物质围绕阳性物质的正物质（阳+）即特指的脑做旋转式运动。于是在阳性物质的正物质（阳+）即特指的脑不同功能的各个区域，就产生和发射出有固定频率和波长且在区间内包含微小差异的特殊的电磁波——思维波。思维波——+阴′－呈一束或者一组定向发射的状态。

当一个人处在“心—脑”一致的状态思考问题时，他自觉或者不自觉地就使灵魂和意识相耦合，然后再让二者和阴性物质世界的资料库——宇宙大脑耦合。实现这三者耦合的信使是灵魂波——－阴′+和思维波——+阴′－，或许还有阴性物质世界的资料库——宇宙大脑产生和发射出类似思维波的东西。而思维波——+阴′－又常常携带一个或者几个量子水平的阴性物质的正物质（阴+）即炁成为意念，以便集中能量和在准确的目标下做功。

（2）灵魂——意识——阴性物质世界的资料库（宇宙大脑）三者的耦合及其做功，就是科学和文学的创造过程。个人创造的闪亮点都是在灵感爆发和超光速的状态下做出来的。古今中外，概莫能外。

灵魂——意识——阴性物质世界的资料库（宇宙大脑）三者的耦合，如下图示之：

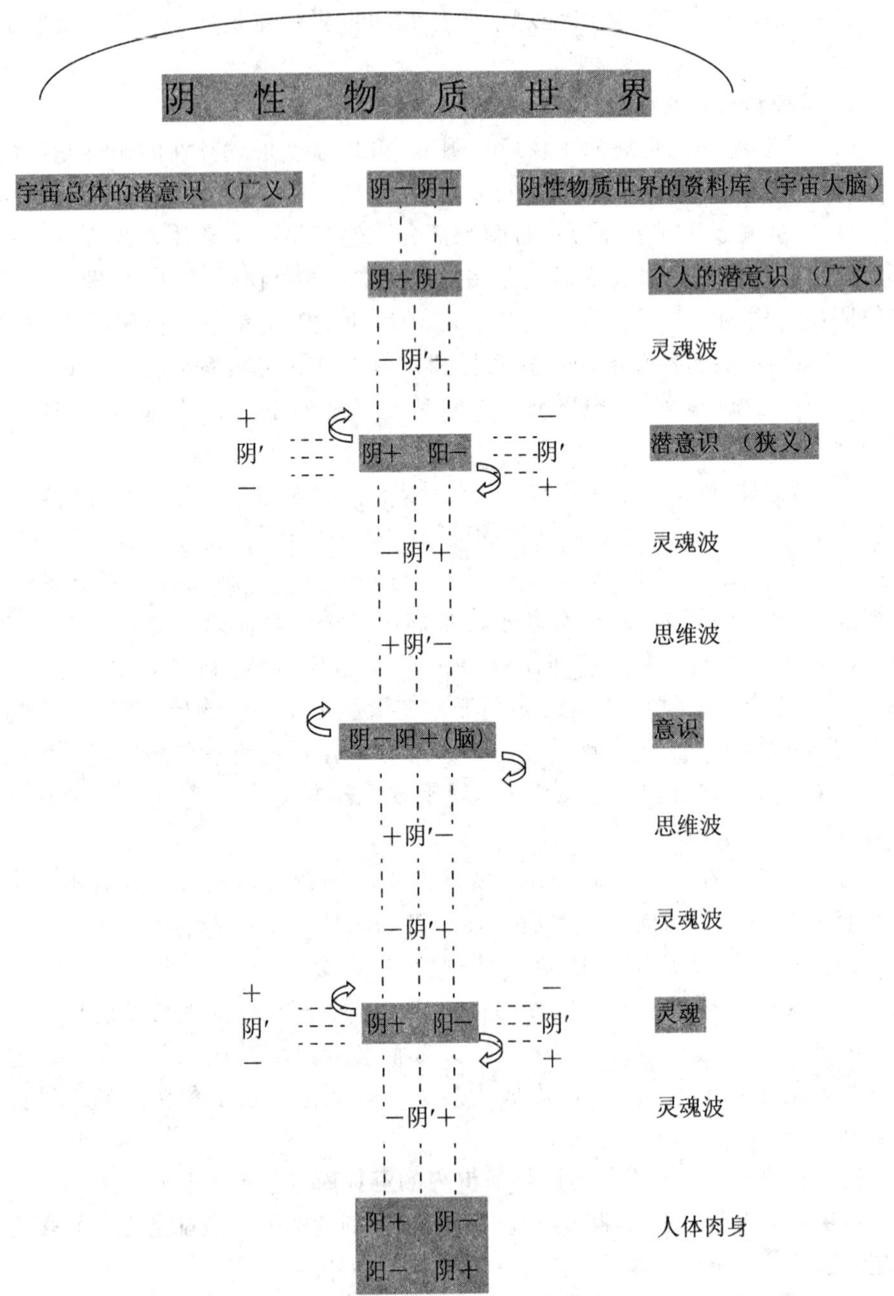

灵魂——意识——阴性物质世界的资料库（宇宙大脑）三者的耦合示意图

第17章　先验理性与实践理性

17.1　先验理性触及常规思维所不能到达的认识领域

1. 先验理性昭示了在人的认识能力之外存在一个未被认识的物质世界

（1）先验理性的含义。

什么是先验？先验就是先于经验，是在事件出现之前就已经设定的，而不是事件发生的结果。认为人的知识包括个人才干等是先于客观事物、社会实践和感觉经验的，是先天就有的，因而有先验论一说。

孔子认为有"生而知之"的圣人。[①] 孟子认为有"不学而能"的良能和"不虑而知"的良知。[②] 柏拉图认为，人的知识是不朽的灵魂对理念世界的回忆。笛卡儿认为，存在"天赋观念。"

先验，为德文 transzendental 意译。在康德哲学中，同经验相对。意为先于经验，但又是构成经验所不可或缺的东西。康德认为，客观物质世界只能给人们一堆杂乱无章的感觉材料，而知识的构成则全靠用人的头脑里固有的一些先天形式来加工整理，因而先天形式与后天经验是构成知识的根本要素。

这些先天形式包括感性的先天形式——时间和空间，知性的先天形式——因果性等十二个范畴，以及理性。[③]

理性，拉丁文为 ratio，德文为 Vernunft。一般指概念、判断、推理等思维形式或思维活动。

在康德的哲学中，狭义的理性指认识无限的、绝对的东西的能力。它位于感性和知性之上，企图完全脱离经验去思维超经验的理念，要求对自在之物（物自体）有所认识。但理性在试图认识自在之物（物自体）时，不可避

---

① 《论语·雍也》。

② 《孟子·尽心上》。

③ 康德所指的十二个范畴有：单一、殊多、全体、实有、否定、限制、实体与依附体、因果、相互、可能与不可能、存在与不存在、必然与偶然。这十二范畴可被归为四大类，即：量、质、关系、样态。

免地陷入难以自解的矛盾即二律背反。这表明自在之物（物自体）不可认识。广义上的理性，包括感性、知性先天形式。

因此，所谓先验理性就是先于经验因而先天就有的概念、判断、推理等思维形式或思维活动。

（2）先验理性的特点是有别于常规思维的特异思维。

常规思维是认识四维时空的阳性物质世界事物的思想、观念。其思维的特点是：重在逻辑推理，在光速之下反复认识、反复实践。所谓唯物主义的反映论，① 是常规思维最常用的思想方法。毛泽东在《实践论》中总结的“实践、认识、再实践、再认识”的认识论，属于常规思维。

特异思维是认识四维以上多维时空的阴性物质世界事物的思想、观念。其思维的特点是：重在悟性、顿感。它是一种直觉思维方式，即在瞬间以超光速的速度感知到事物的存在状态、性质、功能，等等。爱因斯坦说：“一切伟大的科学成就都开始于直觉性的知识，也就是说，对于决定其后演绎体系的公理来说……直觉是发现这些公理的必要条件。”② 这里说的直觉就是特异思维。特异思维并不神秘，它与生俱来，人皆有之。只不过绝大多数人的量级很小，常常被忽视了。只有极少数人有很强的特异思维，称之为特异功能。

任何科学发现都是直觉（特异思维）在瞬间完成的。科学家之所以要把它们用逻辑推理的方式演绎出来，用人们能够接受的常规思维和语言表达出来，完全是不得已而为之。因为他毕竟工作和生活在四维时空的阳性物质世界。正像黑格尔说的，人不能超越他的时代，就像不能跳出自己的皮肤一样。③

可见，先验理性是运用特异思维进行概念、判断、推理等思维活动。它超越人的经验，属于先天就有的特异思维方式。

2. 在人的常规思维之外存在一个未被认识的物质世界

（1）人的常规思维的局限性。

人的常规思维被固化在四维时空的阳性物质世界，只能认识有限的以实粒子为特征的、运动速度在光速以下的阳性物质。加之人的生理上的缺陷，

① 唯物主义的反映论认为，人的认识是人脑对客观世界的反映；人的知识、才能不是先天就有的，而是在接触客观事物中获得的。如费尔巴哈认为：“人的知识是事物的反映，是后于事物的。”

② 《爱因斯坦语录》，——引自莫什科夫斯基：《和爱因斯坦谈话》，第 180 页。杭州出版社 2001 年版，第 181 页。

③ 黑格尔的原话是：“没有人能够真正地超出他的时代，正如没有人能够超出他的皮肤。” www. sina. com yf－yh. blog. sohu. com/rss－43k.

如眼睛只能看见仅占宇宙所有光波 2%的可见光（赤、橙、黄、绿、青、蓝、紫七色光），而 98%的不可见光（紫外线、X 射线、伽玛射线，等等）都看不见。耳朵也只能听到 20～20000 赫兹频率的声音。就是说，频率在 20 赫兹以下的次声波或者频率在 20000 赫兹以上的超声波，我们的耳朵就什么都听不到了。所以人的常规思维认识的事物，是无论如何超越不了四维时空的。

但是看不见、摸不着的事物并不等于它不存在。被四维时空固化了的常规思维所不能到达的认识领域——自在之物（物自体），早在 200 年前就被康德的先验理性预见到了，后人应该为此而感到幸运和欣慰。因此，深入研究自在之物（物自体），是我们不可推诿的责任。

（2）那么自在之物（物自体）是什么呢?

它是在常规思维认识能力之外存在的一个未被认识的物质世界——四维以上多维时空的阴性物质世界。① 对于阴性物质世界的研究，几乎囊括了拙著《我的宇宙观》系列著作的前五卷。在未来要写作的第六卷、第七卷以及第八卷，仍旧是从不同的视觉对阴性物质世界加以研究。

17.2 先验理性引发思维领域哥白尼式的革命和科学技术的突飞猛进

1. 先验理性与独立存在于人脑之外的阴性物质世界资料库的关系

（1）人们的所有知识都是灵魂产生和发射的灵魂波——-阴′+与意识产生和发射的思维波——+阴′-相耦合，从阴性物质世界资料库中检索和调动出来的。

长期以来，人们一直认为知识是由人脑产生的，因而有聪明的脑袋瓜一说。其实这是一个极大的错觉。脑只是意识的矛盾对立统一体的一个侧面，主要由阳性物质的正物质（阳+）构成。另一个侧面是以衰变形式存在的阴性物质的负物质（阴-）。这二者的组合构成意识，脑属于第二层次的事物。

意识的动态描述是：以衰变形式存在的阴性物质的负物质（阴-）围绕着阳性物质的正物质（阳+）即特指的脑做旋转式运动，因其速度下降到光速的上限，变之为似衰变而未衰变的东西，就像土星美丽的光环一样。此时阴性物质的负物质（阴-）也出现类似阴性物质的正物质（阴+）虚粒子的情况。② 在这种有规律的旋转中，脑产生和发射出思维波——+阴′-。

---

① 参见拙著《打开宇宙的另一扇门》6.3“关于康德的认识论——‘物自体’学说新解”。

② 参见拙著《进入阴性物质世界》1.3“突破相对论时空观与树立灵魂和意识的新概念”。

思维波——+阴′-与灵魂产生和发射的灵魂波——-阴′+相耦合，并在灵魂波的推动下，进入阴性物质世界的资料库检索信息和破译密码，然后将提取的有用的信息反馈回脑的记忆区间——获得知识。所以知识不是出自于人脑，而由脑意识产生和发射的思维波从阴性物质世界资料库中提取的。脑有一个储藏记忆区间，专门储藏这些调动出来的知识。

思维波——+阴′-在灵魂波——-阴′+的推动下进入阴性物质世界的资料库检索信息和破译密码，分为两种情况：

其一，思维波——+阴′-不携带一个或几个量子水平的阴性物质的正物质（阴+）——属于常规思维。

其二，思维波——+阴′-携带一个或几个量子水平的阴性物质的正物质（阴+）——形成意念，[①] 属于特异思维，即先验理性的思维。

（2）先验理性是研究和揭示阴性物质世界规律的思想武器。

由常规思维而产生的经验、反映论等，是研究和揭示四维时空的阳性物质世界规律的思想武器。由特异思维而产生的先验理性，则是研究和揭示四维以上多维时空的阴性物质世界规律的思想武器。康德的先验理性思维已经深入到了常规思维所不能到达的彼岸——自在之物（物自体），即阴性物质世界。因为那时自然科学还没有发展到应有的高度，例如没有相对论和量子力学，所以康德在试图认识自在之物（物自体）时，就不可避免地陷入难以自解的矛盾即二律背反中，因而感叹自在之物（物自体）是不可认识的。

对于一个科学工作者来说，更多的时候是常规思维和先验理性思维兼而有之、交叉使用。两种思维孰多孰少、如何娴熟地搭配、运用，则完全是个人能力问题。它取决于一个人先验因素水平的高低。

2. 先验理性对四维以上多维时空事物的合理抽象

（1）四维以上多维时空的阴性物质世界是以虚粒子构成的，运动速度起步就是超光速。阴性物质世界有许多个维数，每一个维数都有生命形式存在。这些生命总体上都是生命在阴性物质世界的存在形式。其结构式是：

灵魂 + 意识（不完全意识）+ 潜意识（狭义）+ 潜意识（广义）

生命在阴性物质世界的存在形式虽然没有肉身，但是其灵魂作为肉身同

① 参见拙著《进入阴性物质世界》7.4“思维波——+阴′-的收敛——形成意念”。

步缩小（或放大）的虚的形式，[①] 已经外化为这个生命体的虚的形式。因此，四维以上多维时空阴性物质世界的生命是有外在形式的，不过是以不可见光的形式出现，一般情况下我们的肉眼是看不见的。

因为受时空维数的先天限制，由阳性物质的正物质（阳+）构成的脑而产生的特异思维——先验理性，对于四维以上多维时空事物的描绘，就只能是抽象的概念了。康德的三大批判难读、难懂的原因也在这里。[②]

（2）先验理性引发科学技术突飞猛进。

先验理性思维的最大功绩，是探索到宇宙存在不同维数的时空和这些时空存在不同的生命形式。

宇宙存在不同维数的时空，在史蒂芬·霍金的《时间简史——从大爆炸到黑洞》中就有描述："似乎只有当空间—时间是十维或二十六维，而不是通常的四维时它们才是协调的！"[③] 实际上时空的维数是无量的，时空的维数愈高，时空弯曲得愈厉害，直到成为负值，即负的时空。

负的时空就是四维以上的多维时空——阴性物质世界。它和四维时空——阳性物质世界之间，是通过时空隧道（空间的零存在形式和时间的停滞）连接在一起的。而负的时空的高度弯曲，又使其翻转过来被正的时空裹挟起来。因此，阴阳两个物质世界又是和谐地相处在一起的。所谓"阴阳互根"，"负阴抱阳、负阳抱阴"，"阳中有阴阳、阴中有阴阳"，说的就是这个道理。

宇宙不同维数的时空存在不同的生命形式，在以上的章节中多次论述过，此处不再赘述。使人倍感兴奋的是，近年来西方科学家在这个研究领域获得了大踏步的前进。例如，意大利的马协娄·巴希博士于 2004 年 12 月 5 日晚所做的实验，成功地和不同维数时空的生命进行了对话。特别是当关掉收音设备之后，对话还在继续着。它说明这些对话的发生并不依赖于通讯工具作媒介，这在科学上是一个突破。还有，2004 年 2 月的一天，一位印度学者用一架数码相机（digital camera）拍摄到不同维数时空生命的影像，在互联网上公布后引起了轰动。[④] 以上这两件事情都具有划时代的意义。

据此，我们看到了未来世纪科学发展的曙光。一个是研制出先进的（无媒介）收音和录音设备；另一个是研制出高分辨率的照相机、摄影机，以便

---

① 参见本卷 4.3"灵魂是人体肉身同步缩小（或放大）的虚的形式的数学证明。"

② 指康德著：《纯粹理性批判》《实践理性批判》《判断力批判》。

③ 史蒂芬·霍金著，许明贤、吴忠超译：《时间简史——从大爆炸到黑洞》，湖南科学技术出版社 1995 年版，第 147 页。

④ 参见香港佛陀教育协会 2006/5 视频。钟茂森：《因果轮回的科学证明》第四部分"对不同维数空间生命的研究"视频照片。http：//www.tudou.com/programs/view/FVU419bvfow.

更容易地和不同维数空间生命对话，和拍摄四维以上多维时空阴性物质世界的图像。这样，我们对于不同维数时空生命的了解就会更深刻一些。它必将使人们的眼界大为开阔，思想空前解放。这是人类对于物质世界认识上的质的飞跃。这些科学研究上的突破，追溯理论的源头，则是康德提出的先验理性思维结出的硕果。

17.3 实践理性涉及常规思维所在的四维时空阳性物质世界的秩序

1. 实践理性的内涵和特点

（1）实践理性的定义。

实践理性是康德提出来的，因而是康德用语。它是指不依赖于任何经验内容的纯粹的道德意识。实践理性与思辨理性（theoretische vernunft）有别，前者同意志有关，后者同知识有关，前者高于后者。

康德认为，"善良的意志"即不计较实际效果的善良动机，才是道德的基础。人的行为只有遵守先天的、抽象的、永恒不变的伦理原则——绝对命令，才是真正的道德行为，而为了实现这一伦理原则，必须在信仰上假定意志是自由的，灵魂是不朽的，上帝是永存的。

康德的上述观点，集中反映在他于1788年出版的伦理学著作《实践理性批判》一书中。康德认为，在人类社会有一条至高无上的永恒的伦理原则，以绝对命令的方式由上帝下达，任何人都必须无条件遵守、执行。每个人都有绝对的自由意志，才有道德责任可言，才能择善而从，不为私欲所支配。在这里，因为假定了灵魂不朽和上帝永存，所以才能保证善恶因果报应。

康德同时认为，灵魂不朽、上帝永存和因果报应不能为理论或思辨理性所证明，但为实践理性必要的假设。

（2）实践理性涉及四维时空阳性物质世界的人类社会诸多事物。

道德问题从一开始就严肃地提出来了。

因为在四维时空物质以实粒子形式存在，运动速度在光速以下，所以事物的存在状态相对稳定和按照一定的秩序运动，这是阳性物质世界的内在要求。这一要求反映到人类社会，就是社会总是按照一定的规律，有秩序、可持续的发展。这一要求反映在每个人身上，就是要履行永恒不变的伦理原则——绝对命令，成为有道德的人。道德范畴实质上是有序运作的人性化范畴。

人类群体的生活、生产、科学研究、文学艺术等，首要的是需要在安定的环境中有秩序地进行。没有规矩，不成方圆。每个人的心目中有道德律令，一切都按照规程办事，社会的运作才会出现良性循环。

2. 宇宙的秩序反映到每个人身上就是要求做一个有道德的人

（1）宇宙的秩序之所以井井有条，是神灵、上帝设计和把握的结果。

康德为了论证实践理性是不依赖于任何经验内容的纯粹的道德意识，假定上帝必需永存，才有绝对命令——永恒不变的伦理原则。这是康德在先验理性范畴运用直觉而得出的结论。

拙著在前几卷和本卷以上章节中，都用相当篇幅论证了神灵、上帝的存在。基本的观点是：同四维时空的阳性物质世界相对应地存在着四维以上多维时空的阴性物质世界；相应地，同生命在阳性物质世界的存在形式相对应地存在着生命在阴性物质世界的存在形式。

生命在阳性物质世界的存在形式的结构式是：

肉	身	+ 灵　魂	+ 意　识	+ 潜意识（狭义）	+ 潜意识（广义）
阳+	阴−	阴+	阴−	阴+	阴−
阳−	阴+	阳−	阳+（脑）	阳−	阴+

生命在阴性物质世界的存在形式的结构式是：

灵魂 + 意识（不完全意识）+ 潜意识（狭义）+ 潜意识（广义）

神灵、上帝是生命在阴性物质世界的存在形式之佼佼者，是那里的领军人物。神灵、上帝没有肉身，但却是“全知、全能、全在。”

神灵、上帝的功能是阴性物质的功能，即特异功能。这种功能之神奇，令人匪夷所思，拍案叫绝。它包括：空中搬运、碎布复原、字迹再现、意念断针、指尖燃物、快解死结、思维传感等。①

神灵、上帝虽然没有肉身，但却有外部表现。通常是以不可见光的形象出现的，只有在特殊情况下才以可见光的形象出现，因而只是在偶然的时刻才有人会看见。为什么是这种情况呢？如上所述，人的眼睛只能看见仅占宇宙所有光波 2%的可见光即七色光，而 98%的不可见光（紫外线、X 射线、伽玛射线，等等）都看不见。所以肉眼在一般情况下是看不见神灵、上帝的。

---

① 2004 年 9 月 26 日在新疆乌鲁木齐银都大酒店，我亲自考察了维吾尔族特异功能者艾买尔·依民提，确认无任何道具和作假行为。VCD 光盘《新疆奇人》（ESRCCN－HII－03－0002－0/V. Z）为正式出版物，里面还有其他项目，如空中置换密封在盒里的香烟、扑克牌等。

"全知、全能、全在"的神灵、上帝是无所不知、无所不能的。它是宇宙间一台巨大的无形的运算速度超过光速的高智能计算机。反过来说，把这台高智能计算机人格化，就是神灵、上帝。

神灵、上帝既然是"全知、全能、全在"，是无所不知、无所不能的，那么将宇宙设计得如此井井有条、精细、完美，也就不足为奇了。

神灵、上帝的绝对命令——宇宙秩序——人的道德规则。

神灵、上帝的绝对命令表明，宇宙间的事物运动是有秩序的，它反映到每个人身上，就是成为有道德的人。

不仅如此，不同维数时空的生命形式在四维时空的阳性物质世界，仍旧按照各自固有的轨道活动，也是遵循神灵、上帝的绝对命令行事的。"以道莅天下，其鬼不神。非其鬼不神，其神不伤人；非其神不伤人，圣人亦不伤人。夫两不相伤，故德交归焉。"① 因而，神、鬼（瑰）的世界和人的世界，通常都存在于四维时空的阳性物质世界。按照神灵、上帝的绝对命令，神、鬼（瑰）有自身的活动规则，人有道德约束自己的行为，也就相安无事、天下太平。

（2）实践理性的实践及其他。

先说实用理性和实用主义。

实用理性是李泽厚提出来的。先是在他的《批判哲学的批判》一书中讲到，后有《实用理性与乐感文化》一书问世。其中"论实用理性与乐感文化"的上篇"实用理性的逻辑"和下篇"关于情本体"集中论述了他的观点。

在上篇中，李泽厚讲到度的操作本性，包括：操作构建与理性内化、中国传统的缺失、John Dewey 的工具主义；讲到度的辩证智慧，包括：由操作层到存在层、中国范畴维护生存的特色、"先验心理学"。讲到度与个体创造，包括：由度到美与形式感受、人与宇宙共在与自由直观、美学作为第一哲学与物自体问题探讨。所论问题均是实用理性的逻辑展开，并涉及美学。

在下篇中，李泽厚讲到心、性为本还是情为本？包括：道德律令与理性凝聚、宋明理学追求超验的失败、伦理的人是"最终目的"？讲到什么样的情？包括：Abraham 的杀子与中国的孝—仁、"未知死，焉知生"与"未知生，焉知死"、宗教经验种种。讲到情本体在今日，包括：还有情吗？有、空、空而有。美学作为第一哲学与物自体问题的继续探讨。所论问题是关于情理交融的感性即乐感文化。最后结合上篇末尾提出的问题，对物自体进一步作了探讨。

---

① 老子：《道德经》第六十章。

其中不乏真知灼见，也有仁者见仁、智者见智的地方。李泽厚认为，实用理性，既有别于康德的实践理性，也不同于杜威（John Dewey）的实用主义，[①] 读者只有阅读了他的著作，才能知道其中的真谛。

实用主义的基本理论，詹姆斯（William James）称作彻底经验论，[②] 杜威（John Dewey）称作经验自然论。[③] 他们认为客观现实等同于经验，认识的主体与客体之分是经验内部的区别。他们强调的实践，是指个人适应环境的活动，实践以及真理的标准是兑现价值和效用。

杜威自称他的哲学为经验自然论和工具主义。把自然（客观世界）归结为经验，认为经验就是人和人所创造的环境的"交涉"，一切科学理论只是人们整理经验，适应环境的手段或工具。认为教育即生活，学校即社会，应让儿童"从做中学"。他的代表作《艺术即经验》（1934）一书，开创了当代西方美学中的实用主义流派。二战以后，实用主义同逻辑实证主义与语义哲学开始合流。杜威是胡适的老师，实用主义曾通过胡适等人在中国传播。

实践理性的实践离不开先验理性在宏观上的把握。

自从康德于 1788 年出版伦理学著作《实践理性批判》以来，实践理性学说在世界各国广泛地传播开来。先是在欧美国家，后来延伸到亚洲国家。中国在 20 世纪三四十年代，则有康德的三大批判相继翻译出版。

康德的实践理性学说，讲的是不依赖于任何经验内容的纯粹的道德意识。特别指出"善良的意志"即不计较实际效果的善良动机，是道德的基础。人的行为只有遵守先天的、抽象的、永恒不变的伦理原则——绝对命令，才是真正的道德行为。这一观点普遍为大家所接受，因为社会需要道德和秩序。

从一个大的历史层面看，詹姆斯（William James）和杜威（John Dewey）

---

① 李泽厚说："……即是说人的'本体'不是理性而是情理交融的感性。这正是当年弃'实践理性'（practical reason）而用'实用理性'（pragmatic reason）一词的重要原因。"又说："实用理性之不同于实用主义和 Dewey，在于前者在肯定上述前提下，又非常重视和强调历史的积累，……"参见李泽厚：《实用理性与乐感文化》，生活·读书·新知三联书店 2005 年版，第 70、19 页。

② 詹姆斯（William James，1842—1910）美国哲学家、心理学家，实用主义主要代表之一，机能心理学创始人之一。哈佛大学医学博士。历任哈佛大学、英国爱丁堡大学教授。将皮尔斯提出的实用主义基本思想系统化。自称其哲学为彻底经验论，它的任务是把贝克莱的思想贯彻到底。曾创用信仰意志一语。在心理学上，与杜威一起创立了机能心理学，并与丹麦朗格先后提出詹姆斯—朗格情绪说。他所提出的意识流概念在现代西方哲学、心理学、美学、文学艺术等方面有广泛影响。著作有：《心理学原理》《信仰的意志》《实用主义》《彻底经验论》等。

③ 杜威（John Dewey，1859—1952）美国哲学家、社会学家，实用主义芝加哥学派和实用主义美学的创始人。约翰斯·霍普金斯大学哲学博士。曾任芝加哥大学、哥伦比亚大学教授，美国心理学会、美国哲学学会、美国大学教授联合会会长。1896 年在芝加哥大学创设实验学校并任校长。1919—1921 年间曾来中国讲学。著有：《艺术即经验》《学校与社会》《民主主义与教育》《哲学的改造》《经验和自然》《逻辑：探究的理论》等。

的实用主义，李泽厚的实用理性，都是对康德的实践理性从不同侧面、不同视觉，或者结合传统文化而进行的实践和发展。

康德从先验理性出发，指出为了实现这一伦理原则，必须在信仰上假定意志是自由的，灵魂是不朽的，上帝是永存的。这种假定虽然为基督教等宗教全部接受，但是也为科学研究向终端目标前进提供了科学假想和冲动。作者正是在康德这一思想的强烈感染和启迪下，才有在《我的宇宙观》以上各卷中对于神灵、上帝存在的不揣冒昧的探索，甚或是大胆地追根溯源。

实践理性的实践离不开先验理性在宏观上的把握。非如此而不能全面、准确地理解康德，也不可能在探索中获得积极的理论成果。

17.4 人是集先验理性和实践理性于一身的高等智慧生命

1. 在宇宙的“神—人—兽”大格局中人所处的特殊地位

(1) 人对自己的正确定位是认识自我的前提。

在宇宙生命坐标第Ⅳ象限特定的时空条件下，阴阳两种物质相互碰撞就产生一个生命（物种）。宇宙间的神、人、兽，虽然生命的层次和量级不同，地位、功能和作用相去甚远，但就其诞生的本原来说，都是如此。①

人体是由阴阳复质物质构成的。如果说将阴阳两种物质分裂到第二个层次，那就是：阴性物质的正物质（阴+）、以衰变形式存在的阴性物质的负物质即阴性物质的反物质（阴-）；阳性物质的正物质（阳+）、以衰变形式存在的阳性物质的负物质即阳性物质的反物质简称反物质（阳-）。还可以继续分裂下去，但是为了研究的方便，也因为继续分裂下去在计算上会碰到的困难，权且只好如此了。所以也只做出四个元素周期表，② 用 460 种物质元素的排列组合来解释大千世界的诸种事物的变化。

在宇宙生命坐标第Ⅳ象限特定的时空条件下，阴阳两种物质相互碰撞产生一个生命（物种），几乎是在同一时刻便产生了阴性物质的正物质（阴+）和以衰变形式存在的阳性物质的负物质（阳-）即反物质构成的矛盾对立统一体——灵魂，它是从阴性物质的正物质（阴+）元素周期表即虚元素周期表的 115 种元素，以及阳性物质的负物质（阳-）即以衰变形式存在的反物质的元素周期表的 115 种元素中，撷取相关的物质元素构成含有某种特质要求的灵

---

① 参见本卷第 3 章 3.2“神、人、兽在宇宙生命坐标第Ⅳ象限的位置”。

② 参见拙著《进入阴性物质世界》2.2“以实粒子为特征的元素周期表与以虚粒子为特征的虚元素周期表之比较”。

魂；也在同一时刻产生了阳性物质的正物质（阳+）即特指的脑和以衰变形式存在的阴性物质的负物质（阴-）即阴性物质的反物质构成的矛盾对立统一体——意识，它是从门捷列夫元素周期表即阳性物质的正物质（阳+）元素周期表的 115 种元素，以及阴性物质的负物质（阴-）即以衰变形式存在的反虚元素周期表的 115 种元素中，撷取相关的物质元素构成含有某种特质要求的意识。

潜意识（狭义）是灵魂的镜像物，其构成和灵魂完全一样；潜意识（广义）在这里指的是个人的潜意识（广义），它是阴性物质的正物质（阴+）和阴性物质的负物质（阴-）构成的矛盾对立统一体，它是从阴性物质的正物质（阴+）元素周期表即虚元素周期表的 115 种元素，以及阴性物质的负物质（阴-）即以衰变形式存在的反虚元素周期表的 115 种元素中，撷取相关的物质元素构成含有某种特质要求的潜意识（广义），并且和宇宙总体的潜意识（广义）也就是人类全体的潜意识（广义）相联结。

人体的阴阳复质物质结构也就是生命在阳性物质世界的存在形式，其结构式是：

肉　身 +	灵　魂 +	意　识 +	潜意识（狭义）+	潜意识（广义）
阳+ 阴-	阴+	阴-	阴+	阴-
阳- 阴+	阳-	阳+（脑）	阳-	阴+

在宇宙的“神—人—兽”大格局中，人是靠近神的高等智慧生命，但是在人的另一边却连接着兽。[①] 人是生命在阳性物质世界的存在形式之智慧者，是万物之灵。人为了生存——保持肉身较长时间的存在，以使灵魂有一个栖息之地，让意识借助脑更好地发挥作用，就要设法生活下去。于是人就要结成群体，组成社会，并运用社会的力量向自然界索取财富。

事实上自从人类诞生以来，就开始了和地球上的动植物（广义上的兽）争夺资源，并且最终取得了主宰权。但是人类的这种胜利却包含了极大的失败因素。如今动植物的大量灭绝和生态环境的迅速恶化，已经威胁到人类的生存。人类要继续存在下去，就必需向地球上的动植物让步，让它们也获得生存权，做到“人—兽”资源共享。

从宇宙的“神—人—兽”大格局看，人不仅要敬畏神，聆听神的教诲，按照实践理性的要求成为有道德的人，而且要学会和动植物（广义上的兽）相处，给予它们生存权，才能做到相安无事和可持续发展。

---

① 参见本卷第 3 章 3.1“神性、人性、兽性的区别”。

神有神性，人有人性。在神的神性中包含着少量的人性，原因是在神的生命在阴性物质世界的存在形式的结构式中，有 2 个单元的阳性物质的负物质（阳－）即反物质，占到 25％的比例。另外，神的灵魂和人的灵魂在结构上都是阴性物质的正物质（阴＋）和阳性物质的负物质（阳－）即反物质构成的矛盾对立统一体。因而神的神性和人的人性彼此之间是相通的。

在人的人性中包含着多一半的神性，因为在人的生命在阳性物质世界的存在形式的结构式中，有 7 个单元的阴性物质（“阴＋”和“阴－”），占到 58.3％的比例。另外，人的灵魂和神的灵魂在结构上都是阴性物质的正物质（阴＋）和阳性物质的负物质（阳－）即反物质构成的矛盾对立统一体。因此，人的人性和神的神性之间不仅是相通的，而且人的人性总是向往着神性。①

人的人性更多地显示在男女之情当中，以及父爱、母爱和儿女之情当中；同时又表现在朋友的友情当中，以及对国家、民族乃至对人类关爱的责任心当中。这是人性中的基本方面——善。

人性中的恶，就是兽性中的邪恶的一面，即专门危害人类的一面。一个人如果专门为谋害别人而活着，就是人类中的毒兽。

(2) 人一旦认识了自己的特殊地位就有了自知之明。

人只能具有神性而不能成为神，如果说修炼不够就可能滑向兽类。

人和神的最大不同是，神可以通过时空隧道自由地来往于人所在的四维时空，清楚地知道阳性物质世界和人类所发生的一切，但是人由于时空维数的先天限制，对于神的世界——阴性物质世界的一切却不甚了了。虽然人的灵魂波——－阴′＋和思维波——＋阴′－相耦合能够进入阴性物质世界检索信息和破译密码，但是得到的东西仍旧十分有限，所以人永远没有神的无所不知、无所不能的本领。人在许多时候对自身的事情也看不清楚，常做蠢事。因而人终归是人不是神。

人不是神，但是人却可以成为兽。原因是人和兽都是生命在阳性物质世界的存在形式，身体有着相似的结构式。一个人如果说修炼不够就可能滑向兽类。这样的例子举不胜举。所谓人面兽心、猪狗不如，皆是如此。

人因生理上的缺陷在行为上有很大的局限性，没有理由藐视动植物的存在。那么人的生理器官存在哪些先天缺陷呢？主要是：

人的眼睛是通过感受光而观察事物的器官。现代物理学证实，光实际上是一种电磁波。光本身分为可见光和不可见光，能引起视觉的电磁波称之为

---

① 参见本卷第 3 章 3.2“神、人、兽在宇宙生命坐标第Ⅳ象限的位置”。3.3“人类是宇宙生命坐标第Ⅳ象限的高等生命”。

可见光，其波长范围约在红光的 0.77 微米到紫光的 0.39 微米（亦即 7700～3900 埃）之间。可见光就是我们通常看见的红、橙、黄、绿、青、蓝、紫七色光，仅占宇宙间所有光波的 2%。不能引起视觉的电磁波称之为不可见光，它分为波长在 0.77 微米以上到 1000 微米左右的红外线和波长在 0.39 微米以下到 0.04 微米左右的紫外线。不可见光包括红外线、微波、短波、中波、长波及紫外线、X 射线、伽玛射线、V 射线等。它们却占到宇宙间所有光波的 98%。

人的耳朵是灵敏的接收声音的器官，但是它却只能感觉到 20 到 20000 赫兹频率的振动。如果声音的频率在 20 赫兹以下（次声波），或者 20000 赫兹以上（超声波），人的耳朵就什么都听不到了。然而一些动物的听觉却比人类的听觉要灵敏多了。例如，大象能够听到低达 5 赫兹的声音，狗能够听到 50 到 45000 赫兹之间的声音，猫能够听到 50 到 85000 赫兹之间的声音，蝙蝠能够听到 120000 赫兹的声音，海豚能够听到 200000 赫兹的声音。

可见，人的眼睛对光的感受范围十分有限，只局限在通常看得见的红、橙、黄、绿、青、蓝、紫七色光。仅看见极少一部分事物，宇宙间的绝大多数事物人的眼睛是根本看不见的。而人的听觉范围更小，可能是所有动物中听觉功能最差的。同样是在四维时空的阳性物质世界，许多动物的视觉和听觉却比人灵敏和发达得多。那么，我们有什么理由轻视它们呢？

对于自然灾害的预知，许多动物比人更是敏感。例如，大地震到来之前，狗、蟾蜍等动物都有异常反应，原因是它们的听觉、触觉等器官格外发达，感觉身体不适，预示大祸来临。而人对这一切却浑然不知。所以人类没有理由藐视动物，更不可以肆意去糟践和杀戮它们。

现在看来，每当大的灾难到来之前，“全知、全能、全在”的神灵、上帝早就不止一次地向人类发出了警告，只因我们既是瞎子、又是聋子，完全漠视了这些警告的声音。试想，在大地震来临之前连狗、蟾蜍等动物都有感觉而急于逃生，难道说无所不知、无所不能的神灵、上帝能不更早地知道这一切吗？当预知大祸即将来临之时能不告诉天下的众生吗？

2. 在人身上体现着先验理性和实践理性

（1）人身上的神性体现为先验理性。

神性宣示无限神圣的思想、无限纯洁的品质；神性显示着圣洁、崇高。神性是永恒的至善、至美、至真，是人类向往和追求的理想境界。神性又是阴性物质功能——特异功能在神灵、上帝身上的全面升华。

人是具有肉身的阴阳物质的复合体。如上所述，在人的人性中包含着多一半的神性。原因是在人体的结构式中，有 7 个单元的阴性物质（“阴+”和

"阴－"），占到58.3%的比例。并且人的灵魂和神的灵魂在结构上都是阴性物质的正物质（阴＋）和阳性物质的负物质（阳－）即反物质构成的矛盾对立统一体。这是在人身上之所以体现着神性的物质基础。

人体的五大要素：肉身＋灵魂＋意识＋潜意识（狭义）＋潜意识（广义）。按照对立统一的正负配对原则联结起来，最后直至潜意识（广义）——阴性物质世界——神的世界。所以，在一个人的肉身之后拖着一根长长的"辫子"，这根辫子的一头就攥在神灵、上帝的手里。

人的灵魂产生和发射的灵魂波——－阴′＋，和意识产生和发射的思维波——＋阴′－相耦合，并推动着思维波——＋阴′－携带阴性物质的正物质（阴＋）——意念进入阴性物质世界，检索信息和破译密码。人之所以能够在阴性物质世界资料库屡屡有所收获，无疑得力于神灵、上帝的帮助。

一言以蔽之，在人身上总是体现着神灵、上帝的无私的帮助，因而在人身上总是显示着神性。这种神性——体现为先验理性。这种先验理性，又直观地表现为人的先天因素，或者说先天能力。这也就是孔子说的"生而知之"和孟子说的"不学而能"的背后不为人知的深刻的原因。

（2）实践理性规范人的道德行为。

人性中不光有大部分的神性，还有可以诱发出来的兽性。原因是人和兽有着相似的生命要素和生命的结构式。不同的是人的灵魂的构成撷取了优质元素，而兽的灵魂构成其层次则低多了；人的意识的构成也撷取了优质元素，而兽的意识构成其层次则低多了，特别是兽的脑结构简单，功能单一。

那么什么是兽性？笼统地讲兽性就是任凭生理本能的驱使，去谋"食"，去谋"性"。为此而展开弱肉强食的残酷斗争。它们一旦发生利害冲突，相互之间就只有血淋淋地撕咬，根本没有什么文明道德可言。

人有多一面的神性，人也有某些方面的兽性。譬如，人群中就有人面兽心、蛇蝎心肠的人。有的人甚至连禽兽都不如。譬如，人群中某人被斥之为披着人皮的狼。相比之下，狼反倒显得善良多了。

实践理性是指不依赖于任何经验内容的纯粹的道德意识。因此，实践理性鄙视人性中诱发出的兽性。实践理性的实践，要求人要保持人性中的神性，减杀和摒弃人性中某些兽性。不断地修炼自己的心性，做一个有道德的人，一个纯粹的人，一个脱离了低级趣味的人，一个有益于人民的人。

第 18 章　实践中的无神和有神——无神论和有神论之争

18.1　无神论和有神论争论的焦点

1. 无神论和有神论之争谁也说服不了谁

（1）无神论和有神论之争由来已久，少说也有上千年的历史了。无神论者振振有词：从唯物主义的观点看，世界是看得见、摸得着的物质世界，神在哪里？怎么没有看见？有神论者则予以反驳，质问道：难道说看不见、摸不着的东西就不是物质？你看见电磁波了吗？还有用现代科学仪器测量不出来的东西但是人却感觉到了，这是不是物质？如果说神让你看见了的话它还是神吗？这种针锋相对的观点谁也说服不了谁，于是无神论和有神论之争就各持己见，无休止地辩论下去。……

（2）当我们按照南宋哲学家、教育家朱熹"阳中有阴阳，阴中有阴阳"的观点，将阴阳两种物质"一分为二"到第二个层次，进而做出阳性物质的正物质（阳+）元素周期表即门捷列夫元素周期表、阳性物质的负物质（阳－）即反物质元素周期表、阴性物质的正物质（阴+）即虚元素周期表、阴性物质的负物质（阴－）即反虚元素周期表等四个元素周期表的时候，就将无神论和有神论之争引入到一个新的平台上，看看谁的观点更符合科学发展观的要求。

2. 无神论者的观点过于狭隘，有神论者的观点须进一步完善并得到科学实验的证实

（1）无神论者坚持的唯物论有局限性。

无神论者坚持的唯物论，就是通常说的门捷列夫元素周期表上 115 种元素，属于阳性物质的正物质（阳+）元素周期表上所列的元素，大凡都是看得见、摸得着的物质，即使镭、铀等放射性元素，也是可以用仪器测量到的。用这 115 种元素的排列组合，并不足以解释宇宙间的一切事物。因此，无神论者坚持唯物论的观点，充其量也只认识了少部分的宇宙事物，他们不知道宇宙间还有更多的事物，我们人类根本不晓得。因此，无神论者坚持的唯物论有局限性。

无神论者过分地相信他们的感觉、视觉和听觉，这也是固执己见的一个重要原因。但是现代科学的发展却证明人的感觉、视觉和听觉具有很大的局限性。请看：

因为我们生活在阳性物质世界的四维时空中，所以通常所见的物质存在形式是实粒子，运动速度在光速以下。眼、耳、鼻、舌、身所感受的光线是可见光（赤、橙、黄、绿、青、蓝、紫），听到的声音局限在 20 到 20000 赫兹频率的振动。就是说，大量的不可见光我们用肉眼看不见，在 20 赫兹频率以下和 20000 赫兹频率以上的声音，我们的耳朵也听不见。

英国研究人员最近发现，与鸟类、鱼类和两栖类动物相比，人体内少一个能够促进眼睛中生成感光细胞的基因。例如，蜂鸟以及其他一些鸟类可以看见人类无法看见的光线。在紫外线下，一些我们看起来颜色单调的图案，鸟类看却是彩色的。哈勃望远镜可以拍摄出紫外线图像，但只有等到技术人员将单调的图像彩色化，我们才可以欣赏到这一多彩的颜色。说明人类的视觉、听觉等器官，有着先天性的缺陷。在这方面，我们远不如有些动物。

特别是我们生活在阳性物质世界的四维时空中，那么所有的感觉、视觉和听觉器官，就按照四维时空的要求生长和发育，完全适应了四维时空的环境。那么对于四维以上多维时空的事物的探索，我们的感觉、视觉和听觉器官就显得无能为力了，这或许就叫做时空维数的先天限制。因而人的感觉、视觉和听觉器官不能达到的地方，就不能认为那里的事物不存在。而这些被无神论者认为不存在的东西，恰好是人类还未被认识的宇宙 3/4 的事物。

（2）有神论者感知到宇宙间存在着未被认识的事物，但却找不出新的科学实验的证据。

有神论者多为敏感型人群，他们凭借自身的感官，感知到宇宙间存在未被认识的事物。康德提出物自体学说，黑格尔提出绝对精神领域，大凡是感知到宇宙间有一个未被人类认识的物质世界。因为当时还没有相对论和量子力学，不可能从理论上推导出超微观物质领域抑或是阴性物质世界，所以只有靠悟性、靠感知了。这种感知往往是准确的，但却缺乏科学的论证。

当我们做出阳性物质的正物质（阳+）元素周期表即门捷列夫元素周期表、阳性物质的负物质（阳−）即反物质元素周期表、阴性物质的正物质（阴+）即虚元素周期表、阴性物质的负物质（阴−）即反虚元素周期表等四个元素周期表的时候，这些以往猜测的或者说疑惑不解的问题，便豁然开朗了。

根据以上所述，阳性物质的正物质（阳+）就是门捷列夫元素周期表上所列的 115 种元素。阳性物质的负物质（阳-）即反物质，1996 年欧洲粒子物理实验室的科学家已发现了它，如反氢物质（-H），其衰变周期是百万分之三十秒，说明反物质是以衰变形式存在的。

根据对立统一规律及其演绎的宇宙对称定理和大相似定理可知，和阳性物质相对应的有阴性物质。同样的道理，也有阴性物质的正物质（阴+）和阴性物质的负物质（阴-）即以衰变形式存在的阴性物质的反物质。但是这后者还只是理论上的推导，并没有在实验中得到证实。

(3) 整个物质世界不只有一个门捷列夫元素周期表，即阳性物质的正物质（阳+）元素周期表，115 种元素。还有另外三个元素周期表：阳性物质的负物质（阳-）即以衰变形式存在的反物质的元素周期表，115 种反物质元素；阴性物质的正物质（阴+）元素周期表即虚元素周期表，115 种虚元素；阴性物质的负物质（阴-）即以衰变形式存在的反虚元素周期表，115 种反虚元素。四个元素周期表总计 460 种元素。

过去我们总是企图用一个门捷列夫元素周期表，即阳性物质的正物质（阳+）元素周期表的 115 种元素的排列组合来说明大千世界的变化，特别是用来说明生命的构成要素以及生命的特异现象，多是失之偏颇的。这就是长期以来坚持唯物主义的无神论者所持的观点，其片面性是显而易见的。因为它只认识了宇宙的少部分事物，却妄称掌握了全部宇宙真理。

这种情况告诉我们，如果说固守在一个门捷列夫元素周期表，即阳性物质的正物质（阳+）元素周期表上，仅用 115 种阳性物质的正物质（阳+）元素的排列组合来解释物质世界，充其量只认识了 1/4 的宇宙事物，还有 3/4 的宇宙事物则是全然无知的。人类目前对宇宙事物的认识即是如此。显然，只有用四个元素周期表，即 460 种元素的排列组合来解释物质世界，才算对宇宙事物的概貌有一个大体全面的认识和了解。

18.2　在肉身之后被忽视了的一条长长的“辫子”

1. 无神论者只看到生命在阳性物质世界的存在形式肉身一个要素，而忽视了看不见的其他四个要素

(1) 在宇宙生命坐标第Ⅳ象限，阴性物质和阳性物质在特定的时空条件下相碰撞，就产生一个物种（肉身）。这就确定了肉身是阴阳物质的复合体的基本定义。肉身的存在是生命在阳性物质世界存在形式的主要的特征。

在阴阳两种物质相碰撞产生一个物种（肉身）的同时，也产生了灵魂和意识。灵魂是阴性物质的正物质（阴+）和以衰变形式存在的阳性物质的负物质（阳－）即反物质构成的矛盾对立统一体；意识是阳性物质的正物质（阳+）即特指的脑和以衰变形式存在的阴性物质的负物质（阴－）即阴性物质的反物质构成的矛盾对立统一体。于是肉身+灵魂+意识的连线，就可以看作是一条生命线。

（2）将宇宙生命坐标第Ⅳ象限X轴上阳性物质的负物质（阳－）直线延长，再将Y轴上阴性物质的正物质（阴+）直线延长，二者在生命线上的交点，称作潜意识（狭义），它在结构上和灵魂完全一样，是灵魂的镜像物。

（3）和潜意识（狭义）相联结的是潜意识（广义），实际上这里指的是个人的潜意识（广义），然后再和宇宙总体的潜意识（广义）相联结。潜意识（广义）是阴性物质世界，属于四维以上的多维时空，在平面上画不出来。

因此，肉身+灵魂+意识+潜意识（狭义）+潜意识（广义）就构成了生命在阳性物质世界的存在形式的五大要素。如下图示之：

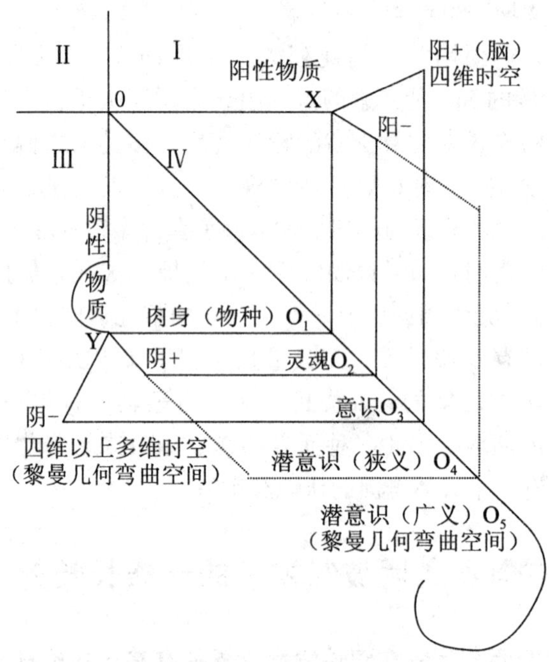

宇宙生命坐标第Ⅳ象限生命在阳性物质世界存在形式的五大要素

2. 生命在阳性物质世界的存在形式的五大要素解析

肉身存在于四维时空的阳性物质世界，灵魂栖息在心窝处，意识由脑部产生和发射出去，潜意识（狭义）存在于阴阳两个物质世界的交界处，潜意识（广义）就是阴性物质世界。因此，一个人的生命在阳性物质世界的存在形式，在肉身之后拖着一条长长的“辫子”，直达整个阴性物质世界。认为人活着只存在肉身，却看不见在肉身之后拖着一条长长的“辫子”，这正是无神论者对生命形式的基本看法，其片面性是不言而喻。

18.3　神、鬼（瑰）的真实含义

1. 有些有神论者相信神、鬼（瑰）却不知道其真实含义

（1）既然在理论上确认了整个宇宙区分为阳性物质世界和阴性物质世界，那么生命的存在形式也就相应地分为生命在阳性物质世界的存在形式和生命在阴性物质世界的存在形式。

（2）生命在阳性物质世界的存在形式如上所述，由肉身+灵魂+意识+潜意识（狭义）+潜意识（广义）等五大要素构成。其鲜明的特点是存在肉身。当一个人因不治之症或者说突发的灾难而使肉身不复存在时，生命就由阳性物质世界的存在形式转化为阴性物质世界的存在形式。这时由于脑已不复存在，就由一个人生前脑意识产生和发射的具有固定频率和波长的思维波——+阴′−替代脑的功能，和阴性物质的负物质（阴−）构成意识（不完全意识）——
+阴′−。
−阴

这样，生命在阴性物质世界的存在形式是：灵魂+意识（不完全意识）+潜意识（狭义）+潜意识（广义）。因而，生命在阴性物质世界的存在形式，实质上就是原来肉身之后拖着那一条长长的“辫子”。当肉身不复存在的时候，就将“辫子”留了下来。这条留下来的“辫子”，就是神、鬼（瑰）的真实含义。显然它存在于四维以上的多维时空的阴性物质世界。

2. 神、鬼（瑰）就在四维时空和你我中间

四维以上的多维时空是高度弯曲和压缩的时空，属于负空间和虚时间，通过时空隧道（空间的零存在形式和时间的停滞），与正空间和算术时间的四维时空相连接；又因为四维以上的多维时空实际上被我们现实的四维时空裹挟着，所以生命在阴性物质世界的存在形式，也就不时地穿梭于时空隧道，或者说通过时空隧道经常地出现在我们周围，以致终日和我们在一起。

（1）生命在阴性物质世界的存在形式全息了生命在阳性物质世界的存在形式的所有信息和密码。虽然没有肉身，但却有其外在的虚的表现形式，只不过由于时空维数的先天限制以及人的感觉、视觉和听觉上的缺陷，我们看不见、听不到罢了。但是极少数特异功能者能够看到它的存在及活动。

（2）生命在阴性物质世界的存在形式即有神论者相信的神、鬼（瑰）。为了抛弃传统文化的糟粕，我在《我的宇宙观——进入阴性物质世界》第四卷第11章“神的世界和人的世界”一节中，将“鬼”改为“瑰”，因为至少在《聊斋志异》作者蒲松龄的笔下，鬼是可爱的。我相信阴性物质世界同阳性物质世界一样，有善也有恶。从正常的生活秩序来说，仍是从善如流，和谐的和美好的。

据此，有神论者阐述神、鬼（瑰）的真实含义，至少没有犯逻辑上的错误。孔子曰：敬鬼神而远之。说明神、鬼（瑰）是真实存在的，只是让我们敬畏它，和其保持一段距离。神、鬼（瑰）是生命在阴性物质世界的存在形式，和我们活着的人相比，区别只在于生命存在的时空形式不同而已。

18.4 无神论和有神论的争论还要持续下去

1. 人与神、鬼（瑰）交流信息何以成为可能

（1）人与神、鬼（瑰）交流信息，从理论上说是可以做到的。

这里先解释一下神和鬼（瑰）的不同含义。什么是神？神是生命在阴性物质世界的存在形式之佼佼者，是那里的领军人物，或者说是统帅、领袖。他不仅掌握着阴阳两个物质世界的所有信息和密码，而且具有超级的阴性物质功能，也就是量级很高的特异功能。他是阴性物质世界的人格化——万有（ALL），即通常说的神灵、上帝。鬼（瑰）则是那里众多的芸芸众生，只具有一般的阴性物质功能，即普通的特异功能。

想想新疆维吾尔族青年艾买尔·依民提的特异功能吧，他能空中搬运、碎布复原、意念断针、指尖燃物、快解死结、思维传感等，艾买尔·依民提是一个普通的维吾尔族青年，一旦开发出阴性物质的特异功能，就有如此大的本领。而作为生命在阴性物质世界的存在形式之佼佼者——神灵、上帝，他本身就有很高量级的超级阴性物质的特异功能，可以想象神灵、上帝的本领是多么的大啊！真正是无所不知、无所不能。我们能不敬畏吗？

（2）人与神、鬼（瑰）在随时交流信息，只不过一般人是不自觉地进行着，没有明显的感觉罢了。这个过程是：人体作为一个开放的信息反馈系统，人的灵魂波——-阴′+和思维波——+阴′-相耦合，推动思维波——+阴′-进入阴性物质世界。当脑意识的思维波——+阴′-和生命在阴性物质世界的存在形式——神、鬼（瑰）的意识（不完全意识）中的思维波——+阴′-达到同频共振时，就交流信息和破译密码。然后将这些检索的信息和破译的密码反馈回人体，传输到身体的各个部位。同样地，生命在阴性物质世界的存在形式——神、鬼（瑰）也从人体获得信息和密码，以便了解生命在阳性物质世界的存在形式的情况，为调控阴阳两个物质世界生命存在形式的平衡寻求依据。

（3）值得指出的是，无神论者脑意识的思维波——+阴′-也进入阴性物质世界和神、鬼（瑰）交流信息和破译密码，但是他们在理性上不承认这一点，因而干出一些颇具荒唐的事情来。无神论者的心目中没有神的位置，对神没有敬畏感，也没有宗教情结。虽说他们脑意识的思维波——+阴′-不自觉地进入阴性物质世界，但却没有什么感受，这种情况使其找不着北，因而没有一种归宿感。于是，他们无形中就把自己放到了神的位置上，自高自大，目空一切，什么违背常理的事情都敢干。大跃进期间有一首红色民谣说："天上没有玉皇，地上没有龙王。我就是玉皇，我就是龙王，喝令三山五水开道，我来了!"这是典型的无神论者的内心独白，其藐视一切的想法和做法必然破坏生态平衡，结果受到大自然的惩罚已是人所共知的事了。

2. 无神论和有神论的争论还要持续下去

（1）根据以上所述，提出四个元素周期表以后，就将无神论和有神论之争引入到一个新的平台上，那么这场争论是否就可以结束了？不可能，无神论和有神论的争论还要在新的平台上持续下去。因为即使提出了四个元素周期表，其中后三个元素周期表还没有规范地编制出来，在实验室也没有得到证明，所以还属于科学假说。争论就不可避免地要持续下去。

（2）如果说无神论者坚持唯物论以门捷列夫元素周期表上 115 种元素，即阳性物质的正物质（阳+）元素周期表上所列的元素为立足点，提出无神论观点，我在这里也坚持唯物论，以阳性物质的正物质（阳+）元素周期表即门捷列夫元素周期表、阳性物质的负物质（阳-）即反物质元素周期表、阴性物质的正物质（阴+）即虚元素周期表、阴性物质的负物质（阴-）即反虚元素周期表等四个元素周期表 460 种元素为立足点，提出有神论的观点。同样都是坚持唯物论，却提出了截然不同的观点，这不觉得好笑吗？孰是孰非读者自有自己的判断。

（3）无神论者只看到生命在阳性物质世界的存在形式，认为生命只有肉身一个要素，而忽视了在肉身之后还拖着一条长长的"辫子"——灵魂+意识（不完全意识）+潜意识（狭义）+潜意识（广义）等四个要素，直达整个阴性物质世界。而这条长长的"辫子"正是神、鬼（瑰）的存在形式。它来自阳性物质的负物质（阳-）即反物质元素周期表、阴性物质的正物质（阴+）即虚元素周期表、阴性物质的负物质（阴-）即反虚元素周期表等三个元素周期表 345 种元素。可见，无神论者和有神论者的根本区别在于是否注意和承认这三个元素周期表，以及在宇宙生命坐标第Ⅳ象限肉身、灵魂、意识、潜意识（狭义）和潜意识（广义）五位一体的形成。

（4）由于时空维数的先天限制和人在感觉、视觉、听觉上的缺陷，一般人不可能直接感觉、看见和听到生命在阴性物质世界的存在形式——神、鬼（瑰）的存在，也就不大相信我在以上的论述。只有当科学发展到应有的高度，特别是建立了新的数学体系，在物理学上创建了时空自动变换的方程式，并且研制出运算速度起步就是超光速的高智能计算机之后，才有可能在电视屏幕上展现出神、鬼（瑰）的真实形态来。但这需要一个很长很长的时间，至少是在继续争论的几个世纪以后吧。

第 19 章　道德与法

19.1　道德与法的目标是维护人性中相对的善

1. 相对的善中的不善因素导致法的产生

(1) 道德与法在黄金分割中的位置。

从中点 0.5 到偏离这个中点直至 0.618 相对的善其间发生了什么？

如上所述，把长为 L 的直线分成两部分，使其中一部分对于全部的比等于其余一部分对于这部分的比，即 X：L=（L－X）：X

这样的分割称为黄金分割。如下图示之：

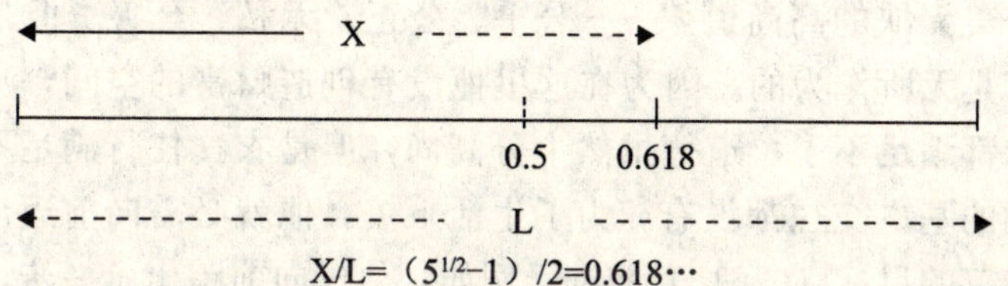

这条线段的中点体现的以 0.5 为轴心的绝对的善，向偏离这个中点直至 0.618 是相对的善。这期间要经历 118 个过渡点，才能达到相对的善的境界。就在人们向这个认为尽善、尽美、尽真的相对的善的境界迈进的时候，在善中却包含了不善的因素。因为你每跨越一个过渡点，都是对于中点（0.5）的公平、公正、无私、至善的偏离，当你到达了第 118 个过渡点（0.618）时，已经偏离了中点（0.5）的公平、公正、无私、至善可达到的极限。

道德与法在黄金分割中的位置，是这条线段的中点体现的以 0.5 为轴心的绝对的善，向偏离这个中点直至 0.618 是相对的善的区间。

(2) 相对的善中的不善因素。

善是道德的同义语。一个善良的人必定是有道德的人，反之亦然。但是为什么在相对的善的领域还一定要有类似法的各种规定呢？这是因为从这条线段的中点体现的以 0.5 为轴心的绝对的善，当向相对的善的极限 0.618 逼近时要经历 118 个过渡点；而每跨越一个过渡点，都是对于中点（0.5）的公平、公正、无私、至善的偏离，都有不善的因素伴随其中。这每一个不善的因素，都可能诱发出人贪婪的心理和占有的欲望。每当愈向相对的善的极限0.618逼近时，人的行为显得愈完美，其掩盖的贪婪和占有的欲望愈强烈，不善的因素就愈益增多。

为了扼住人的这种贪婪和占有的欲望，将不善的因素减杀到最低限度，就需要用一种规定、制度来加以约束，于是法就在人们的日常习惯中，不知不觉地由社会组织者制订和颁布了。

从这条线段的中点体现的以0.5为轴心的绝对的善，向偏离这个中点直至0.618是相对的善之间要经历118个过渡点。虽说愈接近最后的一个过渡点，在相对的善中掩盖的人的贪婪与自私愈浓烈，但它毕竟还在善的区域，属于道德范畴的问题。可是一旦这种贪婪和自私的疯狂越过第118个过渡点，就变为恶了，也就要受到法律的制裁。所以法律是道德的最低底线。一个人不能仅满足于不犯法。

2. 道德与法的共同目标是维护人性中相对的善

（1）道德与法在比照中轮番地各领风骚。

假若一个人一开始就处在这条线段的中点0.5的轴心，他就是绝对的善，因而具有完美无缺的高尚道德——公平、公正、无私、至善。但是在这个圆点上，他却是无所作为的。因为在这里他没有创造财富的空间，甚至连自利的基本需求都满足不了。道德虽然十分高尚，但是衣食住行满足不了，甚至连两性之间的基本交往都没有。为了生活下去，他就必需向前迈出一步——向着相对的善的目标（0.618）前进。例如，他仅向前跨出了一步，即偏离中点0.5的轴心第1个过渡点——0.501。在这一个过渡点的范围内，他通过自己的劳作，满足了自利的有限需求。因为偏离了中点0.5的轴心绝对的善，就蕴含了些许的不善，从而向相对的善迈出了一小步。因为有些许的不善，一些规则就应运而生，以防止他更远地背离绝对的善。这些许的规则，就是最初法律的萌芽。

可以说最初的法律都和人们的日常的生活习惯有关，大家把法律和习惯混为一体，甚或分不清那一条是法律，那一种生活方式是习惯。在漫长原始社会，人类大概就是这样生活的。

但是生产力要发展，消费水平要提高，人们需要更多一些活动空间，于是就从偏离中点0.5轴心绝对的善的第1个过渡点向第2个过渡点迈进。这时虽然向相对的善的目标（0.618）接近了一步，然而又增加了一些不善的因素。这时一些带有明显法律性质的规定、规则又出现了，以防止他更远地背离绝对的善。以后依次类推，人每向相对的善的目标走近一步，扩大自己的活动空间，法律就更快地走到人的前边规范人的行为……

似乎道德与法在比照中轮番地各领风骚，直到人完全偏离中点0.5的轴心绝对的善而走向相对的善的目标的极限——0.618。这时法律已经提前到达第118个过渡点的终点——法终于最后跑到道德前边了。从这个角度看，法律是容忍和维护道德的底线的。

如果说一个人为人处世越过了相对的善的最后一道防线，那么他就变成恶人了。这就是犯了罪，必然要用法律手段制裁了。

（2）道德与法追求人性的完美。

那么是谁在人类的头上总是高悬着一把达摩克利斯之剑呢？回答是神灵、上帝。因为宇宙的秩序即道德的秩序，而人是道德的主体；在宇宙的大格局中，人一方面靠近神，具有神性，另一方面又和兽邻近，也有几分兽性。在这种情况下，人在追求自身物质利益时，就可能带着几分兽性越出自利的范畴，进而做出缺德的事来。人性一旦带上几分兽性疯狂起来，比野兽还可怕。一个人缺德就是丢弃了善而变之为恶。搅乱了道德的秩序，就反作用于宇宙的秩序，这是十分可怕的事情。

为了保障人间和天堂都有一个稳定的秩序、和谐的气氛，神灵、上帝就一定要将达摩克利斯之剑随时高悬在人类的头顶上，以规范人们的行为，并惩治那些人类中的狂徒、败类。

道德与法从两个方面维护人性中的善。道德是人的自我约束，是人自觉的从善行为。虽然道德的发展是从绝对的善到相对的善的过渡，是一个不断地丢失绝对的善而延伸相对的善直达它的极限（0.618）的过程。在这个过程中，人虽然不停顿地丢失绝对的善，但却屡屡收获的是相对的善。无论是绝对的善还是相对的善，它都在善——道德的范畴，在维护着人性中的善。

法伴随着善——道德的发生而产生。因为在善中蕴含着不善的因素，从而导致了需要扼住这些不善的因素的手段——法律就应运而生了。当然不善并不等于恶，但是不善却容易诱发恶的产生，特别是不善累积到一定的量就成为恶。

法从产生的一刻起就目标明确，这就是扬善抑恶。法和道德携手并肩维护人性中的善，目的是使人成为完善的人。

19.2　道德与法的关系

1. 道德与法的特征与功能

（1）道德的特征与功能。

道德根源于一定的物质生产条件。恩格斯指出，一切以往的道德论归根结底都是当时的社会经济状况的产物。而社会直到现在还是在阶级对立中运动的，所以道德始终是阶级的道德。所以道德的内容最终是由经济条件决定的，并且伴随经济条件的变化而变化。在阶级社会中道德具有阶级性，不同阶级和阶层的人，有着不同的道德观。因此，道德是在一定物质生产条件下自然人关于善与恶、光荣与耻辱、正义与非正义、公正与偏见等观念的总和。

道德的特征。马克思指出，在把握世界的过程中，我们通常从科学上把握、道德上把握以及从艺术上把握。从道德上把握世界，首先要识别善恶，以善恶为评价方式来把握现实世界；道德属于意识形态的上层建筑，不依靠国家强制力量的实施，而是依靠人们的观念、社会舆论和善良风俗来维持社会生活的正常运转；道德在调节个人与他人、个人与社会集体之间的利益关系的时候，强调的是自律和个人修养，并力图维护他人的利益和社会集体的利益。

道德的功能。通过道德评价等方式，指导和纠正某些人偏离道德的言行，协调人们之间的关系，以达到和睦相处；通过鼓励先进、宣扬社会正气等方式，培育健康向上的社会风尚，塑造理性的人格和道德观念；通过个人道德修养并感染他人，逐步使绝大多数人成为严于律己、有理想、有道德的人。

(2) 法的特征与功能。

法是国家意志和统治阶级意志的体现，或者说法是统治集团的整体意志上升为国家意志。法的内容是由一定的社会物质生产条件决定的，体现了法的物质制约性。法律则是统治集团的整体意志的具体化。既然道德隶属于意志范畴，那么法律必然反映统治阶级的道德观。

法的特征。法是国家意志和统治阶级意志的体现，因而法律表现为“国家意志”对人的他律，属于一种制度形态的上层建筑。具体而言，它是由国家机关根据占据社会领导地位的阶级意志，采用规范形式而制定的法律、法规条款，并依靠国家强制力量即法庭、警察、监狱等保证施行。所谓法制，即是上述法律规范体系及有关的立法、执法、守法、法律监督等一系列环节的制度。

法的功能。法律以国家的名义对人们的行为进行评价，旗帜鲜明地赞成什么、反对什么，为人们提供识别是与非、好与坏的判断标准；法律激励人们履行法律义务、担负社会责任，成为同坏人坏事进行斗争的有力武器；法律用强制的力量对违法犯罪分子进行制裁，使其在认罪、悔改中重新做人；法律的威慑力，使道德不稳定分子认真反省，悬崖勒马，弃旧图新；法律的权威性，构成民族素质、信念的标尺和依托，成为维系一个民族道德水准的最后保障。

2. 道德与法的区别与联系

（1）道德与法的区别。

道德与法属于上层建筑的不同范畴。道德属于社会意识形态的范畴，马克思指出，道德的基础是人类精神的自律。这一论断揭示了道德的本质特征。它包括人们关于真、善、美与假、恶、丑等所有观念形态。法则属于制度形态的范畴。它表现为“国家意志”的他律，依法打击违法犯罪分子，并通过强制措施改造罪犯，以便维护社会经济、政治秩序正常运转。

道德与法的规范内容不同。道德一般只规定义务，并不要求对等的权利。如强调对他人、对社会集体履行义务，承担责任，即应当做什么或者不应当做什么，并不一定要求社会或者他人对其承担对等的义务。法律规范的内容主要是权益与义务，强调两者的平衡态，即要求权利和义务对等。按照法律的规定，没有无权利的义务，也没有无义务的权利。

道德与法调整范围不同。道德不仅调整人们的行为举止，而且调整人们的思想动机和心理活动。要求人们思想情操高尚，意图行为善良。为了善而去追求善，以期达到至善。法律尽管也考虑人们的主观动机，但若没有违法行为存在，法律并不惩罚主观过错本身，即不存在“思想犯”。一般地说，凡由法律调整的也必然由道德调整。也有一些由法律调整的领域几乎不包括任何道德判断，如专门的程序规则、票据的流通规则、政府的组织规则等。

道德与法实施的方式不同。道德主要凭借人们的内心观念、传统力量、社会舆论等手段，以自律来维持个人与他人及社会的和谐关系，道德规范并没有具体的制裁措施或者承担法律后果。而法律的实施则是由国家的强制力量作为保证，具有权威性和威慑力量。法律的作用机制是假定、处理和制裁，或者说是按照程序审理，并要承担法律后果。

道德与法的表现形式不同。道德规范的内容存在于人们的意识之中，并通过言行表现出来。它一般不诉诸文字，通常是潜移默化地发生作用。大多数的社会关系既可以由道德和法共同调整，也可以由它们各自调整，但是也有少数的社会关系只能由道德来调整。法律是国家明文规定的一种行为规范，具有明确的内容，并以不同的法律形式颁布实施。主要表现为国家机关制定的各种规范性文件，或者是特殊的审判案例等。

道德与法的发展前途不同。原始社会没有现代意义上的法律，只有道德规范或者宗教禁忌。法律是在私有制、阶级，特别是国家出现以后才产生的。道德与人类社会的形成同步，成为维系一个社会的最基本的规范体系，而法必然要经历一个从产生到消亡的过程，它最终将被道德所取代。未来的人们凭借自我道德观念来实施自我行为，社会将更加自由与文明。

（2）道德与法的联系。

道德与法律犹如车之两轮、鸟之两翼，互相结合，连为一体。道德与法有共同的经济基础和思想基础，具有共同的本质。在一国之内，道德与法都是统治阶级整体意志的体现，共同担负着确立和维护一定社会关系的社会秩序的使命。道德与法在基本原则上也有诸多一致之处。

道德与法相互渗透。道德的状况怎样不仅制约立法的发展，而且对法的实施起着举足轻重的作用。道德有助于弥补法律调节出现的真空地带。法是以道德作为价值基础的，因而法既体现某些道德精神，又直接赋予某些道德以法律效力，使其既是道德规范又是法律规范。因此，道德离开法律就失去保护的屏障，法律离开道德就可能成为恶法。

道德与法相辅相成。道德是人内心活动善的示范，法则是对于人们外部行为的规范与调整。它们各自从不同角度指引、评价人们行为的尺度，都有调整和规范人们行为的功能。一般地说，道德所谴责的行为，也是法所禁止的行为；道德所鼓励的行为，也是法所要求和倡导的行为。

道德与法互相传播。道德的一项重要内容是关于社会有序化要求的道德，即最低限度的道德。如不得以暴力伤害他人、不得以欺诈手段谋取私利等。这既是最低限度的道德，也是法律条文所规定不得违犯的。宣传这种最低限度的道德也就宣传了法治精神；同样地，用法律手段制裁那些违法犯罪分子，也就宣传和维护了社会最低限度的道德。另外，法律的实施本身是抑恶扬善的过程，有助于社会正义的形成和对于人们道德品质的培养。

道德与法互为补充。有些不宜由法律调节的领域，或者说法律调节不到的地方，如某一段时间立法滞后，就只能由道德调节。道德是法律的评价标准和推动力量。执法者的职业道德怎样，守法者的法律意识、道德水准怎样，均对法的实施具有重要影响。法律应该包含最低限度的道德。没有道德基础的法律是一种“恶法”，是无法获得人们的尊重和自觉遵守的。

道德与法相互转化。随着社会的发展，某些道德规范升格为习惯法。例如，民间法是一定地区道德的泛化、规范化，因为对某些道德加强了强制力而使其得到经常遵守。相反，过去某些被法律禁止的行为，则有可能退出法律领域而转为道德调节。还有，通过立法确认某些道德标准为法律标准，将道德与法律精神统一起来。例如，尊师重教、尊老爱幼的传统美德，在《教师法》《老年人权益保障法》《青少年权益保障法》中得到体现。

19.3 道德法律化与法律道德化

1. 道德法律化

(1) 道德法律化的内涵及历史演变。

所谓道德法律化，是指立法者将一定的道德理念、道德规范和道德规则，借助于立法程序以国家意志的形式用法律条款表现出来，并使之规范化、制度化。道德法律化强调人类的道德理念铸化为法律，即善法的形成过程。它侧重于立法过程，使社会规范系统中道德与法律的结构趋于合理，以实现系统本身德治和法治的功能优化。

道德法律化在古代经典中多有论述。

周公制礼，引礼入法。[①] “礼，经国家，定社稷，序民人，利后嗣者也。”[②] “道德仁义，非礼不成；教训正俗，非礼不备；分争辩讼，非礼不决；君臣上下，父子兄弟，非礼不定；宦学事师，非礼不亲；班朝治军，涖官行法，非礼威严不行”。[③]

孔子主张德治，辅之以刑，曰：“导之以政，齐之以刑，民免而无耻；导之以德，齐之以礼，有耻且格。”[④] 韩非主张法治，曰：“威势之可以禁暴，而德厚之不足以止乱”。[⑤]

独尊儒术，德主刑辅。汉代董仲舒以天人感应说为德主刑辅的哲学基础，[⑥] 以阴阳五行相辅相成之理，论证德主刑辅符合天道运行的规律。“天道之大者在阴阳。阳为德，阴为刑；刑主杀而德主生，是故阳常居大夏，而以生育养长为事；阴常居大冬，而积于空虚不用之处，以此见天之任德而不任刑也……王者承天意以从事，故任德教而不任刑。刑者不可任以治世，犹阴之不可任以成岁也。为政而任刑，不顺于天，故先王莫之肯也”，“圣人多其

---

① 周公，西周政治家。姬姓，名旦。周武王之弟，亦称叔旦。因采邑在周，称为周公。曾佐武王灭商。

② 《左传·隐公十一年》。

③ 《礼记·曲记》。

④ 《论语·为政》。

⑤ 《韩非子·显学》。

⑥ 董仲舒（前179—前104）西汉哲学家，今文经学创始者。广川（今河北枣强东）人。曾任博士、江都相、胶西王相。专治《公羊春秋》，“始推阴阳，为儒者宗”。汉武帝诏举贤良方正，他对以“天人三策”，建议“罢黜百家，独尊儒术”，为汉武帝采纳，确立儒学的正统地位。著作有：《春秋繁露》及《董子文集》。

爱而少其严，厚其德而减其刑”①。

德礼为本，刑罚为用。唐代贞观修律时根据“为臣贵于尽忠，亏之者有罪，为子在于行孝，违之者必诛，大则肆诸市朝，小则终贻黜辱。”②“德礼为政教之本，刑罚为政教之用，犹昏晓阳秋相须而成者也。”③

自古以来，礼与刑在性质上相通，在使用上互为补充。违礼即违法，违法即违礼，出礼入刑。只是礼与刑的适用对象各有所侧重而已。春秋战国时期，儒家偏重于德治，辅之以刑。法家则倚重法治，主张以法为本。在汉代，独尊儒术，德主刑辅。道德法律化由两方面构成：一个是把符合儒家原则的思想用法律表现出来，另一个是在司法中按照《春秋决狱》判案量刑。④ 把儒家经义作为定罪处刑的最高标准，也就是将儒家道德法律化。汉代以后，魏、晋、南北朝、隋、唐亦如此，体现宗法伦理关系的礼大致都法律化了。

（2）道德法律化的作用及局限性。

道德法律化使社会规范系统中道德与法律的结构趋于合理。它表现为：通过立法确认某些道德标准为法律标准。如某些职业道德、市民行为规范被赋予行规、民规的法律解释，使道德具有恒久的意义。把某些道德升格为习惯法，如对某些地区的道德加以规范，有利于道德传统、习俗的依附力、亲和力。还有，通过监督保障机制保护文明道德行为，禁止不文明不道德行为。因此，道德法律化是进行法制改革的基础。

道德法律化仍然具有一定的局限性。原因是能够上升和确认为法律的道德，只是公认的社会道德的一部分。还有相当一部分道德需要停留在道德领域，由道德规范来加以约束和调节。道德规范不可能全部法律化，因而违反道德并不等于违反法律。如果说将全部道德问题变为法律问题，那么，人们就会生活在没有任何自由和道义可言的恐怖之中。

2. 法律道德化

（1）法律道德化的内涵及历史演变。

所谓法律道德化，是指法律主体将一定的道德理念、道德规范和道德规则，蕴含在以国家意志形式颁布的法律条款中；把守法内化为一种道德义务，

---

① 《汉书・董仲舒传》，中华书局 1983 年版。

② 《全唐文・黜魏王泰诏》。

③ 参见《永徽律疏》序言。

④ 《春秋决狱》，亦称《春秋决事比》。汉武帝时，董仲舒以《春秋》经义附会法律规定，判案量刑。其实质是把儒家经典法律化，把儒家经义作为定罪处刑的最高标准。盛行于汉代、魏、晋、南北朝，并长期为封建官吏判案承袭沿用。

以道德义务对待法律义务。法律道德化强调法律内化为人们的品质、道德。它侧重于守法的过程，使社会规范系统中法律与道德的结构趋于合理，以实现系统本身法治和德治的功能优化。

法律道德化在古代经典中也有论述。

秦汉时期，为官吏而明于法律，或者是政府所要求，或者是一种时尚。太史公司马迁在《史记》中曰："君欲有学法令，以吏为师。"①

隋唐时期，朝廷进行道德训诫，使法律颇具威势；同时又规范法律，践行道德职能。"夫礼者民之防，刑者礼之表，二者相须犹口与舌然。礼禁未萌之前，刑制已然之后。"② 此为"出礼入刑"之谓也。

但是，中国古代社会并无严格意义上的法律专业，法官由饱读经书的文官充任，办案的随意性大，动辄大刑侍候。特别是很多法官都是看皇帝或上司的脸色办案。太史公司马迁曰："所治即上意所欲罪，予监史深祸者；即上意所欲释，与监史轻平者。"③ 因此，法律道德化不可能真正实行。

如上所述，中国古代不可能严格依法行事，更不可能是一个法治社会。往往是经济发展较好时，法律体现着更多的道德内涵。而当经济恶化、社会动乱时，法律则缺少道德的教化，所谓乱世用重典。重礼守法即法律的道德化，但却要求法律必须是权力阶层自身的道德内化为法律。

（2）法律道德化的作用及意义。

法律道德化表明，社会规范系统的结构达到最佳状态，社会各要素之间的配合默契、协调。法律变成人们自觉遵守的道德的一部分，法律至上的观念普遍形成。人们具有法律赋予的权利义务意识，运用道德原则去实施法律，法律作为道德规范的制度化实践就会真正实现。

法律道德化旨在形成一套法律至上，唯公平、正义、权利至尊的伦理道德。运用道德原则指导法律的创制、实施，将某些属于法律调整范围的道德问题，放弃法律管制，改由道德自行调节。法律的实施主要依靠国家强制力量作保证，但仍然需要借助民众在道义上、舆论上的支持，才能更好地完成司法实践。法律不是万能的，有其固有的局限性。例如，法律对那些虽然"缺德"但却不犯法的行为往往无能为力。在这方面法律道德化有助于弥补法律的不足之处，从而做到"以德去刑"并进而达到"无讼"。④

---

① 《史记·始皇本纪》。

② 《唐律释文序》。

③ 《史记·酷吏列传·张汤》。

④ 《论语·颜渊》。孔子曰："以德去刑"，"无讼"。又曰："善人为邦百年，亦可以胜残去杀矣。"

19.4 建立德法并治的现代法制模式

1. 中国礼法关系的演变及其特征

（1）儒家的仁、义思想是礼法关系演变的基础。

仁、义是儒家重要的道德范畴，二者的关系和仁、礼密切联系在一起。在孔子那里，仁、义和仁、礼是相对应的，义、礼有相通之处。孔子既重视内在的仁，也重视外在的礼（义）。

在孔子的思想当中，仁、礼并重而归于礼。可以归结为“仁内义外”。这里的“义”与礼相当。“义者，宜也。”意即恰当、合适，是一种普遍的道德原则。另据学者考证，“宜”在甲骨文中意为“杀”，即为杀牲而祭之礼。① 因而“义”也具有杀伐之义。“义”在含义上相当于礼，作为一种制度和道德规范，它是外在的，含有约束、制约的意思。

孔子重仁又重义。认为“君子义以为质”②，“君子义以为上”。③ 义和礼不仅相通，而且义也是一种很高的德行。“故礼者，义之实也。”④ “礼近于义。”⑤“行之则行也，立之则义也。”⑥ 孔子认为各种伦理规范都要以礼（义）为节制，以礼（义）为最后的标准。“恭而无礼则劳，慎而无礼则葸，勇而无礼则乱，直而无礼则绞。”⑦

孔子以后，这种“仁内义外”（礼外）的思想得到继续发展，其中子思的思想值得重视。在文献当中，一般认为今存于《礼记》的《坊记》《中庸》《表记》《缁衣》四篇为子思所作。嗣后的孟子、荀子沿着不同的方向对仁、义（仁、礼）的思想作了新的发展。⑧

（2）道德法律化与法律道德演化的特征。

儒家思想在中国两千多年的封建社会中居于统治地位，因而对法律的制定和实行产生着重要影响。特别是孔子的“仁、义”思想，成为礼法关系演变的基础。从孔子“君君、臣臣、父父、子子”和孟子“父子有亲，

---

① 参见庞朴：《儒家辩证法研究仁义》，中华书局1984年版，第21—23页。

② 《论语·卫灵公》。

③ 《论语·阳货》。

④ 《礼记·礼运》。

⑤ 《乐记》。

⑥ 《大戴礼记·曾子制言》。

⑦ 《论语·泰伯》。

⑧ 参见刘丰：《从郭店楚简看先秦儒家的“仁内义外”说》，《湖南大学学报》（社会科学版），2001年第2期。

君臣有义，夫妇有别”以及孔孟宣称的仁、义、礼、智等发展而来的“三纲五常”，是儒家维护封建统治秩序的教条，也是中国古代正统道德的一般原则。当法律与道德发生冲突时，自汉唐开始便以法律的让步来解决。法律规定“亲亲得相首匿”的制度，① 使法律从此失去了尊严，这是古代道德法律化的悲剧。

社会经济的发展是礼法演变的重要条件。中国古代法律史表明，经济的兴衰与法律的道德性直接相关。在经济发达时期，人们对社会的道德要求较高，同时自身也表现出较高的道德水准。例如，唐贞观年间，“夜不闭户，路无拾遗”。这时的法律体现着更广泛的道德。与此相反，在经济衰退时期，人们的道德表现会较前欠缺，社会总体道德水平也下降，因而有“饥寒生盗贼”一说，这时的法律就缺少道德的教化。可见，经济的发展是社会进步的重要标志，同时也是人类走向法律道德化的文明制度的前提。

维护封建皇权是礼法演变的核心。中国古代的政体是君主专制，皇帝处于政治结构的金字塔顶峰，维护皇帝的权力、地位及个人尊严，树立皇帝的至高无上的独尊地位，乃是中国古代社会一切法律制度的圭臬。荀子曰：“有治人，无治法，……故法不能独立，类不能自行，得其人则存，失其人则亡。法者治之端也，君子者法之源也。”② 就是说君主的统治要通过一系列组织机制实现。中国封建法制历史的发展，形成了以维护皇权为核心的统一适用的法律体系，不管法律与道德谁主沉浮，二者都要以维护封建皇权为其首要考虑，这也是阶级社会道德与法律所不可逃脱的命运。

权力阶层的态度是礼法演变的关键。“出礼入刑”即道德法律化，是指立法者将一定的道德理念、道德规范和道德规则，借助于立法程序以国家意志的形式用法律条款表现出来，并使之规范化、制度化。无疑要求道德须是符合权力阶层意志的道德。“重礼守法”即法律道德化，是指法律主体将一定的道德理念、道德规范和道德规则，蕴含在以国家意志形式颁布的法律条款中，

---

① 亲亲得相首匿，是汉代刑罚适用原则之一，指亲属之间可以相互首谋隐匿犯罪行为，不予告发和作证。这种亲属之间隐匿犯罪不负刑事责任的原则，来源于孔子的“父为子隐，子为父隐，直在其中矣。”（《论语·子路》）具体指三代以内血亲之间和夫妻之间除犯谋反、谋大逆等罪之外，有罪应互相包庇，不得向官府告发。汉宣帝地节四年（前66年）下诏明确规定：“父子之亲，夫妇之道，天性也。虽有患祸，犹蒙死而存之。诚爱结于心，仁厚之至也，岂能违之哉！自今子首匿父母，妻匿夫，孙匿大父母，皆勿坐。其父母匿子，夫匿妻，大父母匿孙，罪殊死，皆上请廷尉以闻。”（《汉书》卷八《宣帝纪》）据此，卑幼隐匿有罪尊长，不追究刑事责任；尊长隐匿有罪卑幼，死罪上请廷尉决定是否追究罪责，死罪以下也不追究刑事责任。这一刑法适用制度一直为后世历代所沿用。

② 《荀子·君道》。

要求法律必须是权力阶层内化为其自身道德的法律。①

2. 礼法结合——德法并治模式

（1）亚里士多德：良法+普遍守法。

亚里士多德指出：法治社会的框架是“良法+普遍守法”。良法即善法，是指符合人类良知、道德与正义的法律，也就是法律道德化之后的法律。这种法律，至少应该包含人权性、利益性、救济性三种内在的品格。其中人权性是法律的道德基础。

普遍守法即法律道德化之后的守法精神。法律与道德的精神统一起来，法律得到道德的支撑，法律精神深入人心，成为人们的信念，乃至成为全社会共同的价值观，法律就获得了普遍公认的权威性。

通过立法者、执法者、守法者三方将自身的道德修养、人格魅力反映到法治活动中来。使法律与道德的精神一致起来，法律就会为社会成员普遍认同和接受。通过一定程序法定化了的道德律令，就成为维持社会生活正常运转的道德准则。只有造就这种法律，才能得到道德的有力支撑并获得普遍性和权威性，才能真正建立法治社会。

亚里士多德的“良法+普遍守法”的美好愿望，在现实生活中遭遇多种尴尬，主要表现为道德与法律的不和谐。中国人从传统观念出发，推崇道德至上，但却企图摆脱法律的约束以求随心所欲地践行道德。黑格尔说：“在中国人心目中，他们的道德法律简直是自然法律——外界的、积极的命令——强迫规定的要求——相互间礼貌上的强迫的义务或者规则。‘理性’的各种重要决定要成为道德情操，本来就非有‘自由’不可。然而他们并没有‘自由’。在中国道德是一桩政治事务，而它的若干法则都由政府官吏和法律机关来主持。”②

道德与法律的不和谐在司法实践中表现为情法冲突。如果说法官判案时完全以现行法律为依据，不考虑道德因素灵活裁量，那么势必导致法律无法适应新出现的情况，如在某些地区法律鞭长莫及的地方，只能靠道德等非强制性社会规范进行调节。但是，如果说以情理断案，就违背了法治的原则。可见，法律与道德之间缺乏过渡、缓冲机制，是造成法律僵硬、无力，以及缺乏人情味的基本原因。这也是一元法治体制的弊端之所在。因此，只有在法治体制上作出调整，才能实现情与法的协调、德与法的并治。

---

① 参见马慧勇：《道德与法律的嬗变——法治与德治之历史与现实反思》，引自“法律论文资料库”，http：//www.lawbook.com.cn/lw/lw_view.asp? no=1273.

② 〔德〕黑格尔：《历史哲学》，三联书店1956年版，第11页。

（2）建立德法并治的模式。

中国古代的法律尽管问题多多，但是实际上它是一种二元结构。一个是国家制定的法律，另一个是礼法、德法，即法治和德治。德治是指在社会治理中重视道德自律、道德教育和道德建设的作用。两种形态的法律并存，两种调节手段相互配合，调节着社会秩序的正常运作。当前我国社会法律是唯一的调节手段，道德调节严重缺位。这样一种一元法治体制亟待调整。因此，有必要吸收古代法治与德治的合理内核，建立起德法并治的二元法治体制。

儒家把伦理道德渗透到法律法规中，体现了道德与法律的一种结合模式。把普适的社会道德上升为法律，纳入国家强制实施的行为规范，使法律成为包含某种道德价值的良法。因此，从儒家开始法治概念本身就体现了法治与道德的关系，让道德化的法律履行道德的职能。为了解决当前社会中的道德缺位问题，儒家的道德法律化的成果也值得我们借鉴。

法的品质在于公平、正义，并通过司法过程而使其得以实现。儒家的“中庸”思想追求的是一种和谐、平衡、稳定。中庸思想在法律上的运用，就是审判案件时要综合考虑各种因素，包括法律以外的情和理，旨在彻底解决纠纷，平息诉讼。法律既要体现威严、不可侵犯的一面，又要有缓和、人道的一面，例如要文明执法、尊重个人隐私权等。①

西方国家的法治，将法治的理念运用到近乎完美的程度。尽管宣称法治并不排斥道德，但是在宣扬法律至上的同时却有意无意地忽略了道德因素，目前西方社会普遍存在的情感危机与道德沦丧就是证明。德治来自中国儒家文化，传统的德治主张德主刑辅，法是德的附庸，又贬抑了法的作用。认真分析西方国家的法治和中国儒家传统德治的得失，吸取各自合理的内核，然后有机地结合起来，那么建立德法并治的二元法治体制就指日可待。

---

① 参见马慧勇：《道德与法律的嬗变——法治与德治之历史与现实反思》，引自“法律论文资料库”，http：//www.lawbook.com.cn/lw/lw_view.asp?no=1273.

第 20 章　慎独——道德的最高境界

20.1　儒家慎独思想的原意及对现有定义的补充和修正

1. 先秦经典和《五行》对慎独的论述

（1）先秦经典对慎独的论述。

《礼记·中庸》云："天命之谓性，率性之谓道，修道之谓教。道也者，不可须臾离也，可离非道也。是故君子戒慎乎其所不睹，恐惧乎其所不闻。莫见乎隐，莫显乎微。故君子慎其独也。"

《大学》云："所谓诚其意者：毋自欺也，如恶恶臭，如好好色，此之谓自谦，故君子必慎其独也！小人闲居为不善，无所不至，见君子而后厌然，掩其不善，而著其善。人之视己，如见其肺肝然，则何益矣。此谓诚于中，形于外，故君子必慎其独也。"

《礼记·礼器》云："礼之以少为贵者，以其内心者也。德产之致也精微，观天下之物，无可以称其德者，如此则得不以少为贵乎？是故君子慎其独也。"

《庄子·大宗师》云："三日而后能外天下；已外天下矣，吾又守之，七日而后能外物；已外物矣，吾又守之，九日而后能外生；已外生矣，而后能朝彻；朝彻而后能见独；见独而后能无古今；无古今而后能入于不死不生。"

以上分别引述了《中庸》、《大学》、《礼记·礼器》和《庄子·大宗师》关于慎独的论述。慎独的"独"指"舍体"，[①] 也即是内在的意志、意念。慎独即是诚其意。而之所以要诚其意，是因为人们认识到内在的意志、意念往往决定、影响着外在的行为。有何种意志、意念就会有何种外在表现，因而作为一种修养方法，慎独首先强调要端正内在的意志、意念，从根本上、源

---

① 马王堆帛书《五行·说》云："独也者，舍体也。"舍体，即舍弃身体感官对外物的知觉、感受，回到内在的意志、意念。

头上杜绝不善行为的发生，反映了儒家重视内省的思想。①

(2)《五行》对慎独的论述。

20 世纪 70 年代马王堆帛书和 90 年代郭店竹简的发现，使人们对慎独的原意有了进一步了解。在这两次出土发现的《五行》篇中，都提到慎独。其文云："鸤鸠在桑，其子七兮。淑人君子，其仪一兮。"能为一，然后能为君子，君子慎其独也。（第 8 章）传文的解释是："能为一者，言能以多为一；以多为一也者，言能以夫五为一也。""慎其独也者，言舍夫五而慎其心之谓也。独然后一，一也者，夫五为□（疑为"一"——引者注）心也，然后得之。"

这里的"五"，是指"仁义礼智圣"，它是《五行》中五种"形于内"的"德之行"。在《五行》看来，仁义礼智圣虽然是形成于内心的，但它仍显得"多"，还未真正统一于心，故要舍弃仁义礼智圣外在的差别，将其看作一个有机整体，真正统一于内心，故有"一也者，夫五为一心也"。因而此处的慎独是指内心的专一，即内心专注于仁义礼智圣五种"德之行"的"一"。

《五行》云："燕燕于飞，差池其羽。之子于归，远送于野。瞻望弗及，泣涕如雨。"能差池其羽，然后能至哀。君子慎其独也。（第 8 章）传文的解释是："差池者，言不在衰绖。不在衰绖也，然后能至哀。夫丧，正绖修领而哀杀矣，言至内者之不在外也，是之谓独。独也者，舍体也。"人们过分关注外在的形式，内心的真情反而无法自然表达。真正懂得丧礼的人能够超越丧服（衰绖）的外在形式，而关注内心的真情。这种"言至内者之不在外"即是"独"，也即是"舍体"。所以慎独的"独"并非空间上的独居、独处，而是心理上的"未发"或未与外物接触，是内在的意志、意念。②

《五行》云："君子之为德也，有与始，无与终。"（第 9 章）传文的解释是："有与始者，言与其体始；无与终者，言舍其体而独其心也。"这里的独即作"内"讲，"独其心"即内其心。意思是以"内心"来理解慎独。《五行》又云："德之行五和，谓之德。"（第 2 章）认为仁义礼智圣和谐相处，成为一个有机整体，并且"能为一"，才能称之为德。

从以上可以看出，《五行》对慎独的解释和先秦经典对慎独含义的论述在精神上是一致的。简而言之，"慎"从《尔雅》训"诚"，"慎，诚也"；"独"从《五行·说》训"舍体"，"独也者，舍体也。"据此，慎独的原意是：舍弃

① 参见梁涛：《朱熹对"慎独"的误读及其在经学诠释中的意义》，《哲学研究》2004 年第 3 期。

② 参见梁涛：《朱熹对"慎独"的误读及其在经学诠释中的意义》，《哲学研究》2004 年第 3 期。

身体感官对外物的知觉、感受，内心专注、专一，即诚其意。[①]

2. 郑玄和朱熹对慎独的诠释

(1) 郑玄对慎独的诠释。

郑玄（127—200）为东汉经学家，对慎独的注释开始偏离原意。[②] 郑玄是东汉学界巨擘，经学之集大成者。在注释的《礼记·中庸》“故君子慎其独也。”一语后注曰：“慎独者，慎其闲居之所为。小人于隐者动作言语自以为不见睹、不见闻，则必肆尽其情也。若有占听之者，是为显见，甚于众人之中为之。”郑玄将“独”理解为独居、独处（闲居），认为慎独就是“慎其闲居之所为”。因而慎独要求人们在独处之际，仍能保持道德操守，独善其身。显然，这种解释与上述先秦经典和《五行》对慎独论述的原意已经发生了偏离。

(2) 朱熹对慎独的诠释。

朱熹（1130—1200）为南宋哲学家、教育家。他是在郑玄去世后将近一千年才出生的。由于《五行》经说的失传，特别是儒家嗣后格外重视“吾日三省吾身”的“内省”,[③] 人们就逐渐接受了郑玄对慎独的注释。也许是受到郑玄的影响，加之朱熹擅长通过对经典的诠释来发挥自己的思想，于是在诠释慎独时也就偏离了先秦经典和《五行》论述的原意。

朱熹对《大学》“所谓诚其意者：毋自欺也，如恶恶臭，如好好色，此之谓自谦，故君子必慎其独也。”一段的注释是：“诚其意者，自修之首也。……独者，人所不知而己所独知之地也。言欲自修者知为善以去其恶，则当实用其力，而禁止其自欺。……然其实与不实，盖有他人所不及知而己独知之者，故必谨之于此以审其几焉。”[④] 在这里他认为慎独的“独”是独居、独处，以及内心深处刚刚发动而不为人所知的“独”。

对慎独的这种理解，在朱熹的其他著述中也反映出来。如“问：‘谨独莫只是十目所视，十手所指处也，与那暗室不欺时一般否?’先生是之。又云：‘这独又不是恁地独时，如与众人对坐，自心中发一念，或正或不正，此亦是

① 参见梁涛：《关于“慎独”的训释》，http：//www. bamboosilk. org/Wssf/2003/liangtao01. htm.

② 郑玄（127—200）东汉经学家。字康成，北海高密人（今属山东）。世称“后郑”，以别于西汉末东汉初称为“先郑”的经学家郑兴、郑众父子。曾人太学学今文《京氏易》《公羊春秋》及《三统历》《九章算术》；又从张恭祖学《古文尚书》《周礼》《礼记》《左氏春秋》《韩诗》。最后从马融学古文经。他既通今文经学（包括谶纬），又通古文经学，是东汉最大的博学家。著作甚丰。今通行本《十三经注疏》中《毛诗》《三礼》注，即采用郑玄注。另注《周易》《论语》《尚书》和《纬书》等。

③ 《论语·学而》。

④ 朱熹：《四书集注·大学章句》，中国书店 1994 年版，第 7 页。

独处。'"[①]"或问：'在慎独，只是欲无间。'先生应。"[②] 所以与郑玄相比，朱熹对于"慎独"理解的最大不同，是他扩大了"独"的内涵，使其包含了精神性、内在性的含义。朱熹对"小人闲居为不善"的注解是："闲居，独处也……此言小人阴为不善，而阳欲掩之，则是非不知善之当为与恶之当去也，但不能实用其力以至此耳。然欲掩其恶而卒不可掩，欲诈为善而卒不可诈，则亦何益之有哉！此君子所以重以为戒，而必谨其独也。"[③] 在这里朱熹又将慎独称为谨独，使慎独成为实现"诚其意"的手段，因而使慎独的含义变得狭窄了。

对此朱熹有如下说明："慎独者，诚意之助也。致知，则意已诚七八分了，只是犹恐隐微独处尚有些子未诚实处，故其要在慎独。""知至之后，意已诚矣。犹恐隐微之间有所不实，又必提掇而慎之，使无毫发妄驰，则表裹隐显无一不实，而自快慊也。"[④] 慎独不是诚其意本身，也就缩小了它本来的含义。[⑤]

3. 对慎独现有定义的补充和修正

(1) 新的定义：在独处时诚其意，谨慎不苟。

如上所述，朱熹是在儒家注重"内省"的传统发生某种变化，又加之《五行》经说失传的情况下对慎独进行诠释的。虽然对慎独的原意有一些偏离，但是自南宋至今又过去八九百年，朱熹关于慎独的解释的基本思想却一直延续至今，并成为许多人生活和工作的座右铭，可见其学术生命力之顽强。

这是为什么呢？因为朱熹等理学家注经，并不像汉唐儒者仅满足于经文的笺注训诂，而是更关注义理的引申发挥，并通过对经典的诠释来发挥自己的思想，这就有了新意。朱熹曰："读书以观圣贤之意，因圣贤之意以观自然之理。"[⑥] 所以，举"圣贤之意"求"自然之理"，是朱熹追求的真理。

目前学界对慎独的解释是："在独处无人注意时，自己的行为也要谨慎不苟"[⑦]，或者"在独处时能谨慎不苟。"[⑧] 这种解释就包含了朱熹的理解，应该说是不错的。因为一个人在无人监督的时候，的确应该独善其身。但是考虑

---

① 朱熹：《朱子四书语类·中庸一》卷 49，上海古籍出版社 1992 年版，第 983 页。

② 朱熹：《朱子四书语类·大学三》卷 16，上海古籍出版社 1992 年版，第 68 页。

③ 朱熹：《四书集注·大学章句》，中国书店 1994 年版，第 7 页。

④ 朱熹：《朱子四书语类·大学三》卷 16，上海古籍出版社 1992 年版，第 67—68 页。

⑤ 参见梁涛：《释慎独》，中国思想论坛 http：//www.sina.com.cn http：//chinesethought.5d6d.com/thread—3327—1—1.html.

⑥ 朱熹：《朱子性理语类·学四》卷 10，上海古籍出版社 1992 年版，第 128 页。

⑦ 参见《辞海》。

⑧ 参见《辞源》。

到毕竟马王堆帛书和郭店竹简已经发现，《五行》经说失而复得，建议对慎独的现有定义加以补充和修正。仍以《辞海》和《辞源》定义为蓝本，可否对慎独作如下解释：在独处时诚其意，谨慎不苟。

（2）朱熹对慎独的诠释在治学方法上具有重要意义。

朱熹并不满足对于经典的诠释，而是要在诠释中来发挥自己的思想。特别是他不拘泥于个别经传文句，而是更关注义理的整体需要，将确立的理气、心性、格致等一套理论框架贯彻到具体的经学诠释中。朱熹将《大学》分为经、传，并补“格物”一章，即可看出朱熹的气魄和独立思考精神。朱熹对慎独的诠释，恐怕也贯穿了这种精神。

如上所述，朱熹是在《五行》失传的情况下对慎独做出诠释的。退一步说，假如《五行》没有失传，朱熹恐怕也会按照他对慎独的理解和确立的理气、心性、格致等一套理论框架，对慎独做出自己的诠释。为什么呢？因为即使《五行》失传，还有先秦经典《中庸》《大学》《礼记·礼器》在嘛！朱熹就是朱熹，是才气、魄力和性格之使然。

从慎独的原意看，更符合朱熹的思想，更有可能被朱熹所接受。因为朱熹在修养方法上强调的是“心常存敬畏”、“存天理之本然”，注重“居敬涵养”，认为“敬字工夫，乃圣门第一义。”[①] 据程颐的解释，敬就是“主一”。[②] 那么为什么会出现诠释上的差异呢？除了上述的原因，恐怕与朱熹的独立思想和坚持自己的看法也有关系。另外，朱熹在强调符合“圣贤之意”、“自然之理”诠释的同时，仍旧保留对原著内容的忠实，这也是值得后人学习的。

20.2 慎独的价值：将人—兽从精神上分离

1. 人—兽在肢体上的相仿和精神上的相似之处

（1）人—兽同处在四维时空的阳性物质世界，同为生命在阳性物质世界的存在形式，但是在形体上又差别甚大。

根据宇宙间“神—人—兽”大格局的奠定的理论，[③] 在宇宙生命坐标第Ⅳ象限，神——生命在阴性物质世界的存在形式之佼佼者，是愈益靠近纵坐标轴Y的全部具有阴性物质功能（特异功能）的生命形式。它没有肉身，或者说只有观念上的肉身，因而是一种最高级的生命形式。人——生命在阳性物

---

① 朱熹：《朱子性理语类·学六》卷12，上海古籍出版社1992年版，第166页。

② 程颐、程颢：《二程集》和四册《河南程氏粹言》卷1，中华书局1981年版，第1173页。

③ 参见本卷3.2“神、人、兽在宇宙生命坐标第Ⅳ象限的位置”。

质世界的存在形式之智慧者，是离开纵坐标轴 Y 一段距离既有常规功能又有特异功能的生命形式。他是有肉身的高级的生命形式。兽——生命在阳性物质世界的存在形式之弱智者，是离开坐标纵轴 Y 更远距离既有常规功能又有特异功能的生命形式。它是有肉身的低级的生命形式。

神处在四维以上多维时空的阴性物质世界，是生命在阴性物质世界的存在形式之佼佼者，或者说是那里的领军人物。而人和兽却同处在四维时空的阳性物质世界，同为生命在阳性物质世界的存在形式。人和兽生命在阳性物质世界的存在形式的结构式相同，都是由五大要素构成的。即

肉　身	+ 灵　魂	+ 意　识	+ 潜意识（狭义）	+ 潜意识（广义）
阳+ 阴-	阴+	阴-	阴+	阴-
阳- 阴+	阳-	阳+（脑）	阳-	阴+

人和兽的区别首先是在灵魂的构成上显示出差异，虽然灵魂同是阴性物质的正物质（阴+）和以衰变形式存在的阳性物质的负物质（阳-）即反物质构成的矛盾对立统一体。但是因为人的灵魂和兽的灵魂在构成时，各自从阴性物质的正物质（阴+）即虚元素周期表和阳性物质的负物质（阳-）即反物质元素周期表中撷取的元素不同，如人的灵魂在构成时撷取了优质元素，兽的灵魂在构成时撷取了相对劣质的元素，因而各自的灵魂的质量就显示出区别。同理，人的意识和兽的意识也显示出差异，人的潜意识（狭义）、潜意识（广义）和兽的潜意识（狭义）、潜意识（广义）也不可同日而语。

由于灵魂是肉身的同步缩小（或放大）的虚的形式，① 反过来说，肉身就是灵魂同步放大的实的形式。这也就解释了为什么人体和各种动植物、微生物，乃至病毒（广义上的兽）的形体差别甚大的原因。

（2）人性中包含着部分的兽性。

人和兽虽然在灵魂构成及形体上差别甚大，但是因为同处在四维时空的阳性物质世界，同为生命在阳性物质世界的存在形式，人性和兽性就有相通的地方。从人性来说，其中就包含着部分的兽性。

因为人和兽都有肉身，所以为了保存肉身和种的延续，人和兽就都有“食”和“性”的问题。兽在对待“食”和“性”的问题上是任凭生理本能的驱使，去谋“食”，去谋“性”。在同类之间为了谋“食”又谋“性”，在异类之间主要是为了谋“食”，统统展开弱肉强食的残酷竞争。在兽和兽之间，一旦发生利害冲突，相互之间就只有血淋淋地撕咬，根本不可能有道德可言。

---

① 参见本卷 4.3“灵魂是人体肉身同步缩小（或放大）的虚的形式的数学证明”。

那么人在对待“食”和“性”的问题上又是怎样的呢？人类中的绝大多数人都能够用人性理智地对待和处理，但仍有一部分人类的败类连野兽都不如，每年世界各地曝光的恶性案件就说明了这个问题。

2. 慎独将人—兽从精神上分离，使人真正成其为人

（1）对恶人可以进行教育和对野兽能够驯化的理论根据。

人和兽的灵魂与意识在结构上完全相同，只是人和兽在构成灵魂与意识时从四个元素周期表中撷取的物质元素优劣上存在差异。人和兽的灵魂与意识都有善恶之分，都可以从它们的结构上找到原因。人群中的恶人同野兽没有多少区别，而兽类中的大多数并不主动地去伤害人类。

绝对的善是从一条线段的中点（0.5）分割，表示绝对的公平、公正。相对的善是对于中点（0.5）的公平、公正的偏离，直至到达第 118 个过渡点（0.618），达到相对的善的完美程度。而恶则是不仅偏离了中点（0.5）的公平、公正，而且突破了相对的善的极限（0.618）——超越了自利的阈值范围。所以恶既不是绝对的善，也不是相对的善。恶是极端的利己主义。

善恶的源头都可以从灵魂和意识的结构上进行探寻。

在灵魂的结构中，阴性物质的正物质（阴+）和以衰变形式存在的阳性物质的负物质（阳-）即反物质遵循黄金分割法进行组合，这个灵魂就是善的灵魂。相反，在灵魂的结构中，阴性物质的正物质（阴+）占到灵魂的总量大于 0.618（61.8%），就表明阴性物质的正物质（阴+）不仅偏离了中点（0.5）的公平、公正，而且突破了相对的善的极限（0.618）——超越了自利的阈值范围。所以它既不是绝对的善，也不是相对的善，而是由善转化为恶。阴性物质在没有约束的情况下就会闯祸。俗话说，把手伸得太长就要作恶了。

在意识的结构中，阳性物质的正物质（阳+）即特指的脑和以衰变形式存在的阴性物质的负物质（阴-）即阴性物质的反物质遵循黄金分割法组合，这个意识就是善的意识。相反，在意识的结构中，阳性物质的正物质（阳+）即特指的脑，占到意识的总量大于 0.618（61.8%），就表明阳性物质的正物质（阳+）不仅偏离了中点（0.5）的公平、公正，而且突破了相对的善的极限（0.618）——超越了自利的阈值范围。所以它既不是绝对的善，也不是相对的善，而是物极必反——由善转化为恶。脑的占有欲太强又太灵活就自作聪明、狂妄无羁，甚至连神灵、上帝也敢亵渎。俗话说，机关算尽太聪明，反误了卿卿性命。

值得指出的是，在这样恶的灵魂和恶的意识中同样包含着绝对的善和相对的善。只不过因为灵魂中余出的阴性物质的正物质（阴+）和意识中多余的阳性物质的正物质（阳+）形成的脑组织的赘生物，它们做的恶将绝对的善和相对的善掩盖而已。因此，这样的灵魂和意识是集绝对的善、相对的善和恶于一体的灵魂和意识。因为在它们的恶的掩盖下还存在着绝对的善和相对的善，所以就为通过教育和强制性的改造手段拯救罪恶的灵魂和意识，留下了施展力量的空间。这就是对恶人可以教育、改造和对野兽能够驯化的理论根据。

（2）慎独是特殊的有效的自我教育方式。

既然从理论上说对恶人可以进行教育、改造和对野兽能够进行驯化，那么对于犯有一般错误的人来说进行教育、批评，认真反省就更能够改正如初了。教育不是万能的，只是对极少数顽固不化而又罪孽深重的惯犯而言的。教育对于绝大多数人来说，是学习、提高、修身和养性，或者说是丰富知识和陶冶情操的过程。孔子之所以被称作万世师表，就因为他一生都是老师，教人学习文化知识，教人做人做事。一部《论语》就是他的教案。

儒家的慎独教人内心总是处于一种专注于仁义礼智圣的“德之行”状态，舍弃身体感官对外界事物的感受，回到内在的意志、意念，即“主一”。这是一种多么圣洁、高尚的精神境界啊！用今天的话说，在独处时诚其意，谨慎不苟。纵然有一千种一万种干坏事的理由，也能够把握住自己。不仅洁身自好，而且还能够以“德之行”普度众生。

慎独既是一种特殊的有效的自我教育方式，更在于它能够将人—兽从精神上分离，或者说将人身上的兽性剥离干净，使人真正成其为人。

20.3　慎独的意义在于将神灵、上帝的监督权归于自身

1. 高悬在人类头顶上的达摩克利斯之剑

（1）人的肉身之后拖着的一条长长的“辫子”攥在神灵、上帝手里。

如以上各章所述，在人的肉身之后拖着一条长长的“辫子”，这从生命在阳性物质世界的存在形式的结构式就看得出来。这条“辫子”是：灵魂+意识+潜意识（狭义）+潜意识（广义）。灵魂和意识的构成不必再重复，潜意识（狭义）是灵魂的镜像物，在结构上和灵魂完全一样，只是它存在于四维时空和四维以上的多维时空的交界处，即阴阳两个物质世界的交汇处。潜意识（广义）区分为个人的潜意识（广义）和宇宙总体的潜意识（广义）。前者是个人生命在阳性物质世界的存在形式的最后构成部分；后者是整个阴性物质世界，将其人格化就是生命程序和密码的总设计师——神灵、上帝。

人的肉身之后拖着的这一条长长的“辫子”，从严格意义上讲是：灵魂+意识+潜意识（狭义）+个人的潜意识（广义）。由个人的潜意识（广义）按

照对立统一的正负配对原则和宇宙总体的潜意识（广义）相联结，就是将人的肉身之后拖着的这条长长“辫子”交到生命程序和密码的总设计师——神灵、上帝手里。于是我们看到，生命在阳性物质世界的存在形式的五大要素——肉身+灵魂+意识+潜意识（狭义）+个人的潜意识（广义）既然是由阴性物质世界——神灵、上帝设计的，那么神灵、上帝就掌握和控制着人体生命的生存权、代谢权。换一个视觉看这个问题，既然人的肉身之后拖着的这条长长的“辫子”攥在神灵、上帝手里，那么这条“辫子”也就成了高悬在人类头顶上的达摩克利斯之剑，因为神灵、上帝可以通过随时调节这条“辫子”——灵魂+意识+潜意识（狭义）+个人的潜意识（广义）上的任何一个环节，来规范和监督人的言行。

（2）该惩罚的时候一个都跑不掉。

其实人并不自由，不是说想干什么就干什么，想怎么干就怎么干。如果说人的胡作非为破坏了生态环境，或者说人的道德沦丧到兽类那样，那么高悬在人类头顶上的达摩克利斯之剑就会随时坠落下来。

不要忘记，宇宙的秩序即道德的秩序。反过来说人的道德的秩序怎样，又会反作用于宇宙的秩序。当人类中的某些人作恶到了影响宇宙的正常秩序时，也就到了天怒人怨的地步，其下场还会好吗？不要忘记，不是不报，时候未到，时候一到，统统都报。该惩罚的时候一个都跑不掉！

（3）要想人不知，除非已莫为。

神灵和上帝所在的阴性物质世界，是四维以上的多维时空。在那里物质的最小单元是虚粒子，其运动速度起步就是超光速。虚粒子是一种超短波，它的波长比超短波还短，频率比超短波高得多，因而虚粒子的超频宽带携带着巨大的信息量。虚粒子具有光学性能和磁性，本身是高能量的信息团，虚粒子天然地具备录音和录像的功能，并且以数字化的形式储存着。因而阴性物质世界全息着宇宙和人类的所有信息和密码。

阴性物质世界和阳性物质世界对立统一地存在着。阴阳互根，负阴抱阳，负阳抱阴。阴性物质世界全息了地球和人类的一切。我们的一举一动，一颦一笑，甚至每个人的DNA排列顺序都会清楚无误上记录在阴性物质世界的虚粒子上，而且是声像俱全。

因此，在我们每个人的头上，不仅有一把高悬着的达摩克利斯之剑，而且有一面明镜——或者说是一台巨大的无形的具备录音和录像功能的摄像机。你的一生一世的任何言行都记录在案，真正是天网恢恢，疏而不漏。所以要想人不知，除非已莫为。任何心存侥幸的想法都是不实际的，也是在自欺欺人。——慎独的价值也就在于明白这一切而自觉地约束自己。

2. 从神灵、上帝那里自觉地接过监督自己的权利

(1) 无论是在每个人头上高悬着的达摩克利斯之剑，还是有一面明镜——或者说是一台巨大的无形的具备录音和录像功能的摄像机，都是神灵、上帝对人类言行的一种监督。对人类来说，这是一种外在的被动的监督，也是一种强迫式的接受痛苦的监督。但却是十分必要的监督，因为非如此而不能净化人的灵魂，不能约束人的言行，也就无道德和秩序可言。

(2) 慎独的意义在于不仅明白神灵、上帝在随时监督我们的言行，而且能够变被动监督为主动监督。就是说自觉地担当起净化自己灵魂、加强自我道德修养的职责。——在独处时诚其意，谨慎不苟。

这正是人独立的自我价值的实现!

20.4 君子慎独，尤以天下为己任

1. 慎独是和宇宙交换能量和信息的过程

(1) 从生命体的结构看，肉身、灵魂、意识、潜意识（狭义）和潜意识（广义）五大要素按照对立统一的正负配对原则连接在一起。肉身存在于四维时空的阳性物质世界，灵魂栖息在心窝处，意识存在于脑的上方，潜意识（狭义）存在于四维时空和四维以上的多维时空的交界处，即阴阳两个物质世界的交汇处，潜意识（广义）存在于四维以上多维时空的阴性物质世界。肉身作为生命体的组织，是一个信息反馈系统，在不断地和宇宙交换能量和信息。从生命体的完整结构看，它是一个具有耗散结构功能的开放系统。①

(2) 从《五行》的原意看，慎独是将仁义礼智圣真正统一于内心，故有“一也者，夫五为一心也”。因此，慎独是指内心的专注、专一，即内心专注于仁义礼智圣五种“德之行”的“一”。这个过程无疑是自觉与不自觉地处在气（炁）功状态，在有意或无意地和宇宙交换能量和信息。也就是在这种能量和信息的交换中，将神灵和上帝对人的外部监督，变之为人自身的主动、自觉的监督。毫无疑问，人的内心的这种宁静和专一也有利于身心健康。

2. 君子慎独，尤以天下为己任

(1) 凡事都有两面性，慎独也不例外。慎独虽然是人生道德修养的最高境界，但是如果把握不好“度”的话，慎独就可能成为束缚人的头脑和思想的“紧箍咒”，从而使人变为谨小慎微的君子。因为在封建专制制度下，统治

---

① 参见拙著《我从哪里来，又到哪里去》20.4“生命的组织与自组织之间的关系”。

者常常借口让人慎独，不可须臾离开“三纲五常”，结果使活生生的人变成了被纲常缕丝缠成的木偶，使臣民们变成了服服帖帖的奴隶。这种历史的悲剧在21世纪决不许重演！因此我们在提倡慎独时，必须防止走到另一个极端。

（2）君子慎独，尤以天下为己任。在独处时诚其意，谨慎不苟。在任何复杂的环境中，面对权力、金钱、美色的诱惑，把握好自己，独善其身。但是又不能仅满足于洁身自好，还要解放思想，与时俱进。勇于坚持真理，伸张正义，敢于同一切不良倾向作斗争。君子慎独，尤以天下为己任。诚如范仲淹曰：“先天下之忧而忧，后天下之乐而乐。”①

张大军

2008年6月30日12时31分

完稿于北京市东城区和平里小镇新居

---

① 范仲淹（989—1052）北宋苏州吴县（今属江苏）人，字希文。大中祥符进士。曾在江苏泰州、江西饶州、陕西延州和邠州等地为官。后赴颍州（今安徽阜阳）途中病故。一生仗义执言，刚正不阿。亲民，仕途颇坎坷。工于诗词散文，文章富于政治内容，词传世仅五首，善写塞上风光。著有《范文正公集》。

后　记

一

本卷开始写作时，母亲看见我忙了起来，不无心痛地说："又写了，别忘了吃饭休息呀。"我看着她那还算硬朗的身子骨，说："妈妈放心，您健康就好。"母亲则说："我没什么事，你没看见我每天还爬两趟六楼呢。"

然而万万没有想到的是，当本卷写作刚刚过半，2007 年 12 月 31 日晚 9 时整，母亲就撒手人寰永远离开我们了。

其实从 2007 年初起，母亲的身体就出现了异常，先是腰椎痛，服药、打针，两个月之后虽能让我妹妹扶着上下楼，但是行动却十分艰难。酷热的夏天和寒冷的冬季，都是她犯气喘病的时候，这时就基本上每天都得服药。她一生笃信中医，甚至自己还认识不少野生的中草药，采集下来熬成汤药，或是内服，或是外敷，有时也有奇效。几十年来，因为给她治病我认识了好几位老中医，因而也加深了我对中医的了解和信服。

2007 年国庆节之后，母亲显然虚弱多了。冬天到了，为了防止感冒，小丽专门为她打了一针预防感冒的疫苗。但是不像往年，她仍旧三天两头感冒发烧，无奈就只有每天吃药、打针。有一天，母亲对我妹妹说："我恐怕吃不上来年的新麦子了。"又说："我像熟透的瓜一样，该瓜熟蒂落了。"

不久母亲又患了肺部感染，需要每天定时输液、服药。2007 年 12 月 15 日，是我父亲逝世 27 周年忌辰，母亲躺在床上对我说："在阳台上给你爸爸烧些纸。"又说："我今天感觉特别不好。"第二天母亲病情加重，我们赶快送往北京西苑中医医院住院治疗。几乎请了医院最好的医生、使用了最好的药品和设备，将母亲的生命延长了13天。12月30日一早，母亲清醒过来，她对我说："回家吧，我不想在这里住下去了。"征得医生同意后，我们用急救车将母亲送回家。她一进家门就说："都是原款儿。"意思是房子的陈设都是原来的样子。

12月31日晚8时许，我和小丽、晶晶，还有三个妹妹及一个外甥守在母亲床前，给她吃饭、服药、吸氧气，三个妹妹又为母亲洗头发，擦洗身上，剪指甲。其间我给母亲说的每一句话，她都点头表示明白、赞同。之后她示意要躺在床上，需要安静地休息。我们都围在床前注视着母亲，时间一分一分地过去了，就这样眼看着母亲的呼吸平稳地渐渐地变弱，直到停止……

母亲逝世后的遗容面含微笑，以致在火化前无须化妆。

母亲终年82岁，无论从哪个角度讲都是善终。

2008年5月11日上午10时，我和小丽、晶晶、韩沨将母亲和父亲一并安葬在北京八宝山人民公墓，举行了庄严的安葬仪式。

现在，在母亲逝世整整半年之后，《宇宙的秩序即道德的秩序》脱稿了。这一卷书是献给我的亲爱的母亲李彩凤的。

本卷脱稿之后，我去医院检查了身体，无大碍，也算没有辜负母亲当初的叮嘱。母亲一生经历坎坷，细说起来催人泪下。在父亲逝世3年之后，我将母亲接到北京与我们一起生活，屈指算来24年了，也算是沾了长子、儿媳的光。关于母亲的故事还有很多，等以后有机会再详谈吧。

二

按照写作计划，《我的宇宙观》系列共有八卷，现在完成了前五卷。2006年和2007年分别在香港天马出版有限公司出版了第一、二、三卷和第四卷，但是均是由科学出版社负责编辑、承印的。其中刘培文社长和韩沨功不可没，中国人民大学毕业的哲学博士王贻社作为前四卷的责任编辑，孜孜不倦地工作了10个月左右，有时候直到晚上零时，还在电话里与我讨论问题。我想后世的人应该记住他们的名字和事迹的。

由于多种复杂的原因，前四卷在大陆的出版社至今还没有正式出版，这是实在令人遗憾的事情。耶稣说："没有先知在自己的乡土上被接受。"尽管我一再申明："在思想解放这个问题上，我实在是太迟钝，从来不是先知先觉者。"[①] 然而还是不被故土所接受，真不知道其中的缘由是什么。

《我的宇宙观》系列还有三卷待写，我想在这里简述一下第六、七卷的主要内容。

第六卷《不同维数时空和生命的美》，共计20章。前10章阐述神和人在宇宙生命坐标第Ⅳ象限真实存在的情况，特别是对神的存在进行分析和论证。结合西方欧美学者的最新实验，确认神是宇宙和人类的缔造者，神灵、上帝就活在每个人的心中。认识了这一点，我们就会自觉地将自己放在该放的位置上，我们的心里就会充满感激、敬畏和善。

后10章讲的是美学问题。因为在以前的各卷中，提出了和阳性物质世界相对应的阴性物质世界，以及和生命在阳性物质世界的存在形式相对应的生命在阴性物质世界的存在形式，即神和鬼（瑰）的存在问题。那么它们都美吗？还是像在中国传统文化的糟粕中，将神鬼（瑰）写得阴森恐怖，令人毛骨悚然。那么真的是这样的吗？否。

通过科学研究，我得出的结论是，所谓神鬼（瑰），都是宇宙间不同维数空间的生命形式，它们有自己固定的运动轨道，遵循着类似拓扑学的原理，即它们的运动形式无论怎样连续改变，还能够保持不脱离已有的轨道。在这里，它们只考虑和人类和谐相处，而不考虑时空关系的变动和时光的流逝。

西方欧美学者已经在实验室里可以和不同维数空间的生命通话，即和神、鬼（瑰）通话，偶然间用数码相机还拍摄到神、鬼（瑰）的照片。那么这一切都美吗？又是什么原因影响了人类对于这种美的欣赏和享受？

---

① 参见拙著《打开宇宙的另一扇门》，第297页。瓦石札记——与本书写作有关的一些片断回忆。

我认为美首先是形式的美，是人发自心灵的主观感受上的美。而时空维数的先天限制和人的先天的生理缺陷，则限制了人对于阴性物质世界和生命在阴性物质世界的存在形式之美的感受，不能不说是人类整体上的遗憾！那么怎样改变这一切呢？只有借助科学的发展，以及人们心目中崇高的宗教情结的领悟。

正是从这个角度，我提出要深入研究科学美学和宗教美学的意见。显然它们都是建立在形式的美和个人的审美鉴赏之上的。现在我们只认识了阳性物质世界一部分的美，况且还有大量的不美好的东西天天给人以恶性刺激。对于阴性物质世界的美，我们还一无所知。我想，是该到了开启这一扇美的大门的时候了！

三

按理说《我的宇宙观》系列写到第六卷也就该结束了。因为前四卷写的是理论问题，它们分别是：《打开宇宙的另一扇门》《广义与狭义生命论》《我从哪里来，又到哪里去》《进入阴性物质世界》。第五卷写的是道德问题，第六卷写的是美学问题。这个体系正好和康德的《纯粹理性批判》《实践理性批判》《判断力批判》三大批判的体系相扣合。这也是事先没有想到的，只是写到第四卷结束时，才产生写后边两卷的想法。现在第五卷写完了，仍旧感到言犹未尽，于是马克思写作《资本论》第四卷剩余价值学说史的动机引起了我的沉思。马克思通过对亚当·斯密和大卫·李嘉图等古典经济学理论的清理，以及对于资产阶级庸俗经济学的批判，将他提出的劳动价值论和剩余价值理论建立在了科学的基础之上。这是写作《资本论》第四卷的缘由。而我何以有如此的想法和魄力呢？

正如我在《进入阴性物质世界》的序中所说："我从来没有系统地学习过中国哲学史和西方哲学史，更没有在这方面下过扎实过硬的功夫。现有的一点知识也是东拼西凑起来的，看似知道不少，实则是根底肤浅，华而不实。如此而已，我何以斗胆敢以"半瓶醋"的水平对这些学界前辈终其一生的研究成果评头品足呢？再说这样做也是对所要评论的中外哲学史上诸多大师级人物的严重不恭。”“因为我不可违背自己的学术立论，所以我放弃了《对批判哲学的批判》的写作。”[①] 我现在还是坚持这个观点，未来的第七卷副标题仍然不采用“对批判哲学的批判”。

作为后学，虽然没有资格对学界前辈的著述评头品足，但是向先贤大师们学习却是可以的。因此，未来要写的第七卷的书名是：《与先贤大师的哲学对话》。

我也列举了20名先贤大师，他们是：苏格拉底、柏拉图、孔子、第欧根尼、庄子、孟子、韩非、董仲舒、葛洪、慧能、托马斯·阿奎那、朱熹、笛卡儿、休谟、康德、马克思、尼采、弗洛伊德、杜威、萨特。和每一位大师的对话算是一章，全书也正好设计为20章。

四

在本卷的写作过程中，我最大的痛苦是失去了母亲。从此我就是一个没有父母的人了。在我过去63岁的生涯中，儿时贫病交加，在艰难的求学中屡次辍学，在人生的大风大浪中几近跌到生命的谷底，然而因为父母亲在，我就感到有一种精神上的依靠，背后似乎有一种像山一样的力量。尽管他们都是普通的人，没有任何反抗社会力量的能力，但是却可以关爱着儿子，注视着儿子不要触犯道德和法律的底线，起码要做一个正直的人，因而才有我几十年来相对顺利的成长。而今父母都已先后谢世，以我身单力薄之躯和营造的这个小家，又加之日渐步入人生的黄昏岁月，还期望会有什么大的作为呢？……

除了父母亲就是兄弟姊妹，还有我的同事和终生不渝的朋友，人生的舞台其实很小，所结识和能够依靠的人更是有限。当轰轰烈烈过去之后，能够留下来值得回味的并没有多少，至少此刻我的感觉就是如此。

去年七月我去意大利访问，在十几个小时的飞行中我和我的同

① 参见拙著《进入阴性物质世界》，序。

事钱镇坐在一起。一路上通过交谈使我大为吃惊，原来钱镇竟有如此丰富的文史知识和科学知识，特别是和我有着共同的思想和抱负，真是一求难得啊！过去我是单位的领导，钱镇是一名普通的教师，似乎默默无闻。那时也有个别领导在我耳边说些闲言碎语，我就忽视了钱镇的存在。在意大利访问期间李书磊担任代表团团长，我担任副团长，有一次饭后我向李书磊讲了我对钱镇的新的认识，李书磊瞪大了眼睛，责怪我说："你怎么到现在才对钱镇有认识，看来你这不是一般的官僚主义了。"为此我后悔莫及，多次向钱镇道了歉。

从此以后，我和钱镇成了无话不谈的挚友，本卷的写作毫无疑问得到了他的支持。通过这件事情说明我在择友上，还是毛病多多。

当本卷写完最后一个字时，我向肖栩发了一则短信。立刻收到她的回信："您真棒！为您骄傲！做短暂休息一下吧。"之后就是来自洛阳杨振绪的祝贺和远在新疆乌鲁木齐的昔性达的问候和祝贺，以及各地朋友和我所带的各届博士生的祝贺。我的这些朋友，他（她）们从来都是把我的成就看作是他（她）们自己的成就的。为我的痛苦而痛苦，为我的幸福而幸福。在此我向各位友人表示衷心的谢意。

愿我们的友谊之花盛开不衰！

张大军

2008年7月3日21时38分

北京西郊香山脚下满庭芳书斋